Alain Frerejean

C'était
Georges Pompidou

这就是蓬皮杜

[法] 阿兰·弗雷勒让 著　方仁杰 译

作家出版社

"在任何情况下，人民都需要一位真诚而人道的人引导他们。"

——乔治·蓬皮杜《难以解开的结》

目　录

1

前　言

　　在依夫林省乌当镇一边，散步者推开一块不起眼的乡间墓地的栅栏，便会见到一座简陋的墓碑，上面刻有简朴的碑文："乔治·蓬皮杜，1911—1974"。这里，安息着我们始终未能将其安放在应该去的地方的最优秀的国家元首之一。这位来自法兰西大地深处的伟人将祖国从1968年的无政府状态，也可能是从内战中拯救出来，并极大地促进了我们工业的发展，大力推进高速公路、阿丽亚娜火箭、空中客车、高速火车和核电站的建设事业。他通过实行按月付薪制，使数百万体力劳动者获得直至那时仍然无法享有的尊严和保障。

　　与诸多大人物不同，乔治·蓬皮杜这位共和国伟大的总理和伟大的总统生来没有对权力的癖好。他之所以登上政治舞台，主要是出于求知欲和被对一位杰出人物的忠诚所驱使，而非个人野心。

　　早在成为年轻教员时，他便舍弃讲台，在教室里来回走动，不断地打破清规戒律，启发学生们的聪明才智、他们的实际才能。后来，尽管他争强好胜，怀有成为最优秀分子的意愿，却仅立下了为自己的同胞奋斗终生的宏图大志。

　　他在生命的前五十二年里，曾先后担任过中学教师、特派员、旅游助理干事、政治学院副教授、最高行政法院审案官和一家银行的代理人。乔治·蓬皮杜干活节奏飞快，兴致勃勃，充分利用并享受业余时光。他是一位好丈夫，好同事。他充满活力，爱好烹饪、绘画和诗歌。这位具有超常天赋的人却又是怀疑论者，他幽默地注视生活，并后退一段距离审视现实。

　　1958年6月至12月，他在戴高乐将军身旁默默无闻地工作，提供了极其宝贵的支持，帮助将军奠定了第五共和国政体的基石，并为使法兰西顺利加入欧洲经济共同体作好准备。但六个月之后，当使命完成时，他立即离开了金碧辉煌的宫殿，重返自由之路。

在经历这一短暂插曲的三年后，他终于未能摆脱命运的安排，命运使他两次逃脱暗杀，并成为国家元首。51 岁时，戴高乐推举他担任政府总理，此后他便介入政治，但并不确信会以此为生涯。然而在巨人戴高乐的卵翼下度过数年之后，他对职责产生了兴趣，甚至在穿越奇特的艰难险阻后，准备继承戴高乐的事业。

这一非常规的历程令人困惑不解，长期占主导地位的漫不经心和出人头地的意愿之间的这场持久战却因偶然因素而使后者占据上风。但伊壁鸠鲁学派的享乐主义永远无法迫使命运就范。命运主导着他，他没有拒绝，而是接受了它。面对病痛，他坚忍不拔，并最终殉职在工作岗位上。乔治·蓬皮杜协会的研究员们采访过 176 位证人，所收集的录音磁带的证言给这一令人称奇的经历带来新的诠释。这便是一位懂得微笑，也善于决断的自由者的人生经历。

第一部分

杰出的文学艺术爱好者

卑微而低下的出身

"蓬皮杜，您的名字仿佛在嘲弄世界，似乎不够严肃，"戴高乐曾对他年轻的特派员说过，"如果您想有一天做成什么事情，您必须换个名字。"后来，见他居然取得成功，戴高乐又补充说："蓬皮杜，您这个总理居然起了个自行车运动员的名字。"实际上，这一姓氏的大概意为"小薄饼"或者"收费桥"，但这又有什么关系呢？

曾祖父雅克·蓬皮杜既不识字，也不会写。他有两个儿子，长子皮埃尔继承他在沙泰涅雷高原上位于凯尔西与上奥弗涅交界处的诺卡兹庄园。这里出神甫、奶酪和火山，养育出比马更强壮、更具阳刚气、灵巧略逊山羊、固执胜过骡子的男子汉[1]。小儿子让图，即乔治的祖父则不得不在哥哥家当雇工，以期积攒下两千法郎迎娶女裁缝玛丽亚努。作为嫁妆，玛丽亚努给他带来一架缝纫机。

凭借这点可怜的资产，新婚夫妇得以在马蒂内的乌斯塔莱安家落户，孤零零的一座小屋淹没在栗树丛中的葡萄架下。他们生育了三个孩子。如果说两个大孩子后来成为农夫的话，小学教师 M·茹瓦—— 一位还俗的修道士——则"鼓励"三儿子莱昂学习，因为他在放猪的同时，学习要比两个哥哥好。

在那个时代里，每个村庄都为自己的小学和小学生团队感到自豪。每逢 7 月 14 日，孩子们便头戴轻便军帽或饰有红色绒球的贝雷帽，身着短工装和海蓝色裤子，跟在红旗后面游行。他们在小学教师、一位或两位本土保卫军（1914 年前由后备役军人组成——译注）军官的率领下，神气活现地肩背按照他们身材做成的、刺刀磨成圆形的枪支，唱道：

> 我们是希望兵团的士兵，
> 现方幼年，

我们用幼小的双臂，
捍卫法兰西的尊严。

时光便这样度过。有一天，乔治·蓬皮杜在欧里亚克为亨利·蒙多教授的半身雕像揭幕时，曾说过："和所有康塔尔人一样，蒙多出身贫寒，人们在学校里教育他不劳动便一无所获。人们还说奥弗涅人，尤其是康塔尔人是脚踏实地的人。这是真的！他们身上都多少带有教父热尔贝、数学家布莱兹·巴斯卡尔、文人泰亚尔·德·夏尔丹的气质。"

在以优异的成绩取得学业文凭后，莱昂·蓬皮杜获得奖学金，这在当时，算是罕见的成就。这便为他打开了通向区府所在地的米拉高级小学、然后是奥里亚克师范学校的大门。他以头名成绩毕业，成为"小学教师先生"，并开始使家族的社会地位有所上升。家庭社会地位的提高完全归功于他所取得的成就。

"我们年轻的老师们，"夏尔·佩吉证实道，"像黑衫轻骑兵一样，严肃，穿着紧身的制服，认真，因为早熟和突然间权力无上而显得有点胆战心惊。"这套制服过去曾是一种军服，穿上这种公民制服显得庄重，更具军人气质，这不禁使我想起了索莫尔穿黑色制服的高级警官。这些小学教师来自民众，是工人的儿子，尤其是农民和小地主的儿子。他们保持着民众的本色，丝毫不讲究穿着，只是在漂亮的校园里稍显有条不紊和井然有序[2]。

莱昂被分配在缪拉，和其他小学教师一样与女教师们住在同一栋楼里。"他对面的房间住着一位名叫玛丽-路易丝·沙瓦尼亚克的年轻姑娘，长相出众，举手投足像大家闺秀。身材粗短、面色红润，庄稼汉般健壮的莱昂·蓬皮杜透过房门经常听见她咳嗽[3]。"她是一个马贩子的孙女，她的父亲"是方圆几十里最棒的马贩子，能将一匹懒散的马调理成活蹦乱跳的壮马[4]"，是一个远涉到穆赞、阿基坦，到南方的市场和集市上出售织物的流动商贩。

莱昂和玛丽-路易丝之间产生了淳朴温柔的爱情，并于 1910 年 9 月 24 日喜结良缘。和他以前的小学老师 M·茹瓦一样，莱昂·蓬皮杜是位自由思想者，但他还是到教堂举行婚礼，以取悦于恪守教规的玛丽-路易丝。1911 年，年轻的夫妇取得在高级小学任教的资格证书，双双被分配到阿尔贝任教，莱昂在男生学校教法语和西班牙语，玛丽-路易丝则在女生学校教科学与数学课程。

不久，家中添了一个男孩，按照当时的风俗习惯，年轻的妈妈要到母亲家生养。就这样，乔治·蓬皮杜 1911 年 7 月 5 日便出生于一个名叫蒙布迪夫的以石板为屋顶的村落里。小村位于康塔尔北部，海拔 1000 米，夹在极容易攀登的山岭和死火山中间。还有些稀奇古怪的名字，如"黄牛峰"或者"滚泉峰"都令人浮想联翩。这座村庄的 127 名村民中有 60 人在 1914 年战争中丧生，并在四十年里孕育出 27 名小学教师和 60 位巴黎咖啡馆老板。

孩子出生一个月后接受洗礼，教父和教母是两位来自沙瓦尼亚克的织物商人。成为共和国总统后，蓬皮杜曾说过："我年轻时家庭贫穷，出身卑贱而低微。"但这并未妨碍《鸭鸣报》后来在其幽默专栏《一群奉承者》里给他起了"蒙布迪夫侯爵"这个华而不实、滑稽可笑的绰号。

小乔治由奶妈喂养几个月后，便回到阿尔贝，生活在父母身边。阿尔贝城由红砖砌成，以历史的灵感和讨伐卡塔尔派信徒的十字军东征而著称。大教堂城堡脚下的座座木筋墙房屋与文艺复兴时期的旅舍、罗马式回廊和教堂及城墙废墟彼此相邻。莱昂·蓬皮杜从进入奥里亚克师范学校起便迷醉于社会主义理论，他积极参加社会党地方支部的活动，并成为一名积极而温和的活动分子。卡莫的议员让·饶勒斯在阿尔贝创建了一座工人玻璃制造厂，"在由工人阶级竖起的首座长方形教堂里，唱诗班不是在大风琴的轰鸣声中，而是在机器雄伟而美妙的乐声中歌唱"。他在给阿尔贝中学生颁奖时发表的演讲中揭露"工厂是监狱"，激励人们"通过了解真相勇敢地追求真理"。莱昂·蓬皮杜像饶勒斯那样向往正义和博爱，经常去见他，并深得他的赞赏。一时间，他曾打算成为他的秘书。但为了继续深造，以求取得中学教师学衔，他必须每周两次前往图卢兹，到文学系听西班牙语课程，这使得他忙得几乎没有空闲。

1914 年 7 月 31 日，伟人饶勒斯遭遇暗杀。战争在第二天爆发了，莱昂应征入伍，成为步兵士官。三星期后，他在米卢斯的战斗中腿部受伤。经过十八个月的住院治疗和休假疗养，后又被送往索姆、索洛尼克、瓦尔达尔河畔，参加东线部队作战。

这样，小乔治童年的大部分时光便是在女人们的伴随下度过的。沙瓦尼亚克教父 1913 年去世，按照奥弗涅的传统习惯，给他留下几枚金币作为遗产。教母连忙将金币兑换成国防债券，从而使她很快得到由孩子们奉养的保障[5]。人们在大街上经常见到战争遗孀，可以从她们穿戴的黑色的裙子和帽子，有时甚至也可从她们佩戴的宽大的黑色面纱辨认出来。她们步履缓慢，眼圈发红。由于经常见到这样的广告宣传——"小心，别说话，敌人的耳目正在偷听"，人们经常将路人视为密探。总之，四年半里，

4

报章整天谈论战争。报刊不停地公布冗长的死亡者、受伤者……或者认购国防债券者的名单。

乔治贪婪地阅读图书，在母亲的精心培育下，他3岁时似乎已能读书。幼儿园的女教师迪朗小姐对他的早熟感到惊讶不已。他在市镇小学结识了一个从北方逃难来的小朋友皮埃尔·皮若尔。皮埃尔后来成为他的忠实而持重的朋友。当时比利时以及遭受侵略的地区的大批难民纷纷拥向阿尔贝。

1919年5月，他的父亲终于复员。时年8岁的乔治看见他穿着军大衣，裹着绑腿，脚蹬短统军靴，手里拿着帽子回到家中。莱昂·蓬皮杜重操中学教师旧业，这是一座饶勒斯曾经任教的、用玫瑰色砖砌成的高大建筑物。此外他还在女子师范学校兼任西班牙语教员，妻子因为无法摆脱流行性感冒的折磨，只好留在家中。这一双重教学工作迫使他放弃了获取中学教师学衔的考试。

第二年春天，乔治作为走读生进入中学学习。瘦弱、黑发、棕肤使他得到"蟋蟀"的绰号。那一年，他有了一位杰出的老师德尔加先生。"9岁，当我离开他任教的教室时，我已掌握了必要的基础知识：书法和语法、算术、心算、历史和法兰西地理[6]。"次年，乔治有了一个小妹妹，玛德莱娜。全家离开了位于萨尔旺–德–萨利街的家，在萨莱街租了一处带有花园的大一些的房子。

乔治的童年没有受到溺爱。作为自由思想者的莱昂同意儿子接受教理教育，并让他陪同母亲前往教堂，在臂上套上白纱，初领圣体；但在日常生活中，他显得极为严厉。这大概与他在战壕里度过四年地狱般的艰辛生活而变得刻薄不无关系。"我的父亲对学习极端重视，因而他在我的心目中成了一个讨厌的人。"周四下午，为了避免他的训斥甚至耳光，年幼的乔治时常躲进绘画老师雷诺夫人的花园里。因为他是个不专心的学生，放任自流，喜欢阅读而不想学习——一天一本书——并喜欢读有关印第安人的冒险小说、幽灵鬼怪的故事或儒勒·凡尔纳的探险小说，而不愿意读巴尔扎克的小说或希腊、拉丁古典文学。

他父亲说了也是徒劳，因为乔治是班上最年幼的学生，却总是名列第一。每年，他不费吹灰之力，便拿回七八个奖状。他那令人称奇的智力能把一切抄录下来，记忆力非凡出众。他学会将各种想法有机地贯穿在一起，他能从种种假设中推断出合乎逻辑的结果来。拉辛令他欣喜若狂，尤其是自从一位老师让学生们演出其悲剧后。这位名叫利奇马克·厄科诺莫的矮个子胖先生，头戴一顶瓜皮帽，讲起拉丁语活像正统的东正教神甫，说起古希腊语有牛津英语口音（他曾在那里教授拜占庭史）。

据那些爱说别人坏话的人讲，乔治十分爱开玩笑，喜欢把作文故意弄成大错连篇，然后装作忘在长椅上，抄袭者蜂拥而至，照抄不误，他则对他们得到的劣等成绩而洋洋得意。对他来说，最大的乐趣莫过于和表兄沙瓦尼亚克和安德罗前往蒙布迪夫度假。用系在线上的青蛙在林间小溪里钓虾，用手捕捉鲜鱼或松鼠，其乐无穷。有时还前往帕万湖、桑西、马里山或者贝斯－昂－尚代斯远足。

"高中二年级因为有了梅卡迪耶这位新老师而使他喜出望外。梅卡迪耶先生使他懂得了诗歌并迷恋上希腊文。他和班上的两位同学一起猛攻希腊语，在这位老师家中度过一个个难忘的夜晚，听他讲奈瓦尔（19世纪法国作家、诗人。他的作品是对自己的经历和梦幻、对一直威胁着他理智的幻觉及想象的反映和分析。他是法国文学从浪漫主义向象征主义乃至后来的超现实主义过渡的重要作家——译注）、象征主义和巴那斯派诗歌[7]。"

15岁升入一年级时，乔治有点放松了科学和德语的学习，但在全国中学总会考中获得希腊文翻译的一等奖。对阿尔贝中学来说，这是一桩轰动事件。翻译的文章选自乔治10岁时便已熟记于心的《奥德赛》。总督学亲自前往蓬皮杜父母的住处报告喜讯。这是他一生中最为得意的事情之一，对他的父亲也是如此。

乔治前往参加在巴黎大学大礼堂举行的隆重颁奖仪式。这是他当时所作过的最长的旅行——12小时，行程700公里——也是首次夜间旅行；在三等车厢的黑色硬仿漆布的长椅上蜷缩成一团。"在一盏蓝色而微弱的长明灯光下，邻座们张着嘴鼾声大作。每到一站，他都会醒来，先是利摩日，这是一座用巨石砌成的带有印卡墓碑式圆柱的车站。天终于亮了，只见大平原上农民们驾着马车行驶，列车穿越冒烟的工厂、园林、空地和堆堆废铁。列车时而与郊区火车并行，时而超越前行，乔治透过车窗看到的是一张张忧郁的面孔。越过黑色的高大楼房、仓库之后，他终于在一座桥下见到一块写有鲜红大字的标示牌：巴黎奥斯特里茨车站，500米[8]。"

同一年获奖者中还有塔贝斯中学的、后来成为第五共和国国民教育部长的勒内·比耶尔和获得拉丁语翻译一等奖的让松·德·萨伊中学的、后来成为第五共和国外交部长的莫里斯·舒曼。路易·普瓦里耶兼获法语二等奖和拉丁语一等奖，后来，他用朱安利·格拉克的笔名撰写了《阿尔戈城堡和西勒特河畔》。

在全国总会考所取得的成绩决定了乔治的命运。他除了当教师外，不可能再从事其他职业。他有当教师的志向吗？毫无疑问。他接触面有限，除了务农的叔叔们外，他所认识的人都从事教育。他父亲为他作出决定，确信总有一天能够见到乔治实现他本人因为妻子疾病缠身而被迫放弃的梦想：乔治将获得教师学衔，为什么不能呢？他甚至会考进饶勒斯曾以第一名进入的高等师范学校。在乔治七八岁时，当有人问起他未来的志向时，他似乎回答说：巴黎高等师范学校。其实这究竟是个什么样的学校，他并不知道，只是人们早已对他反复灌输过这个学校[9]。她的妹妹玛德莱娜也获得教师学衔，成为文学老师，并与同样取得教师学衔的亨利·多芒热结为伉俪。

乔治很早便对花季少女动情。首先是安德烈和苏珊。他和皮诺尔将她们领到塔恩河畔和阿尔贝乡村朗诵维永和龙萨的诗歌。"亲爱的塔恩！美丽而粗犷的故乡，赤红的土地；中央高地被南方炽热的太阳烤得通红。只因旅游者不多，才没有像其他地方的风景一样闻名遐迩，因为阿尔贝比得上锡耶纳（意大利城市——译注），科尔德比得上科尔多瓦（西班牙城市——译注），姑且不说它还拥有丰饶的赤铁矿藏[10]。"面对博蒂塞利的《维纳斯》和《春天》的复制品，乔治总是梦幻着罩有透明面纱的美女。

殊荣伴随着人生哲学骤然而至。常遭学生们起哄的主课老师格里奥莱先生酷爱动物。年终时，全体学生因受良心责备，集体参加了动物保护协会；于是，格里奥莱先生含着眼泪对他们宣布道："过去的一切都可以得到原谅。"那年，发生了当时罕见的变革事件：男女生混合编班。从而使乔治在班里结识了一位高雅的巴黎姑娘让娜，她身材高挑、金黄色头发、有着一双蓝色的大眼睛。让娜 17 岁，而乔治才 16 岁。他随即坠入爱河。

凑巧的是中学毕业会考那一天，他竟坐在她的旁边。于是，他充分利用时间就不同的主题撰写了两篇哲学作文，并将经过精心推敲的一篇悄悄地递给让娜，而另一篇则因为时间仓促，写得比较草率，留给了自己。"我留下的印象是当我把作文递给我的意中人时，曾经教过我们的监考老师似乎有所察觉。但他什么也没有说。他非常喜欢我。我仅有一个小时就第二个题目为我自己作文章，因此顾不上精心推敲[11]。"结果是：乔治通过了，勉强及格。这并没有影响他向姑娘求爱。她没有拒绝，但她任高级官员的父亲表示反对："你疯了！这个男孩懒惰，他不会有任何前途。"

没有任何前途，大概是因为他的父母亲不是富翁吧！没有什么了不起！他一边玩着网球，以亲近漂亮的阿尔贝姑娘们，一边聊以自慰，他还玩那时人们刚刚开始酷爱的橄榄球。人们甚至在大教堂前的圣塞西尔广场上玩橄榄球，直至市政府一纸命令禁止在公众广场上打球为止。后来，他竟毫不费力地获得了他所申请的奖学金，前往图卢兹就读为报考高等师范学校而设立的预备班一年级、二年级。在玫瑰城里，他与全国总会考时杰出的同榜人皮诺尔和将同窗六年的勒内·比耶尔重逢。

一年级一般来说是适应性的阶段，还谈不上多大的竞争，但对乔治的成长来讲，却是一个重要的时期。因为他遇到了一位非凡出众的历史老师——加德拉先生。他在世界大战中因手榴弹爆炸面部受过重伤，这位先生靠移植手术和一种设备才保留住说话的功能。充满激情、说话滔滔不绝和血气方刚的他给学生们留下了深刻的印象。他的所作所为激起人们重新生活的勇气，使学生们深受感染。他那残缺不全的面部使他的热忱更显哀婉动人。"和他在一起，路易十五和罗伯斯庇尔一样，都成为人们心目中富有魅力的偶像。"加德拉和他的父亲一样赋予乔治一种对具有真才实学的共和主义者的虔诚的爱慕。这种对伟大历史人物的敬仰，在他对戴高乐将军的迷恋中得以充分体现。他和以往一样，以获得五项一等奖——希腊和拉丁语文翻译、德语、现代史、古典史——和法语二等奖，结束了第一年的学习。

发现巴黎

第二年，乔治在巴黎路易大帝中学继续学业。他是否牢记他的同学保尔·居特[12]关于巴比伦是万恶之源的提醒，惧怕接触巴黎？"巴黎的人行道上充斥着游来荡去的妓女，我父亲就像不称职的教士对忏悔者窃窃私语那样，悄声对我耳语道。他把嗓门压得越来越低，以使旁边房间的母亲听不见。他还补充说这些坏女人会传染性病。和她们待在一起，即使只有五分钟，也会变得痴呆，变成瞎子，神经错乱，掉脚指头。然后还会把这些病传给妻子儿女。甚至不碰她们身子，假如你唇边有个小伤口，只要用带缺口的杯子喝咖啡，你也能染上这些恶病。有个小窍门，如果别人用右手拿杯子，那么你就用左手拿。不过，你还是不要去咖啡馆的好。"

位于圣-雅克街的古老中学的简朴的外表使乔治越发感到胆战心惊。像似一座兵营，进门便是关熊的地牢笼，是被囚禁者散步的场所。"院子中央，有座亭子状的厕所，每隔一段距离，都设有一个像尼亚加拉大瀑布式的、哗哗作响的冲洗水箱。以粗放的方式暗示我们职业地位不高，但却享有荣耀：巴黎最阴冷的纪念性建筑物——先贤祠顶端的坟场塔，笼罩着院子上方狭窄的天空。"

路易大帝中学——内行者称之为大路易中学——以全法兰西最优秀的高等师范学校文科预备班著称，至少在培养学生参加高等师范学校入学考试方面是如此。与之竞争的亨利四世中学有位善于思考的老师，名叫阿兰；路易大帝中学却没有，没有一位老师真正能从智力方面影响学生。历史老师鲁博有一种吸引学生注意力的奇特方式。回顾一次战斗时，他会说："阵亡了几千人，阵亡了好几百人，阵亡了许多人[13]。"人们无法说得更为精确。没有任何口述，没有任何能培养演讲素质的口述，没有，绝对没有任何东西能培养未来的总理有一天能够面对波旁宫（位于巴黎第七区大学街126号，建于18世纪，现为法国国民议会议事堂——译注）半圆形阶梯会议厅发表演讲的才华。

　　因为缺乏有才华的老师，乔治则为同学们的聪明才智而动容，他们都是天才，近乎神奇的人才。除去重新聚在一起的比耶尔，还有未来的哲学家雷蒙·波林，《一位天真者的回忆录》的杰出作家保尔·居特[14]，日后成为法国"全国雇主理事会"主席的弗朗索瓦·塞拉克和彬彬有礼的越南人范唯谦。尤其值得一提的是塞内加尔的瘦小的利奥波德·桑戈尔。"桑戈尔安安静静地待在那里，非常简朴，穿着一件墙灰色罩衫。可我觉得他具有一股沉稳的魅力，如同沙滩广场上经过艺术加工后的贝壳。他那机敏的笑容和紧紧围住脖子的方巾立刻吸引住了我。我担心他是否能适应巴黎的气候，能否耐得住孤独。而桑戈尔却自然而然地喜爱上克尔特人和克尔特人固有的气质，就如同我喜欢黑人的性格和气质一样。几年之后，我重新见到了桑戈尔。他依然带着他那与众不同的微笑和系得严严实实的围巾。我们谈论诗歌、宗教和时光的流逝。他身上散发着一种魏尔兰（法国象征派诗人代表——译注）式的睿智和神奇般的温情。我们之间对这个时期的回忆，犹如参加圆桌会议般感到亲密无间[15]。"

　　为什么乔治会与这两个人结下牢固的友谊呢？一个黑人和一个印度支那人？是出于平等相待吗？一个真正的人道主义者，绝不会因为祖先是高卢人而有任何形式的高人一等感。再说，如果欧洲人可以前往达喀尔或者顺化，为什么塞内加尔人或者越南人就不能在巴黎落脚呢？或者是出于网罗追随者的目的？这两个有色人种的男孩到达巴黎后肯定会感到不知所措，故而需要友谊。更何况，桑戈尔视乔治"胜过兄弟"，而乔治本人也给他起了个绰号"戈尔"。对这两个不同肤色的朋友，他可以鼓励他们，指导他们阅读，从而对他们施加一种影响，并树立一种权威。对年长他四岁的桑戈尔也是如此。当然，乔治没有路易大帝中学教员们的技能，但也许能给范唯谦和桑戈尔更好地讲解传授给他们法兰西、希腊和拉丁文化。可以使他们更好地掌握这些文化，并在某种程度上为他们翻译这些文化。每当他们中的一个遇到难题，乔治便会出现，为他们讲解，给他们出主意。

　　他和他们一起发现巴雷斯、普鲁斯特、纪德、兰波等作家们，因为在外省，文学的讲授仅限于阿纳托勒·弗朗士和皮埃尔·绿蒂。他们尤其发现了波德莱尔，后来桑戈尔从波德莱尔的作品中获取灵感，撰写了回忆录《波德莱尔心目中的异国情调》。两位同窗所提的问题非但没有使乔治感到厌烦，而是使他很感兴趣。

　　反过来，因为对凡是不同的、新颖的东西都感到好奇，他只要一有机会，便就有关非洲和远东的问题向他的两位朋友求教。桑戈尔用深沉而单调的嗓音向他讲述他"深深扎了根"的这块非洲大地。也许这正是他们之间友谊的纽带。乔治认为从这些有色朋友那里比从本土的同胞那里可以学到更多的东西。况且因为黑人艺术的传播，非洲变得十分时髦，有约瑟菲娜·贝克（美国女演唱家——译注）、爵士音乐、安德烈·纪德的《非洲之行》和布洛梅的黑人舞蹈。

高等师范学校文科预备班的课程安排得很紧。善于独处的蓬皮杜能超脱一切，甚至嘈杂声，专心深入思考问题。桑戈尔曾说过："写历史作文前夕，蓬皮杜一口气读完讲义，便合上本子说'我腻烦了，得出去抽根烟'，一周以后，交作文时，他却是第一个。"另一位朋友回顾说："当我们吃力地做了一个小时的拉丁文翻译作业时，蓬皮杜已经做完了，起身便往外走。一般来说，他的外译法都不错。"别人写一篇论文需要花费一个晚上，他却一个小时便能完成。他抓住问题核心，开门见山。米歇尔·德勃雷后来说："蓬皮杜善于抓住问题的要害，我很少见到综合能力如此强的人。"这样他便能腾出余暇时光读纪德、马丁·杜·加尔或者圣－约翰·佩尔斯的著作。他所有课程都名列前两名或者前三名。体育课也不例外。

法国高等师范学校文科预备班的生活节奏快如鼓点，有点拿破仑严格军队纪律的味道。尤其是全都寄宿的外省学生更是如此，他们占班里的绝大多数，每周仅能洗一次澡。这些身着灰色制服的学生每天有 11 个小时的课程和自习。清晨 6 点起床，夏季和冬季都是一个样；6 点 30 分自习；7 点 30 分用早餐；用完以淀粉和清煮熟肉为主的午餐后，有半个小时的自习；14 点至 16 点上课；16 点 30 分自习。教室里散热器发出阵阵干燥、令人不舒服的热风，尤如温室暖房。加在一起，满打满算仅有两个小时的休息时间，学生们忙着到院子里沿着顺时针方向遛遛弯儿。

学习特别辛苦。保尔·居特[16]回忆说："我们在一位活像猪血香肠的学监的监督下在教室里学习。他肥胖的颈窝鼓出大块脂肪；迈着机器人般的呆板步伐，凸起的腹部挤压着我们的座椅，俨然一副德国元帅兴登堡的派头；我们称他为'腓特烈国王'，因为他把普鲁士军营的一套纪律强加给我们。他海豹般地大声喘息，脸部涨得通红，好像准备施行暴虐似的。一本书掉落在地上，大家便吓得像要被拉出去枪毙似的。最致命的问题是如何获准去洗手间。'腓特烈国王'统治着我们的膀胱，'管理'着每一滴尿。讲台四周等待去洗手间的学生排成长龙，私下议论纷纷。在他那胖乎乎的充血的双颊四周，则是一派面色苍白的祈祷者们悲怆的场面。大家排好顺序，举手示意。他则自封为如厕规则的制定者。"

晚饭后回到寝室。乔治带来了一张父母亲的照片，以便每天晚上在被窝里拿出来看看。21点熄灯，但在被子里，大家还会在手电光亮下再看一两个小时书。

地处灯火辉煌、人声嘈杂的首都中心，高等师范学校文科预备班的学生们却完全与外界隔绝，每天有八分之七的时间生活在这座孤岛上。而他们的巴黎同学，如波旁－比塞或者塞拉克则成为少数享有特权的幸运者[17]。"在一群从外省拥来首都期盼考入高等师范学校的学生中间，生活着一些穿着较为讲究、举止自若的走读生，他们形成态度稍显傲慢、熟悉巴黎秘密的一群贵族。对他们来说，路易十五或者路易大帝仅代表他们年轻时代的一所普通中学，而不是外省学生只有在显示出自己的才华才能迈进门槛的赫赫有名的学校。课程结束后，当我们朝自习室、然后是食堂、最后是寝室走去时，他们则会消失在城市蜿蜒曲折的道路中。我们对他们怀有几分羡慕，也有几分嫉妒。"巴黎人比起外省人来更懂得该做些什么、写些什么，他们成为超现实主义者。乔治·蓬皮杜继续说："我们尤其羡慕他们的自由。他们也是我们的向导，引导我们熟悉巴黎的生活，向我们揭示歌剧的奥秘，免除我们走错通往圣－米歇尔林荫大道的人行道或者踏进左派知识分子嗤之以鼻的咖啡馆[18]。"

囚徒般的住宿生们每周可以外出两次：周四下午和周末。这些日子里，灰色上衣消失了，取而代之的是宽肩的西服上装和自从约瑟菲娜·贝克推出查尔斯敦舞（1920—1925年流行欧洲的美国舞蹈——译注）以来开始流行的喇叭裤。

"巴黎使外省年轻人走出狭窄的天地，洗去乡镇的痕迹，丢掉生硬、僵直的土气，稀释乡村发酵的酸味，给他们对城市的梦想提供了一个更为广阔的舞台；巴黎像位舞蹈师，教会尚处青春期的外省学生如何在火山口上跳小步舞曲，尽管生活简陋，还得双臂成扇形溢流状，双膝微微外翻，双颊带着微笑翩翩起舞[19]。"

乔治发现了一个迷人的世界，卢浮宫博物馆、塞纳河畔的旧书摊（他在这些旧书摊上，不惜耗尽囊中所有收购马克思·恩斯特的粘贴画集《女人百头像》）、宾至如归的啤酒店、可以欣赏到爵士音乐的小酒馆、培育出莫里斯·舍瓦利埃和瓦伦丁·泰西耶等人物的夜总会。他迷恋上了在《随心所欲的玛丽安娜》中演技出众的巴尔内蒂小姐，每个星期都让人给她送去花篮。这样他还需支付花店的费用。于是，他便以子虚乌有的法兰西文化保护协会的名义募集捐款。

12

乔治和他的朋友桑戈尔一道分享对巴黎的乐趣。桑戈尔曾回顾说："冒着温润的雨水或者灰蓝色的浓雾，长时间地漫步。春秋季里，在金黄色的温柔阳光映照下，色泽古朴的街道石块和人的面孔变得光可鉴人。"当他们肩并肩地前往圣－米歇尔林荫大道，年轻女子们回首打量这位棕褐色皮肤的漂亮的黑人朋友时，乔治便会装出一副谦虚的样子，对她们打趣道："你们难道从来没有见过黑人吗？"

但好景不长。晚上，外省小伙子们便得回到宿舍里，聚在一起回味城市的喧哗和从街道上听来的歌曲——莫里斯·舍瓦利埃的老调：瓦伦丁和她那丰满的乳房；巴黎，我爱你；瓦伦西亚；维奥莱特拉；爬上去吧；爱情的炫耀……

有时候，进入梦乡前，听见有人哼唱：

　　　　拉莫纳，我做了一个美梦，
　　　　拉莫纳，我们两个一起走。

随即有另一个声音附和，鼻音浓重，色情朦胧：

　　　　让我，让我在你身边逗留！
　　　　没有你，
　　　　我便失去快乐的理由[20]！

有时夜晚还会被玩笑打断，保尔·居特就曾讲过几个笑话："后来成为作家蒂埃里·莫尼耶的塔拉格朗，像坟墓里冒出来的鬼魂似的朝我走来，吓得我连忙后退。他双手伸进盥洗室冰冷的水中，爬上一扇窗户的窗台，躲进窗帘里。当我们睡熟后，一个幽灵将冰凉的手掌放在我们的脑门儿上，然后在我们一片恐怖的喊叫声中消失得无影无踪。塔拉格朗还会在宿舍门后窥视我们，模仿九月屠杀的情景（指法国大革命时期反动派对1792 年9 月2 日—5 日巴黎群众处死监狱中的反革命分子这一革命行动的蔑称——译注）。一旦有迟归者进来，他便用长枕头猛然将其'击昏'。然后，人们把受害者拖至主通道中央的一张夜桌前。刽子手光着上身让其双膝跪地。在一阵鼓鸣声中，用两把直尺击碎一只便盆。刽子手用长枕的背面一下子结果嫌疑犯的性命。"

到了星期一，大家都乖乖地穿上灰色上装。乔治在外衣的后背上抄录了波德莱尔《情人之死》中的诗句：

我们的床上发出阵阵轻微的恶臭，
　　　深陷的沙发如同死者的坟墓。

　　上英文课时坐在他身后的女孩——安娜－玛丽·库特是与他同时进入高等师范学校的学生。她将这段诗句背得烂熟。

　　政治使巴黎大学生们群情激愤。每天，参加了"社会主义学生运动"的乔治和利奥波德都要阅读莱昂·布鲁姆在《人民报》上发表的文章。在中学的院子里，他们有机会与弗朗索瓦·塞拉克及他的《法国行动》（保皇党组织的报纸——译注）的同事们展开辩论[21]。乔治不时地在合作办的一种大学生小报《共和大学》上揭露莫拉斯的虚伪言论及其"将共和国政府首脑们视为一帮杀人越货者，一群谋杀凶手[22]"的行径。

　　会考的日期临近，不能再分散精力。学生们匆忙结成五六人的小组，温习书面教材，准备笔试，并模拟练习口试。每逢重要的日子，和其他路易大帝中学的住宿生一样，乔治早餐时可享用一份煎鸡蛋和白酒。1930年的笔试题要求考生们对蒙田的下列判断进行评论："咄咄怪事：我们的诗人远远多于评论者和诗作的翻译者。因此作诗要比理解来得容易。"回想起来，令人称奇的是，从未写过一句诗文的蓬皮杜竟在三十年后发表了《法兰西诗歌文选》。哲学考试要求考生们解释"概念与直觉的性质及其关系"。历史的考题则是"概述自1830年起，法兰西殖民帝国的形成及其对法兰西和整个欧洲政治的影响"。

　　公布考试成绩时，乔治忐忑不安地走向乌尔姆街。成绩张榜在学校的传达室前。用四个图钉固定在墙上的这张纸将决定他的一生。他笔试通过了。剩下的口试通过抽签决定考题。有十到二十分钟的准备时间，口试时间也是十到二十分钟。考生们回顾起残酷无情的考官们所提出的问题时，不是感到恐惧，便是义愤填膺。有些主考官竟然就"亚历山大（埃及最大的海港，全国第二大城，在尼罗河以西，濒临地中海——译注）的街道"和"希腊的儿童游戏[23]"提问，以刁难学生。问题的关键在于不能沉默不语，最好就自己一无所知的问题泰然自若地即兴发挥。由于工夫下得不够，乔治以差得不算太多的成绩落榜：录取 31 名，而他则排名三十八。录取的考生中有他的同学亨利·凯菲莱克和勒内·布鲁耶。

　　"每年，高等师范学校文科预备班都以上演一场学生的或者是人类的悲剧而告终。先是统考笔试，然后是口试，将考生们分为幸运者和倒霉者，从而颠覆同学之间的友好情谊。长期以来，我一直想就这一主题写本书，书名叫：《分手之前》。我非常喜爱，但不得不与好几十位文科预科班一年级或二年级同窗天各一方。我们不会为一次统考失败而万念俱灰，但当时确实是令人难以承受[24]。"

乔治重读高等师范学校文科预备班时，有幸与从图卢兹来的儿时朋友皮埃尔·皮诺尔重逢。乔治可能是想起他或者是桑戈尔，后来才说了下面这句话："我想除了青年时代的友情之外，没有真正的友谊可言。"还有一些令他感到心满意足的事情：乔治以他的文学艺术爱好者的非凡风度，独立的思想，可能还有他乒乓球的高超技艺给同学们留下了深刻印象。"蓬皮杜罩有某种光环。他享有一种自然的、毫无矫揉造作的威望。所有人一致认为他将名列高等师范学校入学考试榜首，成为下次统考的英雄。因为这是大多数人的看法，所以他也表示赞同[25]。"同学们推选他为班级代表，负责与校长联系。带着罗马参议员般的严肃神情，他梦想着能在拍传统照片时，身着象征着权力的白色长袍（法官、律师、法律教授等穿的——译注）；在当时的情况下也就是身披寝室的一条毯子而已。

为了进一步扩大这次选举的影响和带来的威望，乔治听从了勒内·比耶尔的建议，同意领导孟戴斯·弗朗斯的"共和及社会主义大学行动联盟"路易大帝中学支部。当然，此举更多的是为了声誉，而不是行动，与为此所花费的时间相比更是微不足道。"比耶尔刚离开学校便成为政治家，"皮埃尔·普热透露说，"而蓬皮杜则完全相反。更何况，比耶尔并不喜欢他。他嫉妒乔治，并因身材矮小而穿上了高跟鞋[26]。"

超越竞争对手的愿望逐渐压倒了漫不经心，这一年他在继续树立自己杰出而自然大方的人物形象的同时，也加倍努力学习。结果是 1931 年，当他重新在录取榜上寻找自己的名字时，发现自己不仅被录取，而且在31 名新生中（3 名女生和 28 名男生）名列第八，其中还有他的同学比耶尔、范唯谦和波林。

乌尔姆街

在巴黎高等师范学校文科预备班之后的三年是自由、轻松、真正特莱姆修道院式（拉伯雷在《巨大传》第一部《卡冈都亚》中想象的世俗共同体——译注）的生活。无论从什么角度看都是一种决裂。"学校如同一座岛屿，"罗贝尔·布拉西亚克回忆道，"坐落在微风吹拂下的树丛中的小岛，僻静而陌生的小岛。圆形的石座上方耸立着巴斯德的半身塑像。大头鱼池周围是座小花园，校内街道两侧排列着路易 - 菲利普风格的煤气灯。这里完全置身于法律之外，是一座圣岛，或者是所有人所梦寐以求的仙岛，是三年休假的宝岛，是神奇般恩赐给某些人的理想之岛[27]。"

按照不成文的惯例，一切都以对正式入学前的新生的刁难和戏弄为开端。乔治因为名字怪异，而且故乡的名字也很滑稽，便成为众人的笑料。他自豪地宣称自己来自布莱兹·帕斯卡（法国数学家、物理学家、笃信宗教的哲学家、散文大师、现代概率论的奠基者——译注）的故乡，却无济于事。晚间只有躲进于尔叙利内电影院才能逃避恶意的嘲弄。在于尔叙利内电影院，他可以看到勒内·克莱尔、乔治·巴勃斯特或者卡尔·德雷耶的影作。他连续观看了八次《廉价的歌剧》。当时电影事业发展飞快，从无声到有声，是一门富有生命力的艺术，每年都会花样翻新。乔治·蓬皮杜一生都迷恋于电影这门第七艺术。

学生们的寝室是修道士式的斗室，在那里睡觉和学习。每个小房间里第一年住五个人，第二年住三个人，到了第三年仅有两个人。作为寝室的室友，乔治自始至终选择了皮埃尔·普热。普热是他在路易大帝中学的同窗，是离他家乡不远的拉尔扎克的儿时朋友。他们形影相随，配合默契；每当一个人接待女朋友谈情说爱时，另外一个人便悄无声息地离开寝室。他们一起完成希腊文和拉丁文翻译。"但蓬皮杜很少下工夫，他每天晚上外出，坚持不懈地前往电影院，直到午夜前才回来。他花在学习上的时间很少，以至于人们以为他是在偷偷地下工夫。他之所以选择韦拉朗[28]（用法语写作的比利时诗人——译注）作为毕业论文的题目，仅仅因为事关赴比利时旅游十五天的奖学金[29]。"

高等师范学校的学生个个爱开玩笑。1878届的一位名叫科隆的学生正是《卡芒贝尔消防队员》《精巧的余弦》和《茴香家族》三部漫画作品的作者。1924年，前一年以名列榜首的优异成绩进入巴黎高等师范学校的让·卡瓦耶，先以科学哲学家成名，随后又以抵抗运动者闻名于世，有一天竟用手枪向"大头鱼池"中的红鱼射击取乐。三年后，尼藏和萨特炮制了戏弄新生的林德贝格恶作剧——他们打电话给所有晚报称："因其赫赫战功，巴黎高等师范学校纪律委员会一致决定授予功勋卓著的飞行员荣誉学生的称号。"在他们向新闻界发布之后，学监花费了整整两天的时间在电话中进行辟谣。两天后，因为《小巴黎人报》发表了"林德贝格明天上午9点30分将前往巴黎高等师范学校"的通告，使事件再次出现高潮。届时，五百多人涌进乌尔姆街，其中有看热闹的人、治安人员和新闻记者。被挑选出来与英雄有几分相似的同学乘出租机来到学校，并受到同学们的欢呼喝彩。同学们对他倍加颂扬。观众们的狂热和崇拜显得如此真实，以至于有一位老先生亲吻了"英雄"的双手。

和这些出众的老校友们相比，乔治并不逊色。乔治爱开玩笑，喜欢嘲弄，好讽刺挖苦，靠擅长模仿来寻欢作乐。亨利·凯菲莱克曾写道："我看见他几乎总是最后一个到食堂用午餐，无拘无束地朝远处同学们的桌子上张望，想象着对他们说些什么诙谐的俏皮话。"他和皮埃尔·普热一起先后上演了三次闹剧。第一次，他们成功地把历史老师拉进声称是要纪念汉尼拔[30]（迦太基最伟大的军事统帅之一——译注）通过阿尔卑斯山而成立的子虚乌有的协会。历史老师显得有点犹豫："可你们知道，对他确切的行程路线是存在争议的。""先生言之有理，但我们已经作了很多调查研究，并最终弄清了真相。"实际是他们戏弄了这位老师。

第二次，他们成功地使一位名叫维吉尼的理科同学相信他们创建了一家从事有利可图的海洛因交易的公司，将他拉了进去，并派他拿着一袋研磨成碎末的粉笔到地铁里招徕顾客。倒霉的家伙花费了不少时间才弄明白这一骗局，并为此大为不快而在考试中失利。

最后一次，他们邀请政治学院的一名刚从西班牙旅行回来的学生到巴黎高等师范学校就佛朗哥和他的法朝日政党（西班牙佛朗哥的法西斯政党——译注）举行一次报告会。这位高傲自负的男生应邀登上了讲台。当他开始作报告时，只见几名头戴面具的家伙闯进大厅，喊道："混蛋，你

17

背叛了我们，我们要结果你的性命！"报告人被吓得不知所措，连忙离开巴黎，以逃脱他想象中的袭击者，然后跑到乡间躲藏了一个月之久。

亨利·凯菲莱克回忆说："在路易大帝中学，我们生活在一种封闭的管理中。而我们刚毕业不久的学校则在公立大学之列，这些公立大学一所比一所正规：巴黎大学、法兰西学院、圣－巴布法学院。在大院的长方形的自由天空里，竖立着一座十字架，那便是先贤祠。

"巴黎高等师范学校的周围环境并非一本正经。我们的日常生活充满了生气，有商店，行人来来往往，公共汽车和电车不停地发出阵阵轰鸣，随处可见流动商贩们推着装有五颜六色的水果和散发着泥土清香的蔬菜的车辆，可以品尝到蛋黄酱烧鱼的饭店，树丛上空的云彩、广告、人行道、电影院、书店，应有尽有。生活多么美妙而安详！我可以有条不紊地仔细审视巴黎。我在巴黎步行了三个小时、四个小时、五个小时，先是发现全貌，然后再分段仔细观察。夜深人静时，我站在师范学校的高处，倾听火车的鸣叫。在那个时代，交通的喧闹很早便停歇了。火车则以其来自四方星空的高声嘶鸣成为巴黎夜间出没的吉祥飞鸟……我贪婪地阅读着书本，因为我们可以从中汲取我们所期望得到的知识。我竭力寻找出考题者们的思路，但我却坠入各个世纪、各种题材之中，无力自拔[31]。

"除去创造接触良师和进入最好的图书馆的条件，以准备参加取得教师职衔的考试外，巴黎高等师范学校还给我们提供接触成就卓著的同学的机会。例如和乔治同一届的朱利安·格拉克、勒内·比耶尔或者雷蒙·波林；前后届的罗歇·伊科尔、蒂埃里·莫尼耶、罗贝尔·梅尔、亨利·凯菲莱克、雅克·苏斯戴尔和罗贝尔·布拉西亚克等。大家从他们身上学会了酷爱思考，认为思维足以达到一切。大家无怨无悔地继续着个人体验，突发奇想的念头，无效的行为，纯粹的智力训练。犹如十月份的葡萄收获季节，像葡萄酒酿造者将待发酵的葡萄汁放进地窖中的酿酒槽一样，人们将这些年轻人放在一起发酵生沫，并在这里引导他们迈出人生第一步。余下的道路，便听由他们自己闯荡去了[32]。"

"年复一年，结果几乎差不多，"朱利安·格拉克说，"有两三个人以其独特的思想，过人的有时甚至令人不安的才气，超群出众的能力而鹤立鸡群。有三四个原本猜测可能无法通过统考却因筛选相当粗略和急于公布结果而得以放行：所有大学校对此都不屑一顾。有六个特殊人才，正像罗伯斯庇尔时代人们所说的那样，很早便瞄准并选择了属于自己的狭窄而鲜有人光顾的市场，摆脱一切烦恼，稳步迈向高等学府或法兰西学院的教授职位。有一两位则因无法适应大学的熔炉而茫然若失。他们进入大学好像

18

是不小心走错了门，因而经常沦为所有人谈笑的话题。大体上每个闰年都会出一位未来的教士。剩下的人则几乎无一例外地到高等师范学校预备班和省立大学任职。但任何弹子都还没有钻进属于自己的格子里，游戏尚在进行中。就职业生涯来讲，可能的领域远远超过实际的领域。还有四年光阴，每个人都往各自的弹子盒里装进钱勒斯元帅或者佩吉，贝格松或者吉罗杜的志向，用眼角、用同学的目光窥测从杰出才华或者雄心壮志者身上迸发出的火花[33]。"

为了走出小圈子，乔治对巴黎大学敬而远之，当然，马宗用希腊语讲授的课程除外。他像朱利安·格拉克和勒内·布鲁耶一样在私立政治学院这座资产阶级的殿堂里注册学习，尽管注册费高达 1500 法郎。是因为法律的吸引力，还是那里出众的美女多于巴黎大学呢？"布鲁耶攻读巴黎政治学院，因为他对外交事务感兴趣，"朱利安·格拉克讲述道，"而我自己，目的很简单，就是为了补充我的知识，以便多获得一个文凭。至于蓬皮杜，他大概不打算终生从事教育，还想从事其他事业。但我从未想到他竟然从政。尽管他赞同和平主义并倾向温和的社会党人，但他根本不具备从事政治和奉行独断主义的素质。我觉得如果当时存在联合国教育科学及文化组织的话，他倒是适合在那里充当一名讲师或者官员[34]。"

当他参加每周的例行会议时，乔治连向同学们承认去了一处时髦地方的勇气都没有，还要装作是参加了神秘的约会。但当他为每小时三十法郎的报酬给别人上个别辅导课时，却会选择年轻漂亮的、来自富有街区的女学生[35]。他的嗓音，他那热情洋溢的微笑，他那蓬乱睫毛下锐利的目光令人神魂颠倒。年轻的女郎在他的生活中占据重要的位置，上个别辅导课除了为获取零花钱外，更主要的是得以接触上流社会，并应邀参加高雅的晚会。

他和同寝室的室友皮埃尔·普热是购置了无尾长礼服的、仅有的高等师范学校学生。普热热衷于探戈，穿无尾长礼服前去参加风笛舞会；而不太善于跳舞的乔治则是为了能被高雅晚会所接受。这一服饰使他们得以代表巴黎高等师范学校出席《两个世界》杂志为欢迎比利时国王在同盟国俱乐部举办的晚宴。守候在门前的传呼员郑重其事地宣布："红衣主教 X……蓬皮杜先生……内阁总理塔迪厄先生……普热先生……"当然，两位年轻的新门徒与美国的新闻记者们一起被安置在宴会桌的尽头。晚宴后，蓬皮杜成功地与保尔·克洛岱尔和保尔·瓦莱里说了几句话，甚至还请他们在菜单上留下了亲笔签名。普热看见递过来一包硕大的雪茄，便把自己的口袋里塞得满满的。"突然间，一枚勋章[36]跌落在大理石地上。谁的勋章，你知道吗？是贝当元帅的军功章，这是一位令我钦佩的、仪表堂堂的长者。我弯下身，捡起勋章，恭恭敬敬地递给他。'谢谢，年轻人，'他回答我说，'这是一件赝品。'"

最后一年，普热和蓬皮杜自告奋勇，一月份在巴黎大学组织巴黎高等师范学校的舞会。实际上，蓬皮杜把所有事情都交给普热去办，普热为此花费了他三分之二的时间。蓬皮杜本人仅仅是去游说三四位要人，请他们购买三十法郎一张的请帖，然后陪同普热去爱丽舍宫亲手将请帖送给共和国总统。这是他们两个人首次跨进爱丽舍宫的大门，但阿尔贝·勒布伦并未给他们留下深刻的印象。普热独自一人张罗自助餐，确保得到慈善事业的女施主，科学院院士夫人们和一位热心的糖果商的赞助。为了使晚会办得充满活力，他聘请到一位女歌手和一名说唱艺人，并想方设法请他所痴迷的"夏约宫狂女"玛格丽特·马雷诺参加。"我在她的化妆室里见到了她，当时她脸上满是脂粉[37]。她犹豫再三，最后接受了我们的邀请。结果却闹得极不愉快！节日当晚，在巴黎大学迎接她的是两排身着礼服的共和国卫兵。她直朝我冲过来：'你不能先通知我一下吗？我以为是一个普通的民间舞会，一个大学生的晚会。我仅准备了一些粗俗的大众舞曲。我得回去睡觉。'"

"面对这一挫折，普热把赌注压在他请来助兴的女歌手身上。可这位著名的女歌唱家在攀登大楼梯时，竟然鬼使神差地摔在一级阶梯上，扭伤了踝骨，必须用担架抬出。剩下能救场的只有那位说唱艺人。为了取悦于阿尔贝·勒布伦，这位本地歌手哼唱起《桑布尔——布兹》。倒霉的歌手招来不喜好狭隘爱国主义的师范学校学生们的阵阵嘘声[38]。"因为，如果在以佩戴包金纽扣、佩剑、两角帽或者羽饰为荣的理工学院或者圣西尔军校，他会赢得学生们的欢呼；而在巴黎高等师范学校，情况恰恰相反，这里的学生们狂妄自大，对等级、标志军衔的饰带及军服不屑一顾。

这些伟大的自由时刻使乔治充分地享受到巴黎的生活，他去剧院观看路易·茹韦、加斯东·巴蒂和夏尔·迪兰演出朱勒·罗曼的《多诺戈·顿加》、让·科克托的《人类的呼声》和《恶魔机器》、马塞尔·阿沙尔的《多米尼》或者阿努伊的《纯洁无瑕者》。借助于老学友罗贝尔·布拉西亚克的引荐，蓬皮杜有幸会见皮托埃夫一家人，并应邀观看他们的演出。他经常出没于毕加索的画室和超现实主义者们聚会的波莱特·纳达尔的沙龙。但他尤其心仪让·吉罗杜，当时正上演他的《朱迪特和间奏曲》。

乔治还喜欢攀登卢纳帕克的俄罗斯山脉或者到马恩河划船。1931年在万森公园举办了殖民地博览会，利奥泰（1854—1934，法兰西元帅——

译注）为诞生于"战壕里鲜血铸成的博爱"的"最伟大的法兰西"举行庆祝活动。他和三千七百万参观者一样，欣赏到了围有土墙的非洲黑人领袖官邸和苏丹的淡红色宫殿。当其他参观者津津有味并带有几分嘲弄地评论这些土著建筑的巴纳利亚风格时，乔治则对黑人艺术和天主教义抱有浓厚兴趣。更何况，自从他来到巴黎远离母亲后，实际上便停止去教堂做弥撒。

"我们坐在湖边上，"克洛德·莫里亚克讲述道，"拉利克喷泉朝黑幕已经降临的天空喷射出光彩夺目的细长的水柱，水柱成羽冠状飘落下来，然后散落在空中。那边的水桥不断地变换色彩，把茫茫黑夜点缀得五彩斑斓。十点整，水上剧院灯光亮起来。'如同仙境一般'，我们周围的外省人和外国人惊叹道……我们站起身来，沿着湖边，穿越混杂而喧闹的人群朝前走去。我们来到一座连接湖岸和小岛的桥上。左边和右边都是巨大的水弧，呈黄色、蓝色、红色、橘黄色，五彩缤纷，不断变换着，最终雾状般地扩散进黑夜里，逐渐失去其光彩，并消隐得无影无踪。

"很快，在一条狭长的小道尽头，被蓝色探照灯的斜光划出道道条纹的黑色天空中显现出一座吴哥庙宇，锃光瓦亮，一片金黄，简直让人难以置信。这座复制建筑物让人惊叹不已，美妙绝伦的雕刻艺术价值连城。我们近前观赏：庙宇清晰地倒映在四周呈黑色的水中，深色的湖水纹丝不动。涌动的人群在这座神奇、构造匀称的建筑物前，因陶醉其中而默默无言。它的原型依然屹立在遥远的一个未开化的国度里。法属非洲馆更为神秘，令人向往。其被隐隐约约照亮的红色轮廓与灯火辉煌的天空融为一体，并淹没于深色的树丛之中。它使我们想起那些无比残酷而权力至高无上的暴君们[39]。"

巴黎高等师范学校给学生们留下足够的时间参与微乎其微的政治生活。"拉丁区自以为老子天下第一，"弗朗索瓦·密特朗回忆说，"未来的民族精英们——几千名年轻的资产者在这里炫耀自己，互相打量，相互对峙，一边学习一边故步自封于这座占地仅一平方公里的四边形的校园内。"

极右派势力当时相当强大，乔治似乎时而反对"法兰西行动"，与孟戴斯领导的"共和及社会主义大学行动联盟"的成员——莫里斯·舒曼、乔治·阿尔贝蒂尼[40]、莱奥·阿蒙、罗歇·伊科尔、罗贝尔·马若兰[41]、莫里斯·帕蓬及雅克·苏斯戴尔并肩作战。他甚至还有一两次用拳头击打过头号公敌乔治·卡尔桑的报贩们（两次世界大战期间法国出售保守党报纸的人——译注）的突击队员。只要听到电话召唤，这位长着畸足、勇气过人、身材高大的家伙便会带着他的一帮持有大头棒的战友们冲出来，手持用报纸糊成的旗帜来到圣－米歇尔大道，高呼："打倒犹太人！共产主义者滚出去！"然后再到索邦广场一角的阿尔古咖啡馆集合。如果事情闹大，由巴黎极右派让·夏普把持的巴黎警察厅便出动警察，大打出手，驱散"共和及社会主义大学行动联盟"的队伍。

和他的朋友皮埃尔·皮诺尔一样，乔治有一段时间也加入了勒内·比耶尔创建的"国际联盟"的学生支部，并参加关于《通过法律手段争取和平》的辩论会，一些著名人士，如乔治·博内、皮埃尔·科特和贝尔纳·德·茹弗内等都在辩论会上发表演说。他仅是倾听，并不发言。有一次在瓦格朗大厅举行的集会结束时，他险些遭到大头棒的袭击。他大概也参加了 1932 年 3 月 12 日举行的和平卫士阿里斯蒂德·白里安的葬礼。阿里斯蒂德是位理想主义者，其政策的失败绝不能成为诋毁他的理由。

乔治更喜欢和同学们坐在圣－米歇尔咖啡馆露天座的桌前，花几个小时平心静气地讨论问题。更何况，他很快对政治感到心灰意懒。1932 年12 月，和平与裁军大会在阿姆斯特丹举行。经勒内·比耶尔的推荐，他不时为《共和国报》写几篇文章。激进的《共和国报》于 12 月 23 日同时发表了巴黎高等师范学校两位年轻人对立的观点。一位是罗热·波尔舍龙，他表示赞同大会。另一位便是乔治·蓬皮杜，他反对这次大会，他写道："召开一次争取和平的国际主义大会，结果都是战争和民族主义——民族主义的战争！在我看来，所有战争都是愚蠢的，革命的战争也不例外。今天捍卫苏联，为什么要这么做？苏联作出的努力是巨大的，但如果我放弃保卫我的祖国，这丝毫并不意味着我将选择另外一个祖国，甚至是社会主义祖国。我不想使和平隶属于任何东西。我不喜欢和平为一个阶级所垄断、为一个国家所垄断，我也不喜欢人们对我说：'捍卫和平与苏联！'普安卡雷这样说过：'为了法兰西，为了和平！'和平没有国度，即使无产阶级今天拥有了一个祖国。只要人们真心诚意，和平便属于人民。只要人们组织起来，大声发表自己的见解。他们高喊和平，但不会乘上开往阿姆斯特丹的列车，因为这是一列突然将他们带往莫斯科的列车。"

接触到法兰西和纳粹的现实之后，他的和平主义信念进一步破灭。1933 年 6 月，乔治陪同勒内·比耶尔前往都灵，参加意大利人组织的一次青年大学生代表大会。"代表大会徒有虚名，仅仅是一场宣传极权主义的骗局。没有日程，没有会议，没有主题，没有研讨，甚至没有观点的交流，没有结果。站在我们面前的是些喋喋不休的法西斯官员和毫无生气而固执的纳粹分子。所有与会者离开时都感到痛心和极度焦虑不安[42]。"

与墨索里尼不同，希特勒依仗资产阶级和多数人的选票合法取得政权。但他的上台如同晴天一声霹雳，震惊世界。8月份，乔治利用假期，与皮埃尔·皮诺尔一起游览蒂罗尔和巴伐利亚。他们在欣赏了丢勒（1471—1528，德国油画家、版画家——译注）和勃鲁盖尔（16世纪佛兰德斯最伟大的画家，其子小彼得和让均继承父业，成为著名画家——译注）的画作后，离开慕尼黑美术馆时，目睹了一场声势浩大的希特勒纳粹分子的游行示威。六个月以来，纳粹分子在全德国范围内举办火炬游行，焚烧了所有共产主义者、社会主义者和犹太人作家的全部书籍。在挂满了"卐"字纳粹旗的慕尼黑，两位朋友惊恐万分地见证了纳粹群体在极富煽动性的演说的迷醉下陷入痴愚状态，疯狂欢呼最高元首示威游行的情景。希特勒号召南德意志人回归（指1938—1945年法西斯吞并奥地利——译注），于是就有成千上万的法西斯分子随着强烈的音乐节奏，迈着齐整的步伐，振臂高呼，给人以极大的心灵冲击！预示着这股疯狂的潮流即将席卷整个欧洲。

乔治惊呆了。德意志的侵略潜力与纷乱的法兰西薄弱的抵御能力之间有着天壤之别！他感到一切都无可救药。在这以前，他和他的许多大学同学一样，相信法德亲和，相信国际联盟，相信洛迦诺（瑞士城镇，位于提契诺州，在马焦雷湖的北端，阿尔卑斯山麓——译注）会议，相信裁军，相信清除战争财政预算，相信修改条约。面对纳粹的宣传及后勤的组织，一切似乎都已崩塌。国际联盟早已名存实亡，裁军则成为一种空谈。

乔治得出的结论是"左派的和平主义将我们引入了深渊"，他感到厌倦，不再理会社会主义学生联盟的会议。他仍然阅读《人民报》，但不再参加任何政治派别在巴黎高等师范学校的团体：战斗基督徒；天主教系活动家；法兰西行动；比耶尔的极端分子社团；苏斯戴尔倡导的左翼社团。他不参加任何团体的活动。

相反，他一直在外省的父亲却投入到政治斗争中。自1924年左翼联合政权取胜以来，许多阿尔贝人都投社会党人的票，这些社会党人是卡莫的矿工和玻璃制作工、格罗莱和马扎梅的制革工、高原的农民、加亚克的葡萄种植工、黑山和西多布尔的牧民。莱昂·蓬皮杜紧跟社会党的步伐，由塔恩的社会主义联盟书记成为阿尔贝市议员，负责管理学校。他与战争部长约瑟夫·保尔－邦库尔[43]过往密切。约瑟夫·保尔－邦库尔是前区议员，当时少有的英明政治人物之一：他反对共同威胁和纳粹德国，并积极促进与苏联和睦相处。部长不时地派人给乔治送来法兰西剧院的戏票或者议会讲坛旁听席票。这便给乔治提供了直接目睹1934年2月6日悲惨情景的机遇。

那一天，当爱德华·达拉第向议员们介绍他刚刚成立的政府时，"法兰西行动"、"全国战士联盟"、"爱国青年会"和"一次大战老战士十字军"共同组织了一次声势浩大的游行示威，反对在"斯塔维斯基事件"中涉嫌妥协的部长们和议员们。由四个阵线组成的游行队伍晚间高呼"打倒刽子手"的口号，涌向波旁宫塞纳河一侧的协和广场。尽管拉罗克上校下令驱散人群，但成千上万的示威者——有的还带有武器——试图越过桥梁。为了阻止游行队伍行进，武装警察开枪射击，造成 17 人死亡、一千多人受伤。议会右派试图利用骚乱，拒绝承认政府。在国民议会的半圆形阶梯会议厅里，议员们互相射击。左派紧密团结在议长身边，投了政府的信任票，但第二天，达拉第辞职。那天坐在包厢席前排的乔治永远忘不了这一情景。这次流血事件，这次辞呈，多么深刻的教训啊！

　　四个月之后的 7 月份，他同时参加了高等师范学校文科教师学衔考试和政治学院的毕业考试。他一直在圣－克洛蒂尔德公园等待公布学衔考试的笔试成绩。直到发榜时才前往格勒内勒街的国民教育部观看用一枚图钉固定在墙上的可怕的按字母顺序排列的录取榜。他高兴得大叫了一声！他的名字赫然列在表上。录取了！口试在路易大帝中学举行。一个人待在图书馆里，可以查阅书籍，有六个小时准备决定命运的考试。用一个小时的口述来模拟一堂课。对于乔治来说，准备不是以时间长短来计算，而是以思考的强度来衡量。五个小时后，他离开大厅，前往院子里抽了一根烟。

　　以第一名成绩被录取，乔治认为这才是他真正的成绩和应该排列的位置。在巴黎高等师范学校文科入学考试时，他出乎意料，仅仅名列第八。但这一次他抓住了机遇，终于得到了补偿。

　　新录取者的教师资格授衔仪式严格按常规进行："带有宗教和牙科医生诊所的色彩，但这是一种完全合乎法律手续的就职仪式。典礼在路易大帝中学大厅举行。评判委员会主席加斯蒂内尔向走到他面前的考生宣布成绩，然后再询问他们希望到哪个地区任教。"

　　"蓬皮杜，您希望到何处？"

　　"马赛，先生。"渴望阳光——普罗旺斯阳光的蓬皮杜回答说。

　　"好，您名列榜首，那么，您就去马赛吧。"

　　"你呢，普热？"

　　"马赛，先生。"名列第三的普热也同样回答道。

　　"我们不能让所有人都去马赛。去突尼斯怎么样？"

　　"很好，先生。"

　　"就这样，和乔治同样喜欢南方的皮埃尔·普热得以在南方迷人的天空下，在突尼斯、摩洛哥、罗马、雅典幸运地从事教师和文化参赞的职业生涯。这是他梦寐以求的生活[44]！"

乔治不仅以第一名的成绩获得教师职衔，而且也顺利获得政治学院毕业证书。他仅仅在毕业考试前 15 天才翻阅所学课程，但仍然在 60 名考生中名列十三。双喜临门。

然而，他心情忧郁，感到消沉。青年时代结束了，现在必须进入生活，要挣钱养活自己。他不太情愿地准备开始自己的教育生涯。他向同学勒内·比耶尔承认说："我感到疲倦：教学生们性数变化、翻译西塞罗的作品，可能还有讲解柏拉图的机会，这便是我今后的命运！"

一见钟情

　　突然起风了。在卢森堡公园里，乔治与一群朋友们聚会时，认识了一位高个子、身材苗条的美貌女郎。一头金黄色卷曲的秀发，神态自然而坚毅，目光坦率而真诚，言语果断，泰然自若。他得知姑娘名叫克洛德·卡乌尔，正在攻读学士第一年，但法律让她感到乏味；所以她同时也在上巴黎大学的文科课程。她爱好体育运动，喜欢游泳和网球。

　　被姑娘的魅力所吸引，乔治很快便不断向她求爱。"在与她巧遇的那一天，我便对她一见钟情，这是我一生中唯一的一次。从而改变了我的一生[45]。"姑娘为他的执著所感动，很快被这位宽前额、浓眉阔唇、黑钻石般的双眼、锐利而令人着迷的目光、漂亮而阴郁的青年所征服。他的目光总是在她身上转来转去，一直钻进她的心灵深处。她从他的目光中读到了几分狡黠和坦诚直率。他脸的上半部分像埋伏着的猎手，与显露出强烈求生欲望的下半部分形成鲜明的对照。他的聪明才智、变幻不定的面部表情和坚强的意志，给她留下了难忘的印象。

　　两位年轻人不断约会。每次见面，每次单独交谈都充分展示出他们的内心世界，心灵的息息相通使他们沉浸在无限喜悦之中。他们一起谈论文学，尤其是谈论托尔斯泰和陀思妥耶夫斯基。乔治出色地背诵拉辛、波德莱尔、马拉美的诗作。她喜欢他那南方人发出的"O"音和他那有点沙哑的喉音。姑娘惊叹之余，问道："那么，您呢，您写诗吗？""不，诗人们不喜欢其他的诗作。"

　　克洛德和乔治一样来自外省，但她出自较为显赫的家族。父亲是马耶纳省沙托－贡捷医院和收容所的主治大夫，是城里病人光顾得最多的医生。卡乌尔家族跟布雷斯特的工业家、南特及昂热的大学教师们联姻。阿尔弗雷德·乌赛的一位叔叔是法国大西洋轮船公司的经理，另一位叔叔弗雷特·多迪库尔则是最高法院的总检察长。父亲之所以将她送到巴黎来学习法律，是希望看到克洛德有一天能够继承祖父诉讼代理人的事务所。

乔治和她在一起，便可忘掉自己出身的小学教师家庭，并在令他眼花缭乱的另一种不同的世界里漫游。他们的分离和他们的重逢对他来说是一种在梦幻和现实之间无休止的轮回。他为她的高雅、为她的神奇而神魂不定；她令他想起《大摩尔纳》（法国作家阿兰·博尼耶的成名作——译注）中的女主人翁伊冯娜·德·基耶弗雷库尔（又名伊冯娜·德·加莱）。他虽然缺少阿兰·博尼耶的文学天赋，但显得更为果断和坚忍不拔。他绝不能放过这次幸运的机遇。在体味到天堂的乐趣之余，他不想将就着在父辈事业的狭窄天地里生活。于是，他紧紧抓住机遇不放。

克洛德觉得他喜好讽刺挖苦，聪颖出众，才华横溢，但和蔼可亲，随时准备倾听别人并提供服务。幸运的是她并无任何阶级偏见。她是个虔诚的天主教徒，但这并不妨碍她经常与乔治这样的不信教者来往。她甚至对他的两位有色人种朋友利奥波德·桑戈尔和范唯谦颇有好感。这对年轻的恋人随着彼此关系的进一步加深，都觉得是天生的一对。

然而，乔治服兵役的时间到了。1923 年的法令，确切地说，《保尔－邦库尔法令》规定师范学校的学生必须先接受两年的军事预备教育。用学校的用语来说，邦武斯特[46]非常艰苦，要学会齐步走、使用枪支和佩戴防毒面具。

在这时期，巴黎高等师范学校是个和平主义的温室。最大的担心莫过于 1914—1918 年大屠杀悲剧的重演。在 1911—1918 届的 293 名学生中，有 109 人被杀害、89 人负伤。1933 年 2 月学生报纸《自由言论》赞赏牛津大学生们所发的誓言："在任何情况下都不为保卫祖国而作战。"大部分师范生对有关军事的东西极少关注。"有一天，炮兵射手将一门大炮拉到学校院子里，要给我们演示；第二天，他们发现大炮被染成红色，人们对他们说，这是红色军队的大炮[47]。"在波尔罗亚尔大道卢西内军营军训期间，一些学生故意不按节奏行走，以制造混乱；另外一些人则在攀绳时，屁股落地，或者干脆逃避训练。为数众多的学生不能获得军事合格证书，因此毕业后还需到部队服役 18 个月。

相反，获得军事合格证书者仅需服役一年，前六个月作为预备役军校学员，后六个月则在一支部队里。遵守纪律的乔治获得军事合格证书，并前往圣－迈克桑军校。和他一起的有三名同届的师范学生——朱利安·格拉克、雷蒙·波林和皮埃尔·普热，还有前后届的好几名师范学生——17 岁便进入高等师范学校并以第一名成绩获得哲学教师学衔的雅克·苏斯戴尔，以及勒内·马亚尔和勒内·布鲁耶。"蓬皮杜，"勒内·布鲁耶说过，

"如鱼得水般迅速成长，和小学教师们、神学院学生、艺术家、财政监督员甚至军官们相处得十分融洽。他能跟各种各样的人聊天，避免发表武断的看法，交谈结束时总报以微笑。"

蓬皮杜惯于不使自己过于疲劳。他与住同一寝室的皮埃尔·普热找到一种演习时充当敌军的办法——以便当同学们训练时，他们则在离射击台一公里远的地方自由自在地讨论问题。当中尉教官带着大天使般的神情，内行地讲解说"只有匍匐着才能弄清位置"时，他们两个便首先忍不住笑出声来。

除了在已婚同学家里玩玩桥牌外，主要的消遣便是排演戏剧，为全校师生和圣－迈克桑的居民们演出。皮埃尔·普热萌生排演流行剧目《托瓦里奇》的念头，于是获得四天假期前往巴黎观看埃尔维尔·波佩斯科的演出，以收集导演的技巧。普热成为主角之一，扮演人民委员；而懒散的乔治只想演炊事员，也就是说，隔一段时间，说上一句："夫人，请用餐。"演出取得异乎寻常的成功，结果是扮演另一主角的、英俊的预备军官夺走了一位炮兵上尉的妻子。

六个月之后，被派往克莱蒙费朗驻军部队的乔治难以忍受军纪的约束。一天，他乘出租车赶去与已经在多姆山演习的小队会合。他对这座美丽的城市恋恋不舍，因为在高等师范学校文科预备班的一位同学让－米歇尔·弗朗丹家里，他与越来越热恋的、一想到要与一位教师结为夫妻便欣喜若狂的女友克洛德订了婚：她将有三个月假期与丈夫单独待在一起。

婚礼于 1935 年 10 月 29 日在沙托－贡捷的圣－约瑟夫收容所小教堂的一座修女花坛前举行。乔治始终是自由思想家，直到成为总统才重新迈步走进教堂，但这并不妨碍克洛德信奉基督教。和利奥波德·桑戈尔和皮埃尔·皮诺尔在一起，便是他的节日。卡乌尔先生不喜欢被人拍照，但因为克洛德坚持要一张父亲的相片，一位应邀前来参加婚礼的十分幽默的艺术家拿起铅笔，寥寥数笔将他勾画成带角的农牧神。克洛德将画珍藏起来，作为幸福时刻的永久回忆。

沐浴在普罗旺斯的阳光下

　　年轻夫妇在希腊度过蜜月后，在马赛定居下来。乔治刚被任命为圣－夏尔中学的法语、拉丁语和希腊语三年级的教员。他们在马赛度过了三年时光。机遇使乔治从三年级教到二年级，然后又从二年级教到一年级。他教的是同一批学生。他那"隐藏式"的发型、淡黄色的手套、沉着冷静的外表、轻松而不拘小节的风度，让学生们感到惊讶不已。"这是位穿着时髦的花花公子，喜欢红棕色或海蓝色服饰，佩戴乳白色的栗色宽条纹领带[48]。"

　　他那以幽默、距离感、超脱为特色的教学先是让学生们感到惊讶，继而被征服。"为了用诙谐吸引学生的注意力，他以朗读朱尔·罗曼的《同伴》开始。"他的一位同事[49]皮埃尔·吉拉尔讲述道。一般来讲，他会在教室里来回走动，双手插在口袋里，介绍作者和作品，断断续续地谈起拉辛、龙萨、狄德罗、波德莱尔、拉克洛和吉罗杜。"然后，他便坐在凳子上，请一位学生到他的讲台上复述。"从而，使当时鲜有发言机会的年轻人得到学习表达和获得自信的锻炼。相反，他绝不宽容他们的傲慢无礼。他的一个三十年后在国民议会上与他再次相遇的学生，对乔治谈起他曾因在教室里玩战舰游戏（双方在格子纸上做记号，击沉对方舰队——译注）而被他送到纪律委员会。一般每堂课结束时，乔治都用他那深沉而有节奏的、单调的嗓音朗读课文，经常是路易·茹韦戏剧的经典场面。

　　克洛德时常开车在中学门前接丈夫。她开的是父亲在她们结婚时赠送的雷诺塞尔塔卡特型车。在气喘吁吁地想赶上一辆萨尔姆松车的那一天，她将爱车命名为达利拉。年轻时便有驾驶执照的克洛德经常坐在驾驶员位置上，更何况，蓬皮杜家里还没有人拥有汽车。拥有一辆车，对于一位刚刚开始执教的老师来说，还是很少见的！一位年轻漂亮的妻子和一辆汽车使乔治深受大部分资产阶级子弟的欢迎。"克洛德如此美貌出众，如果不请最出色的裁缝为她定做衣衫，那将是对造物主的亵渎[50]。""他爱她至深，为她购置一套衣服——帽子、手提包和靴子——几乎花费了他一个月的薪水[51]。"

乔治在家里躺在椅子上，边听音乐，边快速批改学生作业。他们位于塞巴斯托波尔街的住房拉上的百叶窗使屋内半明半暗，并带有令人舒适的凉爽，与室外的炎热形成鲜明的对照。年轻的老师在教学上花费必要的时间，但他不想给学生们的课外活动设置条条框框，他仅陪同学生们参观名胜。他批改作业时，并不过分拘泥于打分，为一个曲解或误解的词语扣除半分或四分之一分。他更喜欢利用全部自由时间陪同克洛德外出：和她一起跑旧货店，到帕泰－帕拉斯去欣赏弗南代尔的演唱，到奥德翁看爵士王子路易·阿莫斯特龙的演出。

蓬皮杜夫妇每周与同事们聚会一次，在马西利亚沙龙听室内音乐会或者到贝尔桑斯林荫大道享用普罗旺斯鱼汤，因为蓬皮杜爱好美食。这些同事分别是在梯也尔中学任教的莫逆之交皮埃尔·皮诺尔，乔治计划与之围绕"透过文学看巴黎"这一主题合作撰写一部著作的皮埃尔·科洛特和皮埃尔·吉拉尔。从克里斯蒂娜·德·皮桑写到朱尔·罗曼，其中还有为他们青年时代和发现首都[52]、繁荣外省文学作出贡献的维克多·雨果；尤其是和他形同手足的德语老师让－保尔·德·达德尔桑，他性格怪僻，可以将学生的作业扔进垃圾箱，以便有时间为贝尔纳·格拉塞出版社翻译现代德国小说家的著作。有一天，他们竟一起戴着从一家出售用于开玩笑、做恶作剧物品商店里购来的希特勒和墨索里尼的滑稽面具，行着法西斯礼，走进马赛的一家赶时髦的《南方文学》俱乐部。

乔治开始写有关巴尔贝·多尔维莱的博士论文，作了一些研究，写了几页纸，但一到美好的季节便放下手中的一切，陪同妻子去游览普罗旺斯。阿尔勒令他们着迷，博、圣－马克西曼的塞尔瓦卡内、塞南克和勒·托罗内三座西部修道院都让他们流连忘返。他们习惯前往圣－特罗佩这座带有卡西渔民避风小海湾的平静的港口小城。克洛德喜欢在这里游泳。尤其在艾克思这座普罗旺斯式的凡尔赛宫里，乔治骑马飞奔，也是在这里，她将看到丈夫大学教师的锦绣前程。他们接待乔治的妹妹玛德莱娜和克洛德的妹妹雅基。"和乔治在一起，"雅基说，"我觉得虽然失去了一位姐姐，却得到了一位兄长。"

复活节和夏日假期一般都在马耶纳省的卡乌尔家中度过。他们邀请朋友，如皮埃尔·吉拉尔或者利奥波德·桑戈尔等来这里一同度假。皮埃尔·吉拉尔练习给克洛德画像；桑戈尔则是跳舞能手，曾一度钟情于雅基。桑戈尔刚与一位马提尼克岛的朋友塞泽尔创建了《黑人大学生》杂志，肯定并捍卫黑人的精神、意识和文化，他不厌其烦地重申非洲人有属于自己的应该得到人们承认和尊重的共同文化、价值观和行为准则。他感到自己应该承担起对塞内加尔兄弟，或者简言之，对黑人兄弟的义务。乔治叹息说："你的黑人精神让我们感到腻烦。"实际上，作为人道主义者，他充分理解桑戈尔的言行。

1936年5月，马赛和其他大城市都因罢工而瘫痪。乔治赞同"人民阵线"的社会公正纲领。新闻界针对"犹太人布鲁姆"（1872—1950，法国政治家、作家——译注）的运动令他感到厌恶。他觉得非殖民化在所难免：是否受桑戈尔或者范唯谦的影响？他曾对皮埃尔·吉拉尔[53]说过："殖民地，人们会失去殖民地。"他投票赞同社会党人。但他同样厌恶见到红旗飘扬在船舶的桅杆上，游行队伍伴随着《国际歌》的歌声不断行走在拉卡纳比耶大道上，悬挂起主要船东的头像。他对缩减军事预算深感不安，共产主义者的自命不凡及他们声称握有开启历史所有大门的万能钥匙使他感到不快。然而他却出乎意料地听到莫里斯·多列士在马赛发出著名的号召："同志们，必须学会结束一次罢工。"

总之，他和许多法国人一起见证了1936年夏季发出的和谐音调。获悉"人民阵线"获胜的消息，人人似乎都重返二十年代。陶醉于野外和自由的年轻人重新忙于度假，身背行囊，顺路搭车去享受阳光浴和洗海澡。

吉奥诺在吕尔山的马纳斯克周围为大学生和教师团组织了远足旅行，使他们分享对大自然和乡村民众的热爱。乔治非常喜爱《安热勒》和《再生草》，偏僻乡村的历史在一对不幸的夫妇的努力下得以重生；对生活的颂歌触动了他那乡村人的心灵。于是，他带克洛德迈上通向吉纳塞尔维的道路，这是一个猎手们所熟知的以其白霜肉糜而闻名的村庄，他们一直来到马纳斯克这座林木和泉水之城。让·吉奥诺让他们进入他的"灯塔"及触摸他的烟斗、面具和书籍，他倾听他们的讲述，给他们讲吊床上的墨西哥人的故事，给他们朗读他的《山野里的战斗》。作家试图让他们赞同其有关世界博爱与和平的狂热梦想，可效果并不理想。但他却通过传送其"不要跟随任何人"的个人主义信念，触动了敏感的神经，划开了一条垄沟，他传播的这一理念将深深影响乔治，直至1944年他与戴高乐将军相遇。

很快，如同晴天两声霹雳，爆发了中国战争和西班牙战争。工会活动家们在马赛组织了声援西班牙共和党人的武装进军活动。

1938年夏末，莱昂·蓬皮杜在一位拥有威望的朋友约瑟夫·保尔－

邦库尔的帮助下，应聘到巴黎拉瓦西耶中学任教。乔治一心想与父母亲，尤其是越来越饱受病痛之苦的母亲生活在一起，他求保尔－邦库尔帮忙，成功地先在凡尔赛，后来又在亨利四世中学谋得职位。他教授三年级和二年级的法文。他还应聘和同事乌尔·奥迪贝尔蒂轮流担任移民学校预备班的法国文学教学。27 岁的他成为巴黎所有中学里最年轻的正式教师。父亲向他表示祝贺。他回答说："我更希望成为装潢艺术师或者艺术评论家。""你永远不知足！中学教师是世界上最崇高的职业！你已经取得成功，但你还不满足！"

这是真的，乔治并不满足，甚至感到不安，因为在几个星期之后的 1938 年 9 月 29 至 30 日夜，达拉第（法国政治家，曾任总理，与英国张伯伦同为绥靖派头目——译注）、张伯伦（英国政治家、首相——译注）和墨索里尼竟在慕尼黑允许希特勒兼并捷克斯洛伐克领土不可分割的一部分——苏台德。"啊！愚蠢的人们……"当达拉第看见人群来到布尔日迎接他时轻声说道。

年轻夫妇因为忙于搬进位于若泽－玛丽亚·德·埃雷迪亚街新租来的三间套房里，所以没有心思前去欢迎他。在阿谢特出版社工作的勒内·马亚尔为了帮助他弥补中学教师微薄工资的不足，让他为一套（作为教科书的）作家作品选集写前言和加注释，先是大不列颠作家的作品，然后是《现代法兰西的起源》和泰纳作品选段，最后是 1933 年因其著作《人类的命运》荣获龚古尔文学奖的马尔罗的作品选。

"战争离法兰西不远了，"克洛德·莫里亚克[54]指出，"我从长期的麻木状态中猛然醒来，惊恐地看见战争的威胁日益增长。面对在街区电影院里欢呼斯大林和墨索里尼的盲目的人群，多么令人焦虑不安啊！新闻片向观众们投放着死亡的喧嚣，而人们竟浑然不觉可怕。屠杀，即将降临前的消遣娱乐使我内心充满了恐惧。因为战争一直存在着，已经来到我们身边。中国的天空、西班牙的天空已被海军航空兵分队如蝗虫般忙碌的、发出尖厉而短促轰鸣声的战机划出道道航痕。"

战火的洗礼

1939 年 9 月 1 日进行了战争总动员，乔治一到马赛便被分配在阿尔卑斯 141 步兵团。他刚刚结束在索斯佩尔地区的预备役军训。乔治感到战争即将来临，并认为一次过于漫不经心的军训并不能使自己成为一名真正的军人，接受战争洗礼是有益的。

他们的步兵团加入保卫东南边界、与墨索里尼作战的阿尔卑斯部队，立即向格拉斯地区进发。步兵团有 84 名军官、354 名士官和 3066 名士兵，全部装备有 55 辆卡车和小型卡车、24 辆摩托、13 辆带边斗的摩托车及 529 头骡子。这便是一个阿尔卑斯步兵团吗？而且一般的战士都不称为士兵、狙击手或者来复枪手，而统统称为"阿尔卑斯山猎步兵"。

然而，领袖（意大利法西斯头子墨索里尼的称号——译注）仅仅是威胁要轰炸法国人。他等着看到法国 1940 年 6 月 10 日被打垮后才真正向法国宣战。在这种情况下，司令部减少了东南防线的兵力，而将包括第 141 步兵团在内的第 30 步兵师换防至德国边界。

1939 年 10 月中旬，当乐队结束在格拉斯的音乐会后，第 141 步兵团开往位于斯特拉斯堡北面的马其诺防线前部的罗尔巴切高地的新阵地。第一天步兵团按营、连和排集合在军营院子里。背包着地，枪放在包上，困乏的士兵们等待着，谁也不吱声。一位随军牧师登上堆在院子中央的草垛，对部队进行战前动员："孩子们，在未来的日子里，你们当中的许多人可能会为祖国捐躯。请跪下。不是基督徒的士兵们，如果牺牲，将在上帝面前获得永生。我为所有人赦罪。"然后他在自己的胸前画了一个十字。许多士兵都看着身前战友的后背，心里默默想道："可能是他，或是我[55]。"

少尉蓬皮杜能讲一口流利的德语，被任命为上校的情报官。人们期待着他核对巡逻兵的情报，破获敌军的位置和动向、敌军的工事、炮兵阵地和哨所等，这一切都需要识别德军往来的车辆、探照灯的光亮、摩托车的声响和灯光暗号。当然还需要在萨尔河采取奇袭，如果可能再抓回几名俘虏审问。

一个月里几乎什么也没有发生。部队仅仅试用了一种新的防毒面罩，并与敌军巡逻兵交了几次火。一架法国飞机沿着边界在布列河上空飞行时，两架银白色的流线型战机快速朝它俯冲；战斗持续了两分钟，结果是法国飞机坠落在树林里，发出可怕的爆炸声；一个小白点降落下来，机关枪朝其扫射，伞兵在草地上挣扎。然而，不时地，尤其当法军运送给养的履带装甲车发出的声响惊动敌军时，便会遭到一阵炮轰。11月21日，少尉拉沃便是被炮弹击中阵亡的。

部队还冒险派遣一个排闯入敌军阵地进行试探。"热尔谢再也找不到一块路牌。德国人在扑向波兰之前已经拆除了所有路标，以使法国人难以推进。村庄空荡荡的，不见人影，到处一片寂静，让人心里发毛。居民们大概都匆忙逃走了，留下一片空白。看着布娃娃、玩具、照片、孩子衣服，我们中的不少人都一动不动地站在那里，陷入沉思。饭桌放得好好的，奇怪的是孩子们全都离开餐具，不知去向何方。当心，每当推开一扇门，都可能引爆一串手榴弹。每幅希特勒的画像，只要你一触摸，便会引发一颗炸弹[56]。"

1939年12月底，遭受了部分损失的第30步兵师撤至拉昂与苏瓦松间的后方休整。乔治于1940年1月21日被正式任命为中尉，在西索纳接受为期一周的情报训练。他在那里见到了高级军官们的无能和傲慢无礼，与步兵团大部分战友们的沉着勇敢形成鲜明的对照。

1940年3月中旬，第141步兵团重新开往下布罗纳附近的前线。只见树林遮掩下的沟壑纵横的山坡上，腐殖土下方红砂岩的战壕堆垛在一起，像是金字塔的层层托架。部队重新派出巡逻兵和夜间哨兵。青蛙一旦停止鸣叫，便是令人心惊肉跳的死一般的沉寂；风、鸟、任何东西动一下，都令人感到不安。"尤其是猫头鹰，看来德国鬼子很会模仿猫头鹰叫。"每当发出错误的警告，都有几个人被吓破胆，撒腿逃跑，不顾被铁丝网刷上而撕破军大衣。凄惨的生活，唯一的乐趣便是师部随军牧师的定期走访，他给大家带来香烟和平安的信息。

上校为了不使部下因无所事事而情绪低落，命令三名果敢的年轻军官组织突击敢死队，肩负遏制德军巡逻并还以颜色的使命。在一次潜入敌方阵地时，陆军少尉科斯特被地雷炸死。4月13日，乔治在安格维莱参加他的葬礼时，想到他的妻子和幼女成为寡妇和孤儿，想到科斯特曾为自己的学业所付出的代价，但顷刻间，一切全都化为乌有！乔治不由得陷入了沉思。

同一天，第141步兵团奉命加入法英远征军团开赴挪威。德国进口的铁矿占瑞典拉波尼的基律纳铁矿生产量的90%。在严寒的冬季，波罗的海上冻结冰，这便促使希特勒产生入侵丹麦和挪威的念头，以便利用位于北极圈以北，不结冰的挪威纳尔维克港口运送铁矿石。为切断其通路，丘吉尔想到组织两支盟军登陆。一支在纳尔维克，另一支在更南部。法国人负责在布雷斯特集结两个师的兵力，其中包括刚刚补充进第141步兵团的轻装步兵师。乔治所在的连队乘火车抵达朗迪维肖。为承担这一新的使命，连队装备了部分坦克和反坦克武器。

1940年5月14日，当步兵师一切就绪准备登陆时，又接到撤销命令的通知[57]。四天后德军侵入比利时、荷兰和卢森堡三个中立国，必须火速支援这三个弱小国家。第141步兵团通过铁路重新奔赴东方战线。途中运输不断为长时间的等待所打断，火车站里乱成一团。在此期间，敌军在色当突破防线，占领了索姆河右岸的阵地，在敦刻尔克形成口袋，包抄了法国北方部队，切断与其他部队的联络。在万分危急的情况下，指挥部利用手中的所有部队，试图在索姆河和埃纳南岸构筑临时防线。乔治原来期待被派往离边境最近的前线，结果出乎所料，5月17日却在布尔热下车，并乘汽车直抵哈姆。

这令他回想起1914年在马恩乘坐的出租车。但这一次形势更为严峻，德国空军绝对控制了领空。第141步兵团的一个营在肖尔纳火车站稍远处下车时，遭到一次地狱般的轰炸，结果有8人阵亡、43人负伤。步兵团迅速布阵，沿索姆河的哈姆－泰尔尼耶防线坚守，不惜一切代价阻击敌军装甲车突进南岸。

两周内，除德国空军无休止的狂轰滥炸外，防区较为平静。法国军队的对空防御无论在低处还是在高空都形同虚设，对德国飞机的偷袭无能为力。从比利时和法国北部逃来的难民潮水般涌来，有的乘坐顶上蒙着被单的汽车，有的推着儿童车步行。他们既不知道身处何地，也不知道去向何方。一队队士兵混杂在难民中，乘坐卡车或用少量树枝伪装的运输用履带装甲车往后退却。大炮和弹药则用马车驮着。敌人空军不断从这支溃不成军的队伍头顶上掠过，并不时地用机关枪扫射，从中取乐。

5月24日，第141步兵团在一个雷诺坦克排的掩护下，成功地在索姆河以北击退一支越过河流后正在一座制糖厂构筑工事设防的德军部队。甚至还俘获了47名德军。负责审讯俘虏的乔治，与其他人一样，并未得知第二阶段的战斗已迫在眉睫。他并不知道希特勒已决定于6月15日从阿布维尔到圣－戈班全线发起进攻。那天夜晚，整个德国钟声齐鸣，响个不停，敌军重炮齐发，喧嚣声震耳欲聋。

清晨，被炸弹的轰鸣和伤兵的呻吟折磨得精疲力竭、失魂落魄的阿尔班步兵团士兵们振作精神，准备迎接即将到来的进攻狂潮。头顶上，随着阵阵地狱般的轰鸣，一群斯图卡轰炸机（第二次世界大战中德国容克87歼击轰炸机的绰号，意为"俯冲战斗机"——译注）和梅塞施米特喷汽战斗机（二次大战期间德国飞机设计专家与工程师，梅塞施米特 AG 公司的创始人，制造的 Ae109 和 Mell 型歼击机，在二次世界大战中发挥了重要作用——译注）投下的炸弹发出尖厉的呼啸。下午，轰炸毫无间隙地继续着，大地在颤抖，只见成片的林木应声倒地。与此同时，德军乘坐数不清的两栖工具和气垫船穿越索姆河和侧面运河。在轻机枪的掩护下，阿尔班战士们在 2×3 米见方的工事里，不停地射击着，弹匣接连不断地退落下来。第 141 和第 140 步兵团进行的一次反击，成功地使敌军退回对岸，和 5 月 24 日一样。但又能坚持多久呢？

魏刚[58]将战线大后方的各预备师团投入战斗。当这些兵力奉命来到时，第一道防线几乎完全被围困。处在东西两面的第三轻装师的其他分队已被装甲师（二战中德国的——译注）所淹没。两边受困的步兵团冒着随时被包围的风险。上校极力坚持着，但在最后时刻，为了避免被围歼，他下令撤退。关键的时刻来临了：摩托车侦察排靠着轻坦克冲过满是德军的公路才成功突围出来。乔治因想返回对岸寻找一群被敌军围困的士兵，冒犯了一位上司。这位失去自控的上司始终威胁要枪毙他。

6 月 7 日晚，师部接到撤退命令。第 141 步兵团将 70 名阵亡士兵安葬于哈姆及附近的墓地后，秩序井然地撤退出去。"第二天，穿过冒着烟火的村庄，部队在公路上追上了拉着大炮的八马套车。这些不畏生死的战马颤抖着精疲力竭地跑完最后几步，停歇下来，四蹄散开，倒毙于地。战马是不轻易倒下的。人们将它们扔进壕沟，以清除道路，让后面的队伍通过。烈日下，成为人类愚蠢行径牺牲品而死去的战马尸体肿胀、发出臭味，最终分解成碎块。有时，人们可在几公里长的路段上发现六十多具死马的残骸，令人心痛不已。我们人类也会倒下，但死得要慢一些，因为我们比它们更具抗御能力[59]。"

在随后的日子里，不断接到命令和相反的命令：一会儿要坚守桥梁，一会儿又要撤离。魏刚的指挥所没有任何无线通信设备。每当移动位置，联络就会中断。最高司令长官离部队指挥所有百余公里之遥，而这些指挥所又在各师团指挥部三十公里开外。

1940年6月10日，在乔治最敬重的军官之一德·比耶营长牺牲后，炮兵团抵达克雷皮－昂瓦卢瓦。街道无法通行，轰炸摧毁了十字路口。前驻军部队在克雷皮构筑随后又抛弃的一座巨型的街垒，堵住了唯一能通行的道路。"必须迅速采取措施，"乔治在步兵团行军日记中写道，"敌人尾随着我们，他们的轰炸机不停地朝我们投掷炸弹，炸弹发出尖厉的嘶叫声，令人惊恐万状[60]。"在敌机的轰炸下，他显得沉着冷静，和步兵团参谋部的同事们一起挽起衣袖，帮助司机、传令兵和秘书们拆除街垒。终于，道路畅通了。但敌机仍沿途不停地进行轰炸和扫射。

"6月14日，卡车运输十分缓慢。到达塞纳河时，天已大亮。埃里西桥上堵得水泄不通。德国空军飞机从车队上空飞过，似乎没有发现目标。远处的默伦城正在燃烧。第141步兵团终于穿越塞纳河，抵达枫丹白露森林南部的于里，并获悉将继续朝卢瓦尔河行进。"

"第二天，道路上塞满了难民的车辆排成两列，有时挤成三列。这些人哭泣着，都是些贫困的老人，张张面孔疲乏不堪[61]。"其中一名来自阿登的年轻女子，后来成为乔治·蓬皮杜办公室主任的安娜－玛丽·迪皮耶证实道："我们被身后的人推拥向前，脚下踩着马匹和死者[62]。"许多车辆抛了锚，蓬皮杜中尉在日记中继续写道："其他车辆无法前行，有的车24小时才挪动500米。军用车队可以通过，但很慢，目睹一幕幕难以言表的恐怖场景：有的妇女生养小孩，有的儿童因缺奶而饿死，有老人衰竭而亡。当步兵团到达叙利－叙卢瓦尔时，敌人的空军，尤其是意大利空军出现在桥的上空，开始轰炸，并反复多次。"6月11日，意大利正式宣布参战。意大利的背信弃义使法兰西腹背受敌。

"骑兵大队奉命进入炮兵阵地。尽管力量薄弱，他们还是从早到晚不停地战斗，掩护了全师的撤退。缺少射手，骑兵们便使用机枪，甚至使用大炮。最终，他们被敌军围困，并沦为俘虏[63]。"

16日，意大利飞机再次对战火燃烧的叙利－叙卢瓦尔进行疯狂轰炸，场面阴森恐怖。成堆死难者被装上卡车运往城外。军医们在蜡烛微光下通宵达旦地为伤兵动手术。卢瓦尔河上的桥梁被75毫米口径大炮摧毁。第二天稍许平静一些，难民们慢慢离去，步兵团构筑掩体，架设机枪。所有的人都早已精疲力竭；似乎难以坚持下去。

6月18日，乔治没有听到他尚陌生的戴高乐自伦敦发出的号召。他所关注的是叙利桥对岸出现了五名敌方军事谈判代表和一名手举白旗为他们开道的法军司号员俘虏。他们被带到营长佩拉尔迪面前，递交了由他们的元帅签署的一项指令："将卢瓦尔河桥梁完好无损地交给德军，以保证德军在南岸有一个足够的桥头堡，拆除地雷和障碍物。如果两小时之内得不到满意的答复，650门大炮将同时开火。"

人们清楚德国人的意图：前一天晚上，贝当用颤抖的声音在电台宣布甚至在停战谈判开始之前就必须停止战斗。法国人确信战争已经结束，将成千上万地缴械投降。佩拉尔迪并未上当受骗。"好吧！"他对军事谈判代表们说，"那就让我们先把手表调准。"然后，他又补充道："我将征求上校的意见，如果在两个小时之内没有给你们任何答复，你们可以开火，我们懂得如何回敬你们。"

到了约定的时间，敌方徒劳无益地重新挥舞白旗，佩拉尔迪的唯一答复便是下令炸毁大桥，这座悬挂在卢瓦尔河上的、漂亮的叙利－叙卢瓦尔大桥堕入江河之中。德军发动了一场使大地陷入血腥火海的进攻。尽管孤立无援，第141步兵团仍然顽强抵抗。但敌军还是从科纳越过了卢瓦尔河：面临再次被包围的危险，步兵师奉命再次撤退。就这样，到了6月25日，停火协议最终生效，第141步兵团后退400公里之后，终于在利摩日附近的圣－伊莱尔－莱普拉斯驻扎下来，至少没有向德军投降。德国人已经推进至圣让－德吕兹。三天过后，失望而悲愤的乔治参加了第141步兵团为悼念阵亡者举行的弥撒。

整整六周时间，人们忍受着拥戴设在维希的贝当政府的某些军官的牛皮大话、讲究排场和自命不凡。这些军官们称戴高乐是"徒有虚名的狂妄之徒"，并庆幸"贝当元帅终于要把那些不是地道的法国人的同志们从停战部队中驱逐出去"，乔治一听便嚷了起来："好啊！这样我们便可以摆脱魏刚的控制了[64]！"这一话语，在那些将法兰西的所有不幸都归罪于共产党人、犹太人和共济会员并相互吹捧的团伙们的眼中，是亵渎神灵和大逆不道的。

尽管经历了入侵、逃亡的悲剧，目睹了无数的灾难，乔治与1940年的许多法国人一样，并未责备贝当停战的要求。也许这位年事已高的元帅是以付出最小代价与敌人谈判的最佳人选？也许他能成功地捍卫国家少量的主权？但乔治并不赞同1940年7月10日共和国的自我消亡。大部分议员和参议员在没有受到侵略者任何压力的情况下竟然在维希把政权转让到贝当手中，更何况蓬皮杜家庭的好友——保尔－邦库尔也是勇于说"不"的八十位议员之中的一个。

1940年8月5日，乔治终于退役，与前来利摩日看望他的克洛德重逢。经历长期的分离之后，这次团聚成为新的蜜月。但现在该干什么？自7月末起他便能够听到伦敦电台的声音，并在《法国人对法国人讲话》节目中识别出全国统考时和"共和及社会主义大学行动联盟"的同学莫里斯·舒曼的声音。他是否知道其他要好的同学——让-保尔·德·达德尔森、勒内·布鲁耶、雅克·苏斯戴尔都加入了"自由法兰西"？不一定。

一时间，乔治举棋不定。但他知道战争是怎么回事，因为他经历了战争，再也不想重温哈姆、克雷皮-昂瓦卢瓦、叙利-叙卢瓦尔的噩梦。他再也无法忍受被人召集、编入旅团、接受命令，这些都违背了他的本性。他厌恶个人崇拜、高举胳膊或者握紧拳头的信徒们的游行队伍，他也不赞同新生的抵抗运动所进行的冒险和临时抱佛脚的策略。他是一位有条不紊的人。他的明智在于拒绝任何驱使和诱惑，保持自由判断和批判精神。如同蒙田（1533—1592，法国思想家、作家、怀疑论演讲者——译注），如同吉奥诺。再说，如果他离开法国本土，则担心再也见不到重病在身的母亲；尤其是他深爱着克洛德，无法承受一次新的离别。而且，这也于事无补。在英国皇家空军 1940 年 11 月赢得不列颠战役之前，所有人或者是几乎所有人都曾确信希特勒将会一口吞掉大不列颠。

于是，乔治听从克洛德的安排。她想把丈夫留在自己身边，不愿让他去冒险。而且，她厌恶政治。她大概提醒他已不再年轻，最好置身事外，不要卷入到政治之中。总之，他们什么也不能干，最好是返回巴黎。他被克洛德说服了。

普通的法国人

  于是，他们便从塞尔塔卡特取道前往巴黎。他们发现巴黎发生了很大的变化。"巴黎似乎死气沉沉，"一位昔日亨利四世中学的同事让·盖埃诺写道，"大道上几乎空荡荡的。只见德国军车驶过。法国人都步行或者骑自行车……我开始在人行道上碰见的这些身着灰色制服的人，是一群入侵的毛子，巴黎人对他们视而不见、听而不闻，好像他们遇到的是一群狗和猫[65]。"先贤祠广场上的高乃依半身塑像不见了，人们将其铜身熔化，造成武器。街道上竖起了德语路标。更为糟糕的是，参议院上空飘扬起希特勒德国的"卐"字旗。弗朗索瓦·莫里亚克说："这一旗帜在我心目中始终是一张浸满鲜血的黑色蜘蛛网。"面对这一令人痛心疾首的象征，人们都转过身去，装作没有看见。"我充满了悲痛、愤怒和羞愧，"让·盖埃诺指出，"我以前并不知道我是多么热爱自己的祖国。正是因为我们没有为之感到足够的自豪，才发生了这样的事情。让我们为之自豪吧！"夜间，光明之都陷入一片黑暗之中。相反，电影院明亮的大厅里一直放映着新闻影片，以识别可能出现的反对者。

  乔治回到亨利四世中学后惊愕地获悉，他必须像所有的官员们那样，签署一项声明，以荣誉担保自己不是犹太人，从未参加过共济会，也不属于任何一个秘密团体，然后才能应聘授课。什么?! 国民教育部长卡尔科皮诺这位前巴黎高等师范学校的校长、古罗马历史教员，竟然将这些条件强加于人！他以为自己是什么人！所有高卢的后代子孙都比犹太人或罗马人高出一等吗？犹太人和我们法兰西人有什么不同？但是不容讨价还价，如果乔治想在月底领取工资的话，就必须像其他人一样签署声明。而其他人都签了字，甚至身为共产党人的同事泰尔森、莫布朗和布吕阿都签了。甚至抵抗战士和被流放者康·弗朗索瓦和昂德里克也都在声明上签了字。于是，他也签了字。

乔治开始安心教学，原则是谨慎从事。老师们都小心翼翼地避免对战争进行任何评论和暗示。"我们努力猜测老师们想些什么，但是无法弄清蓬皮杜所持的政治观点，"他的一位学生热拉尔·阿蒂亚斯[66]如此说道。每个人都装作只想着考试，想将希腊文译成法文，想将法文译成拉丁文，想着文学。人们简直是生活在气泡之中。高等师范学校文科预备班老师让·盖埃诺曾想找到一些更为热情洋溢、更愿为祖国的未来担忧的学生："我的学生显得有些死气沉沉，什么也不讲，似乎只想着统考。我跟他们说，我向他们所讲授的法国是一个我认为如同阿尔卑斯山脉或比利牛斯山脉般、坚如磐石的国度。法兰西绝不会取决于任何人而成为别的什么国度。谁也不能轻而易举地改写她的历史，改变蒙田、帕斯卡尔、伏尔泰、米舍莱、雨果、勒南[67]。"

蓬皮杜未来的国防国务秘书安德烈·方东曾是他在 1942 至 1944 年亨利四世中学二年级的学生。他连续读了两个二年级，因为过于懒惰而在另外一位文学老师拉乌尔·奥迪贝尔的班上留过级，因他一再要求才被安排到蓬皮杜更富有情趣的班级里来。

"我们觉得蓬皮杜很潇洒，"他回忆道，"穿戴特别齐整，身着一套海蓝色西服，脚蹬一双货真价实的皮鞋。他很幽默，随机应变。他的文学研究具有独特的风格。他喜好希腊文明胜过恺撒和西赛罗，他缩短拉丁语的课时，以让我们更多地学习荷马（古希腊著名的叙事诗人，为《伊利亚特》和《奥德赛》的作者——译注）的语言。他说：'即使人们不考你们这些问题，日后对你们也必有好处。'上他的课如同观看戏剧演出，他通过讲解背景，使作者的形象跃然纸上，而仅仅把课文作为例证。

"他在我们座位之间踱来踱去，一支接一支地抽着香烟——当然，只有他有权抽烟——并猛然间突如其来地提问我们当中的某个人。为了让我们更好地参与课堂教学，他创造了一种惩罚制度：每次惩戒罚款五生丁。一天，他问我热拉尔·德·内瓦尔是如何死的，我回答得正确：'先生，他是得了疯病而死的。'但他回敬道：'对，方东，凭你这点小聪明，我奖励你三次惩罚的信贷。'然后他诙谐地说：'但我相信，你很快就会耗费殆尽的。'

"我们好几位同学晚上前往圣-热纳维耶芙图书馆散发传单或者抵抗组织的报纸。我的邻桌掀起书桌时，无意间露出他藏在里面的一札'保卫法兰西'的宣传品。课后，蓬皮杜把他叫到一边。第二天，我问他是否蓬皮杜没收了报纸。'没有这回事，'他回答我说：'他仅仅告诉我，我理解你们，但要小心。你意识到你们这么做所冒的风险吗？[68]'"

年轻的方东钦佩这位才华出众的老师，下工夫补回去年浪费的时光，最终成绩位列前几名。他要求蓬皮杜同意他期末参加业士学位考试。"如果您愿意，方东。假如您作出一点能使您改变的努力，那就没有任何事情是办不成的。"于是方东顺利通过了考试。

另外一个名叫居伊·迪普雷的学生回忆起蓬皮杜时说："戴着野猪皮手套和一顶卷边帽子，浓眉下目光炯炯有神，神态冷淡而专注，显得漫不经心，喜欢嘲讽。他以其青春活力、人格魅力和热情洋溢而赢得我们的赞誉。有一天，他让我登上他的讲台，代替他朗读拉比什的戏剧《意大利草帽》，一切似乎是他精心安排好的[69]。"

乔治和他的同事让·盖埃诺一样，完全沉醉于法兰西文学的光环之中，沉迷于扮演鼓动学生们抵御失败造成的伤害的角色之中。1943 年，他成功地弄到两本由子夜出版社地下发行的新书：韦科尔[70]的《大海的沉默》和艾吕雅收集的诗篇《诗人们的荣誉》。这些激动人心的作品使被占领者控制的出版界大为改观。授课结束时，为了在不连累任何人的情况下让大家分享其激情，乔治自己朗读了几页这些未正式出版的作品。只有部分学生清楚他是一名爱国者。

4 月 28 日，乔治和克洛德为取供应卡，在市政府前排了好几个小时队。只有体操老师才能领到享受 350 克面包待遇的"T"卡。"像乔治这样只动嘴的老师只能得到享受 250 克面包的'A'卡[71]。"

在这黑暗的岁月里，蓬皮杜一家像所有人一样艰难地生活着。再没有黄油，再没有肉食，再没有新鞋。肥皂的供应也已经中断。最大的困难是煤炭，必须设法避免冻死。例如，在中学学校里，早晨仅能取暖一个小时，从八点到九点。头两个冬天特别难熬。另外一件愁事是粮食供应。像蓬皮杜这样的美食者只能吃到些许甘蓝和胡萝卜汤。克洛德觉得他双颊凹陷，瘦得像只野猫似的，这一点也不奇怪。于是，他便靠吸烟来驱走饥饿，并因此养成了每天最多抽三包烟的习惯。1941 年 5 月当他在位于苏弗洛街与圣 - 米歇尔大道交汇处的马耶烟草店前排队时，突然有人拍了他肩膀一下："你好，这是在干什么？"乔治认出此人是朱利安·格拉克。两位老同学互相倾诉了他们离开巴黎高等师范学校后各自的经历。然后格拉克[72]低声耳语道："你知道德国人今天早上已经攻进苏联了吗？希特勒和拿破仑犯下了同样的错误。他将深陷进去，深陷进去，然后无法自拔。他完蛋了！"

1941 年 8 月 7 日，乔治必须第四次以信誉担保，声明他既不是犹太人，也不是共济会员。和许多同事一样，他犹豫着是否辞职，但结果是他需要在中学挣得一万法郎。几乎和所有人一样，他只好逆来顺受，签了字。然后，9月5日，作为官员，他必须向贝当元帅宣誓。

几个星期后，有人按响了住所的门铃。克洛德去开门，面对的是一个一句法语都不会讲的德国军官，而她则是一句德语也不会说。她一阵惊慌失措，担心出现最坏的局面，因为她和蓬皮杜在佣人房间藏了一个参加秘密军队组织的步兵团战友。坏了！克洛德心里想。她上楼通知这位战友，并叫来丈夫。待她回到客厅时，惊讶地看到德国人从靴子里掏出几板巧克力和一卷纸张交给乔治。这些纸张，便是桑戈尔在集中营里为向前来法国参加战斗的塞内加尔狙击手们表达敬意所写下的诗篇《黑色圣体》。这位军官实际是奥地利人，名叫瓦尔特·皮耶勒，原先在维也纳大学担任中文教师。他被分到关押桑戈尔的战俘集中营里当看守，后来成为朋友，并用希腊语和拉丁语与他联络。获准外出时，他便担负起将桑戈尔的诗稿交给蓬皮杜的使命。

在被占领的巴黎，唯一的娱乐场所便是剧场和电影院。逃避日常生活困难的最好办法便是到温暖的剧场和影院度过一个夜晚，当然必须小心别错过最后一班地铁。电影院的收入从未如此之高：1943年，观众达三亿之众，比起1938年要高出一倍多。人们去看《天堂里的孩子们》、《晚上来访问》、《家中的陌生人》、《红手古皮》、《帝国上校蓬卡拉尔》、《永恒的回归》、《太空属于你》、《乌鸦》。戏剧也从来没有如此红火，如此大众化。四年间，巴黎上演了四百多部戏剧，贝尔纳·沙夫的《贞德》、莎士比亚的《里夏尔三世》、洛普·德韦加的《赛维尔之星》。另有一些新创作的戏剧，如蒙泰朗的《死去的王后》、保尔·克洛岱尔的《缎织皮鞋》、让-保尔·萨特的《苍蝇》和《禁闭》。萨特这位巴斯德中学的哲学老师对在德国人面前上演他创作的戏剧，占据被从孔多尔塞的高等师范学校文科预备班赶走的犹太人教师的位置并在《科莫迪亚》杂志上发表其文章，持一种漠然的态度。"萨特，"皮埃尔·普热后来写道，"他的愚蠢行为令我感到气愤。他有一天竟然评论蓬皮杜是'小东西'和'拉斯蒂涅（法国19世纪作家巴尔扎克《人间喜剧》中的人物之一，即一个冷酷的野心家——译注）的混合体'，小东西？我们曾经都是小东西，而蓬皮杜至少曾经抽过'好运'牌香烟。拉斯蒂涅？根本不是这样，蓬皮杜只想着一件事：生活得幸福、安宁，充分地享受生活。他仅仅是偶然才在戴高乐将军的影响下从政的。没有将军，他永远不会涉足政治。萨特不懂心理学，不会识别人。他搞错了，完完全全搞错了[73]。"

乔治和克洛德早就盼望有一个孩子，幸福终于降临这个家庭，1942

43

年一个取名阿兰的新生儿来到人间。此后，他们把全部心血都放到这个期盼已久的孩子身上。他的教父皮埃尔·皮诺尔，从马赛赶来为孩子洗礼。

这对沉醉于生活欢乐之中的幸福的夫妻，没有太关注有关仇视犹太人的镇压活动。起初，人们不知道究竟发生了什么，但几个月之后，悲剧越来越引人注目。当佩戴黄星成为必不可少的标志时，1942 年 6 月 7 日星期四，亨利四世中学好几个班的学生们用纸剪成黄星以表达他们与犹太人同学的团结一致，排成单元纵队示威游行，直至巴黎大学广场的蒙田半身塑像前。远非赞同希特勒政权的校长若利布瓦因担心学生们在游行过程中遭到逮捕，那天下午禁止学生外出。六周以后的 7 月 16 日和 17 日，犹太学生们在先贤祠广场警察局门前坐在他们收拾好的行李上，周围是法国武装警察，等待着不知被送往何方。这一警察局离亨利四世中学很近。在这两天可怖的日子里，蓬皮杜一家是否已经前往沙托－贡捷度假去了？

抵抗运动在地下展开活动。所散发的传单时而会神不知鬼不觉地送到你的手中，但大家即使对邻居们也都守口如瓶。人们遵守着隔离的原则，从不谈及自己的活动，只有通过眨眼蹙眉才能猜出几分。乔治当然不知道中学总学监帕斯托尔是勃艮第抵抗网络的成员，在学校的地窖中储藏了不少武器和弹药。但 1942 年 10 月开学时，他肯定和所有人一样，获悉他的同事弗朗索瓦和昂德里克被监禁在弗伦的消息。学生们将领到的部分维他命饼干给他们送去。第二年，他肯定也获悉校长若利布瓦因"宽容主义"而被撤职，1939 年进入亨利四世中学的学生、全国统考哲学二等奖获得者若尔热·桑普兰于 1943 年 10 月遭到逮捕。

他肯定也会听到 37 名阿尔萨斯－洛林大学生在克内蒙费朗被捕的消息。这是当局对 1943 年 6 月 24 日在让－米歇尔·弗朗丹住宅前两名盖世太保遭暗杀所实施的报复。此时的乔治还得知他的一位朋友正是地方抵抗组织的领导人之一。他还了解到他的岳父卡乌尔大夫花费了不少时间在通融的医疗诊断书上签字，以避免将征调去服强制劳役的年轻人送往德国军工厂[74]。克洛德也猜想到她那曾在母亲去世后爱抚她并将她领养成人、在昂热中学执教的亲姑母博丹夫人，也是一名积极的抵抗成员。尤其是从将她押往死亡营的火车上传来的一则信息以后……

乔治肯定会感到不安，体验到一种因没有冒任何风险，或者仅冒了微不足道的风险而产生的莫名罪恶感。恰巧有一天，好像是事先安排好的，当他走出迪罗克地铁站时，碰到了 1923 届的一位高等师范学校学生让·卡瓦耶。这是一位 1933 年起便预言法西斯主义和德军将重新抬头的、才华出众的学生。他绝不是一位因循守旧者，大概也正因为如此，历史才将他遗忘。显然，卡瓦耶因参加戴高乐分子的活动而被撤职，并被维希警察监禁。乔治一定不知道他与拉维热里的露西·奥布拉克和埃马纽埃尔·达斯捷一起，成为解放运动创始人之一。他逃脱过两次，并多次会见戴高乐将军。他正领导着一个有 900 名成员组成的网络，负责监视德国人的动向，并向伦敦递送军事情报。乔治也不了解他向抵抗组织捐助秘密基金。但乔治可能猜出几分，因为他在巴黎高等师范学校时便熟悉卡瓦耶的得力助手让·戈塞。于是，他便表示愿为卡瓦耶提供服务。

但是卡瓦耶担心他的一名部下已被德国秘密警察收买，感到自己正被跟踪。因为不想被认出，他仅给乔治扔下几个字："好，好，我会给你示意的。"说完便急匆匆地离开。果不其然，1943 年 8 月 28 日他便被盖世太保逮捕。严刑拷打下，他很坚强，没有说出任何人的名字，但仍被判处死刑，于 1944 年 2 月 17 日[75]在阿拉斯的大本营里被杀害。如果追随让·卡瓦耶，乔治本人也可能会被枪决。或者，像让·戈塞那样，死于流放之中。正是由于卡瓦耶咬紧牙关，只字不吐，才救了他一命。面对如此的悲剧，乔治终身都为未参加抵抗运动而感到遗憾或后悔。总之，留下了一道伤痕。后来，每当有人在他面前偶尔提及德军占领的岁月时，人们都会感到他的阵阵痉挛；他便怏怏不快地以三言两语结束交谈[76]。

"时至今日，使我们感到惊讶的，"让·多尔梅松证实说，"便是我们这些教师，我们对那个时期所发生的一切，无论是对抵抗运动，还是对合作，都一无所知。事后，我才真正明白乔治在抵抗时期是如何生存下来的。在高等师范学校文科预备班时和在 1920 年或 1930 年时一样，我们这些当教员的从来不议论法国和世界上所发生的事情。应该说那些从事抵抗活动的法国教师显然是出于谨慎而绝对不会提及。人们难以想象卡瓦耶会站在屋顶上大声宣扬他所从事的事业。反之，解放后，许多人则喜好回顾那些艰难的岁月。我承认曾对让-保尔·萨特在战后表现出的极端粗暴的抵抗主义者的清洗立场感到反感。因为萨特本人也是在弗洛尔的取暖火炉和孔多塞的课堂之间平静度过战争的，没有从事抵抗运动的迹象，甚至在清洗运动高潮（指 1944 年法国解放时对法奸的肃清——译注）时上演《苍蝇》。这种人道主义的态度和导致献身的卡瓦耶的无声的英雄主义有着天壤之别[77]。"

解放前的几个月里，接连不断地传来轰炸警报。每当尖厉的汽笛声响起时，人们便跑向地下掩体。在亨利四世中学，每个班级都有地下掩体。"我们的地下掩体在一座规模较小的中学对面的楼里，"安德烈·方东讲述道，"有一个外楼梯和天桥可以登上屋顶。'我们还是到上面去看看吧。'蓬皮杜无视危险地说。于是，我们便爬上去观看空中堡垒（第二次世界大战中美军重型轰炸机 B－17 的别名，是对英文的直译——译注），听见其发动机的轰鸣和对抗防御部队滴滴答答的炮击声[78]。"

夏令营预备班的几名学生上完几个小时课后，急忙出去散发地下报纸，到市政府清除强制劳役的布告，或者为真正的抵抗战士们充当联络员。尽管如此，他们并未放弃自己的学习。可是，为补充课堂教学而组织的预考恰恰是在课后进行的。所以，必须请求老师免除这些预考。住宿班班长安德烈·卡萨蒂和走读班班长克洛德·迪克勒便悄悄地想方设法请老师通融。这两名学生一个是"解放——复仇的人们"抵抗网的成员，另一个则参加了"奋进与自由"抵抗组织。两人中的幸存者克洛德·迪克勒[79]证实说：奥迪贝尔、蓬皮杜和泰尔森每次都十分善解人意。

听到盟军登陆的消息，夏令营预备班的五名学生：卡萨蒂、马昂博、勒梅克、斯特方和施曼特便和政治学院及圣－路易中学的同学们一道去投奔索洛涅的游击队。这几名学生刚刚抵达拉费尔泰·圣－奥班森林边缘，便不幸地被敌军和随行的保安队员逮捕。敌人于 6 月 10 日在比农庄附近将他们五人排成一行，用机枪扫射执行枪决。仅有施曼特一人幸免于难。他站在最后一队的右边，因发现扫射从左面开始，便在尚未被子弹击中前装作和其他同志们一起倒地，他甚至还记得当时用双手捂住面孔，以让敌人补射时，将子弹打中自己的手腕。他疼痛得昏死过去。当他苏醒时，便掀起盖在他身上的裹尸毯，发现行刑队已经离开，大概是去找卡车来运输尸体了。刻不容缓，他随即挣扎着站起身来逃走，藏进树林里[80]。"德国鬼子回来时，仅找到 47 具而不是 48 具尸体。施曼特侥幸得以逃生，捡了一条命[81]。"

此事在亨利四世中学被传得沸沸扬扬。身为共产党人的泰尔森很快得到消息。他悄悄警告乔治说奥迪贝尔和他们两个已遭指控，让·尚博内尔[82]这位高等师范学校文科预备班一年级的学生当时已是一个抵抗组织的成员，后来成为蓬皮杜的部长。他回忆说班级里有两名保安队（第二次世界大战期间的法奸组织——译注）队员，其中一名后来经自由法庭审判后被处决。他们三个是否被怀疑是被枪决者们的同谋？或者仅仅是因为宣布要进行清算，许多合作者便犯上了妄想狂症呢？尽管也是原高等师范学校的学生，继卡尔科皮诺之后担任国民教育部长的阿贝尔·博纳尔却向盖世太保告了密。蓬皮杜和他的两位同事险些被捕。蓬皮杜和他们一样，也开始谨慎小心起来。他借口要将小阿兰送往乡间，要求提前度假，而且不等答复，便直奔沙托－贡捷而去。

相遇戴高乐

　　巴黎解放了，巴黎全城成为欢乐的海洋。乔治始终没有向维希政权妥协。一切都促使他与大多数被弗朗索瓦·莫里亚克称之为虔诚于"我们当中的第一人"（指领导抗击德国人，后来成为国家元首的戴高乐将军——译注）的法国人融为一体。风起云涌，蓬皮杜四周都是想创造、改革、制定新的规则并为社会生活和民主提供新基石的年轻人。乔治·蓬皮杜确信正经历着一个非常时期，也想寻找一个为民族奋起贡献一份力量的机遇。他相信，重大的变革正在酝酿之中。这时，他内心怀有的激情完全是自发的，充满了理想，准备为国家的重建和忘却占领时期愧疚而凄然的记忆而奉献全部身心。

　　他的老同学莫里斯·舒曼和雅克·苏斯戴尔与他志同道合。如果不想停留在一条没有前途的道路上，他就必须乘上飞驰的列车。他向往着教师按部就班和枯燥单一生活以外的东西。他明白自己缺乏想象力，没有文学才华，因此无法走吉罗杜或者波德莱尔的道路。但他对重操墨守成规的中学教师的职业也不再感兴趣。

　　"多数学校是通向未来的大门，但高等师范学校却不是，"他写道，"如同生来不能注定成为骑手一样，人们也不可能天生成为师范学校的学生。统考仅仅是授予骑士盔甲的仪式。无法想象师范学生的才智注定有光辉的前程。例外只能证明在众多人选中仅有少数人经过偶然的选择最终登上我们巴别塔（据《圣经》载，诺亚的儿孙们想修造此塔，以便登天，上帝阻止了他们荒唐的做法——译注）的每一层的法则。怀有志向的师范生处在夹层之中。实际上，他们的王国并不属于这个世界。正如吉罗杜所承认的那样，他生来便属于一种影子社会。与之交往的奥梅尔、普拉东、维尔日勒、拉辛或波德莱尔对他毫无用处[83]。"

　　蓬皮杜和从伦敦回来的让-保尔·德·达德尔森重新取得联系。达德尔森让他去信息部与他共事。但他还能找到更好的去处。偶然碰见的"自由法兰西"的一位前高等师范学校毕业生,外号叫特塔巴的勒内·蒂博建议他去找巴黎高等师范学校、政治学院和圣迈克桑学校的校友勒内·布鲁耶。他好像担任全国抗敌委员会主席乔治·比多的办公室主任。

1944 年 9 月 12 日,乔治给布鲁耶去信:"亲爱的朋友,我希望你能给我打个电话。别太在意。星期六,我去了全国抗敌委员会,但没有找到你。我打算,今天仍然这么想,见你一面。如果不行的话,我便留下这个便条——我有其他事情要对你讲,更确切地说,有事求你:我想请你帮助我找点事干。在目前情况下,我再不甘于听天由命下去。我觉得我至少暂时可以做些其他事情。不光是为我自己:你知道我没有什么雄心壮志,我不要求什么地位,也不贪图钱财。国家正需要人,我如果袖手旁观,什么也不干便觉得矮人三分。你知道我的看法,我确信只有不分什么党派、依靠所有人的共同努力,我们才有希望重建一个法兰西。假如认为我适合担任某项工作的话,请想到我。"

实际上,勒内·布鲁耶并不在乔治·比多手下工作,他是戴高乐办公室主任加斯东·帕莱夫斯基的助手。他觉得乔治·蓬皮杜的信写得很在理,而且满怀激情,随即将信交给帕莱夫斯基看。两人与蓬皮杜约定在位于圣-多米尼克街的陆军部大楼见面。乔治出乎意料地得知戴高乐正是在这座楼内办公。能够参与戴高乐将军的行动,即使只有微薄的奉献,也是多么美好的梦想啊!因为戴高乐在人们心目中的形象及其威望是那么令人振奋!

"占领时期,你干了些什么?"他的同学问他。

"嗯,我继续在亨利四世中学给学生讲授柏拉图。"

"肯定会用你的,但我还不知道让你担任什么工作。"

10 月初,布鲁耶召见蓬皮杜,让他直接进入将军办公室工作。意想不到,喜出望外!他不知道办公室究竟是怎么回事,一想到能为盖世无双的戴高乐工作,他便欣喜若狂。更加令人激动的是,他将在将军身边工作!

"没有经历过这个时代的人,"他写道,"是无法想象戴高乐将军在那些首次走近他身旁者心目中的形象。直到那时为止,蓬皮杜仅在无线电里听过他以法兰西名义说话的声音。他仿佛是个传奇人物,一个神话中的英雄,一个非凡脱俗的贵人。突然间,他的形象具体化了。他是个体型奇特的人,个头特别高,头部同躯体不成比例,身着准将戎装,迈步上楼,走进他的办公室,用高傲的目光注视四周。他所经之处,每个人都像立正似的站着不动，同时垂下眼帘，仿佛为了不看这位不应该被自己看见的伟人，因为他不属于世俗世界。听到伦敦时代的合作者们像谈论某个人那样谈论将军，就如同听到善良的修女们像谈论一个熟人那样谈论上帝，会令人感到惊愕不已[84]。"

勒内·布鲁耶为他开启了通向戴高乐的大门，将自己的老同学扶上马，为他未来的事业助了一臂之力。没有布鲁耶，蓬皮杜不可能被载入史册。1944 年 10 月 1 日，将军签署了一纸命令："唯一的一项任命：任命曾获得文学教师学衔的乔治·蓬皮杜为法兰西共和国临时政府特派员。"

戴高乐并不要求所有合作者都曾经是抵抗战士；只要他们没有向德国占领者妥协过。但在办公室里，他是唯一属于这一类的人。在恐怖的黑暗年代里，没有参加抵抗运动对他来说是一个永远无法治愈的伤口。所有的上司、所有的同事都是抵抗战士，或者从一开始便是将军的合作者：若弗鲁瓦·德·库塞尔、加斯东·帕莱夫斯基、伊丽莎白·德·米里贝尔、居伊中尉、艾蒂安·比兰·德·罗西耶、路易·瓦隆、克洛德·莫里亚克、让·多纳迪厄·德·瓦布尔、让·图沙尔、夏尔-亨利·德·莱维-米尔普瓦。他与他们一样，怀着对将军的无限崇敬，为法兰西及其复苏而生活和工作。在德·勃艮第街的食堂里，他听到军事办公室成员们激情飞扬的讲述，他们都是参加过北非、意大利或者诺曼底、普罗旺斯登陆战役的老战士。"晚上，他们在某个戴高乐主义者专门聚会的饭店里，互相介绍克洛斯特曼、迪佩里耶、卡巴尼耶及其他英雄人物。大家离开时都沉醉于英雄的光辉业绩之中。他们的荣耀也使我们脸上有光。"

起初，蓬皮杜仅做一些辅助工作：为加斯东·帕莱夫斯基和勒内·布鲁耶准备文章，只有他们才能与将军讲话。最初的工作仅限于起草在科学院开幕式上或颁发龚古尔奖时的讲话。蓬皮杜日常的角色只是接待求助者，他很快便得到了深刻的教训。"当我开始工作两三天后，接待了一位身穿军装的妇女。她抱怨说，她的人道主义行动受到了妨碍，要求我给予帮助。我立即拿起一张印有总理府笺头的信纸，写下了他口授的几句很有分量的话，随后签上了自己的名字：'特派员乔治·蓬皮杜。'过后不久，一个警察分局的局长来问我是否认识这位妇女；她复制了我的字条，并到处传播。我承认了，并且引以为戒。从这一天起，我再也没有轻率地在文件上签过字。"

路易·瓦隆有一间很大的办公室，紧挨着他的办公室。他对乔治很友好，但却善于把那些令人厌烦的或者来势汹汹的来访者全部"塞"给乔治。一次瓦隆接待一批要求立即处决贝当元帅的"女共产党员"，借口

49

外面突然有人叫他，便请蓬皮杜替他接待。年轻的特派员徒劳无益地向这些妇女解释司法程序，应该按照司法程序办事。这次会见给他招来了一篇报复性的文章：《蓬皮杜先生，你是戴高乐先生的发言人吗？[85]》这类事件造成他们两人之间长期的不快。蓬皮杜后来回忆说："我在将军办公室工作期间，瓦隆经常探过头来对我说：'亲爱的朋友，我不得不去一趟国民议会，我得去办这件或那件事，你能不能帮忙接待一下和我约好的来访者？'我当然会同意，而来访者总是些极为难缠的人。于是，我接待了许多神气活现的女共产党人，我斥责她们，她们对我破口大骂，并在报刊上再次对我破口大骂，这一切都很正常，但瓦隆却从不愿意干这种事。"

加斯东·帕莱夫斯基让蓬皮杜负责与新闻部和国民教育部保持联络。被占领时期的报刊被查封、财产遭到没收，需要着手治理。外省的共产党人占据着大批的印刷厂，对新闻实施着名符其实的专政。乔治·蓬皮杜经常拜会新闻部办公室主任——和他一样曾是巴黎高等师范学校毕业生的皮埃尔－亨利·泰特让。泰特让是位忠实的"人民共和运动"（基督教政党——译注）成员，偏向自己政党的报刊；于是，蓬皮杜便试图给激进党人提供机会，尤其给他昔日的同学、刚从集中营返回并开始其杰出政治生涯的比耶尔提供机会。他帮助《图卢兹快报》重新出版，而《巴黎回声报》则重新由让－路易·维吉埃和德·舍维涅领导。

但最重要的[86]则是创办一家独立于所有政党、既尊重言论自由又能发表正确言论的大型报纸：无法解决的难题。《时报》是战前的一家严肃的日报，被法国冶金工业委员会视为过于依附于某些政党。这家报纸和许多其他报纸一样，在慕尼黑时期曾毒化公众舆论，在德国占领期间也没有自行关闭。迫切需要为这家报纸找到一位能够为戴高乐将军拟议中的、将于1944年对莫斯科进行的访问组织宣传运动并大肆张扬的继任者。这一访问的目的在于加强与苏联结盟，并待时机成熟时使法兰西以战胜国的身份在谈判桌前就座。英国人和美国人是忠实的同盟者，但他们总是晚些时候才进行干预，有时很晚才介入。戴高乐需要马上宣布法俄同盟，像1914年那样。在1942年，他不是也曾一度打算将自由法兰西的大本营由伦敦迁往莫斯科吗？

斯大林和戴高乐将军会晤了三次。法兰西驻莫斯科大使馆，在戴高乐接见爱伦堡（苏联作家，曾两度获斯大林文学奖——译注）、普罗科菲耶夫（俄国作曲家和钢琴家——译注）及其他一些人士和上午被授勋的诺曼底－尼曼的英勇善战的飞行员们的当天，硕大的法兰西三色旗正迎着冬风高高飘扬。当然，他没有得到所希望的全部成果，斯大林拒绝同意他兼并莱茵兰（德国的州，在雷南山脉——译注），也未同意邀请他出席两个月后在雅尔塔举行的会议。这无关紧要，将军最着急的是看到一个新的领导集团控制《时报》的人员和设备，让它以全新的面貌来庆祝法兰西获得新生。

这家新的报纸便是《世界报》。《世界报》交由1938年行为端正的于贝尔·伯夫－梅里[87]领导。乔治·蓬皮杜和他的朋友布瓦西厄为这一成功之举感到欢欣鼓舞。他必须说服伯夫－梅里改变任性的毛病。伯夫－梅里喜好让别人求他，尤其是让外交部长乔治·比多求他，而比多却对扮演受气包的角色十分敏感。蓬皮杜和布瓦西厄通过提供资金的勒内·库尔坦和将军在伦敦时的亲密合作者克里斯蒂安·丰克－布伦塔诺来打圆场。他们终于找到当时很难寻觅的足够的纸张，使新的报纸于1944年12月正式问世，出版的第一期为正反两面的一大张。两页作为开端，而且利用的是能产生严肃效果的旧《时报》的尺寸和老的印刷格式。

在国民教育部，乔治·蓬皮杜则与勒内·卡皮唐打交道。卡皮唐声称改革，曾设想对约有二十几个司局单位的国民教育部进行改革。年轻的特派员试图避免出现最坏的情况，这便引起国民教育部对他无休止的敌视，视他为冒牌的戴高乐派。后来，这一坏名声贯穿了他的整个政治生涯。乔治进行了干预，派去一位曾是他在亨利四世中学的同学、流放归来的路易·弗朗索瓦担任总监。

1945年2月6日，乔治·蓬皮杜获悉1928届的老同学罗贝尔·布拉西亚克于清晨被枪决。他英勇就义，拒绝被蒙上双眼，并高呼："加油，法兰西万岁！"这一幕促使蓬皮杜思考特赦权的使用，这将是对他日后的一次重大考验。

"这个冬天，"戴高乐说，"战争在继续，我们的士兵倒在德国人的枪口下。如此多的不幸者在解放时刻被即席判处枪决，只是因为他们听任自己被卷入与德国人的合作之中。为什么不处决那些教唆者呢？达尔当、皮舍、昂里奥、布拉西亚克之流为什么却能逃避惩罚呢？一个知识分子比其他人应承担更多的而不是更少的责任。他是教唆者，说得重一些，他是头领。弗朗索瓦·莫里亚克给我写信说善于思考者不应倒下。为什么要给予这种特权呢？一颗硕大的脑袋应比一个麻雀小脑袋承担更多的责任。布拉西亚克聪明，有才华。因此他的所作所为便会造成更为严重的后果[88]。"

很多知识分子都在请愿书上签字，要求特赦他。一些人像莫里亚克一样，是出于宽恕与和解；另一些人则像加缪一样，反对死刑。布拉西亚克固然有罪，负有完全责任，因为他在《我无所不在》上发表文章号召告密、鼓动谋杀。但是，怎么可能不心潮澎湃地怀念这位才华横溢、目光温和、几乎像女人一般柔弱的同学呢？怎么能够忘却在皮托埃夫家共同度过的夜晚呢？

乔治·蓬皮杜的使命涉及面越来越广。他的欢快和幽默使他赢得朋友。如果说他因为未能为自由法兰西效力而先天不足的话，他却因此而熟知解放后法兰西的政治气候、局势的真相和缺吃少穿的困难局面。他了解人们比占领时期可吃的东西更少，必须花费八天时间才能乘坐火车穿越国家。比起那些刚从伦敦或阿尔及尔返回的、与法国本土隔绝了三四年之久的同事们，他更了解民情、共产主义的真实程度，所以他在阐明外省局势方面，特别有发言权。

勒内·布鲁耶越来越忙得不可开交，便责成他的朋友接待相当于现在省长的、当时共和国的特派员们。这样，蓬皮杜便定期会见在昂热任职的米歇尔·德勃雷，负责受到塞尔日·拉夫纳尔的"红色共和国"威胁的西南部地区的原巴黎高等师范学校同学皮埃尔·贝尔托，在里昂就职的前记者依夫·法尔热和致力管理利摩日的前工会主义者皮埃尔·皮尔西戈。但见得最多的要数资格最老的抵抗战士，朋友让-米歇尔·弗朗丹的战友，穆谢山游击队领导人，后来成为共和国驻克莱蒙费朗特派员的亨利·安格朗大夫。结识安格朗大夫后来对蓬皮杜十分有用。

与地区负责人的定期会晤使他得以代替勒内·布鲁耶起草有关外省舆论状况的日志，供戴高乐将军阅读。为了渗透进自己的看法，他留意阅读《剑锋》、《法兰西和部队》及《敌方的不和》。加斯东·帕莱夫斯基将这些编撰得很有条理、带有放荡不羁言论的日志，转交给戴高乐。将军仔细阅读，不时皱起眉头，但始终宽宏大量，亲手批注后再退回。

乔治·蓬皮杜与戴高乐的第一次见面纯属偶然。一个星期天，他几乎是一个人在办公室值班，戴高乐对其他人的缺席表示不满，先是狠狠地训斥他一番，然而面对蓬皮杜缓慢而平静的回答与不慌不忙的举止，再看看他挺直上身、头部微微后仰、浓眉宽额、透出一派军人风度，语气不由缓和下来。乔治土里土气的名字、令人好奇的鼻子及贪吃的嘴形，反而使戴高乐的心情好了起来。

戴高乐语气变得温和，并对他产生兴趣。很快，他便要蓬皮杜陪同他前往荒芜的郊区，到奥弗涅视察。陪同者除安格朗大夫外，令人奇怪的是还有摩洛哥苏丹和格拉维（摩洛哥知名人士——译注）。这样，康塔尔的朴实农民便有机会热情洋溢地朝他们呼喊："棒极了，黑人朋友们！"

乔治和克洛德·蓬皮杜多次应邀到戴高乐在纳伊的别墅共进晚餐，当然是坐在桌端。这座别墅是没收的私人宅邸，临近巴加泰勒，依傍布洛涅公园。他们第一次面对将军，感到十分拘束，尤其是克洛德面对将军那既威严又有几分嘲弄的复杂神情，显得无所适从："我想我一生中从未如此惶惶不安。"她说道，"请想一想，当时能见到戴高乐将军意味着什么。"后来，让·沙博内也曾说过："去见戴高乐时，谁也不敢洋洋得意，因为既不能浪费他的时间，也不允许出错。如果是用午餐或晚餐，他对客人总是很体贴，尤其对妇女们显得十分殷勤。如果你是年轻人，将军会像朋友一样在餐桌上招待你，十分随意[89]。"

1945 年 9 月 25 日，蓬皮杜夫妇与安德烈·马尔罗、莱昂·布鲁姆一起，在戴高乐家中与将军及其儿子、儿媳共进晚餐。那天晚间将军告诉莱昂·布鲁姆他想在制宪议会产生并召开会议后退出政坛，并建议他为继任者。布鲁姆强调年事已高，感觉疲惫，拒绝了他的盛情，并提议由费利克斯·古安接任。

但一切都已无济于事。内战得以避免后，经过重大改革，人们的生存条件有所改善，并得到保障。1945 年 10 月的全面选举中，所有政党都重新露面，分配内阁部长名额的讨价还价声四起，"魅力已经消失，老一套把戏死灰复燃。依仗将军的威望，几乎是全票选出的议会唯一的想法便是摆脱戴高乐。像法兰西所有的议会一样，这一届议会也再无法接受由一个政府治理国家的主张。每个议员、每个团体都不断想干预行使执法权，要议会对他们言听计从，把各自的决定强加于它。更有甚者，将军是政府首脑、履行职责这一事实却促使参加政府的各政党像在野党一样在肆意攻击他的同时，要求他承担因采取不得人心的措施而造成的后果。所以，在戴高乐将军访问美国期间，一位社会党部长为了有利于自己政党的选举活动，竟然取消了几个星期后通过一项措施重新恢复的粮票制度，并将责任推到政府首脑身上。"

将军和返回国内的政治家们，即那些政客们之间，不再心灵相通。审批国防部预算时，便能清楚地看出这一点。如同第三共和时代一样，议会意欲控制议长的权力。没有一部好的宪法，仅靠几位正直的人，什么事情也办不成。必须改变宪法。

乔治·蓬皮杜还有其他的焦虑、其他的烦恼。1945 年圣诞节前夕，母亲在沙托－贡捷养老院他租用的一间房子里于清晨时分在他怀中去世。此后，他便花时间多与父亲保持联系，因为在此以前，他与父亲的关系一直比较疏远。平时很少关注时事的蓬皮杜十分吃惊地获悉，在 1946 年 1 月 20 日的内阁会议上，戴高乐向内阁成员致意后，不等他们坐下来，便单刀直入地提出辞职。蓬皮杜为此感到担忧。在继续打听新消息的同时，为了确保未来，他谋求[90]行政法院审案官的职位。任命状已准备好，但始终未签署。克洛德已惯于穿戴高级妇女时装店制作的服装，价格昂贵。

身为忠实的社会党战士，莱昂·蓬皮杜提醒儿子："我一直建议你不要追随戴高乐去冒险。""他会回来掌权的。这仅是几天，至多几个星期的事情。你等着看吧，爸爸。"

将军离开了纳伊。他看中马利庭阁，在那里临时安家，这是一处公有的护林员的房子，草地上盖着一层薄霜，没有半点声响，没有一丝微风，毫无生活的气息。"怎么样，在巴黎人们都议论些什么？"他和颜悦色地问来访者。尚未从偶像的匆忙出走中缓过神来的乔治·蓬皮杜陪将军在园子里散步。寒气逼人，但戴高乐对未穿大衣毫不在意。

"总有一天，"将军对他说，"也许比您所想的还要快，议会会推翻我的政府。一个被推翻的戴高乐政府再也不是法兰西所需要求助的对象。我应该主动离开，而不是等被推翻后再离开。"

从桑戈尔到马尔罗

在凯旋回到法兰西十八个月之后，戴高乐被抛弃了。他的辞职导致其办公室的解散。乔治在刚有设置的亨利·安格朗旅游总署落脚，具体工作是制作宣传广告和小册子。这使蓬皮杜有机会为博-德-普罗旺斯最负名望的"乌斯托·德·博马尼埃"饭店剪彩，然后在加列拉博物馆举办《八个世纪的布列塔尼文明》展览会，从而使他于1948年埃丹堡公爵和未来的伊丽莎白王后访问期间荣获勋位勋章。在旅游局，蓬皮杜遇见弗朗索瓦·卡斯泰。卡斯泰后来与克洛德的妹妹雅基结婚，成为蓬皮杜的连襟。身为赴意大利远征军六月兵团老战士协会主席的弗朗索瓦·卡斯泰很快便担任旺多姆委员会——旺多姆广场街区珠宝商和奢侈品商协会的主席。他在旅游局还结识了法国旅游业在纽约的代表菲利普·德·克鲁瓦塞。菲利普·德·克鲁瓦塞是作家弗朗西斯·德·克鲁瓦塞之子，一位于1942年前往自由法兰西，并在海军航空兵部队，尤其在科西嘉战役和普罗旺斯登陆期间战功显赫的新闻记者。乔治和菲利普结成莫逆之交，他们的孩子也成为要好的朋友。

1946年9月，乔治·蓬皮杜成为政治学院副教授，负责两个一年级的讲座：历史、地理讲座和法律、经济讲座。"这是一位出色的老师，和蔼可亲，爱开玩笑，"校长雅克·沙普萨尔说，"他讲些趣闻轶事，使学生们不感拘束，驱散焦虑不安。"与众不同之处：他每年绝不会忘记将所有学生聚在一起，在他家中或在小酒馆举行一个招待会。

同一时期，他还被任命为最高行政法院的审案官。这迫使他作为入门者去听一位共产党教授关于基础阶段教育的"朗之万-瓦隆计划"。这一在基础教育阶段不区分六年级到三年级学生、统统由一个左翼教师团按自己的方式教育学生的主张，激怒了蓬皮杜。凭自己的经验，蓬皮杜知道在十至十一岁的学生中间，人们完全可以区分有天资、能接受中等教育的孩

55

子和天资欠缺一些的孩子来，以便更好地引导他们接受一种质量更高的中等教育。

他的朋友桑戈尔从集中营返回后，经常光顾蓬皮杜家。他向他们题献了一首献给法兰西的诗文《祈求和平》：

> 上帝啊，冰凉的泪水迷住了我的双眼，
> 毒蛇却从我的胸前抬起了头。
> 我原以为它已死去，
> 杀死它，上帝啊，因为我必须继续往前走。
> 我尤其要为法兰西祈求。
> 上帝啊，在白色人种国家里，法兰西位于圣父的右首，
> 噢，我很清楚她也是欧洲，
> 她夺走了我的孩子，如同北面的强盗抢走我的耕牛，
> 要给芦苇和棉花的大地施肥，
> 黑人们的汗水便是肥油。
> 她还给我蓝色的村庄带来死亡和大炮，
> 也使我的兄弟姐妹反目成仇，
> 好像群狗争夺一根骨头。
> 是的，上帝啊，饶恕原先说走正道的法兰西，
> 却在拐弯抹角的小径上逗留。
> 她邀请我入席，却让我自带面包，
> 她用右手递给我，却又用左手将一半往回抽。
> 是的，上帝啊，饶恕仇恨占领者的法兰西，
> 却又成为将苦难强加于我的刽子手。
> 她为英雄开辟了凯旋大道，
> 却将塞内加尔兄弟视为雇佣兵牵着走，
> 将他们变成帝国黑色的看门狗。
> 她是共和国，
> 却将祖国交给享有殖民地开发特许权的大公司，
> 怎不叫人痛心疾首。

1946年9月12日，乔治和克洛德在阿涅尔参加朋友的婚礼。从1945年11月起，成为法兰西国民议会的塞内加尔社会党加盟议员的桑戈尔在这次婚礼上遇见了社会党书记吉内特·埃布埃和殖民地部长马利尤斯·姆

泰。作为法国企业协会的总裁，吉内特的父亲费里克斯·埃布埃第一个在非洲响应戴高乐将军的号召。他的两个兄弟是桑戈尔在集中营的难友。乔治和克洛德很快对拉明·盖夫人产生好感。在那个重大的节日里，桑戈尔挽着雕塑般美丽的拉明·盖夫人踏上市政府的荣誉阶梯。拉明·盖夫人身着织有金丝的华丽服饰，比任何时候都更为美艳动人。在他们身后，马利尤斯挽住身着六米长拖裙的新娘。到场的朋友中，还有达里埃尔·马耶尔和雅克·苏斯戴尔。桑戈尔夫人从此成为克洛德挚友之一。几年之后，当桑戈尔离婚，与他的女秘书——一位诺曼底女郎结婚时，忠实于与吉内特友情的克洛德·蓬皮杜视桑戈尔的新夫人为僭越者。她对雅克·福卡尔吐露说："她疏远了吉内特的孩子们。一切都为她亲生的孩子着想。我不想再见她。"

在十八个月里，乔治·蓬皮杜一直没有机会见到在科隆贝苦苦等待时机的戴高乐。他利用空闲时光携带克洛德，在他们的朋友、已经成为突尼斯政府秘书长的勒内·布鲁耶的陪同下到突尼斯南部旅行。穿越村庄时，他惊讶地注意到人们对他们官方车辆的敌视。人们甚至朝他们扔石子。"我不了解北非，我想象中的北非应是法兰西无可争议的延伸。我对此深感迷惑不解。这一记忆日后将在阿尔及利亚危机时影响我的看法[91]。"

1947年4月7日，在与苏联冷战的高潮中，戴高乐创建了一个新党："法兰西人民联盟"。一个坏主意，蓬皮杜想。如果不成功的话，那将损害将军的威望；无论如何，他采取的主动步骤使现有的各个政党感到不快，他们将让他付出沉重的代价。戴高乐将总书记一职交由一位老相识担任。苏斯戴尔总是默不做声地倾听别人的发言和交谈，几乎要发出呼噜声，直至某个字、某句话引起他注意，他才猛然睁开双眼，满怀激情地加入辩论，既幽默又热情，而且不允许别人争辩。因此他被朋友们戏称为"肥胖的公猫"。

在秋季的立法选举中，新政党获得600万张选票，占总票数的38%。此后的四年中，戴高乐一直忙于"法兰西人民联盟"的事务，马不停蹄地旅行，到处发表演说，对联盟的方方面面都很关注。他激情满怀，并带有几分浪漫色彩地在全法兰西举行集会。似乎大有希望。帕莱夫斯基成立了一个"研究和思考委员会"，几位智囊和六位行家里手为戴高乐重新执政制定将要采取的规划。"班子里有米歇尔·德勃雷、雷蒙·阿隆、路易·瓦隆、马斯特将军、奥布瓦诺海军上将；还有一名衣服笔挺的年轻人阿尔班·夏朗东[92]，他腋下抱着一条小狗。"他们的秘书[93]玛德莱娜·尼格雷尔回忆说。

乔治·蓬皮杜从未参加过"法兰西人民联盟"的任何会议，但他负责整理"研究和思考委员会"的决议，他在完成这一任务时总会带来理论家的卓识和简洁的见解。为这项工作，大家建议给他某种报酬。他拒绝了。路易·瓦隆的反应是："怎么，蓬皮杜，你害怕入伙吗？"因为固执己见，他树立了一个敌手。

为了显示其独立性，并静下心来为最高行政法院起草报告，蓬皮杜宁愿将这一"研究和思考委员会"设在百米之外的大学街 69 号，而不在德·索尔费里诺街的"法兰西人民联盟"总部。他和雅克·福卡尔及当时负责领导戴高乐主义杂志《自由精神》的伟大作家之子克洛德·莫里亚克共用一个办公室。蓬皮杜总是口述，让秘书记录，他那完美无缺、从不改口的工作方式，使玛德莱娜·尼格雷尔赞叹不已。克洛德·莫里亚克还清楚地记得，在蓬皮杜依仗巴黎市政委员会主席皮埃尔·戴高乐向巴黎市政府租借的、位于马雷街区与圣－路易岛间的一处楼房新套间里用晚餐。乔治和克洛德经常在这里接待朋友布鲁耶、方丹和皮诺尔，也利用克洛德·莫里亚克这一"显赫"的关系慢慢地步入上流社会。

后来成为乔治·蓬皮杜的新闻专员的西蒙娜·塞尔韦在回忆起首次见到蓬皮杜的情景时说过："与 1947 年在菲利普·德·蒙勒米家一次晚宴上认识他时一样，直至 1969 年他还是老样子，一点都没有改变。他精明而讲究实际，冷静地观察事物的各个方面，从不轻易冲动。他严格控制自己的情感，对未来的苦难既不发火，也不担忧。性情随和，很有幽默感。和戴高乐一样，蓬皮杜是位能应付各种局面，对所有事务都感兴趣的人物。大概也正是因为这个原因，他们才彼此赏识、互相敬重[94]。"

昔日将军办公室的同事，后来在高等行政法院共事的让·多纳迪厄·德·瓦布尔也与他结下了友情。当他受命前往突尼斯接替勒内·布鲁耶时，便向戴高乐夫人推荐由他接替管理她为纪念出生时便残疾并在 1948 年 2 月 6 日 20 岁时逝去的女儿安娜而创建的三体性（指染色体——译注）儿童基金会。"夫人"，他向她介绍自己的朋友说，"您需要一位法律学家，一位热心肠的法律学家。"

蓬皮杜为基金会筹到经费，在谢弗勒斯山谷的韦尔克尔购置了一处带花园的房产，并亲自监督装修工程。还请来一位医生和六名修女。挑剔的戴高乐夫人对他的办事效率和人品都很称道。她经常见他，并在丈夫面前赞扬他。他应邀前往拉布瓦瑟里。起初将军对他并不十分热情，但她袒护他，充当他的保护人。慢慢地，将军也对他迅速处理实际问题的能力表示赞赏。

蓬皮杜始终对政治生涯持无所谓的态度，拒绝了他的朋友桑戈尔让他在参议院代表塞内加尔的聘请。蓬皮杜收到将军对他值其57岁生日贺信的回复。将军在信中暗示有朝一日会召唤蓬皮杜到他身边："未来不属于我们，但如果这一天到来的话，请相信我会依靠您，并完全信赖您。""像这样的一封信，从来没有任何人收到过。"亲自将信交到他手中的克洛德·居伊不无嫉妒地对他说。

因此，1948年4月23日，当戴高乐请他接替圣-但尼议员加斯东·帕莱夫斯基担任办公室主任时，便不足为怪了。当然，是一个影子办公室主任，因为这位伟人已不再担任官方职务。私人办公室主任，这样做，既方便了乔治，也便利了戴高乐。他的任务在于安排约会，每天编写政治形势综合报告，并整理将军在1944—1946年期间所作的批注。但这一没有报酬的使命迫使他不得不离开旅游局，相反，他得到最高行政法院副院长勒内·卡森这位戴高乐主义老战士的理解，保留了他最高行政法院审案官的职务，从而"保证了物质方面的需要"。当然，他还继续担任政治学院的副教授。

在盲目地经由勒内·布鲁耶推荐，走过一段漫长的道路之后，他终于获得了将军的首次任命！这一次，是戴高乐亲自选择了他。深知底细的他清楚自己将和谁打交道。

将军明确告诉他必须脱离"法兰西人民联盟"的活动。他不需要像皮埃尔·勒弗朗、加斯东·帕莱夫斯基和路易·瓦隆那样为选举寻求候选人而奔跑，也无须为他们的当选而操心。这样做才合适，因为他要继续接待"法兰西人民联盟"外的人士，如安托万·比内、勒内·马耶尔和罗贝尔·舒曼。办公室接受各种通知、通报和调查材料，甚至由"法兰西人民联盟"总书记雅克·苏斯戴尔签发的秘密调查材料。但不是对等的。苏斯戴尔不能获悉戴高乐将军会见的内容，也不应了解蓬皮杜为戴高乐所作的各种安排。

戴高乐需要交换看法，需要尝试从新的角度来看待对话者，需要在头脑中形成想法的同时，再加以具体化。他讨厌使刚产生的想法胎死腹中的一味的、短见的反对。反之，他喜欢人们向他提出问题，向他列举可能会碰到的各种反对意见。喜欢人们提醒他可能面临的危险。然后再让他独自思考。有时，他会采纳人们向他提出的建议，为己所用。

除判断能力强外，将军还要求办公室主任审慎从事。"您知道，"蓬皮杜说，"他讨厌流言蜚语，但也蔑视告发者。一天，他再无法忍受下去；一名助理因告密而成为牺牲品。"

随着时光的流逝，回忆录作者和巴黎高等师范学校毕业生之间形成了真正的默契。将军让蓬皮杜在正式发表前阅读他的回忆录。"您觉得怎么样？"他问蓬皮杜。"看不清人物在 6 月 18 日前后的区别。"蓬皮杜脱口而出。很快，他便为自己未能完全识别人物的卓越才华而咬住嘴唇没有笑出声来。"这是同一个人物。"戴高乐回答说。他从一开始便明白自己在历史上所扮演的角色。

在将军的左右，蓬皮杜始终是唯一既非来自"自由法兰西"也没有参加过抵抗组织的人物。他不在亲信之列。某些人使他感觉到了这一点。总是听到有人当着他的面吹嘘历史上戴高乐主义者参加抵抗运动的功绩，最终令他感到不快。"你并没有被法兰西人民运动的所有人看好，"在一次巴黎高等师范学校校友的会上与他相遇的特罗塔巴警告他说，"索尔弗里诺街[95]有两个阵营：一些人正在考虑是否需要马上把你杀死，另外一些人则认为过一段时间再杀你。"但这并没有妨碍蓬皮杜每当戴高乐来巴黎时，一天好几次去见他，有时见的时间很长。六年期间，他便这样成为将军的最亲密的合作者。他为人正直，忠心耿耿，谨慎小心，善于思考，随叫随到，守口如瓶，了解将军的一举一动，从而成为不可取代的人物。他们之间的理解配合达到心领神会的程度。

1952 年在拉特尔·德塔西尼（1889—1952，法国元帅，曾率领第一军直捣多瑙河畔，1950 年任法国驻印度支那高级专员——译注）元帅的葬礼上的一件突发事件——他的棺木险些在运送的装甲车上被焚毁——促使戴高乐拟就一份遗嘱，一式三份。他在遗嘱中就如何举行自己的葬礼表达了心愿。其中一份便交给蓬皮杜。这是对他信任的最有力的证明。

戴高乐时常向他流露自己面对各种阴谋诡计时的悲观失望和灰心丧气。"我做了我能做的事情，但我实在无能为力。"他喜欢进一步发挥罗贝尔·德·弗莱尔和乔治·德·卡亚韦的一部风俗喜剧里牧师所讲的话。他不再相信自己的命运，除了给蓬皮杜念几段他正在撰写的回忆录或者与他探讨哲理："您想，人们的行为仅有两种动力，惧怕和虚荣。要么是灾难，那就是惧怕占据上风；要么是镇定，那就是虚荣占据上风。"

蓬皮杜始终不属于"法兰西人民联盟"，却掌握着联盟的财政，检查收支状况，筹集资金以支付常设秘书、广告印刷商和租用会议厅所需的费用。为了给选举活动提供资金，必须上门向企业主推销商品、募集资金，有时是流动资金。为了避免留下过多的痕迹，人们有时使用中介，对这些人，必须认真进行监督。从这类观察人类弱点的机会中得到的经验教训为蓬皮杜打开了诸多大门，并使他同工业家们建立了密切的关系。例如，瓦朗坦画室经理乔治·伊尔登布朗[96]、西岱报刊创始人斯旺·尼尔森。

久而久之，他编织了一个关系网。他还与"法兰西人民联盟"的两名积极分子建立了友谊：一位是安德烈·塔尔迪厄办公室主任之子，后来成为他最亲近的顾问之一的皮埃尔·朱耶；尤其是另一个曾就读高等师范学校文科班一年级，然后加入拉特尔元帅部队的奥利维耶·吉夏尔。蓬皮杜一家与吉夏尔一家的友谊在与布鲁耶夫妇一同前往罗马旅行途中进一步加深，因为时常需要三个人合力才能使抛锚的塞尔塔卡尔车重新发动。

也正是在这个时期，他结识了皮埃尔·路易 – 德雷富斯，他是一家经营贸易、海上运输和银行的大公司老板。作为自由法兰西的老战士、戴高乐在伦敦时的财务管理员、自由公会的财务管理员、罗曼·加里和约瑟夫·凯塞尔的战友和同志，皮埃尔·路易 – 德雷富斯是戴高乐无条件的拥戴者。有一天，他与戴高乐约会，来早了，蓬皮杜便礼貌地让他耐心等一会。皮埃尔·路易 – 德雷富斯被蓬皮杜的和蔼和修养所折服，并被这位尚对商界和巴黎生活感到怯场的外省人所深深吸引，每个月都有好几次邀请他共进午餐[97]。

蓬皮杜一家还经常应邀光顾安德烈和玛德莱娜·马尔罗位于布洛涅的装饰有印度布娃娃、迪比费（法国画家、雕刻家，1901—1985——译注）或福特里耶画作的住宅。这里装饰得酷似一个剧场，最醒目的便是玛德莱娜的那架硕大的钢琴。面对马尔罗的奥秘、别出心裁、看待事物的与众不同的独特方式，你无法不为之动容。两对夫妇还在电影院相遇，因为他们都是影迷；在著名的饭店里相聚，那里有安德烈定好的座位。他们有时还一起度假。一年夏末，克洛德在巴斯克的西布尔租了一处别墅，安德烈旋风般的话语使主人们应接不暇，以至当时还只是个 10 岁孩子的阿兰·蓬皮杜抱怨说："脑子里像是塞了涡轮机。"另外一位忠实的朋友库蒂里埃大叔，多米尼加人，是《神圣艺术》杂志的创始者，热衷于现代艺术。他用博纳尔、布拉克、莱热、吕尔萨和鲁沃的作品装饰了阿西高地的教堂；用科尔比西耶作品和巴赞的镶嵌画和莱热的彩绘大玻璃窗装饰了龙尚教堂。

1950 年起，负责收集阿谢特经典作品的勒内·马亚尔在位于奥特弗耶街的一家康塔尔咖啡馆召集了好几届巴黎高等师范学校的毕业生参加每月一次的午餐聚会——马亚尔聚餐会。蓬皮杜在聚会上与三位已成为著名文学家的昔日同窗重逢：《阿尔戈尔城堡》的作者朱利安·格拉克、亨利·凯菲莱克和罗歇·伊科尔，蓬皮杜忠实地参加这些友好聚会，直至1955 年勒内·马亚尔去世。后来，他重新点燃友情的火炬，每月一次亲自在马蒂尼翁宫、随后在爱丽舍宫招待他的同学们。

蓬皮杜对政治缺乏癖好，始终没有领取"法兰西人民联盟"的证件，但他还是帮助雅克·苏斯戴尔和他的两名助手克里斯蒂安·富歇和雅克·博梅尔拟订了参加1951年选举的候选人名单。在选举活动期间，他甚至在"法兰西人民联盟"位于索尔弗里诺街的总部值班。如果雅克·苏斯戴尔不在，他便负责处理日常事务。结果却遭遇失败。"法兰西人民联盟"因为拒绝所有同盟，拒绝与任何政党联合，仅获得18个议席，不再是第一大党，位列第三。所得选票仅为谴责政府、削弱第四共和国的共产党人所获选票的零头。戴高乐知道"法兰西人民联盟"已成为一个普普通通的政党，它在左派和右派之间所持的骑墙态度使它遭受巨大损失，并失去公众的好感。在1953年举行的市政选举中，"法兰西人民联盟"再次受挫。许多"法兰西人民联盟"的议员违反选举命令，跑到"好好先生比内（法国政治家，曾任部长会议主席、财政部长等职——译注）那里捞油水去了"。他们当中的雅克·沙邦－戴尔马和克里斯蒂安·富歇甚至很快便加入了孟戴斯·弗朗斯（法国政治家，激进社会党人，1954—1955任法国总理——译注）政府。各政党在"组合"游戏中相互厮杀。

在科隆贝举行的一次名副其实的军事委员会会议上，雅克·苏斯戴尔与乔治·蓬皮杜发生了对立。苏斯戴尔试图说服戴高乐坚持斗争下去。激动的戴高乐转身对蓬皮杜说："他们所有人到底为什么跟我斗？我要您告诉我您的想法，您内心的想法。"然后他又友好地，甚至温情脉脉地说："您究竟如何来解释这一切呢?"于是，蓬皮杜便直截了当地建议他退出政治舞台，带走他的政治信念。1953年5月6日，面临他称之为的"幻想的破灭"，戴高乐宣布解散"法兰西人民联盟"，重新回到科隆贝的孤独之中，以图"东山再起"。整整五年的时间，他被人们所遗忘。接替蓬皮杜担任办公室主任的奥利维耶·吉夏尔多次对他谎称在他回巴黎时，有人要求他的接见[98]。

巴黎名流界

在将军再次穿越荒漠期间，蓬皮杜从未产生过重返讲坛的念头。他厌恶墨守成规。在最高行政法院审案官和政治学院副教授两个次要岗位上扮演无足轻重的角色绝非什么灵丹妙药，因为它们都无法养活蓬皮杜一家。对于喜好帆船、骑马、网球、服装及现代艺术的克洛德来说，糊口是远远不够的。当她将尼古拉·德·斯塔埃尔的一幅小画送给丈夫时，不得不分几次付款。她继续在沙勒马涅街每周举行两次盛大晚宴。晚宴上经常可以见到她的妹妹、妹夫卡斯泰、克洛德·莫里亚克、她丈夫在巴黎高等师范学校的同学和马尔罗一家人（其孩子已成为儿子阿兰的好朋友）。

蓬皮杜在最高行政法院感到十分烦恼。这次，他不再相信变化的局势会使戴高乐重新掌权。他认为，戴高乐的政治生命已经结束。如果说将军让他负责与普隆出版社谈判他的《回忆录》出版合同事宜，并作为感谢赠送他一块表壳上刻有他亲手签名的怀表，那是因为他给将军指明了彻底退出政治舞台的未来。更何况，自从"法兰西人民联盟"失败以来，这位伟人变了。在原先的怀疑态度之上，现在又增添了苦涩，有时还会疑心昔日忠实的信徒们背叛了他；他能长期忍受合作者们吗？而且，他的电话显然被人监听，与他进行任何简短的交谈都需要到科隆贝跑一个来回，花费一整天的时间。

与商界朋友的交往，引起了蓬皮杜极大的兴趣。他饥不择食地试图在私营企业中碰碰自己的运气，等待着机会的到来。他与教师学衔考试时的同学，后来成为"法兰西人民联盟"的一名财政官员的勒内·菲永取得联系。菲永在担任幼年的居伊男爵的家庭教师之后，成为罗特席尔德（德国著名银行家，国际金融集团奠基人——译注）银行的代理人。这家银行自1870年因向共和国支付解放被德国占领的土地所需的50亿法郎而衰败。德国占领及"维希法令"造成的挫折迫使其仅限于经营银行日常信贷业务。但罗特席尔德家族在海上运输业——管理及海运股份公司、莫里公司和西非贸易公司——仍控有巨额股权，在石油业——石油勘探金融公司、法非石油勘探公司和施勒公司——也占有重要股份。尤其是它控制着四大矿业公司：毛里塔尼亚米费马铁矿公司，新喀多尼亚镍矿公司，西班牙巴拿罗亚及里奥坦托铅、铜、锌公司等。而且罗特席尔德信誉犹存。无论在奥特伊、多维尔还是在隆尚，他们押注的马匹总能赢得大奖。

勒内·菲永多次向居伊·德·罗特席尔德[99]提起乔治·蓬皮杜，但无济于事。"蓬皮杜，"罗特席尔德对他说，"除具有掌控各种问题的聪明才智外，还需要脚踏实地。我们的行业需要这样的人才对风险进行分析。"居伊伯爵每次都回避问题："我能让这位两次获得教师职衔的人干什么？我没有地方安排他。"

勒内·菲永鬼迷心窍，梦想离开银行从政——当议员。然而，他在外省没有任何关系，因而找不到任何选区。一位记者朋友贝尔纳·勒福尔劝他别在巴黎参选，因为在这里他绝无成功的可能，并建议他走另一条道路："争取在黑非洲当选，那里选民团有限。您在罗特席尔德的经历对您的当选会大有帮助。"勒内·菲永觉得有道理，便来向蓬皮杜打听消息。蓬皮杜从中斡旋，并为他获得"法兰西人民联盟"的加蓬驻法兰西联邦议会代表的候选人资格。他甚至用苏丹参议员[100]的候选人资格诱惑菲永。可是居伊不放勒内·菲永走，除非他能推荐一名优秀人才取代他。勒内·菲永老调重弹。在菲永的一再坚持下，居伊·罗特席尔德终于接纳了蓬皮杜。

"蓬皮杜"，居伊·罗特席尔德说，"长得有点怪，尖顶，跟一般人不同。学生时代的照片上显得很清瘦，与后来认识的那张膨胀的面孔毫无共同之处。第一次见面时，他没有试图自我推销。更何况，在我们这个行当里，他也没有经历。他言语谨慎，没有炫耀自己的才华。我本人也不搞企业管理，更何况当时也没有这一说。我只是善于避开暗礁险滩。菲永说他有真才实学。那好吧，我一边聘用他，一边心里琢磨：有真才实学，以后看吧！事情的经过就是这样[101]。"

刚开始，罗特席尔德把蓬皮杜安置在子公司——北方铁路公司的一个不起眼的岗位上。很快，他便让最高行政法院将他置于空闲的职位上。剩下的事便是通知戴高乐。他感到尴尬不安，建议与将军保持联系，每周去看望他一次，并随时准备为他效劳，以完成将军希望交给他的特殊使命。

对金钱的作用始终不屑一顾的将军二话没说："很好，我不阻拦您。再见！"这便是将军的行为方式，光明磊落，直言不讳。但这并没有妨碍将军在几个月之后将他的一张照片寄给乔治，题词为："赠给我十年来的合作者，我的同伴，我永远的朋友——乔治·蓬皮杜。"

就这样，蓬皮杜于1954年2月1日破釜沉舟，跨进了私营企业的大门。说实话，走进这一陌生的领域让人感到几分不安。在《恢复事实真相》一书中，他说这是他毕生中三大决定之一。另外两次重大决定是他的婚事和离开教育界前往将军办公室。其他的人生转折，例如进入政府，都是命运的安排：他接受命运的安排，但没有刻意去追求。

在罗特席尔德公司，人们先给他安排了一个冷冷清清的办公室。为了给阴沉的板壁带来一丝欢快，他带来一幅叙瓦热的园林工在园中劳作的油画。他从大学街带来的女秘书玛德莱娜·尼格雷尔又添加了一束鲜花，而且每周更换一次。

经过几个月、很少能见到新老板的学习后，蓬皮杜抓住了一次陪同他外出私人交往的机会：到黑非洲进行为期半个月的访问，以便在那里开展管理及海运股份公司的业务。这次访问的组织者帕斯托是位具有政治倾向的高层人物，他在修建从吉布提至亚的斯－亚贝巴的铁路中起了作用，拯救了内古斯（埃塞俄比亚君主的称号——译注），并参加了"自由法兰西"。和他接触，蓬皮杜学到了很多东西。

这次前往塞内加尔、几内亚和利比里亚分三段进行的旅程成为乔治·蓬皮杜和居伊·罗特席尔德之间名副其实的"蜜月"。他始终尊重同行的前辈们，对一切都感兴趣。他进行观察、提问、倾听、记录，并悄悄地将信息分门别类，以便看看人们对他所说的这一切是否行得通。他从不卖弄自己，避免出头露面。但如果有人征求他的看法，他所提出的建议总是合情合理的。他不抱成见的判断、具有逻辑性的推理、独立的思考，使侯爵深为佩服。当然征服侯爵的，还有他那纯朴自然、谦虚谨慎、热情诚恳和富有教养的谈吐。

回到法国后，他邀请蓬皮杜偕同克洛德与他一起在他位于塞纳－马恩的费埃里埃广阔的领地上打猎。说句老实话，蓬皮杜用泥鸽枪射击怎么练也射不好。他永远不可能成为一名优秀的射手。但至少，他在罗特席尔德那里，对打猎产生了兴趣。他更喜欢看别人打猎，而不愿自己动手。有些人匆忙射击；有些人则沉着稳重、考虑周密，直等到猎物进入他们的射击圈内才开枪。"他觉得追求记录者大概是位屠夫杀手。"

一条两旁长满参天大树的长长的大道直通城堡。城堡正面的每一个窗口都闪烁着水晶光泽。双重旋转的主楼梯通向客厅，客厅里陈列着珠光宝气的收藏品，《追忆似水流年》中的人物一一展示在人们眼前。意想不到的是玛丽－埃莱娜，这位居伊的新夫人，本来畏惧会见丈夫令人厌倦的合作者；居然也觉得他富有魅力，尽管他在社交场合尚显腼腆和笨拙。她不知道此人每天读一本书，像熟悉法国历史一样了解西班牙和意大利历史。她看出他对一切都很好奇，对艺术，对诗歌，对时尚，对时装，对向他介绍的人物都感兴趣。她很快便迷恋上他和克洛德。

一个周末接着一个周末，蓬皮杜夫妇几乎每周都会受到邀请。乔治工作认真、专心、干脆利索；在私生活方面，乔治也显得欢快，笑容满面，诙谐，爱开玩笑，甚至戏弄他人。两对夫妇变得亲密无间。玛丽－埃莱娜一定要让蓬皮杜夫妇加入他们朋友的圈子。在费埃里埃，她教他们学会了好几种扑克牌玩法。阿蒂尔·吕班斯坦前来演奏钢琴，出入的都是王公贵族和知名人士：摩纳哥的公爵、阿涅利一家、在米费拉铁路和铝土矿方面给予宝贵支持的未来的毛里塔尼亚总统乌莱德·达达。乔治和克洛德被这种游戏弄得眼花缭乱，尤其是克洛德。在围着她转来转去的华贵的年轻夫人圈子里，她巧妙地谎报了年龄，少说了几岁。当丈夫成为知名人物，如实道出她的出生年月时，她感到十分恼火。女人的虚荣，故意卖弄自己年轻！

罗特席尔德夫妇有一本那个年代时兴的专门记载坦白的真迹簿。每位应邀的客人都将就他们的爱好在私下提出的问题的答案抄录在上面，应玛丽－埃莱娜的要求，蓬皮杜心甘情愿地参与了这一游戏。下面是他对几个问题的回答：

"您最喜爱的美德是什么？"

"廉耻心。"

"您最喜欢男人身上的何种品德？"

"高贵。"

"女人身上的品德呢？"

"优雅。"

"您最喜欢的消遣是什么？"

"阅读和音乐。"

"您最主要的特征是什么？"

"固执。"

"您认为什么是幸福？"

"晚间和心爱的人们一起待在火炉旁[102]。"

1954 年 9 月，越来越赏识蓬皮杜判断力的居伊·罗特席尔德委任他共同管理跨大西洋贸易公司，这是为了弥补设备进口商们外汇短缺而在战后建立的补偿贸易。即将取消汇兑的控制注定了贸易公司的存在是短暂的，必须将其人员平稳地转业改行。蓬皮杜将要使这些人或那些人在银行或其他子公司里重新获得职位。一项微妙的使命。为此，他需要一些信得过的、办事效率高的、口风严实的人。

所以，他雇用了一名果敢的女性安娜－玛丽·迪皮耶，他内弟卡斯泰曾向他提起过的一位女法律工作者。她在经历一段令人难以置信的奥德赛（古希腊诗人荷马的两大史诗之一，记述了乌利西斯在特洛伊战争后回国途中 10 年经历的艰险——译注）式的艰险后，取道葡萄牙，于 1942 年抵达伦敦。一名妇女很难在自由法兰西部队（1940 年戴高乐在英国组织的部队——译注）中找到自己的位置！但她成功地成为一支由 45 名女司机组成的救护车队的队长，并参加了整个意大利战役，然后在普罗旺斯登陆。她正是在"意大利老战士协会"（她是协会的一名宣传员）和"旺多姆委员会"认识弗朗索瓦·卡斯泰的。安娜－玛丽仅在六七年前，和卡斯泰一起，于法兰西剧院的走廊里见过蓬皮杜夫妇一面。一天，她收到克洛德·蓬皮杜的电话："我丈夫想与您共进午餐。"

他们在加永广场的皮埃尔饭店约会。安娜－玛丽看到乔治偕同夫人前来感到几分吃惊。蓬皮杜安慰她，并解释缘由。他聘请她到跨大西洋公司工作。她将担任人事部长，负责沟通公司的每位成员，建立人事档案并让他们说出心里的真实想法，争取了解到怎样做才能合理地重新安排他们的工作。乔治·蓬皮杜的一句话给她留下深刻的印象，因为这句话表明了他的性格外露："不管怎么样，无论在精神上，还是在财政上，我绝对不会让您担心害怕[103]。"

居伊·德·罗特席尔德惊讶地看到这位新伙伴迅速而妥善地处理了跨大西洋公司的事务。于是，1956 年，当勒内·菲永成为参议员离开集团后，受到器重的蓬皮杜便接替勒内·菲永，来到罗特席尔德兄弟控股公司担任经理之一。当他不懂时，他便直接提问，而不是通过别人再去找懂得的人；一旦明白后，他便快刀斩乱麻地解决问题；但从不冒损害预期结果的风险。他扩大了公司的影响，帮助公司扩大规模，使其具有宏图大略。人们经常听见他说："越是微观经济方向的问题，越需要从宏观经济方面加以考虑[104]。"

此后，蓬皮杜夫妇便可在圣·路易岛上贝蒂纳堤街 24 号克洛德·莫里亚克居住的同一幢楼房里租用一套五间的宽敞的住房。他们住在三楼，这是一处勒沃建于 1642 年，战后由著名的美容产品业奠基人埃莱娜·吕班斯坦修复的私人宅邸。他们在墙上悬挂了几幅现代画作。他们现在有足够的经济实力，购置阿特朗、布拉克、马内西耶、尼古拉·德·斯塔埃尔和德洛奈的画作。他们南下时，可住进最讲究的旅馆，一艘威尼斯轻舟专供他们前往参观教堂和博物馆时使用。乔治甚至可以赠送一辆白色的波尔斯豪华车给克洛德。

不能因此说他们是自私自利者。克洛德的接济减轻了穆费塔尔街区许多不幸者的苦难。每年圣诞节，戴高乐的外甥阿兰·德·布瓦西厄这位驻阿尔及利亚的上校都会收到蓬皮杜的一张支票和附言："亲爱的阿兰，我因年龄的原因，有幸不再像您手下的那些年轻人到阿尔及利亚服役。在您的周围肯定存有困难和不幸。您会恰到好处地使用这些钱。"布瓦西厄评论道："蓬皮杜是位宽宏大度者[105]。"

蓬皮杜夫妇和罗特席尔德夫妇已经好得形影不离。玛丽 - 埃莱娜对乔治言听计从。他们时而结伴前往多维尔小住几日，罗特席尔德夫妇在那里养有马匹。他们时而进行冬季运动，时而赴纽约和华盛顿旅行，参观地铁博物馆或者全国艺术品展览。在闲聊中，居伊逐渐将乔治从众多的戴高乐主义者狭隘的思想引入到盎格鲁 - 撒克逊文化之中。他提醒说在 1940 年英国远未抛弃法国，而是尽力拯救法国。他使蓬皮杜这位朋友成为坚定的欧洲一体化者。

靠着这一新的社交圈，蓬皮杜夫妇被巴黎各界名流所接纳。从而使最初的那个有些腼腆、不爱出风头和显得笨拙的乔治·蓬皮杜，成为现在充满自信、应付自如的人物。蓬皮杜夫妇不仅接待朱利安·格拉克和亨利·凯菲莱克——巴黎高等师范学校的同学，还招待舞蹈演员罗兰·珀蒂和齐齐·让迈尔、喜剧演员玛德莱娜·雷诺和让 - 路易·巴罗、雕刻家尼基·德·圣 - 法尔和让·坦盖利、历史学家莫里斯·德吕翁。

为进入巴黎各界名流圈而感到万分欣喜的乔治不喜欢人们对他重提其出身和所从事的教师生涯。为了与教师圈保持距离，克洛德和乔治转而推崇先锋派，对新潮的艺术家和唱片产生兴趣。雷吉娜在博若莱街、王室宫（巴黎的一组建筑群，1633 年勒默西埃为黎塞留而建，命名为枢机主教宫，1643 年成为皇家财产，1661 年又传给奥尔良家族，法国行政法院、制宪议会等都设在这里——译注）后面开了一家新潮商店——傻瓜威士忌。在色彩斑斓的灯光下，雅克·沙朗和罗贝尔·伊尔什从法兰西喜剧院来到这里跳恰恰舞。这里成为让·马雷、让·科克托、萨沙·迪斯特尔及其拥戴者的约会之处。在这里还可见到贝尔纳·比费和安娜贝尔、让 - 端木松、朱丽叶·格雷戈，有时甚至能碰见安娜·加尔德内和弗兰克·西纳特拉。巴黎所有赶时髦的人都会在这里露面。罗特席尔德夫妇很快成为这里的常客，当然乔治和克洛德·蓬皮杜也会和他们在一起。蓬皮杜夫妇不折不扣地成为"罗特席尔德邦"的成员，各种节日活动必到。后来，他们随着雷吉娜转移到蒙帕纳斯（位于巴黎14区，塞纳河左岸，曾是两次世界大战之间画家荟萃之地——译注）的"日米斯"跳摇摆舞，在勒·富尔街的"雷吉娜"，跟女主人学跳扭摆舞。这类晚会使蓬皮杜夫妇置身于他们出身的社会阶层之外。"对来自外省资产阶级家庭的我来说，"克洛德曾袒露心迹，"这是一阵旋风。坦率地讲，我几乎成为追求时髦的人。我的丈夫，他则保持着距离，没有随波逐流。"这是真的，他始终保持着农民的本质。他紧蹙眉头，透过香烟燎起的烟雾，用批判的目光注视着他的对话者们。

蓬皮杜也与《法兰西晚报》和《她》的老板皮埃尔和埃莱娜·拉扎雷夫熟识起来。在他们位于卢弗西埃纳的家里，蓬皮杜夫妇与1947年曾在亨利四世中学举行一次有关波德莱尔报告会时碰见的居伊·贝亚尔重逢。这名歌手演唱的歌曲《水长流》连续42周名列最佳歌曲排行榜，他当时还是一名年仅17岁的、正准备参加桥路土木工程学校入学考试的年轻人。他向报告人蓬皮杜提出了不少合情合理的问题，以至于奥迪贝尔决定邀请他在家中共进晚餐。自从这次相聚后，蓬皮杜夫妇与居伊·贝亚尔成为至交，他们经常前往剧院的顶层楼座听他演唱《某人，金德讷格尔，喂，你听到我的声音了吗?》。渐渐地，他们邀请他打牌、下棋或者一起朗诵诗歌。他们以"你"互相称呼，甚至想让他娶他们的一个侄女为妻。这是一个怪主意，因为贝亚尔是个走桃花运的男人，和他谈情说爱总是没有好结局！

与将军在汽车上

　　尽管到罗特席尔德公司工作，乔治·蓬皮杜对戴高乐将军的忠诚始终如一。在戴高乐退隐期间，蓬皮杜依旧是他最亲密的战士。他像前往拉彼鲁兹伯爵私人宅邸一样，不断前往科隆贝。在那里戴高乐每周都要通过拉彼鲁兹伯爵私人宅邸与首都保持联络。他也不会缺席埃米利安·阿莫里的午餐。埃米利安·阿莫里是位新闻业的大亨，为人热情好客，自 1950 年以来，一直在拉丁美洲商行每周四中午与被《观察家》的让·丹尼尔称之为"老板们"的戴高乐主义者朋友们聚会。前来的还有雅克·福卡尔、德·博纳瓦尔上校、奥利维耶·吉夏尔、格扎维埃·德·博兰古、安德烈·马尔罗、埃德蒙·米舍莱、雅克·苏斯戴尔、雅克·沙邦－戴尔马和路易·泰勒努瓦尔。每个人的状况千差万别，但所有人都期待着有一天戴高乐将军能像弥赛亚（犹太人心目中的复国救主——译注）那样复出。这些友好的聚会，不是每次所有人都能聚齐，但至少有六个人到场，其目的是保持联络，并讨论局势。每逢这种场合，人们都十分注意蓬皮杜的讲话，因为大家都知道他同戴高乐将军的关系非同一般。但谁也不指望他会泄露某种内情，再说将军也不会听任他这么做。

　　当时的中心议题便是阿尔及利亚。然而，乔治对暗中策划的阴谋一无所知，因为密谋者们将他排斥在外。1958 年 5 月 16 日在前高等师范学校学生、时任法国海外部高官的皮埃尔·穆萨家举行的晚宴上（陪同者还有银行家卢多维克和"人民共和运动"议员罗贝尔·比龙和他们的夫人），大家谈起了这场没完没了的战争。穆萨认为只有戴高乐能够结束这场战争。"你们完全错了，"蓬皮杜反驳说，"他永远不会回来。你们不了解他，我是知道他的。今天，对他来说，最重要的是勾勒出过去的历史。"

　　突然，电话铃声响了。人们告诉穆萨阿尔及尔爆发了动乱。罗贝尔·比龙匆忙离开客厅，赶往不远处的议会。其他人则留了下来，其中包括蓬皮杜夫妇。

1958年5月13日，拥护法国继续统治阿尔及利亚的人们在阿尔及尔举行示威游行，并一举占领总督府，建立公共安全委员会。几天之后，少数戴高乐主义者，其中有罗歇·费赖、奥利维耶·吉夏尔，说服阿尔及利亚总指挥萨朗将军求助戴高乐将军。

一周之后，在马里尼林荫大道上，乔治·蓬皮杜遇见了米歇尔·德勃雷和1954年接替他担任戴高乐办公室主任的奥利维耶·吉夏尔。"我希望你们二位都不在这群致力于将军回来的疯子之列，"蓬皮杜对他们说，"我告诉你们，他不会回来。别抱幻想，工商界不愿意他回来！听着，孩子们，不要卷入这场毫无希望且十分危险的活动！"

事态的发展却很快推翻了他的预测。"我不是将军，"他承认道，"请别要求我预见、预测和做出惊人之举。这种魅力，我曾经历过，我十分清楚人们需要这种魅力，只有他才拥有这种技巧。"

果然，5月19日，将军举行了著名的记者招待会，24日伞兵部队登陆科西嘉。

5月24日，蓬皮杜应邀前往科隆贝会见戴高乐。午餐桌上，戴高乐将军请他在必要时组织内阁，因为他非常可能重返政权。

蓬皮杜要求给他24小时考虑。他立即把事情告诉了他的夫人，并对她解释说，戴高乐因为措手不及，肯定没有作好组织一个能对议会负责的政府的准备。他大概不像所有老政党那样拥有足够的内阁部长的人才储备。正因为如此，他才召唤蓬皮杜帮助他与各方面接触。最多也就是几周、几个月的事。"你不能拒绝将军，"克洛德回答说，"请向我保证这仅仅是权宜之计。"

然后，蓬皮杜去见居伊·德·罗特席尔德，向他证实正像人们现在所议论的那样，戴高乐将重新执政。并趁势告诉他，戴高乐要他领导内阁。他绝没有任何涉足政坛的企图，仅仅是协助戴高乐组织一个有效的政府，并起草一部新宪法。他认为之所以后来步入马蒂尼翁宫甚至爱丽舍宫，都是因戴高乐将军而生出的插曲。就是这样。"如果您想回到我们集团，"罗特席尔德对他说，"您知道我是多么希望您回来，将军是不可能放您回来的。"蓬皮杜安慰他："您知道，我觉得自己配不上将军。仅有一点是相同的：我和他一样固执。"这样，居伊便认为蓬皮杜可能会回来。于是，他为蓬皮杜保留了薪金，而且没有寻求继任者。

第二天，蓬皮杜回去见戴高乐："我的将军，我无意最终放弃商界。但我可以从银行脱身六个月，以组织您的内阁。总之，服六个月的兵役。"

1958 年 6 月 1 日，弗林姆兰果然向共和国总统勒内·科蒂辞去内阁总理职务，由戴高乐继任。这样将军便成为第四共和国的最后一届内阁总理。

蓬皮杜在拉彼鲁兹宅邸紧挨将军所在客厅的房间里办公。他坐在床上，膝盖上放着一盘香肠，正和奥利维耶·吉夏尔和皮埃尔·勒弗朗，按照戴高乐的指示，构建内阁政府。"想会见人，不是件容易的事，"皮埃尔·勒弗朗会意说，"请他们来拉彼鲁兹宅邸也很困难。"一些大人物的名字必须纳入内阁名单：仍在总理位置的皮埃尔·弗林姆兰；居伊·摩勒是接纳共产党人所必不可少的人物，因为他们代表将近四分之一的选民。

除议员团代表人物之外，蓬皮杜提到了一些专家，这令参加者感到松了一口气，也安抚了"被遗忘者们"的失望情绪。为了找到一位有独立思想的"人民共和运动"成员，蓬皮杜想起了 5 月 6 日晚宴上碰见的罗贝尔·布隆，他后来便成为公共工程和运输部部长。"从穆萨家的晚餐上产生出布隆部长。"蓬皮杜有一天笑着回想道。

当戴高乐公布政府组成时，议员们松了一口气。除了共产党人外，其他所有政党都有代表，比例基本合理：社会党人、"人民共和运动"、激进党人、温和派各有三名阁员。戴高乐主义者也一样，首位是米歇尔·德勃雷担任司法部长，负责起草新宪法。另有未注册参加任何政党的九位技术人士。乔治既注重政治上的谨慎，又讲究技术方面的效果，将政务方面的部长职位留给一些议员，如居伊·摩勒、皮埃尔·弗林姆兰、路易·雅基诺和费利克斯·乌弗埃·博瓦尼，而将专业方面的部长交给一些技术人士，如皮埃尔·吉洛马和莫里斯·顾夫·德姆维尔。唯一的例外是：为了安抚储蓄者，他任命遭到法兰西银行总裁威尔弗雷德和信托局主席弗朗索瓦·布洛克－莱内拒绝的安托万·比内为财政部长。再说，他与"头戴小帽者"（指让－保尔·比内，法国政界人物，1952 年任内阁总理——译注）的主要合作者之一的雷蒙·阿拉斯有个人的交往。

戴高乐欣赏蓬皮杜的判断力、工作效率和保密观念，便让他起草致科蒂总统的一封长信。

几天之后，蓬皮杜到马蒂尼翁宫见戴高乐，并在他旁边的一间办公室里工作。除了奥利维耶·吉夏尔之外，他还任命皮埃尔·勒弗朗为办公室主任，任命班子里唯一来自私营部门的雅克·福卡尔为特派员。罗歇·洛奇到财政部，让－马克·博埃涅到外交部，雷蒙·雅诺到宪法改革部，勒内·布鲁耶和贝尔纳·特里科到阿尔及利亚事务部。办公室唯一的女成员西蒙娜·塞尔韦则负责与新闻界的联系，有分寸地注意保护秘密进行的准备工作及随之而来的法郎贬值，以应对新闻记者们的好奇。

蓬皮杜总是将办公室的门敞开着，他的合作者们随时可以进来。首先让人感到惊讶的是放在独枝花花瓶的那朵玫瑰，他的秘书尼格雷尔每天都要换新的，然后便是蓬皮杜叼在嘴角的香烟和眼神里流露出的幽默。"和他在一起碰到的唯一的问题，"奥利维耶·吉夏尔对一位新成员让·梅奥说，"便是让他工作，他不喜欢这样。但当他决定要取一份文件资料时，他马上便会明白，并比任何人处理得都快。"

不停地当众侮辱第四共和国"体制"的戴高乐却成为其最后一届的内阁总理。不合常理仅仅是表面的。议会被无限期推迟召开。政府拥有国民议会 6 月初所赋予的全权，自 1849 年（不光彩的 1940 年除外）以来首次拥有立法权。"除了处理日常事务外，"历史学家塞尔日·贝尔斯坦解释说，"他还必须解决阿尔及利亚问题、重整国家财政、起草第五共和国宪法，这一浩大的工程全要由一位必须频繁往返于法兰西本土、海外领地和国外的政府总理来承担。"

实际上，《罗马条约》规定法兰西应于 1959 年 1 月 1 日向国际竞争者敞开所有边界。对此，甚至热衷于共同市场的皮埃尔·弗林姆兰也显得无能为力。"先生们，这是一种挑战，我们应战，"戴高乐回答说，"这涉及到要在极其秘密的情况下准备法郎贬值，以便使我们的产品更具竞争力，还需选择最适当的汇率和日期，采取一系列必不可少的配合措施，以确保成功，并推动我们的工业。"

然而，在这令人联想起波拿巴的执政府时期情况危急的六个月里，戴高乐却经常不在。他前往阿尔及利亚进行为期十二天的视察，以了解军队的动向和穆斯林民众的情绪。宪法通过后，他随即访问了黑非洲所有法国殖民地，以炫耀共同体的功绩，并确保它们的加入。在拉布瓦瑟里，他在亲密无间的气氛中会见了阿登纳首相。

每当他返回法兰西，将军都会注意到在他不在期间，一切进展顺利，未出任何差错，他甚至无需起草演说稿。唯一有权随时推开他办公室门的蓬皮杜，在他接见来访者之前，已为他准备好全部所需的文件，并向他说明与某人可能出现的误解。而且，在通常情况下，蓬皮杜已全力以赴地避免这些误解的出现。

乔治避免事故出现的艺术无可匹敌，他调解竞争对手之间的不和、缓和矛盾、解决不该成为问题的冲突，从而能使来自不同领域、受过不同教育的人们齐心协力地工作。

安德烈·马尔罗像 1945 一样，重新担任新闻部长。他比其他人更懂得把言语和行动融会在一起，并使之相互促进。但在 1958 年夏天，面对动荡不安的阿尔及利亚和骚乱的军队，行动要求一种并非他所长的谨慎。当这位享有盛誉的戴高乐将军的发言人承认在阿尔及利亚使用酷刑，并肯定总理将终止这一状况时，激起了公愤。所以，星期一早晨将军刚从科隆贝回来，便立即把乔治·蓬皮杜叫来：

"不能再让安德烈·马尔罗担任新闻部长了，给他安排别的工作。这样不行，他不适合当新闻部长。"

"我的将军，您让谁取代他呢？"

"苏斯戴尔。"

"您想什么时间通知苏斯戴尔？"

"我已让副官通知他。他一个小时内到达[106]。"

他必须在一个小时内处理好安德烈·马尔罗的问题。马尔罗很可能难以接受突然中断其职务而由别人取代的安排。怎么和他谈呢？蓬皮杜了解他的为人：三年前，他曾为阿歇特出版社撰写了《安德烈·马尔罗选集》的介绍。他点燃一支烟，思考了片刻，然后离开办公室，穿过马蒂尼翁宫庭院，从街的另一边前往安德烈·马尔罗所在的小宅邸。

"安德烈，将军有重要的事情要通知您。他希望您为法兰西文化工程发挥更多的光和热。第三共和国和第四共和国仅为美术安排了一个既无资金又无规模的可怜的国务秘书。必须大力发展，将之扩大为一个国家职能部门。可能建立一个庞大的、能使国家行动具有全新规模的文化部。您是唯一能够胜任这一伟大事业的当仁不让的人选。只有您才配得上。更何况，新闻部对你来说，过于屈才了。苏斯戴尔可以负责新闻部。"

蓬皮杜不再说下去，不安地等待他的回答，因为很长时间马尔罗没有吱声。安德烈·马尔罗已经对即将开启的领域想入非非了。终于，他活跃起来，眉飞色舞地谈论着，好像已经看到了未来……他便这样就任了文化事务部部长。

就蓬皮杜来讲，这并不纯粹是一种语言游戏，而是戴高乐将军所特别欣赏的一种敏锐的预感。安德烈·马尔罗是一位理想主义者，他想彻底改变国家美术秘书处的面貌。

"无论是戴高乐猜想到蓬皮杜该向马尔罗提出何种建议，还是蓬皮杜几乎同时想出了这一主意，并在抽了一根烟后随即巧妙地向马尔罗提出，而且使他接受了这一建议。这一切恰恰表明三个人之间的默契程度和完全信赖的关系[107]。"

一天，负责公职的国务部长居伊·摩勒将东比利牛斯省社会党议员阿蒂尔·孔特带到蓬皮杜的办公室。这位说话声音刺耳的安达卢西亚人在回忆第一次见到蓬皮杜的情景时说："会见唯一的主题是宪法问题，我还没有张嘴说话，便发现蓬皮杜性格开朗，熟知情况。他的机智灵活、他那来自农民的敏锐，都活像是康塔尔年历销售商的子孙。他为人幽默，非常幽默，但因为居伊·摩勒认真严肃，他也变得认真严肃，随机应变地与人交谈[108]。"

为了集中全部精力准备新宪法，蓬皮杜无法陪同将军外出访问。他与分别代表各政党的米歇尔·德勃雷、雷蒙·雅若和其他四位国务部长共同起草新宪法。他们利用短暂的晚餐，经常集中在一起，组成七人委员会。蓬皮杜显得诙谐、面带微笑、态度和蔼，他有时带点嘲弄，但从未动怒，却能使各种观点渐趋一致。每当出现不同意见时，他便和戴高乐面谈，请求裁定。正是依仗这一缓和矛盾的工作方式，他们在不到两个月的时间内便形成宪法条文，提交全民公决。1958 年 9 月 28 日，第五共和国宪法以赢得 78% 的支持票获得通过。

趁热打铁，立法选举也于三个月之后举行，新戴高乐主义政党——"保卫新共和联盟"的候选人名单在蓬皮杜的监督下产生。

蓬皮杜六个月内在幕后，在公众完全不知情的情况下，扮演了副总理的角色，甚至是第二执政（1799—1804 年法国首席执政官拿破仑，时为三执政制——译注）的角色和康巴塞雷斯（让－雅克·康巴塞雷斯，法国政治家、法学家——译注）的角色。蓬皮杜成功地学会了熟悉这一新职业，并赢得外表严厉而内心多愁善感的戴高乐将军深厚而诚挚的友情。

戴高乐 1958 年 12 月 21 日由依据新宪法而设立的知名人士组成的选举团推举为共和国总统，并于 1959 年 1 月 18 日正式就任。他任命米歇尔·德勃雷为总理。德勃雷的办公室设在瓦雷纳街原先戴高乐占用的办公室内。他在那里受到奥利维耶·吉夏尔和乔治·蓬皮杜的欢迎，他们向他交代了几个未完成的档案，还向他推荐了部分因未能随将军进入爱丽舍宫而尚未被任命职务的合作者。蓬皮杜未贸然询问他对自己的安排，仅就他与某些部长们的关系补充交代了几句。临离开时交给德勃雷一笔从秘密资金中预支出来的钱款："在头几周内，您将会得到大笔的经费。"

乔治随即前往爱丽舍宫与戴高乐会合，参加权力移交仪式。将军身着便装——礼服和条纹长裤。勒内·科蒂总统在台阶上迎接他："我向法兰西第一公民致敬，您将成为法兰西总统。"院子里，共和国卫队演奏军乐。然后他来到授衔厅，荣誉勋位管理委员会的总管卡特鲁将军把最高荣誉级别的大颈环勋章授予他。

短暂的午宴后，戴高乐身着军服，前往爱丽舍广场点燃凯旋门前的火焰。无名烈士墓前的仪式刚结束，他便握住勒内·科蒂的手走进人群，然后离开这位前任，乘坐科穆西内敞篷轿车重返爱丽舍宫。坐在他左边的再不是勒内·科蒂，也不是他可能的继任者、参议院主席，更不是被指定的内阁总理，而是一位陌生者乔治·蓬皮杜。这位陌生人对能与他一起分享欢呼声而深感激动不已。对于不知情者们来说，这确实是个难解的谜。"我的丈夫，"克洛德三十年后说道，"受宠若惊。"

巴黎高等师范学校的学生们以他们惯常的戏弄来庆祝这一事件。当天晚上，博物馆的收藏品长颈鹿骨架竟披着被子当外套，带着拥有两颗星的纸板硬舌军帽离开学校，爬上一辆食堂推车，从大门离开高等师范学校。兴高采烈的队伍取道苏夫洛街，以避开巴黎五区警察局，沿圣-米歇尔大道而行，然后向左转上圣-日尔曼大道。抵达波旁宫时被警察发现，但这并不妨碍队伍穿越大桥，绕过方尖碑（卢克索方尖碑——从埃及底比斯古城卢克索法老殿运去的，于1836年置于巴黎协和广场——译注）……朝着合乎规定的方向前行。

很快空出了一个部长位置——财政部长的位置。戴高乐和安托万·比内之间关系很僵。比内不赞同雅克·吕夫和乔治·蓬皮杜所共同追求的让法郎贬值的目标。更为严重的是，巴黎市议会主席皮埃尔·戴高乐在收到财政部一封拒绝首都要求的预算经费的信件后，突发心脏病，于12月26日在他兄弟的怀抱中去世。

安托万·比内辞去职务，将军希望蓬皮杜继任。但蓬皮杜以个人方面的原因拒绝接任："经过四年在私营企业的工作，出于对承担任务的兴趣、对活动的自由和给个人生活留有空间的考虑，我决定继续从事适合我的这一生涯。公共生活无法为我这样没有远大志向的人提供任何无需真正承担责任和忍受种种难以承受的强制的岗位……我在政治上没有宏图大志。我热爱政治，但远非想从政。我进入了商界，我之所以离开商界是为了助您一臂之力，现在，是我该重返商界的时候了。"

蓬皮杜是否过于高傲而不愿在米歇尔·德勃雷手下工作？是否过于担心雷蒙·阿隆在《费加罗报》上关于贬值形势含沙射影的恶意攻击呢？是否过于珍惜自己的独立，而不愿放弃隐姓埋名在巴黎到处游荡的自由呢？或者仅仅是为了能幸福地与克洛德一起重新充分享受生活，找回单独相处的自由时刻，重新随意阅读波德莱尔、阿波里奈尔、艾吕雅或者莫里亚克的作品呢？浪费周末，取消假期的日子一去不复返了！他重新回到罗特席尔德集团。

戴高乐并未因此而被激怒，因为他们事先早有约定：他的公众使命期仅有六个月。然而，他对蓬皮杜的选择作了一个奇怪的诠释："在罗特席尔德集团工作！有了这张名片作掩护，您可以到处活动而不引人注目，并提供特殊的服务[109]。"真是不可思议……

为了证明友谊和敬重，将军任命他为宪法委员会成员，人们看不清这一荣誉究竟有多大的合理性。蓬皮杜向他表示感谢，但明确表示："就我来讲，我希望放弃全部薪金。兼职，甚至是部分兼职，加上我个人的薪金就太多了，会受到指责。我想，我的将军，您会同意我完全以尽义务的方式来履行这一职责。"

传统要求共和国总统在其任期的第一年主持巴黎高等师范学校的年度舞会。1959 年 2 月，勒内·布鲁耶和乔治·蓬皮杜提醒将军这一习俗，并建议陪同他前往。当天，在巴黎大学前，巴黎高等师范学校校长让·伊波利特在国民教育部长安德烈·布洛什、耶稣会学校校长让·萨拉伊、法兰西学院终身秘书莫里斯·热纳瓦的陪同下，迎接尊贵的客人。广场上，人群向国家元首欢呼，他停留了一会儿，向人群致意："你们人多势众！你们真年轻！你们真可爱！"

然后，将军登上巴黎大学的大阶梯。这时出了一个事故。学生们围成一圈，将戴高乐与助手们隔离开来。他按照自己的习惯，径直朝学生们走去，并伸出手来，但谁也不和他握手。他面前的学生都将手背在身后，相互紧握在一起形成一个坚固的手链，阻止所有人试图握住那只伸出来的手。"我们面面相觑，"阿兰·佩雷菲特讲述道，"戴高乐并未强求，他快步在舞厅转了一圈，然后便离开了，像什么也没有发生一样。"将军走后，阿兰·佩雷菲特问这些对现状不满的年轻人："为什么要当众冒犯共和国的头号官员呢？""我们不与一个独裁者握手。他是个过时的人物。我们要这样的老顽固有何用处？"

学生们又把仇恨转移到身着盛装礼服的共和国卫队身上："不管怎么样，我们不能容忍警察进入学校。""你们是共产党人吗？""毫不相干。"一些可能是共产党人的学生回答说。"根本谈不上，"另一些人回答说，"莫斯科，我们根本不把莫斯科放在眼里。马克思主义者，当然；斯大林主义者，永远不会[110]。"

乔治·蓬皮杜回到罗特席尔德集团后，被任命为集团经理。确切地说，集团没有总经理，因为在一个股份公司里，只有股东才能作出决定。但热拉尔·弗罗芒－默尼斯领导纯粹的银行业务，发放信贷和金库；乔治则负责集团的整个金融部分——兼并，购置财产，金融开发，增扩资本，创办新公司。

蓬皮杜以经理的身份，在晚宴上，尤其在商务午餐会上，定期见到电力总公司老奸巨猾的主席安布鲁·瓦兹·鲁、对整个马赛的工业了如指掌的装运联盟的船主弗朗西斯·法布尔、佩仑内公司主席和居伊·德·罗特席尔德的挚友拉乌尔·德·维特里、蓬塔穆斯公司老板罗歇·马丁、阿基坦石油公司的皮埃尔·纪尧姆、同名药物研究所的弗朗索瓦·佐默和让－克洛德·鲁塞尔、鲁贝拉电机公司主席让·普雷沃。许多人成为他真正的朋友。他们不仅在饭局上，而且在阿尔萨斯和索洛涅打猎（这是蓬皮杜唯一的体育活动和喜好的消遣方式之一）过程中，使他步入工业大门。正是有了这些接触，乔治·蓬皮杜日后才成为法兰西唯一真正对工业世界感兴趣的国家元首。至多仅有他和拿破仑三世。

居伊辞去北方投资公司主席职务，让位给乔治。此外居伊还聘请乔治负责管理法国－阿尔及利亚石油研发公司、管理及海运股份公司、西非银行和拉托公司。乔治·蓬皮杜运用他在旅游局的工作经验，使集团参与超级梅热夫公司和地中海俱乐部的创建。

然而，他仍坚持去见将军，至少每周一次；他喜欢选择在晚间，会见的大部分时间都花在尽力平息将军对某个人的厌烦情绪上。将军尤其对米歇尔·德勃雷不满。德勃雷始终没有意识到自己的无节制和狂怒越来越令戴高乐感到不快。乔治安慰他，好言相劝，让他平静下来，从而给了德勃雷总理一个新的延缓期。

感到应顺应潮流的乔治和克洛德回到圣－特罗佩，变得十分新潮，在那里租了勒农沙卢瓦尔别墅。他们乐于与朱丽叶·格雷戈、萨沙·迪斯特尔、安娜贝尔和贝尔纳·比费重逢。蓬皮杜和他的一帮人经常在圣－特罗佩见到电影或者丑闻中的流星们。他喜欢看这些流星的热闹。后来在马蒂尼翁宫的办公室桌旁，他也喜欢以同样傲慢的嘲讽心态听这些"奥林匹克冠军们[111]"的演唱。蓬皮杜夫妇也到戈尔德游览一番，以同瓦萨勒利共进午餐，到圣－保尔·德·旺斯一游，以参观马埃格特基金会的回顾画展。

他们在巴黎名流界应付自如。1961 年 12 月，参加弗朗索瓦·萨冈《有时候听到小提琴声》的彩排的有：罗特席尔德夫妇、梅列纳·梅尔库里和朱勒·达桑、索菲·德马雷、萨沙·迪斯特尔、玛丽－洛尔·德·诺瓦耶、埃德维热·弗耶、莫里斯·德吕翁、勒内·克莱尔、瓦莱里·吉斯卡尔·德斯坦、埃德加·富尔。巴黎名流们然后前往居伊和玛丽－埃莱娜·罗特席尔德以前的博蒙宅邸，欢庆活动通宵达旦。

蓬皮杜夫妇喜欢在乌当附近的伊夫利纳的奥维利埃接待密友。这是一座漂亮的村舍，洁白无瑕，是阿尔弗雷德·乌赛叔叔解放时购得的，原为一家旅馆，后来乌赛将它赠与克洛德。常客中有居伊·贝亚尔、电影编剧与不知疲倦的环球旅行家雅克和弗朗索瓦·加尔兄弟，他们满脑袋都是从世界各地——从朝鲜到巴塔哥尼亚（阿根廷南部地区名——译注）带回来的荒诞念头。其他还有先锋画派的行家里手并曾帮助蓬皮杜夫妇收集画作的雷蒙·科尔迪耶、舞蹈家兼招待会组织者雅克、沙佐、让·韦策尔及他的口琴。此外还有萨冈的两位姐妹弗朗索瓦兹和苏珊及她们各自的丈夫，出版商居伊·舍勒及家乐福商城的共同创始人雅克·德福雷，居伊的兄弟与加尔兄弟的老朋友雅克·舍勒。这些人组成一帮放荡不羁的团伙。弗朗索瓦和雅克利娜·卡斯泰与船王弗朗西斯·法布尔和夫人米斯图也被接纳为成员。他们谈论些什么？谈论文学、歌曲、音乐、电影和他们愿意结束其生命的地方，对蓬皮杜来说，便是意大利。他们也经常谈论艺术，经常将引起争议的现代艺术与令人叹为观止的古典艺术、中世纪艺术和文艺复兴时期的艺术对立起来。他们从来不议论政治和宗教。再说，克洛德是虔诚的宗教信仰者，而蓬皮杜则是无神论者。他愿意自己成为宽容者，尊重他人的宗教信仰。在小圈子里，人们以"你"相称，并遵循一条金科玉律：谁也不搞阴谋诡计、不相互挤对、不利用关系谋求利益，大家仅仅是朋友。

　　在奥维利埃或者贝蒂纳堤街，蓬皮杜夫妇还接待小说家让·端木松，他是巴黎高等师范学校的校友，曾获得哲学教衔，痴迷书本、女人和洗海澡，和他在一起时，大家谈论的是圣－西蒙（1760—1825，法国哲学家、经济学家、社会改革思想家——译注）、夏多布里昂和普鲁斯特。在其他应邀来访者中，还有杰出的外科医生、动物和人类瓣膜最早移植者、指导年轻的蓬皮杜·阿兰从事医学研究并与蓬皮杜夫妇一样热衷现代艺术的让－保尔·比内。他们令人惊叹地向各种领域敞开大门。端木松和比内尽管衣着优雅，但并不真正属于他们一伙，乔治·蓬皮杜不喜欢将不同类别的人混为一谈。

秘密使命

1960 年 1 月，接替安托万·比内任财政部长的威尔弗里德·博姆加特内退休。位置再度空缺，米歇尔·德勃雷提议乔治·蓬皮杜接任。他再次拒绝："一位银行家担任财政部长，而且是来自罗特席尔德集团的银行家，这是不可能的事情！"第二年，蓬皮杜托人给将军送去他刚出版的一本《法兰西诗文选》[112]，将军表示感谢："感谢您将我带到另外一个世界，诗的世界。至于事务，前不久，我曾向您提及的前景正在我头脑中明确起来。请您作好准备。"

与阿尔及利亚事件相比，戴高乐更担心的是苏联的威胁。他认为："死亡来自苏联[113]！"让·富瓦耶说："因此他确信：拖延阿尔及利亚战争将会推迟核打击力量的创建，步兵采取的反游击队和分区控制的军事行动，丝毫无助于增强法兰西武装部队应对与苏联及欧洲战区卫星国可能发生的技术性冲突的能力。因此他选择谈判[114]。"

和谁谈判？敌手似乎很多，而且捉摸不透。为了试探虚实，必须派出一名心腹使者，既足智多谋，又守口如瓶，也不会被挖空心思捕捉独家新闻的跟踪的记者们所识破。无论付出多大代价，都不应使正在战斗的军官们感到气馁，令他们失去斗志，激起他们的反感。戴高乐感到了他们那可以被视为一种挑衅的不满情绪。乔治·蓬皮杜，这位幕后人物似乎是最合适的人选。

1959 年的复活节，他便以为罗特席尔德集团出差的名义去过阿尔及利亚。时任德卢弗里耶总代表军事办公室主任的将军的外甥阿兰·德·布瓦西厄曾在总督府走廊里见到他，但丝毫没有产生任何怀疑。更有甚者，为了转移其注意力，蓬皮杜向他借用一名女秘书，以打印有关石油、软木和面条的资料。实际上，在会见阿尔及利亚大主教迪瓦尔、阿尔及尔市长雅克·舍瓦利耶之后，乔治·蓬皮杜通过两位律师莫里诺和波皮，秘密接触了民族解放阵营和阿尔及利亚民族运动党两个叛乱和敌对组织的领导人费尔哈特·阿巴斯和阿布德拉曼·法赖斯。莫里诺是费尔哈特·阿巴斯的中学同学,波皮不久被秘密军队组织暗杀。

阿尔及利亚人确信只有戴高乐才能解决问题,乐意会见戴高乐身边的一名亲信。"爸爸的阿尔及利亚,殖民地的阿尔及利亚已经结束,"蓬皮杜许诺说,"我们将逐步给予你们越来越多的自主权,二十年后独立。到时候,我们将撤回军队,退至戴高乐将军想在那里进行核试验的撒哈拉大沙漠。至于石油,我们将和你们共同享有产品,就像和其他竞争的国家一样。"

戴高乐在必要时愿意离开阿尔及利亚,但坚持保留撒哈拉,至少保留对撒哈拉大沙漠的使用权。因为为了石油,法国花费了大量资金购置了哈西·迈斯欧德和埃杰莱的设备。尤其是为了拉甘射击场,这是一座位于荒原里的代表着未来的崭新的城市,那里生活着 6000 名技术员和军人。拉甘是进行核试验而不致造成伤亡的不可或缺的基地。至少无需向世界公众发出警告。

今天,撒哈拉无疑是阿尔及利亚领土不可分割的一部分,但在 1959 年还是个尚未得到解决的问题,姆扎布人(阿尔及利亚南部绿洲地区的民族名——译注)和图阿雷格人(撒哈拉地区的游牧民族——译注)与阿特拉斯山区人(非洲北部地区的民族——译注)及沿海地区人对这一问题的观点完全不同,这与爱尔兰人和英国人、西班牙人和葡萄牙人的争论如出一辙。戴高乐的建议因此是可行的。

确实,乔治·蓬皮杜与费尔哈特·阿巴斯及其代表的初次接触取得了不错的效果。"自从这一初步尝试后,双方在比后来有利得多的条件下,几乎快要实现停火了,"阿兰·德·布瓦西厄[115]透露说,"究竟是什么破坏了这一切呢?在蓬皮杜的对话者中,有人泄密。马叙身边动乱的年轻军官觉察到正在进行的谈判。马叙的参谋长阿尔古策划了整个阴谋,并唆使马叙对一名记者——而且是德国记者,发表了一项破坏性的声明。这一声明不可避免地导致他奉召回国,他的回国便成为挑动全阿尔及利亚人上街游行示威的借口。"

几天之后,将军在爱丽舍宫草坪散步时,对他女婿透露说:"那些制造这一阴谋的人是些罪犯。多亏蓬皮杜,我才与民族主义者展开实质性的谈判。可现在,他们说:'在阿尔及尔究竟谁说了算?是巴黎还是阿尔及尔?'"

正在这时,巴黎高等师范学校的老同学,时任法国驻拉巴特的文化参赞皮埃尔·普热像每次回巴黎一样，来到蓬皮杜家中用晚餐。因为他长期逗留北非，所以人们给他起了"非洲人普热""马格里布人普热"的绰号。像往常一样，这是一顿家常便饭，克洛德不喜欢议论政治。然而这一天，皮埃尔·普热却在不经意间提起了这一炙手可热的问题。"别装傻了，"蓬皮杜回答说，"你很清楚事情会如何结局[116]。"

马叙应召回国后，爆发了一周的血腥街头暴乱，戴高乐发表声明，愿意寻求与"起义领导人"对话。费尔哈特·阿巴斯1960年6月派遣两名使者默汗迈德·本·亚希尔和阿赫迈德·阿里·布门杰勒来到巴黎。但米歇尔·德勃雷总理却故意拖延，安排默伦的两名下级官员会见他们。受到怠慢的两位阿尔及利亚代表，在经过四天的聋子对话之后，中断谈判回国。

六个月之后，局势似乎有所转机。1961年1月8日，法国人通过全民公决赞同给予阿尔及利亚人自己决定命运的权力。费尔哈特·阿巴斯因担心被维拉亚的军队首领和自己的受纳塞尔主义或毛泽东主义影响的同胞踢开，重新寻求对话。一位自告奋勇的瑞士人奥利维耶·隆便在民族解放阵线的塔伊布·布拉鲁弗和法国阿尔及利亚事务部长路易·诺克思之间穿针引线，进行斡旋。

诺克斯一般不信任那些每天令他感到厌烦的可疑的中间人，却格外信赖这位让·贝尔纳教授的侄子，因其夫人和他的夫人是儿时的朋友。他把此事向戴高乐汇报，将军立刻回答说："告诉这位隆先生继续下去。"

将军建议与阿尔及利亚人进行新的正式会话。乔治·蓬皮杜陪同阿尔及利亚事务部政治事务司司长布吕诺·德·勒斯前去履行这一秘密使命。这次他们又失去了不少时间，因为要等费尔哈特·阿巴斯从国外访问归来。最终，"民族解放阵线"同意指派布拉鲁弗并由参加莫伦谈判但感到失望的阿里·布门杰勒陪同，在瑞士卢塞恩会见蓬皮杜和诺克斯。蓬皮杜希望拥有书面指示。他在一天晚间悄然来到马蒂尼翁宫，与米歇尔·德勃雷共同制定一项方案，然后呈交给将军。在这一文件基础上，戴高乐起草了三页态度明朗、带有指导性的、涂抹修改了三四次、足以表明其想法形成过程的文件。

冬季的卢塞恩，人烟稀少，不会冒多大的泄密风险。1961年2月19日，按照谋反者们的要求，蓬皮杜乘着夜色，手持塔列朗（1754—1838，法国政治家和外交家——译注）回忆录来到这里。勒斯和他住在一家旅馆里，阿尔及利亚两名使者则住在另外一家旅馆。第二天早晨，瑞士中间人安排四位谈判代表在绝对安全的第三家旅馆内见面。相互介绍后，瑞士人便退回旁边的一间客厅，让代表们面对面进行谈判。

会谈持续了七个小时，中间休息时，两个代表团各自用午餐。"戴高乐，"蓬皮杜向勒斯解释说，"不反对由阿尔及利亚人通过在全国所有政治力量的监督下举行自由选举来决定自己的命运，也不反对在必要的情况下成为独立于法国的主权国家。不再需要经过二十年的历程，而是在几年之内甚至几个月之内。然而他提出三个条件：在和平谈判之前实现停火；法国除梅尔·埃尔－凯比尔外，保留部分待确定的地区以保护愿意继续成为法国公民的民众；最后，也是最主要的一点便是撒哈拉的未来，这一拥有绿洲和财富的内海的未来将在以后由法国及周边所有各国谈判解决。"

对法方阐述的比以往有利得多的条件，阿里·布门杰勒的回答出言不逊。他声称对于所有自重的阿尔及利亚人来说，撒哈拉是阿尔及利亚的一部分，所有阿尔及利亚政府都会捍卫主权的大南方领土。

谈判继续进行。蓬皮杜重申了其他问题：法兰西少数民族的地位，军队的状况和梅尔·埃尔－凯比尔的局势。第一次会见以失败告终。布门杰勒和布拉鲁弗在撒哈拉问题上坚持不肯让步，对其他任何问题也都没有作出明确的回复。

但是，谈判还得持续下去。怎么才能避免泄密和走漏风声呢？为了打探谈判的秘密，新闻界将会无所不用其极。如果反对这一协定的地下组织获悉在瑞士进行初次接触的消息，便会冒险谋划暗杀行动。为了干扰视线，他们商定在另外一个地方——纳沙特尔——举行第二轮会谈。

这次，勒斯和蓬皮杜的使命是了解叛乱领导人如何设想法国和新阿尔及利亚之间未来的关系。他们大概会宣布准备讨论结成联盟的条件。如果对手仅接受脱离法国，即没有联盟的独立，那就应该对法国侨民的安全作出保证。法国始终想保留梅尔·埃尔－凯比尔，并将撒哈拉问题排除在这次谈判之外。无论如何，仅能在暴力活动停止之后才能谈论撒哈拉问题。

3月5日在纳沙特尔重开谈判时，布门杰勒比在卢塞恩时报复心更为强烈。乔治反驳说："在这与外隔绝的房子里报复心毫无必要，任何人也听不到我们讲些什么。"无论怎么谈，两个基本分歧点依然存在：撒哈拉的主权和停战。两名阿尔及利亚代表拒绝在谈判期间放下武器，将"屠刀放进更衣室"：如果谈判久拖不决，他们担心再也无法重新动员人们投入战斗。

蓬皮杜在向米歇尔·德勃雷汇报情况时写道："分割领土确实令民族解放阵线感到害怕。在谈判中，这是巨大的赌注。另外一方面，民族解放阵线称之为'国际公众舆论'的压力在其作出的反应中也起到重要的作用。"

"如果我们所采取的立场能被他们用来在公众舆论面前做文章，那他们肯定不会放过。反之，如果我们所采取的立场能被公众舆论所接受，我们便可取得所期待的结果。这主要是说，在保证欧洲侨民和操法语的伊斯兰居民方面，我们还大有文章可做[117]。

"至于保持军队，如果我们从维护治安，避免无政府状态、杀戮、报复等角度提出这一问题，我们的处境便会有利得多……作为谈判基础，显然这是十分敏感的……事实上，我们的代表团应该首先摒弃所有可能遭到对手公开指责的政策。国际舆论在民族解放阵线眼中是如此重要，以至于可以说我们现在所进行的这一切，好像是在与联合国谈判。"

蓬皮杜在戴高乐面前显得更悲观："我们谈判对手的立场比上次后退了许多，他们不断寻找借口，以退避三舍，不与我们展开公开而坦率的谈判。布门杰勒和布拉鲁弗显然收到保持距离的指令，避免任何交锋，以争取时间。他们仅仅是无足轻重的配角。

"在撒哈拉问题上，没有任何让步可言。对他们来说，撒哈拉属于阿尔及利亚，是不可分割的一部分。只有阿尔及利亚共和国有权改变边界现状。在这一问题上，法国施展'小恩小惠'，所做的一切根本无济于事。在这种前景下，必须排除任何有关这一问题的国际协议，尤其是由邻国们以某种方式分享政治主权的国际协议，因为这类协议最终会将撒哈拉变成加丹加[118]（扎伊尔高原——译注）。"

米歇尔·德勃雷的评论是："总之，如果我没有理解错蓬皮杜所得出的结论，阿尔及利亚叛乱者准备达成一项协定。条件是我们把一切都让给他们。"

希望结束这场战争的戴高乐最终让步了。1960 年 3 月 17 日，他放弃了将停火作为先决条件。是时候了。《法兰西晚报》不经意间透露了正在秘密进行的谈判："我邀请蓬皮杜与夏尔·贡博共进午餐，"让·费尔尼奥[119]讲述道，"蓬皮杜一直很守时，但这一天，他却没有来。传闻不胫而走，说将军期望了解民族解放阵线的意图。他可能派去了一名使者。看到蓬皮杜异乎寻常地迟到，我不由得心里琢磨，他是不是便是这位使者。13点 30 分，他终于来了，连声抱歉。我出其不意地问他：'你是怎么找到民族解放阵线的人的？'他惊愕得喘不过气来：'你是怎么知道的？'就这样，我便写出了我的文章，成为独家新闻。"

1961 年 3 月 30 日一项公报正式宣布开始谈判。经过七年战争，法国和民族解放阵线终于面对面坐下来，并试图结束这一冲突，决定阿尔及利亚的命运。再也没有任何障碍，1961 年 4 月 7 日谈判在埃维昂正式开始。

第二部分
巨　变

总　理

　　1962年3月19日，路易·诺克斯、罗贝尔·布隆和让·德·布罗伊与民族解放阵线签署了埃维昂协议。读过文本后的蓬皮杜禁不住幽默了一回："怎么？放弃撒哈拉！如果将军早些时候说，我本可以与布门杰勒达成协议的。你们还记得吗，他曾禁止我在这一点上作出让步。"

　　对于这一协议，在4月8日举行的全民公决中，91%的法国人表示赞同。于是，这一场新的七年战争便宣告结束。法国本土终于松了一口气。许多人心里已经在筹划如何度假了。

　　但在地中海彼岸，不安却正在加剧，尤其是自一次虔诚的游行演变为一场悲剧以来：在阿尔及尔的伊斯利街，法国军队朝欧洲人开枪，酿成60人死亡。一年来，由两名在阿尔及利亚出生的法国侨民让-雅克·苏西尼和皮埃尔·拉加亚尔德组成的一群亡命之徒——秘密军队组织，疯狂地加剧其盲目的暗杀活动，其目的在于徒劳无益地暗中破坏独立的进程。他们暗杀，用机枪扫射公共汽车上的乘客，用迫击炮袭击穆斯林住宅区，在市场和港口炸毁停放的车辆。非常恐怖。据统计，有7000名平民受害，其中2000人死亡，5000人受伤。当然，民族解放阵线予以回击，掀起一股充满敌意的疯狂杀戮之风，到处鲜血流淌。

　　恐怖主义泛滥成灾，从而使埃维昂协议关于保护欧洲侨民生命和财产的条款成为空谈。秘密军队组织的猖狂活动使它自己也声称要捍卫的欧洲侨民们的全部希望落空。生活变得难以忍受。那些不顾炸弹爆炸，保持镇静的人们现在也极度消沉起来。"要么卷起行李离开，要么走进棺材"，局面乱成一团，似乎世界末日已经来临。

　　欧洲人匆忙逃离内地和小城镇，纷纷涌向海港。警察局门前为取得必要证件而排队等候的人群越来越多。这些生活在阿尔及利亚的法国人多数已失去与家乡阿尔萨斯-洛林、科西嘉、瓦朗斯或阿利坎特、马耳他或那不勒斯乡村的联系。但现在所有人都把目光转向法国。戴高乐1958年来访时曾对他们说过法兰西是慷慨的。他们当中许多人难道没有在瑞安（法国陆军元帅——译注）和拉特尔（1889—1952，法国元帅，曾率第一军直捣多瑙河。1959年任法国驻印度支那高级专员——译注）麾下服过役？没有在卡西诺战役、普罗旺斯登陆和解放法国本土时付出过沉重的代价吗？

对戴高乐来说，历史的一页已经翻过："我们终于解脱了！"他对一位亲信坦言道。阿尔及利亚的局势一旦平息下来，法国人在那里便不再是待在自己的国家，在摩洛哥和在突尼斯也是如此。"人们曾使他们相信阿尔及利亚便是法国。他们也抱有这种幻想。但除马格里布的其他地区，这已不再是现实。阿尔及利亚从来都不是法国人的。它只是在法律推定中，在大喊大叫的上校们的头脑中曾经属于法兰西。阿尔及利亚的欧洲侨民们终于确信了这一点。阿尔及利亚曾经在口号中而不是在事实上属于法兰西。这是一块殖民地。"

戴高乐将军卸去了殖民战争的经济和政治重负，头脑中满是各种规划，打算将法兰西推向一个新纪元，使法兰西飞跃向前，实现种种宏图大志：核威慑力量，工业、农业、运输业现代化，领土整治，创建新城市。为了恢复生机，他需要新的人才。

戴高乐对总理米歇尔·德勃雷怀有友情，甚至是亲密无间。他当然视德勃雷为忠诚者中的忠诚者。但德勃雷也令他感到厌倦。在与叛乱分子的整个谈判过程中，或者说试图与叛乱分子谈判的过程中，米歇尔·德勃雷只是违心地执行他的阿尔及利亚政策。从戴高乐所有的讲话中，德勃雷仅记住一句话"我理解您"，至于其他的内容，他都忘在脑后或者说不想听，他总是用冗长的信函不断给将军制造麻烦。在所有领域里——在撒哈拉问题上，在石油问题上——他都试图制止退让和放弃。

他和阿尔及利亚人的寸步不让一样令人不快，戴高乐对面前总是出现这尊首领的塑像而感到恼火。"这是哭墙（耶路撒冷犹太圣殿被毁后残留的一段西墙，犹太教徒多来此哭悼故国的悲惨往事——译注）！"他忍不住脱口而出。"德勃雷深受叛乱事件之苦，"阿兰·德·布瓦西厄解释说，"他的好几位合作者都受了牵连。将军认为他过于神经质而不适宜有朝一日接替自己担任共和国总统，觉得他更合适担任参议院主席[1]。"加上德勃雷担任政府首脑使仇视与怨恨之火愈演愈烈，为了新蓝图，戴高乐需要一个同样忠诚但更为平稳一些的助手。于是他要求德勃雷辞职，德勃雷二话没讲，便隐退了。这是发生在1962年4月14日的事情。

由谁来接替他呢？第五共和国授权总统指定政府，无须与各政党讨价还价。对于总理一职，他在路易·诺克斯和乔治·蓬皮杜之间犹豫不决。路易·诺克斯拥有众多的抵抗运动的头衔，但似乎难以将他从过于敏感的阿尔及利亚事务部长一职上撤下来。那么就选择似乎更具平息风浪才华的乔治·蓬皮杜。德勃雷遇事总是容易冲动，而蓬皮杜则显得平心静气。德勃雷生来好指责人，而蓬皮杜则是天生的调停者。戴高乐欣赏他的务实精神、谨慎行事，当然还有他的文化修养。

"看见我们两个人在一起，人们肯定会说我们是堂吉诃德和桑丘，"戴高乐对身边的人宣称，"人们会用寥寥几笔勾画出我们的形象，我骑在战马上，长矛向前；而他则骑着驴在后面制约。漫画家们将会乐于看到这一情景。"在家中，他有时会称呼蓬皮杜为"蓬－伊杜"。戴高乐的儿子曾说过，"蓬皮杜的名字逗得我父亲很开心。蓬皮杜令他想起一个红光满面的南方人，是'自由法兰西'的飞行员，名字叫让·蓬佩伊；他在利比亚的战斗中从冒着火焰的飞机上往下跳，然后便消失了，但最终又安然无恙地重新出现在为他举行的祭礼上；这一切像是杜撰的笑话。戴高乐夫人对克洛德也颇有好感。"

戴高乐想通过指定一名与任何政党毫无关联、从未试图搞过什么交易、不仅不欠他什么而且还从自己处获得一切的人为总理，以表明他不想受任何人束缚的意愿，甚至不想受创造伟业的同伴们的束缚。"这样，"他在自己的《回忆录》中写道，"这位直至50岁还为舆论所陌生的政坛新人，因为我的原因，在他本人并未寻求的情况下，突然冒出来，被委以重任，推向公共生活的中心，成为新闻界、闪光灯瞄准的目标。他幸运地得到国家元首的真诚而强有力的支持，在全国得到拥戴戴高乐的广大民众的赞同。"

3月份，蓬皮杜当然听到了一些有关将军很可能再次需要他的消息[2]，但他无论对妻子，还是对应他要求正为他安排赴意大利进行一次私人旅游的秘书玛德莱娜·尼格雷尔，都只字未提。这是一次赴波西塔诺的恋人之行，当然是和克洛德一起[3]。突然，他应召到科隆贝。将军正式请他担任总理。他真的想当总理吗？一切都难以确定。克洛德肯定不会感到高兴。但戴高乐把他逼到了墙角，无路可退，他感到措手不及。"将军使我进退两难，"他承认说，"我没有想到会被任命为总理。我发誓从未像人们所说的那样，试图想当总理。新闻记者们有怪癖，竟然相信所有人都是这么盘算的。实际上，事情是错综复杂的。我们所有人都或多或少地是我们自己历史的惊愕不已的旁观者[4]。"

"蓬皮杜不是搞政治的人，"雷蒙·马塞兰说，"他不会因为搞政治而感到幸福，他始终是不得已才搞政治的。"这是真的，他只有在私生活中才感到幸福。他没有像马尔罗或吉斯卡尔那样迫不及待地抓住这次机遇，而是犹豫不决，要求给他24小时考虑。

三个月前的1962年1月，乔治·蓬皮杜曾拒绝过财政部长的任命，将位置让给了直到那时仍然是预算国务秘书的瓦莱里·吉斯卡尔·德斯坦。与拿破仑三世、丘吉尔和戴高乐式的人物不同，他从未相信自己会青云直上，从未把自己视为不可或缺、福星高照的救世主。他的身上丝毫没有密特朗、吉斯卡尔或者希拉克式人物的气质。相反，他生性心平气和、爱恋妻子，喜欢阅读，迷恋诗歌。"生活，并让别人生活"大概是他的座右铭。"上帝知道蓬皮杜起初并没有什么雄心壮志。"戴高乐1969年4月[5]曾对雅克·福卡尔说过。确实如此，自从进入罗特席尔德财团及巴黎名人社圈以来，他从未有过扮演国家头号、二号人物的奢望。其嘲弄表情显露出来的是幽默，而不是狂妄自大。他不是那种不择手段的野心家，而是一只温顺的馋猫。

安娜－玛丽·迪皮耶曾回忆起她的困惑："那天，在罗特席尔德财团，蓬皮杜先生活像一头关在笼子里的熊，在我面前自言自语。但这一次，他则被迫对将军说'是'。接受任命是他应该做的事情，但他担心这样会造成家庭悲剧[6]。"果不其然，卡乌尔家族的女人们都讨厌政治。例如雅克利娜，当她丈夫弗朗索瓦·卡斯泰想方设法当选为议员时，便威胁要与他离婚。更何况这位不能保守秘密的克洛德！直率使她富有魅力，她无法克制自己，在任何情况下，都会说出她的想法。每当她成功地介入一次会话，都表现得那么坦诚率直，但同时又是那么天真！"和这样的女人在一起，我真没有办法。"有一天，他承认道[7]。蓬皮杜始终深爱着她，从未生气发怒，而是自得其乐。因为对他来说，最重要的是克洛德，只有克洛德，而不是野心勃勃的恶魔。

然而，今天将军第二次请他担任要职。蓬皮杜被打动了。他始终对学习抱有好奇心。他对一切都感兴趣：教师职位、军事情报、创办一家报纸、一位要人的秘书处、行政法院、旅游、政党的资金提供、银行业务、谈判业务、船舶装备、补偿业务、矿石企业……正因为他对各行各业都有惊人的适应能力，才能随着事态的发展，施展其毋庸置疑的潜在能力。在罗特席尔德财团，他把问题前前后后想了一遍。进入马蒂尼翁宫似乎是接触各种新问题和另一个不同世界的不可多得的机遇。学会走上讲台，学会在电台讲话。如此多的挑战，值得一试。然后蓬皮杜又想起他在图卢兹中学的老师。那位脸部受伤的加德拉先生。他给蓬皮杜灌输了热衷于公众部门和崇高事业的思想。不能拒绝将军提供的这种机遇。成为总理，而且是成为一位伟大人物任命的总理。这是一种提升，一种荣誉。无法逃避。

"对于蓬皮杜来说，一切都是命运安排好的，"阿蒂尔·孔特说，"在我们历届共和国历史上，这是唯一的特例：在并不热衷的情况下，取得成功。他没有碰到任何需要克服的或者无法克服的重大困难。他是在一张温柔毛毯上悄然滑向政权[8]。"

对今后等待她的生活感到惶恐不安的克洛德理解自己的丈夫。她顺从了。最感不知所措的则是他的另一位崇拜者玛丽－埃莱娜。女人们经常被有权势的男人们所迷倒。毫无疑问，她对蓬皮杜的友情已经不知不觉地演变成赞赏和爱恋，可现在她甚至会失去他。在告知将军他同意担任总理后，乔治·蓬皮杜立即偕同克洛德前往他的朋友罗特席尔德家中用晚餐，以便将这一消息告诉他们。玛丽－埃莱娜身体不适，他们便在她的床前亲密无间地用餐。谈话中，情人叹了一口气说："不知道为什么，我预感到我们永远再不能像今天这样待在一起了。"蓬皮杜眼含泪水，一句话也说不出来。敏锐的居伊心里明白，蓬皮杜为了避免评论，表明并非因为他们才开始其政治生涯的，他这位朋友与他们之间的约会将会减少。

蓬皮杜也明白自己将会断绝与金融界的往来，因为人们肯定会指责他在银行的经历。出于谨慎，他随即清理了他的全部有价证券。但徒劳无益。《人道报》写道："德勃雷是位温驯的公仆，但他是位政界人物。他被'一名金融巨头的职员'所取代，这证明戴高乐将削减议会的作用，以便为使用全民表决手段开道。"《鸭鸣报》的标题则是"罗特席尔德财团马厩豢养出的蓬皮杜得中马蒂尼翁宫大奖"。左边和右边都用首字母 RF 框起来。左边的说明文字是："法兰西共和国"（Répulique Française），右边的文字则是"罗特席尔德兄弟"（Rothschild Frèresso）。任命一名在后宫成长起来的人物担任总理职务，引起政界惊呼个人专权。埃德加·富尔惊叹道："他的蓬皮杜甚至连市政参议员都不是！"甚至"保卫新共和联盟"内部也大为不满。满怀希望能幸运地被挑选担任总理的路易·诺克斯获悉将军的决定后，似乎一夜之间头发全白了。

甚至在米歇尔·德勃雷离开马蒂尼翁宫之前，乔治·蓬皮杜便被要求组织新内阁。乔治时而在留给外交部但暂时闲置的凯道塞，时而在朋友皮埃尔·纪尧姆和阿基坦石油公司所在地征求意见。因为戴高乐主义者自身不能赢得或长期保持议会多数，所以他希望得到广泛的支持，比他的前任得到更广泛的支持。他首先从温和派的"人民共和运动"、激进党人甚至社会党人着手寻求支持者。按照第五共和国的规定，总理无需正式将内阁组成名单提交国民议会通过，但需要得到共和国总统的批准。总之，来访者挤满了候客厅，奥利维耶·吉夏尔让他们耐心等待。首先是社会党党首居伊·摩勒。"有很多美好的事情要做，"乔治·蓬皮杜对他说，"我本人过去也是社会党青年会成员。别让我成为对真正未来无动于衷的政治力量的俘虏。这个国家需要一个像战前那样由众多政党组成的、灵活的、有激进党参加的政府。"但白费口舌。

"我个人对您抱有好感，"居伊·摩勒回答说，"只是那个青年会已经成为往事。我们不可能有相同的观点，社会党人不会成为罗特席尔德财团头面人物的部长。我深爱我的党，不可能让它深陷过于混浊的泥潭之中不能自拔。"

话说得很不客气。不过新总理至少在"人民共和运动"和独立派人士方面取得了很大的成功。最终"保卫新共和联盟"占有 10 名部长和 5 名国务部长席位。"人民共和运动"获得 5 名部长：皮埃尔·弗林姆兰、约瑟夫·丰塔内、罗歇·培根、罗贝尔·布隆、莫里斯·舒曼。入阁的 3 名独立派人士为瓦莱里·吉斯卡尔·德斯坦、路易·雅基诺和雷蒙·马塞兰。另外还有国务秘书皮埃尔·叙德罗和埃德加·皮萨尼参加内阁会议。

至于国民教育部部长，蓬皮杜想到埃德加·富尔。但富尔在激进朋友们的压力下，拒绝接受。这些激进的朋友们说服他不要参加"由一位银行家领导的政府"。于是，蓬皮杜便召唤皮埃尔·叙德罗这位伟大的抵抗战士。"当然了，您必须接受国民教育部部长一职，"他面带微笑和幽默对叙德罗说，"我选择的是最有聪明才智的人。"第二天，叙德罗重新应召来到马蒂尼翁宫。"我从爱丽舍宫回来，"蓬皮杜对他说，"将军无论如何要有两名巴黎综合工科大学的毕业生。但现在仅有瓦莱里·吉斯卡尔·德斯坦一人。我告诉他您上过巴黎综合工科大学；所以您是综合工科大学毕业生。如果将军问起你们这一届是哪年毕业的，请您务必事先想好。他不会再深问。您知道，组织这届内阁让我伤透了脑筋。我不会再为巴黎综合工科大学毕业生这样愚蠢的问题而从头再来[9]。"

1962 年 4 月 16 日举行政权交接仪式。没有喜悦。西蒙娜·塞尔韦回忆说她的内阁同事们在马蒂尼翁宫见到的是空无一物的抽屉、满是灰烬的壁炉。对自己的去职耿耿于怀——去职像梗在喉头的骨头迟迟无法下咽——的米歇尔·德勃雷与继任者交谈了 20 分钟，然后面对一群乱哄哄的新闻记者，长时间地握手。

"我不会干得像他那么好。"乔治除此之外，再没有说什么。

然后，他主持了由21位部长和7名国务秘书组成的第一次内阁会议，并让内阁成员直接去会见戴高乐，商谈这种或那种问题。一位戴高乐主义的部长平静地说："和蓬皮杜一起，你可以安心地工作。德勃雷离开之后，多么轻松啊！"

起初，乔治并未过高地评价自己。善良的蓬皮杜对一位刚刚被提升为部长的年轻的高等师范生说出了自己的心里话："我只是个业余爱好者。我自己并没有什么主意，有将军的想法。我只是一位过渡的总理。最多十一个月后，我会把总理职位交给一位专业政治家。"好像他的主要角色仅仅是扩大政府在议会中的多数！实际上，像参加教师学衔考试一样，这是一场十足的政治生涯的冒险。

"我最深刻的记忆是，"他在谈到这个时期时说，"既有行动的自豪和情趣，又感到不堪忍受。当然，十八年来，我几乎始终在戴高乐将军身边工作，我对国家事务相当了解，但如何习惯于与议会交往，如何习惯于公众人物所受的束缚，习惯于与新闻、电台、电视打交道，尤其是习惯于所承担的责任，全都一无所知。首先是研究材料、提出意见、建议解决方法，然后作出决定，并承担相应的责任……执政便是约束。约束个人服从规则，而每一项规则随时都会与这个人或那个人的眼前利益相冲突。约束个人纳税，约束个人为军队献出自己青春的部分光阴，甚至献出生命。约束个人服从行政当局，尽管难以承受之重，并不明就里。约束个人接受公众可以提出批评，并表示反对，但不能否定政权合法性的多数法则……这便要求我作出最大的努力，具有耐心、执著和对攻击漠然置之的本领[10]。"

乔治·蓬皮杜任命曾帮助他进入最高行政法院和安娜·戴高乐基金会的让·多纳迪厄·德瓦布尔为他的办公室主任。后来弗朗索瓦-格扎维埃·奥尔托利接替德瓦布尔的办公室主任一职。只有他们二人和皮埃尔·朱耶可以在没有约会的情况下直接走进他的办公室，当然是在确认他没有来访者之后。当他们向他谈某件事时，乔治·蓬皮杜总是坐在靠近窗户的椅子上，双手交叉在胸前，一动不动，聚精会神地倾听他们，梳理想法，并把这些想法与现实结合起来考虑。

办公室里还有特派员奥利维耶·吉夏尔和9名顾问：皮埃尔·勒隆为农业顾问，勒内·蒙茹瓦、贝尔纳·埃桑贝尔为工业顾问，皮埃尔·朱耶、让-吕克·雅瓦尔为政治事务顾问，西蒙娜·塞尔韦为新闻关系顾问，爱德华·巴拉迪尔、让-菲利普·勒卡为社会关系顾问。一位充满了活力，朝气蓬勃的青年人雅克·希拉克负责建筑和运输；拥有文学教授职衔的玛德莱娜·蓬皮杜的丈夫亨利·多芒热则负责国民教育。他十五年来一直赏识的西蒙娜·塞尔韦则负责与新闻界的关系："西蒙娜，我了解您，我授予您全权，但别让记者们采访我的夫人。"在所有办公室成员中，最有影响的大概要数皮埃尔·朱耶，他是律师，身材粗短，留着平头，目光真诚，善于动嘴，伶牙俐齿。这位神秘的人物，时而充当密探，时而担任驻"法兰西人民联盟"的特派员，时而成为安德烈·马尔罗的办公室主任。他对法兰西选区分布图了如指掌，不满足于控制与"保卫新共和联盟"议员们的关系，而且仔细探究高官们的过去，然后再将任命交由总理签发，正是他成就了、也毁掉了高官们的政治生涯。

这班人马每周开一次会，以保证精诚合作，并使大家的观点协调一致。他们的共同准则是控制自己的情绪。因为乔治·蓬皮杜讨厌吵闹、焦躁不安和紧张。"别这么吵吵闹闹，您有权力，请使用您的权力。"有一天，他对一位开始烦躁不安的特派员说道。

克洛德·蓬皮杜无论如何不想让政治侵入她的私人生活。为此，她断绝了与丈夫的合作者们的往来。这些人曾经也是她的朋友，如奥利维耶·吉夏尔；或者是她的相识，如西蒙娜·塞尔韦。不能把政治和私生活混杂在一起。为逃避来自马蒂尼翁宫的束缚，她获准他们夫妻依旧住在贝蒂纳堤街。她在那里，用淡蓝色的墙饰使客厅的室内装饰显得柔和起来。并在尼古拉·德斯坦埃尔画作边上挂了一幅埃内斯特和一幅福特里埃的作品。

乔治·蓬皮杜在这里浏览报纸和信件，从八点开始一天的工作。在驶往瓦雷纳街的雪铁龙汽车里，他继续阅读报纸。九点一刻，刚到马蒂尼翁宫，他便叫来一位秘书，玛德莱娜·尼格雷尔或者若塞特·伊里戈扬，与她们一起检查一天的工作计划。办公室主任保证他的工作时间，筛选来访者，使他摆脱无价值的文件，让他有时间进行思考，并集中精力处理关键问题。

总理办公室通向公园，他在一幅弗拉戈纳尔作品和十七世纪的挂毯旁，还在墙上挂了皮埃尔·苏朗热的大幅灰黑色的抽象派画作。这是他与安德烈·马尔罗一起到现代艺术博物馆挑选来的。抽象的宽线条，好像是为了叙述迷失于空虚之中的人物的忧愁和没有上帝者的苦恼。安德烈·马尔罗从中感悟到自从失去信仰以来的焦虑不安。这一焦虑不安促使他寻求博爱、生存或死亡的正当理由。但其他人，第一次踏进马蒂尼翁宫的人们如何看待这幅苏朗热的画作呢？乔治·蓬皮杜则狡猾地窥测他们的反应，从中取乐。

他的办公桌上没有任何多余的东西。仅有一盒烟、一个烟灰缸、一只打火机和一份卷宗，仅有一份。他经常用钢笔写字。他非常喜欢用手写，也喜欢别人用手写。但应该简洁明了，永远不要超过一页半纸。他在合作者送来的材料上，开门见山地旁注几个字，以重新定向，表示赞同，提出有理有据的保留或要求精确说明，然后退回。"我们报告的结尾都应有一个具体的建议，一项应该采取的措施，"让－菲利普·勒卡[11]回忆说，"蓬皮杜在退还材料时都批注有'同意'、'不同意'或者是一个很有分寸的'那也行'"。"有时候，"贝尔纳·埃桑贝尔补充说，"他仅写上'已阅'二字，表示不太赞同。有时，他甚至无意间像回到当教师的年代，信手给我批了一个'淘汰性零分'（考卷中在零分上加点子表示应予淘汰——译注），以提醒我论证错误。那天，我像被钉上了耻辱柱，发誓不再让他抓住我第二回[12]。"

办公室主任坐在总理办公室对面的占有战略位置的圆厅里，每天早晨将顾问们前一天晚上交给他的经过总理亲手批示过的报告退还给他们。报告上明确说明总理是否希望会见他们。乔治·蓬皮杜在银行工作时期的同事贝尔纳·德·维尔梅雅纳回忆起他那令人惊叹的倾听关注能力，以及当他感到可以信赖时所表现出来的坦率和不拘礼节："他踱来踱去，嘴里叼着烟，手插在裤子左边的后袋里，思考着刚才说过的话。有点像在马赛或者亨利四世中学的课堂上。反复从各个角度琢磨想法，仔细考虑各种不同的可能性。'是否是一个正确的决定？能行得通吗？'猛然间，好像意识到这是显而易见的，便停住脚步；有时他也自言自语道：'不，这是愚蠢的！'然后换一种方式重新提出问题，大家一起再次寻找最佳的解决方案[13]。他经常显得很幽默，但有时候却不能和他开玩笑。他甚至会对他感到厌恶的人，对像弗朗索瓦·密特朗这样的机会主义者作出粗暴的评价，恶狠狠地进行攻击。"

每逢星期三，召开内阁会议前20分钟，乔治·蓬皮杜都要前往爱丽舍宫见将军。在其他日子里，他有一次工作午餐。除抽出两个小时空闲时间陪同夫人参观艺术馆、古玩商店或者商场外，他都会接待众议员、参议员、省长、工业家或工会工作者。安德烈·贝热龙是来得最勤也是他倾听得最多者之一，安德烈一般都晚些时候悄然而至。

1962年4月26日，乔治·蓬皮杜向国民议会介绍他的内阁。当时还不完全是第五共和国，国家元首不是通过全民直接选举出来的。1958年，戴高乐尚未解决阿尔及利亚问题，他还需与各政党妥协。考虑到这一局面，新宪法也不得不保留议会的特性。因此，任何新政府，如同第三和第四共和国时代一样，都必须得到议会的授权。以后便完全不是这样了。

这一天波旁宫如同节日一般，盛况空前。人们争先恐后地前来窥视这位陌生者，这位戴高乐将军的没有当过议员的、甚至连律师都不是的总理。他如何才能获得议会的批准，如何发表首次讲话呢？他能够担当起重任吗？

他深知自己不善于在大庭广众之下发表讲话，所以感到怯场。"我对在议会讲话怀有几分恐惧。"他后来承认说。更何况，这是他首次登上国民议会的讲坛，再加上，那天半圆形的阶梯会议厅里座无虚席，怎么不会令人胆怯呢？

他的就职演说毫无出众之处。他没有试图哗众取宠，只是生硬地宣读他的声明，语调单一，既没有为自己辩白，也未致力于征服或者说服听众，更没有为多赢得几票而奋力。讲稿缺乏文采，显得冗长，他只是把合作者们准备的纸页拼凑在一起。人们仅记住他在讲话中许诺优先考虑国民教育的预算和增加公务员的工资。他显得局促不安。在回答辩论中的提问时，他神情尴尬，不能令人信服。甚至"保卫新共和联盟"内部也认为他的讲演平庸无奇。是初出茅庐者而不是总理的讲演。戴高乐耸耸双肩，咕哝道："他会称职的。"

蓬皮杜受到怀疑，甚至遭遇恶意。新闻界不理解这位陌生人是如何登上马蒂尼翁宫宝座的。新闻报刊对他的漫不经心、他与银行的瓜葛、他的外省经历及他对珠光宝气的巴黎名流的迷恋进行讥讽嘲弄，尤其是他表面上的迟钝被认为是为戴高乐的独裁统治创造便利条件。《快报》登载的一幅漫画上，他手拿刷子，面对一排成立正姿势状的铅制士兵像，正准备给总统"擦皮鞋"。他显得像个稻草人。"蓬皮杜，"亨利·弗勒奈在《世界报》上写道，"保持着办公室主任的行事方式：唯命是从。这样，仅仅是换了一个人，便迈出了关键的一步。戴高乐通过选择一名单纯的执行者当总理，抛弃宪法赋予的仲裁角色，把大权牢牢控制在自己手中。"担任农业部长的埃德加·皮萨尼甚至怀疑是否需要保留总理这一职位："他仅仅扮演一个微不足道的替身演员的角色，对他而言，并非是件幸事。"

一些人认为他仅仅是个过渡人物，五六个月之后，他便会重返罗特席尔德财团，只是带走一张印有"前总理"新头衔的名片而已。《洛桑新闻报》[14]则写道："让一位好好先生嬉笑打闹地进入政府，以使刚走出阿尔及利亚战争的富人们放松一阵，准备好在共和国总统允许的时间内给大伙解解闷。"

这种诽谤刺痛了蓬皮杜，给他留下了心灵创伤。值得庆幸的是，著名的新闻专员西蒙娜·塞尔韦全力以赴地在报刊上矫正这一形象。随后弗朗索瓦·莫里亚克也前来鼎力相助："一位陌生者步入政坛竟会引起轩然大

95

波。所有昔日喋喋不休的旧议员们的种种偏见，所有这些狂热，犹如一个失常而躁狂的胡蜂窝巢发出的阵阵嗡鸣声。"他在记事本上写道，"有人改变了游戏规则。那些为专家们所揭露，但却是他们推崇备至、视如生命的游戏规则。他们在新的国家里将会扮演什么角色呢？我担心他们会成为死硬的反对派，成为表面上坚守信念、实际上却死抱住被冒犯的甚至比被冒犯更严重的根本利益不放的反对派。是的，对他们来说，这是性命攸关的。"

深谙人情世故的弗朗索瓦·莫里亚克继续写道："蓬皮杜不属于死水潭里臭味相投的丑类，他是位大学教师，来自法兰西最有教养的阶层——小学教师阶层。他和你我一样选择和阅读同样的书籍，选择和阅读相同的诗句……他刚刚步入政治生涯，不紧不慢的，叼着一根香烟。他不是内行，这位银行家不令人惧怕。他只是个业余爱好者：不必怀疑。人们弄错了。他的手法既有分寸又讲究效率。如果他想做的话，他可以毁掉别人的前程，但他不想这样做。他远比多数人更有教养，不仅可动用政界，还可利用大学界、商业巨头们消遣娱乐界[15]。"

在爱丽舍宫，总理有一批好友：勒内·布鲁耶、埃蒂安·比兰·德罗齐埃、雅克·福卡尔、乔治·加里雄、加斯东·帕莱夫斯基。但大部分议员们是第四共和国的老人，他却很不熟悉。当然，他进入将军的内阁，为他与某些部长或者部长的合作者们，如安托万·比内的顾问——师范生雷蒙·阿拉斯的接触打开了大门。但他仍缺少久经沙场的政治家的经验。所以，他谋求定期会见勒内·马耶尔和莫里斯·舒曼。在为数不多的助手们的帮助下，他慢慢地开始熟悉业务，接见、倾听、解释，并试图找到窍门。他迅速熟悉了新职业，很快成为政界的行家，编织他的舞台，发展他的天地，与议会的关系成为他最重要的课题。他往往会说："我不是马蒂尼翁宫先生，我是波旁宫先生。"他关注人员的问题，他每次都会琢磨某人是否"会制造麻烦"，人们是否真的信任他。

除了议员外，他还关注选民和那些发表见解的人们——报刊和电台的记者们。乔治·蓬皮杜很快明白这些人的权力。在他眼里，新闻报刊，尤其是报纸除了传递信息的功能外，还扮演着教育、解释、辩护和批评的角色。"登在报纸上的东西似乎是真实的，"他说，"报刊上的文章能说服人，能影响人。因此，形成和影响公众舆论的作用，也就是新闻记者的作用是无法回避的。"总理必须面对新闻记者们表明自己的看法；是否重视他的看法，则是新闻记者们自己的事情。

乔治·蓬皮杜不仅接受记者们的邀请，而且完全出乎人们的意料，他还要求西蒙娜·塞尔韦每十天一次分小组在马蒂尼翁宫与他们共进午餐。这在所有共和国的历史上是前所未闻的。《世界报》的政治部主任雅克·福韦、《法兰西晚报》的皮埃尔·沙尔皮、《巴黎日报》的贝尔纳·勒福尔均在常客之列。没有任何记者被排除在外。

蓬皮杜显得天真善良，时而开个玩笑，比如上个用牛羊下水做成的菜肴，并做个鬼脸调侃嘲弄一番。"他对主要的新闻记者们有求必应，"西蒙娜·塞尔韦讲述道，"他不喜欢人们随声附和[16]。"记者们可以庄重而直率地提出问题，并感到被认真地听取。只要彬彬有礼，他们可以提出尖锐的批评。在这类会见中，新闻已不再是单向的了。总理也询问巴黎都传说些什么，或者关于某个热门话题人们都在撰写些什么文章。他倾听别人，也向别人打听消息，有时还试图寻求通向反对派的渠道。

"大家参加午餐会完全不是为了建立友谊，也不会变得亲密无间，但这是一种颇有风度的交流，"让·费尔尼回忆说，"他的能干和通情达理的一面源自其农民出身。但他也热衷于浮词丽句、五光十色和上流社交。说到底，他是一位陶醉于巴黎的农民和外省人。"

乔治·蓬皮杜与皮埃尔·拉扎雷夫保持着一种特殊的关系。他所领导的《法兰西晚报》发行量超过百万份，十分畅销，当时还没有变成后来的"社会新闻报"。它的对外政策专栏《闲言碎语》受到高度好评。卡芒·泰西耶在栏目里发表从政界和艺术界得到的第一手消息，约瑟夫·凯赛尔、菲利浦·拉布罗则创办一些出色的专栏。所以乔治·蓬皮杜每天总叫人在下午四点送来一份《法兰西晚报》，以浏览大标题，甚至法国人感兴趣的消息。

皮埃尔·拉扎雷夫在法国被占领期间，像安托万·德·圣艾克絮佩里那样到美国去避难，而没有前往伦敦和自由法兰西，所以属于戴高乐所不喜欢的那种人。他喜欢"了解内幕"；因为无法靠近戴高乐，他便乐于出没于他的左膀右臂处。至于乔治·蓬皮杜，他欣赏这位记者了解事物的善意。这样，他每月的第一个周一举行记者招待会前，与他单独共进午餐。他向拉扎雷夫请教反对派方面可能会向他提出哪些令人尴尬的问题。两个人都赞同人道主义观念，久而久之，便建立起友谊。他们平等交谈，不讲客套。如果拉扎雷夫不以你称呼蓬皮杜，蓬皮杜便会对拉扎雷夫直呼其名。拉扎雷夫定期应邀前往贝蒂纳堤街寓所。

周末下午傍晚之前，蓬皮杜夫妇经常匆匆在拉扎雷夫离奥维利埃不远处的卢弗西埃纳家中稍事停留。埃莱娜·拉扎雷夫是个身材矮小、说话声音柔和而有说服力的女人。她非常喜欢"她所爱慕的私房密友"克洛德。

"拉扎雷夫和他的夫人,"让·端木松回忆道,"有云集当时巴黎所有知名人物的本领。好似一家珠宝店。不会漏掉任何一位新的知名人物,无论是艺术界的、演艺界的、文学界的或者政治界的。非常令人感兴趣,但也有几分危险,因为其中有一些飘飘然者,甚至是爱冒险的狂热之徒。"

在这些常客中,蓬皮杜曾见到为珀蒂奥大夫辩护而闻名的律师勒内·弗洛里奥。他曾说过一句名言[17]:"绝不承认,在法律面前是一种害人的劝告,但在爱情上则永远是绝妙的忠告。"或者(不能当着蓬皮杜夫妇面重复):"抽象画作经常让蠢驴们声嘶力竭地吼叫,让母鸡们欣喜若狂,让猴子们哈欠连天。"

一个星期天,蓬皮杜夫妇没有坐他们白色波尔舍车,而是借了辆两马力的车,以麻痹担任警戒的摩托车骑手们的警惕,前往卢弗西埃纳。当他们告别主人,神不知鬼不觉地要返回奥维利埃时[18],拉扎雷夫将他们送到直接通向危险的克尔-沃朗十字路口的栅栏门前。乔治·蓬皮杜等了很长时间,警察也没有示意让他们的小车通过。等了五分钟,因为什么信号也不给,而且道上时而也没有车通过,他便驱车来到十字路口。警察吹响狂怒的哨声:"您不能留点神,蠢货!我没有给您通过的信号……"

蓬皮杜乖乖地将车停在人行道上,从两马力车上走下来,习惯性地掏出证件。警察大吃一惊,连声道歉:"噢!对不起,总理先生,我真没有想到会是您!"可他却对警察的窘迫喜形于色,满面堆笑、和颜悦色地坚持要求警察给他开张违章通知书:"您已经吹哨了,我应该得到一张违章罚款单。"

儒奥事件

阿尔及利亚战争的结束并未使拒服兵役者们的悲剧画上句号，仍有 50 人在押，其中有些人已被关押了三年。和平主义者、极端自由主义者路易·勒库尔时常绝食，要求释放，并制订用从事民用服务取代兵役的规定。米歇尔·德勃雷和武装部队部部长坚决表示反对，担心这一措施会促使年轻一代逃避服兵役。尽管《鸭鸣报》积极发起一场运动，一些有影响的人士，如皮埃尔修道院院长、阿尔贝·加缪、贝特朗·吕塞尔、卡斯特勒教授、工会领导人安德烈·贝热龙和欧仁·德康等进行干预，可情况并没有任何改变。拒服兵役者们依旧在监狱中苦苦等待。

于是，路易·勒库尔 6 月初再次开始绝食。到第二十天，罗贝尔·布隆在两位宗教人士的陪同下来到马蒂尼翁宫，要求见总理。西蒙娜·塞尔韦接待了他们。已经 74 岁的勒库尔身体似乎十分虚弱。没有共和国总统或总理的书面许诺，他将在近几日内死去。应该采取行动。

获悉这一消息后，乔治·蓬皮杜认为无须向将军报告：《鸭鸣报》的运动正热火朝天，戴高乐将会粗暴地予以拒绝；也无须通知武装部队部部长。然而面对挽救一位勇敢而非暴力者的生命的呼吁，他不能无动于衷。他立即给路易·勒库尔写了一封信，许诺将拒服兵役者的法规问题列入 7 月 4 日内阁会议的日程。

终于得到保证的勒库尔中止了绝食：他获救了。拒服兵役者的法规果然于 1963 年 12 月 22 日正式颁布。最后一批拒服兵役者两天内全部获释。但这一事件激怒了军人，险些使"保卫新共和联盟"议员团分裂。

还有另外一个难题：埃维昂协议签署后，曾伙同泽勒、沙勒和萨朗将军一起策动 1961 年 4 月阿尔及尔军事暴乱的埃德蒙·儒奥将军在其阿尔及利亚出生地被捕，而秘密军队组织的暗杀活动此起彼伏，阿尔及利亚法国人的逃亡浪潮有增无减。国家公安法院判处儒奥将军死刑。只有总统的特赦才能免他一死。戴高乐对此犹豫不决，但另外一起判决使局面变得复杂起来。对4月20日被捕的秘密军队组织的头目萨朗将军的审判于5月15日开庭。因为蒂克西埃·维尼扬古的出色辩护和弗朗索瓦·密特朗的开脱证词，法院给予从轻判决：免于一死，终身监禁。将军对判决愤愤不平，认为是"开了坏的先例"，但他并没有对法官们不满："与其说是审判萨朗，他们实际是在审判戴高乐。"既然他们免除了萨朗的死刑，他便放弃了对儒奥的特赦。他要求尽快枪决儒奥。

蓬皮杜认为这一处决难以服众。对两名罪犯中罪行较轻者执行枪决，是不公正的。这将冒着加剧本土和阿尔及利亚紧张局势的风险，更何况儒奥是在阿尔及利亚出生的法国人。而这还有可能再次激起本土法国人和受到严重伤害、返回祖国的阿尔及利亚法国人之间的纷争。一个名叫昂里科·马西亚斯的返回法国本土的阿尔及利亚法国人曾唱道：

> 我离开我的祖国，离开我的园田。
>
> 无缘无故的生活煎熬，凄苦难言，
>
> 离开我的太阳，离开我蓝色的海洋。
>
> 离别后，它们的影子在脑海里重现难掩。
>
> 太阳，我失去的祖国的太阳仍在我眼前。

谁能担保这不会引发新的暴力升级？

司法部长让·富瓦耶赞同他的看法，并通知他儒奥的律师刚刚上诉最高法院院长，要求改判。醉翁之意不在酒，目的是想赢得几天喘息时间，以便法院重新审查。5月26日，正当监狱方面根据罪犯的身材——高大魁梧——制作棺木时，让·富瓦耶则准备向将军汇报上诉的消息。"您会把自己卷进去……"乔治·蓬皮杜对他说，"我陪您一起去。"善于分析别人心理的蓬皮杜一般情况下都避免惹将军生气，宁愿回避困难。但这一次，他不想逃避。

戴高乐在他们面前仍然怒火未熄，但同意给最高法院时间对上诉作出裁决。儒奥将军利用这一喘息机会，从他所在的拉圣泰牢房里给秘密军队组织下达停火命令："我们无法后退，必须正视现实。应该停止针对穆斯林的盲目暗杀。他们当中有些老战友甚至朋友可能会倒在我们的枪口下。"6月17日，让-雅克·絮西尼与民族解放阵线的代表沙弗基·莫斯特法伊博士达成协议，允许秘密军队组织别动队队员于阿尔及利亚独立全民公决前悄然离开阿尔及利亚领土，前往西班牙。

几个星期过去了，6月7日和7月6日下令枪决了秘密军队组织的3名杀手阿尔贝·多弗卡尔、夏尔·皮耶格茨和罗歇·德盖尔特尔的戴高乐再次感到急不可耐。他要求像处决其他死刑犯一样，处决儒奥，不再拖延。无计可施的蓬皮杜和富瓦耶在绝对保密的情况下再次来到爱丽舍宫，共同提交辞呈。这次将军让步了。在延缓了五个月之后，他终于赦免了儒奥的死刑。

阿兰·德·布瓦西厄在一次会见乔治·蓬皮杜协会人士时提出了另外一种看法。戴高乐大概收到克里斯蒂安·富歇的一封信，富歇在信中毕恭毕敬地对他说："枪决曾经是位伟大的抵抗战士的儒奥并不能提高您的威望。"将军可能将这封信给他的女婿看："您，阿兰，您是怎么想的？""我的父亲，处决儒奥是难以想象的。""阿兰，您替我想一想，难道我真心想处决儒奥吗？"布瓦西厄补充说："萨朗，本来是应该被处决的。"

那么，应该相信谁呢？难道这不正是戴高乐驾轻就熟的掩饰、保密的艺术吗？

在乔治·蓬皮杜费尽心机组成联合政府后仅仅两个星期后，戴高乐关于欧洲的一段耐人寻味的话语深深地触动了他。在5月15日审判萨朗的当天，面对聚集在爱丽舍宫纪念厅的800名新闻记者，将军在招待会上，对欧洲共同体的拥护者进行了一番漫画式的辛辣讽刺。他指责他们"梦想阿拉丁的神灯（《一千零一夜》中的童话名——译注），以为只要轻轻触摸一下，便可飞到现实之中"，他还宣称"但丁（1265—1321，意大利诗人，《神曲》的作者——译注）、歌德（1749—1832，德国诗人、作家、世界公认的文学巨匠之一——译注）、夏多布里昂（1768—1848，法国浪漫主义文学的先驱——译注）属于历史人物，而且分别是意大利人、德国人和法国人。即使他们是无国籍者，使用某种世界语或者大杂烩的语言思考或者写作，对欧洲也不会作出多大贡献"。

各种语言的大杂烩！说到点儿上了。如果说他的这番话引得乔治·蓬皮杜暗自发笑的话，则会使政坛惊惶不安。"人民共和运动"迷信欧洲。超国家性是构成其选举资本的要素。戴高乐所使用的词语中，对他不啻是一次羞辱，一次他认为不应承受的羞辱。所以，他立即撤出了所有部长。蓬皮杜在一次个别交谈时曾作过如下的评论："如果将军将他在新闻记者招待会上的讲话稿给我，或者给另外一个人看，因为他前后改过四五次稿，我们马上就会发现它将会酿成一场悲剧。但他过于高傲，不会把文稿交给我们看。"确实如此，直至1968年5月，戴高乐在发表公开声明前，从未征求过蓬皮杜的意见。

因为蓬皮杜在居伊·德·罗特席尔德的影响下，已经慢慢地成为坚定的欧盟主义者，所以对这一事件感到十分遗憾。他1962年首次出国正式访问便是前往伦敦。克洛德非常害怕会见伊丽莎白女王，并对英国的习俗感到束手无策，便向一位在英国长大的朋友请教。这位朋友告诉她，英国人非常讲究礼节。然而，刚刚坐下参加在唐宁街举行的一次晚宴，英国外交国务秘书乔治·布朗便把手放在她的膝盖上，问她在巴黎的私人住宅电话，并请她直呼他的名字，还补充道："对您来说，这并不困难，因为您已经习以为常了。"后来，克洛德才得知乔治·布朗通常很讲礼节，只是那天有些微醉才闹出如此笑话。

访问的目的是共同建造协和式飞机，一种装备有类似驱逐舰发动机的超音速商用飞机。两国正式签署了建立两条装配线的协议，一条在图卢兹，另一条则在英国，每条装配线生产半数飞机，构造独特而新颖。在1969—2000年的三十年间，这一漂亮的白色飞鸟用3小时40分钟跨越大西洋，双倍超音速。

保安部队官兵的悲剧

发生了比将军幽默风趣的话语更为糟糕的事情。1962 年 7 月 1 日，阿尔及利亚人平心静气地以全民公决方式就下列问题广泛表达其意愿："您愿意阿尔及利亚在 1962 年 3 月 19 日声明规定的条件下，成为与法国合作的一个独立国家吗？"99% 的参加投票者投了赞成票，仅有 10% 的人弃权。两天之后，法国政府郑重其事地承认阿尔及利亚独立。

一个月来，阿尔及利亚法国人外逃愈演愈烈。奥兰、波尼（安纳巴的旧称——译注）、阿尔及尔的码头上挤满了黑压压的人群。无法将车辆和行李装上船的人便就地焚烧，缕缕黑色烟柱直冲天空。人们流着泪，最后看一眼他们即将离开和永别了的国度，然后踏上甲板，拥向超载的船只"波尔多城号"、"突尼斯号"、"凯鲁万号"、"埃及－阿尔及尔号"。

在马赛、波尔－旺德、赛特、土伦或尼斯，逃难的人群靠着船舷，凝望着即将踏上的土地和避难所，然后带着杂乱不堪的行李箱、手推童车和不知所措的孩子们下船上岸。多数人不知去向何方，也不知道会受到什么样的接待，但所有人都期待着有人来接他们。然而，除了红十字会、基督教救助会和国家难民秘书处的少数急救分队，谁也没有或者几乎没有人准备接待他们。政府没有预料到突然间会发生如此大规模的难民潮。

缺少旅馆房间，许多人只好住在中学直至开学，或者住进仓促搭成的棚子里。最幸运者也只能在即将完工的低租金廉居房里找到床位。很多人失去了几天前或几天后上船的父亲、丈夫、姐妹们的踪迹。他们只好在《南方报》或《震旦报》登个小广告找寻失散的亲人。

被遣返回国者说话口音容易识别。他们受到排斥，处于社会边缘，被当成外国人、偷越入境者看待。本土法国人视这些令人讨厌的阿尔及利亚法侨们为怪物。他们抱怨说："这些非法牟利者进行肮脏的战争，夺取了阿拉伯人的土地，榨取马格里布地区劳动者的血汗。结果是罪有应得！"

马赛的出租车司机趁机涨价,家具出租者们索取天价租金,许多马赛人担心找不到工作,便把这些"黑脚们"当做替罪羊。人们将一切坏事都推到他们身上:生活昂贵,城市交通堵塞,持械抢劫,警察频繁的搜查。这些挑衅性的反应也正表达了某些本土法国人的内疚感、负罪感和结束这一尴尬记忆的愿望。

然而,在经历过害怕、惊慌失措、遭受迫害的顽念后,"黑脚们"远未像政府所担心的那样,形成一股趋向极端主义的反对现有体制的力量,而是迅速融入法国南部地区、罗讷山谷和法兰西岛定居地的民众之中。

更为严重得多的则是为法国人所接纳并保证永不抛弃的穆斯林战士问题。首当其冲的是当地保安部队官兵们的问题。这些官兵是在某一特定地区流动的搜索别动队员,他们为了微薄的薪金,或者因一位表兄弟、兄弟或者父亲倒在民族解放战线的枪口之下,在复仇心理的支配下,才加入保安部队的。据统计,他们的人数约为 4 万至 7 万,有其中 1.5 万名签约军人自愿成为土著士兵。其中一些人曾在朱安元帅的率领下参加意大利战役和在德拉特尔元帅率领下参加法兰西战役,立下赫赫战功。还有在法国控制下的阿尔及利亚应征入伍的 3 万名士兵,他们像法国本土的年轻人一样,被强制服兵役。还要加上用身边武器保护村镇和头领的自卫队成员。这些人,据统计约为 2 万至 8 万人。加在一起,有些人认为有 14 万,另一些人则认为有 20 万。如果再算上他们的家庭成员,那就超过了 50 万。

乔治·蓬皮杜在向米歇尔·德勃雷汇报卢塞恩和纳沙特尔秘密会谈情况时,似乎更关心这些人的命运:"如果民族解放阵线寸步不让,拒绝任何划分,要求领土完整,我们则可在有关少数欧洲侨民和亲法穆斯林问题上走得更远一些[19]。"确实如此,埃维昂协议中有一条规定:"任何人都不能因在宣布停火之前所做出的与在阿尔及利亚突发的政治事件有关的行动而受到惊扰、追究和迫害,也不应受到纪律处分或者任何形式的歧视。"

但刚刚宣布独立,阿尔及利亚国内战士和边境部队的对立情绪便达到白热化程度。阿尔及利亚共和国临时政府发生了分裂。参谋部的将领们拒绝批准执行 1962 年 3 月 19 日达成的协议,尤其是这一条保护条款。情况最严重时,人们甚至不知道谁对领土的某一部分实际行使权力。

雪上加霜,自 1961 年 4 月叛乱结束后,法国人开始以个别的、悄无声息的方式解除保安部队的武装,将他们转移至别处,并许诺用自动武器更换他们的猎枪,但始终未把自动武器交给他们。随着法国部队向中心地带撤退,这些人便被孤立起来,并束手就擒,受到敌方的惩罚。他们在警察局要求得到前往法国的证件，人们让他们等待，并许诺不会抛弃他们，会将他们送往法国本土。但大部分人始终没有得到这些证件。怎么办呢？重返家园便会冒着被民族解放阵线迅速处决的风险，或者设法前往阿尔及尔或奥兰，以消失在人群之中？左右为难，困窘不堪。

相比之下，最终还是那些始终抱成一团，直至最终被遣返者稍许幸运一些。他们像抱住救生圈一样，紧紧拖住法国部队不放。他们成千上万地聚在一起，带着妇女和儿童在法国军营周围游荡，几乎没有任何东西可吃，夜晚蜷缩在被子里。他们唯一的生机维系在一个名字上，认识他们的上尉和中尉的名字上。确实，多亏一些军官们不顾严格执行军令的宪兵们的阻挠，主动伸出援助之手，成功地将他们送上前往法国的船只。但法国本土没有收到他们到来的通知，便将他们安置在用铁丝网围成的营地中：多姆山省的布尔格－拉斯蒂克、阿韦龙省的拉尔扎克、维埃纳省的拉里、洛特－加龙省的比亚斯、东比利牛斯省的里弗萨尔特。

剩下的多数人则留在阿尔及利亚。难民遣返国务秘书罗贝尔·布兰认为他们不想离开故土。他希望发给他们一笔足以在当地安置的复员费。他想象不出这些人所遭受的强暴和虐待。因此当"黑脚们"1962年4月冲击阿尔及利亚港口和机场时，人们优先放行的是阿尔及利亚法国人，而不是穆斯林。

对于阿尔及利亚事务部长路易·诺克斯来说，军令如山倒。一纸通报似乎便确定了可以被接受最终加入法国军队的保安部队官兵的限额。一旦达到限额，诺克斯便禁止负责土著士兵事务的特种空中勤务的军官们向法国运送新的人员。他5月23日再次重申这一指令："超出遣返计划的已返回法国本土的土著士兵，原则上应送回阿尔及利亚。我知道，这一遣返可能会被叛乱分子的宣传活动家们理解为拒绝为那些曾经忠实于我们的士兵们的前途提供保障。因此，应尽量避免在这一问题上授人以柄。"

在5月24日的内阁会议上，路易·诺克斯宣布"当地治安部队官兵想大批前来法国"，并揭露"借口慈善事业的潜入将会带来迫使我们接收一些不受欢迎分子的后果"。7月15日，他再次重申这一指示，并命令"无论是部队里，还是地方行政上，对凡是阴谋从事遣返的主犯和帮凶，都要进行追究和惩处"。理由是：法国本土已经饱和，戴高乐担心，在愤怒的军官们控制下的成千上万的穆斯林士兵的到来，可能会扩大秘密军队组织的行列。暗示瓦尔塞尼的治安游击队死里逃生者们既依仗秘密军队组织的一名头目加尔德上校的权势，也依靠巴沙加（职位高于阿加的高级官吏——译注）布阿朗的势力。

难以确定数目。人们估计公开或秘密地进入法国本土的约有两万至八万保安部队或被视同保安部队的官兵。他们成年累月地被遗弃在条件极其简陋的营地里，失去了一切，没有军饷，永远再没有重返祖国的希望，最后大部分人被安置在远离大城市政治活动环境的国有森林里建造的小村庄内。

在 1962 年 7 月 25 日举行的内阁会议上，武装部队部部长皮埃尔·梅斯梅尔提及地方保安部队官兵和自卫队成员所遭受的威胁："应该明确表态。"戴高乐回答说："我们不能接收遣返所有宣称与政府不和的穆斯林。被遣返一词不适用于穆斯林，他们是避难者。我们只有在当他们确实处境危险时才能接受他们。"

根据阿兰·佩雷菲特的说法，乔治·蓬皮杜当时声明说："本土设有两个接收营地，但都已人满为患。而且这些人不想工作。"戴高乐回答说："必须督促他们工作，否则便返回阿尔及利亚[20]。"

1962 年 8 月 24 日，留守阿尔及利亚的法国部队最高指挥官阿耶雷将军承认所有阿尔及利亚土著士兵都可以认为自己受到威胁，设在阿尔及利亚的难民营已停止接收新的人员。戴高乐不想使阿尔及利亚政府感到不快，因为他仍需要在撒哈拉进行核试验，准备在大西洋一座环礁上建造一个新的试验基地。再说，留在阿尔及利亚的法国部队已没有能力保护原地方保安部队官兵，更没有能力将他们遣返回法国本土。

这些拖家带口的阿尔及利亚人已经陷入困境。在一个已落入战胜者手中的国度里，他们出路何在？他们唯一的罪行便是曾经效忠于法兰西。5 万人幸存下来，过着被人瞧不起的贱民生活；为了继续生存下去，这些无证件者，有的甚至是残废，像奴隶一样干活，冒着随时被人向警察局告发的危险。另有 7 万人被屠杀，经常是被绞死，有时甚至会像乔治别动队[21]的 150 名地方保安部队官兵那样被放在大锅里活活煮死。本土法国人对这一屠杀漠不关心。对这些穆斯林的关注程度远不如对阿尔及利亚法国人。

"土著士兵的命运，"当时的武装部队部长皮埃尔·梅斯梅尔承认，"确实令人遗憾。悲剧开始时，我曾建议采取一些迅速而强有力的军事行动，以将这些土著士兵从冒着被屠杀危险的村庄里拯救出来。但部长不是总指挥，我必须得到戴高乐将军的批准。'啊，梅斯梅尔，'他回答我说，'您想重新点燃阿尔及利亚战火？'谁也不愿意再谈论这个问题。将军知道会发生暴力，但他肯定低估了暴力。而且无论是犬儒主义还是现实主义，他不想再冒重燃终于熄灭了的战火的风险[22]。"

乔治·蓬皮杜和其他许多人一样，似乎对这一耻辱保持沉默。几个人头落地，不会使他动心。为数众多的军官面对与之息息相通的阿尔及利亚民众，个人承担起责任。对于一些人来说，这已成为一个良知问题。阿尔及利亚不顾再三的许诺，粗暴地与法国断绝关系、与法国分离，使他们陷入极度不安，直至违抗命令。

杀手追踪

　　秘密军队组织别动队于 6 月末离开阿尔及利亚。大部分成员隐姓埋名前往西班牙。但一小撮死不悔改者仍隐匿在法国或潜伏在边界的另一边。他们组织有针对性的暗杀，在法国土地上造成 70 人死亡、400 人受伤。其中有几个人冒着使国家陷入内战的风险，甚至阴谋杀害国家元首和总理。

　　"1962 年 8 月 22 日傍晚，一辆雪铁龙汽车停在爱丽舍宫台阶前，戴高乐将军坐在后排左边，戴高乐夫人坐在后排右边。他们的女婿德·布瓦西厄坐在前排司机身旁。国家元首早晨前来主持内阁会议，准备回科隆贝度最后一周的假期。在维拉库布莱，随从人员已排列在部际航空通讯队[23]的双发动机飞机前，准备飞往圣迪济耶（法国城堡，位于马恩省——译注）。在爱丽舍宫前庭，汽车车门砰砰作响，车轮碾轧地面发出阵阵摩擦声，总统座车驶向通车辆的大门。另一辆雪铁龙紧随其后，乘车者是总统卫队的两名卫兵和一名军医。两名摩托车卫兵骑着特里于夫摩托车断后。

　　"小型车队遵守各种优先的交通规则，遇到红灯便停下车来，稳稳当当地前进着，在马里厄十字路口穿过香榭丽舍大街，经荣军院桥越过塞纳河，穿越平坦空地，开上林荫大道，右转进入迈内大道，再穿过沙蒂永门，驶上 306 国道。两辆雪铁龙车和随从现在可以自由行驶了。车开得很快。

　　"将军可能想起了刚才在内阁会议上内政部长罗歇·弗雷所讲的话。他根据得到的目前正有人策划针对国家元首的暗杀阴谋的情报，呼吁加强保安措施，严格执行持枪规定。种种迹象和报告似乎都与所得到情报不谋而合。

　　"果然，正有几名杀手分乘三辆车，一辆埃斯塔费特雷诺车，一辆403 型标致小型卡车和一辆 ID19 车奔向他们而来。在埃斯塔费特雷诺车上坐着三名匈牙利亡命之徒瓦尔加、马顿、萨里和两名法国人贝尼耶和比西纳。瓦尔加持有一支美国造卡宾枪，萨里和比西纳带有轻机枪，其余两人都有冲锋枪。一只箱子里装有备用弹药：手榴弹、一公斤塑性炸药、爆炸导火索、孟加拉含磷烟火。403 型车上有三个人：两名阿尔及利亚法国人马加德和贝尔坦及一名本土法国人路易·德·孔戴，三人都备有轻机枪和手枪。ID 雪铁龙驾驶员名叫阿兰·布尔格勒内·德拉·托克奈，现役军人，1961 年 4 月将军们"福隆德"（投石党活动，17 世纪中期法国反专制制度的政治运动——译注）运动以来当了逃兵，1962 年 1 月逃出拉圣泰监狱。他身边除绰号叫"瘸子"的乔治·瓦坦和雅克·普雷沃的两名阿尔及利亚人外，还有一个名副其实的军火库：三挺轻机枪及手枪、防御型手榴弹、燃烧瓶、塑性炸药、含磷烟幕弹。

"同谋诺丹乘坐一辆两马力车在周围巡逻。最后还有一个名叫让－玛丽·巴斯蒂安－蒂里的头目只身一人坐在他的桑加 1000 车内坐镇指挥，没有携带武器。这位工程师曾经在蓬－叙尔－塞纳策划过一次针对戴高乐将军的暗杀活动，险些得逞。这一次有三辆接应车布置在近前，以方便别动队的撤退[24]。"

20 点 05 分，一切就绪，至少 13 名杀手、8 辆车，布置在 306 国道出口处的帕蒂－克拉马尔周围。巴斯蒂安－蒂里 20 分钟前便得到爱丽舍宫监察哨的电话，手持一张报纸监视着公路，他只要发现车队，便会立即展开报纸。贝尼耶在 250 米开外的埃斯塔费特车上正用望远镜观察着头目的举动。

黄昏即将降临。巴斯蒂安－蒂里从 7 月的一张报纸上记下了日落时间，但疏忽了 8 月份的白昼变长了。这样他便计算错了距离，使自己离手下人的距离稍远了一些。

"交通繁忙，大约每两秒钟有一辆车驶过。先过去一辆公共汽车，然后是一辆搬家的巨型卡车。突然，巴斯蒂安－蒂里发现两辆雪铁龙轿车及其小型护卫队。他们来啦！他便挥舞报纸。但夜幕开始降临，贝尼耶看不清他的手势，犹豫不决。巴斯蒂安－蒂里见无人作出反应，便重新发出信号。这一次贝尼耶看清了，不能再有任何犹豫。可已经失去了五六秒钟时间。当萨里和比西纳从埃斯塔费特车里跳出来开火，贝尼耶和马顿随即跟上时，车队距离他们已不到 30 米了。无法像预先策划的那样迎头痛击，仅能从侧面攻击。"

第一阵连发射击时，德拉·托克奈的 ID 车出现在侧面的一条街上，准备拦住总统座车的去路。但搬家卡车挡在前面。太晚了！这时戴高乐透

109

过后窗玻璃发现护卫车辆没有跟上来。两名保镖和一名医生可能吓坏了。随着轮胎磨地发出的刺耳的声响，ID 车横过来，插进两辆总统用车之间，紧贴总统座车。瓦坦来不及关上车门，一条腿支在马路上，成功地开枪射击，并看见总统坐车的左侧后面的玻璃出现星形状裂纹，将军正是坐在这一边。他击中了靶心。德拉·托克奈一只手抓住瓦坦，另一只手握住方向盘，仅看见司机俯伏在方向盘上的侧影：岳父母听从德·布瓦西厄的命令，像他一样卧躺在座车上。瓦坦见枪射第八发子弹时卡住了，便换了一个弹夹，朝身后的卫队车和摩托车手射击。总统乘坐的雪铁龙车险些撞上一辆庞阿尔（1841—1908，同勒瓦索夫共同创建了庞阿隆·勒瓦索夫公司，创造了世界上第一辆使用汽油发动机的汽车——译注）车，差点使车上带有三个孩子的一家人丧生，以每小时 100 公里的速度飞越十字路口。尽管三个轮胎已被子弹射爆，失去平衡，但最终还是抢先 ID 车一步。完了，别动队只好收兵，逃离现场。

"总统车继续全速驶往维拉库布莱，一阵风似的抵达机场，最终停靠在舷梯旁，将军直起身来，帮助夫人走下车，然后看了看汽车。一颗子弹射穿离后座 11 厘米处的车身；另一颗子弹穿过座厢，插进后座左部；第三颗子弹撕破前门，撞到门框的铰链一侧。还有第四发子弹刺破汽油箱塞门阀，碰上神奇的后座厢的加固物，转向后进入座厢。这几发子弹只要偏离几厘米，便会击中戴高乐。护卫车辆上的四个人也都安然无恙。两名摩托车手，一辆凯旋牌车被击中右后部，另一名车手的帽盔被射穿。"

将军担心同行者的安全："谁也没有受到伤害？好！这些笨蛋！"

然后又说："这一次，捡了一条命！"

"像往常一样，戴高乐走在略受惊吓的夫人前面，登上舷梯。飞机启动了。随着幸免于难者们的离去，拉布瓦塞里的栅栏门关闭了一个半小时[25]。"

当然，第二天，乔治·蓬皮杜前往科隆贝。阿兰在直升机机场接他。"阿兰，昨天我去看了汽车。真是难以想象，车身弹痕累累。你们到底藏在什么地方，才安然无恙的？""我们没有直挺挺地坐在那里不动。我成功地让他们躺在座椅上，我也是。""你们总算逃过了这一劫！"戴高乐补充道："您知道，蓬皮杜，他们像猪一样拼命射击。"

暗杀过后 14 天，六名别动队成员被捕。9 月 26 日，巴斯蒂安－蒂里和另外两名成员也被捕获。军事法庭在梵尚要塞开庭，审判被捕者及他们在逃的同谋。3 月 14 日正式宣判六人死刑：巴斯蒂安－蒂里、德拉·托克奈、普雷沃及在逃的瓦坦、贝尼耶和马顿。

戴高乐丝毫不佩服巴斯蒂安－蒂里。这个胆小鬼仅仅举起一张报纸而不敢冒风险。而且他所指挥的后来的追杀险些酿成与另一辆载有三名儿童的汽车致命的碰撞。再有，更加不可饶恕的是他纵使杀手们朝一辆他明知载有戴高乐夫人的汽车开火。然而在接见前来请求特赦的律师时，戴高乐仍拉了他一把："您的当事人不是在疗养院吧？他们没有一天24小时给他穿紧身衣（束缚疯子或囚犯用的——译注）吧？"

不，家族不允许辩护律师为他的疯狂行为开脱，要求判处他极刑。于是，将军送走律师，拒绝与他握手。审判继续进行，巴斯蒂安－蒂里3月11日被执行死刑。德拉·托克奈和普雷沃获得赦免，于1968年7月被释放。

同样在1962年夏天，秘密军队组织的三个头目，阿尔古上校和塞尔让、屈吕谢上尉在马尔罗布洛涅住处的一楼放置了塑性炸药包。安德烈和玛德莱娜幸免于难，但年仅四岁的小女儿，面部受伤，丧失视力。杀手们觉得这一切都不过瘾，便指挥暗杀乔治·蓬皮杜。他们的目的是完成对执法权的斩首行动。一名流亡比利时的阿尔及利亚法国人吉勒·比恰尼[26]负责9月份谋杀总理。一个名叫基多尔的情报员报告蓬皮杜的行踪。在马蒂尼翁宫动手似乎过于冒险，最好在乔治·蓬皮杜每个周末全家人团聚阅读书报、从事园艺和欣赏音乐的奥维利埃实施袭击，也就是在周六，当他在巴黎与莫里斯·顾夫·德姆维尔制定对外方针政策后抵达这里时下手，因为这是他一成不变的老习惯。这样不是更好吗？或者是星期天，当他做完弥撒走出教堂时？

每月的第二个和第四个星期天，蓬皮杜全家要去15公里外的乌当做弥撒，而每月的第一个和第三个星期天，则去奥维利埃做11点的大弥撒。在这些日子里，两名保镖打开别墅栅栏，另外两名保镖与蓬皮杜及其夫人同时步行出门，一直护送他们至教堂广场，一边一个，其中一人稍微趋前，另一人则略微靠后。弥撒期间，两名保镖在住处和教堂之间踱来踱去。弥撒结束后，总理与人们握手，和保镖一起混在教民中间。他们可以利用这一短暂的混乱实施暗杀计划。

比恰尼雇用了三名同伙，其中两人是外籍兵团士兵于桑多费尔和比尔纳，另一个是圣－西尔预备班学生莫里泰尔。四名杀手乘坐的11马力的雪铁龙车停放在教堂广场上。然后比恰尼分配任务："等蓬皮杜一出现在广场上，我们所有人都走出汽车，莫里泰尔除外，你要守住方向盘，并发动汽车。车上所有玻璃窗全都放下，门也敞开。比尔纳是一流枪手，由你朝蓬皮杜开枪。于桑多费尔和我，我们的任务是掩护你。你，于桑多费尔，你使用两种型号的冲锋枪在广场和住处之间来回扫射。为避免对人群造成过多的伤害，我用手枪朝可能从教堂出来的保镖射击。"

"比尔纳和于桑多费尔，你们每人带一颗手榴弹。我也带一颗。人群的反应难以预测。一般来说，是惊慌失措。但也可能出现我们没有注意到的警察。行动一旦结束，我们全都上车。假如有人追击，于桑多费尔和我就朝车后掷撒带钉的小木板和烟幕弹。后撤两公里后，我们就把雪铁龙车横置于道路中间，并朝弃车扫射[27]。"

计划安排周密。比恰尼什么也没有遗漏。可是，那一天，杀手们没有见到乔治·蓬皮杜从教堂里走出来。他们惊愕不已，似乎有些不安，等人群消散后，他们走进教堂，想看一看蓬皮杜是否会在里面耽搁了一会。没有。什么也没有。乔治·蓬皮杜根本没有来。

究竟是怎么一回事呢？比恰尼很久以后才弄明白。他的情报员，那位"出色的"基多尔喜欢胡吹乱侃，说他有个叔叔在"情报及反间谍局"工作。他厚颜无耻或者根本没有意识到，竟去叔叔处把计划卖弄了一番，这对暴露当时间谍机构腐败堕落的氛围是意味深长的。他的叔叔左右为难，既忐忑不安，又害怕报复，最终还是决定使这一计划功亏一篑，但没有将情报员也拖下水。难以扮演的角色！他知道总理迷恋打猎，便想出邀请他那天到鲁贝毛纺厂主、《巴黎竞赛画报》和《费加罗报》业主让·普鲁沃位于索洛涅的猎场去打猎。计谋非常成功，乔治·蓬皮杜为了参加这次围猎，破例于七点半参加了第一场弥撒，然后才不紧不慢地去往普鲁沃家。寻猎野味救了他一命。第二年，得知底细后[28]，乔治·蓬皮杜便对"情报及反间谍局"的人产生某种不信任感。一种正当的不信任。

杀手们本想实施斩首计划，结果却事与愿违，反而巩固了他们的地位，并使第五共和国更加深得人心。直到那时，确切地说，激进党并没有参加反对派。1962年7月初，乔治·蓬皮杜在劳工部长马克·雅凯的住处秘密招待刚刚担任激进党主席的莫里斯·富尔。用餐后点心时，雅凯悄然消失。乔治·蓬皮杜邀请莫里斯·富尔到客厅休息，递给富尔一支雪茄后，便谈起激进党人进入政府的可能性。

"等议会复会时，我们再谈这个问题，"莫里斯·富尔回答说，"在此之前，我想对您说一件事。我听说要修改宪法，以通过全民投票方式来选举共和国总统。在这一关键问题上，我们党还没有确定立场。关于形式，任何修改计划都应由参众两院投票批准，而不是通过全民公决，这一点是明确的。"

乔治·蓬皮杜表示赞同。可惜的是在六周之后，发生了帕蒂－克拉马尔枪击事件。戴高乐迅速抓住这一时机，发起了经过长时间酝酿的政治攻势。在不到三个月的时间内，他便完成了对四年前表决通过的宪法的修改，从而给予法兰西共和国未来的总统们——无论其政治倾向如何——使用强硬手段治理国家的权力。

将军预见到其生命受到威胁。"一些狂徒们想打倒我，"他对身边的人吐露说，"他们铁了心要杀害我。"与此同时，和他的生命一样，共和国的稳定也处于风雨飘摇之中。戴高乐明知自己会死，但不想见到在他离开之后，他的事业也随之分崩离析。那么，除了加强继任者的地位和对付各党派对权力的争执之外，如何才能确保他所从事的事业永恒长久，防止法兰西重新萎靡不振地陷入议会制度呢？

"必须确保国家的连贯性，"他说，"反对派的卑鄙家伙们始终指责我对继承问题毫无作为。那好，我们就走着瞧吧。"

"第三共和国和第四共和国时期，由人数极其有限的选举团推选共和国总统。大约一千名众议员和参议员开会完成对第一轮候选人的筛选。例如1919年克列孟梭的落选便是一例。这样做，会使幕后不光彩的阴谋诡计和玩弄手腕有可乘之机。勒内·科蒂是经过八九轮之后才当选的。给人的印象是灾难性的，而且剥夺了总统的所有权力[29]。"

1958年宪法是妥协的产物，它将选举团扩大为由几万名显贵，即伟大的选民们组成。也就是由议员、省议员、全法兰西的市长和各大城市市议员们选举共和国总统。戴高乐便是1958年以62000票对共产党人乔治·马拉纳的10000票和社会民主党人阿尔贝·沙特莱的7000票，当选为共和国总统的。这样可以避免幕后交易，但仍停留在某种贵族特权的政治之中。

戴高乐知道他的合法性——这里使用了一个意味深长的词——没有受到挑战。但他想到继任者们，想赋予他们与他同样的权力。他幻想有一位凌驾于各政党之上的共和国总统，并担心其继任者是位由贵族们挑选出来的贵族，从而充当贵族们手中的无权的人质。既然不能像他那样拥有特定历史条件下产生的威望，至少应具备通过全民直接选举而具备的威望。只有这样，一名由全体法兰西公民们推选出来的总统才能比由一个特权阶层或者一个选区推选出来的总统占有明显的优势。只有这样的总统才能享有人民赋予的全权，一名议员仅能体现五百分之一或者六百分之一的权力。

"当人民在普通的宪法选举中被征求意见时，"戴高乐解释说，"其利益不会涉及到全国范围。选民们仅关注地方利益，赢家是蛊惑人心的政客。当选民们是葡萄种植者时，这些人便许诺要更好地保护葡萄种植；当选民们是收购牡蛎商时，他们便许诺要保护牡蛎养殖业。但当选举法兰西共和国元首时，人们会感到问题并不在于牡蛎和葡萄之中，而是在于捍卫一种人对付另一种人的利益之中。这时问题便在于召唤最能团结全体法国人、最能确保国家利益、最能拯救民族的人来当总统。"所以，将军便寻求将对民主的顾虑和对共和国的永恒与总统的概念结为一体。甚至带有几分对君主制度的眷念。

为了修改宪法，通常的办法便是召集众议员和参议员开会，按照五分之三通过的原则进行表决。但他十分担心会遇到各党派的反对，因为戴高乐主义者的"保卫新共和联盟"处于少数地位。唯一可以参照的通过全民投票选举共和国总统的例子，便是 1848 年选举路易 – 拿破仑·波拿巴任总统。但它已成为一个令人遗憾的先例：在宣誓效忠共和国仅仅三年之后，这位皇帝总统便通过 1851 年 12 月 2 日的血腥政变，葬送普选成果。戴高乐不想自撞南墙，而是选择避开障碍，越过议员们，直接将宪法修改草案交由全民公决。1962 年 9 月 20 日，在一次电台和电视转播的讲话中，他直接面向全体法兰西公民："我相信，无论发生什么事情，法兰西应该拥有自己选择总统的手段，以便使这一直接授权赋予总统确保民族命运的权力和义务……当我的七年任期届满后，或者死亡、疾病使我提前中断任期时，共和国总统将由全国普选产生。通过何种途径来决定实施这一改革呢？通过最民主的途径，全民公决的途径。"

显然，这一程序将导致危机。最高行政法院宣布改革违反宪法。在一片指责声中，人们称这是承认政变合法（指 1851 年 12 月 21 日的全民投票结果承认了路易 – 拿破仑·波拿巴政变合法——译注）、这是独裁制度、这是布朗热主义（19 世纪末法国将军布朗热鼓吹的沙文主义——译注）。《人道报》的标题是"戴高乐重蹈拿破仑三世覆辙"。各政党无法容忍他缩减议会的影响。但直至那时，它们一直避免冲突，因为相信只有他才能在阿尔及利亚实现和平。但现在阿尔及利亚和平已经实现，它们认为不再需要他，并急于重返昔日时代。

戴高乐在宣布决定之前，请所有内阁成员轮流发言，要求他们对宪法修改草案发表想法，不仅仅是与宪法问题有关的部长。与会人员轮流发表意见，按照顺时针方向进行，从他的左边开始，到他的右边结束，以至于他右边的马尔罗是最后一个发言[30]。与其说这是一项简单的宪法改革，更多的则是第五共和国精神的深刻变革。事关重大。每位部长都意识到面对的是戴高乐任期届满后如何选择未来这一根本课题。所有人都赞同这一修正案。一些人是基于抓住政治机遇。另一些人则出于法律考虑。只有一个人，国民教育部长皮埃尔·叙德罗坚决表示反对。"这一改革，"他说，"改变了权力的平衡。"随后不久，他便递交辞呈。"在我之后，叙德罗，任何人再也没有胆量像我这么做了！"戴高乐将军仅仅回答了他一句话。

在此期间，激进党突然在维希召开代表大会。约十五名与会代表强烈质疑将军宣布的修改宪法方式的有效性，鼓动他们当中的一位代表加斯东·莫内维尔揭露他们所感受到的违法性："你是参议院主席，你应该表态。"

第二天，莫内维尔果然登上大会讲台，发表他毕生唯一一次演说。"面对正在进行中的承认政变合法的企图，"他大声说道，"我的回答是'反对'。为什么？因为这是对共和国宪法肆无忌惮的、蓄谋已久的违反。请让我告诉你们，我认为弹劾动议是对被我称之为'背叛'的直接、合法、符合宪法道义的回击。""背叛！"脱口而出的这一词语既针对蓬皮杜，也针对戴高乐。听到"背叛"二字，全体与会代表起立，表示赞同。几天之后，莫内维尔在参议院重复这番话时，再次受到喝彩。

直接求助于全民公决的想法并未使乔治·蓬皮杜感到兴奋。出于对议员们的尊重，他更赞成首先在国民议会讨论这一程序[31]。"当我担任将军的顾问时，"他向贝尔纳·勒福尔承认，"他听得进我的意见。可现在，当我对他谈起直接民主的危险时[32]，即使听，他也很难听得进去。"几周前，他曾因儒奥事件冒犯过戴高乐，因此为避免新的冲突，便宁愿赞同他的计划。

因此在国民议会辩论期间，他受到来自各方的攻击。保尔·雷诺向他挑衅道："我不相信您能在自由的人们中间找到一位能够接受你们所提出的如此荒谬、如此危险的制度的公民……请告诉戴高乐我们仍然敬重他，但国民议会尚未堕落到否定共和国的程度！"

对新职务已经感到轻松自如的乔治·蓬皮杜义愤填膺地抗议道："我遗憾地听到有人讲到背叛。作为国家的第二号人物，我是说作为总理，我坚决拒绝如此过激的言词。怎么能够说戴高乐背叛呢？你们的一切都是他给予的，先生们。因为有了他，共和国才得以于1944年成立。正是他在1958年拯救了共和国。正是他在1960年动乱期间挽救了共和国。正是他在1961年阿尔及利亚军事政变期间再次拯救了共和国。正是有了他，六个月前的阿尔及利亚秘密军队组织的攻势才被镇压下去。昨天，在帕蒂－克拉马尔还发生了暗杀事件，所有和他站在一起的人都不会不感到自由正在受到威胁[33]。"

这一次，人们再不认为乔治·蓬皮杜仅仅是个过渡总理、是名闯入者，而是一位出色的政治家、一位头面人物。他上任的第一天在国会议会讲坛上表现得那么蹩脚，可今天却已成为一名杰出的演说家。他开始进入角色，这使他感到兴趣，让他感到激动。

反对派仍然提出一项主要是针对程序，而不是实质；主要是针对使用全民公决，而不是总统选举方式的弹劾动议。1962 年 10 月 5 日，国民议会以 280 票对 200 票推翻了政府。"人民共和运动"57 名议员们中有 50 名抛弃了乔治·蓬皮杜。因为这是第五共和国的首位总理受到弹劾，所以，对他来说，失败尤其惨重。

按照宪法条款规定，他要求将军解散内阁。没有什么了不起的，戴高乐下了双倍赌注，宣布解散国会，让总理留任直至下次选举产生新的政府。"无论发生什么事，"他向蓬皮杜交底说，"我在六个月后交出政权，你将继任总统。"

继续留任，内阁是否像最高行政法院诉讼事务所全体会议所建议的那样，仅限于处理日常事务？完全不是这样。戴高乐我行我素，不理会这一套，继续授予政府全权。蓬皮杜则强调至少应谨慎从事："我刚被推翻，我的出现只会加剧论战。结果是凶多吉少。""您没有被推翻，因为我让您留下了。您的顾忌是多余的。在政治上，您应该继续昂首挺胸，高声说话。""从那种状况到他坚守尽管有些脆弱的总理职务，仅有一步之遥。"阿蒂尔·孔特评论道[34]。

共产党人、社会党人、激进党人、教权主义者、维希政权和秘密军队组织的怀念者、好战的无政府主义者结成反对宪法修改草案的统一战线，种种预测都对他不利。

"在这个时期，"朱利安·格拉克讲述道，"我收到蓬皮杜的一张纸条：'我不知道是否能保住我的职位。在离开之前，我为能授予你荣誉勋位勋章感到荣幸，这使我很高兴。请来马蒂尼翁宫用午餐。'我告诉他，我不喜欢授勋。但他坚持：'人们可以厌烦红饰带，但不会厌恶蓝绶带。'我接受了，我们四个人聚在一起，蓬皮杜夫妇、达尼埃尔·科尔迪耶和我。这是一次友好的午宴，而不是政治性或文学性的午宴，我们尤其谈论了绘画[35]。"科尔迪耶在盖内戈街上有一处画廊，他应弗朗西斯·法布尔的请求，正在马勒泽布林荫大道的联合海运公司一侧建造一个代理商行。这是一家商店或者带有外国情调的博物馆。

安娜－玛丽·迪皮耶这位蓬皮杜在罗特席尔德财团的前合作者始终渴望前往马蒂尼翁宫，在蓬皮杜手下工作。"我本人，"乔治·蓬皮杜对她说，"我想我自己在这里也待不久了。您还是留在罗特席尔德财团吧。极有可能是我很快要去寻找工作[36]。"

然而，正当"反对派联盟"坚持不通过选民或者避开选民的法律条文时，乔治·蓬皮杜却低调但出色地指挥着戴高乐主义者的选举活动。雅克·沙邦－戴尔马巧妙地应付各种反对意见，米歇尔·德勃雷则以戏剧的方式与之呼应。至于蓬皮杜，则始终保持清醒的头脑，将提交选民公决的修改宪法草案简化为一个明确的、能被所有人理解的问题："我仅要求你们决定今后是否通过普选选举你们的总统。"与此同时，他也没有忽视另一个重要问题：特别留神让电台和电视台毫无保留地不断重复投"赞成票"的缘由。

意想不到的结果是1962年10月28日，62%的选民投了赞成票。法国人接受了以普选方式产生共和国总统的原则。这是第五共和国的创举。它打破了权力的平衡，不仅有利于自1958年以来已经全权执政的戴高乐，而且使其继任者从中获益。

乔治·蓬皮杜乘势重新领导立法选举活动，使成功走向凯旋。1962年11月25日，法国人使戴高乐主义者们潮水般涌进波旁宫。反对派所获席位锐减，"保卫新共和联盟"及其盟友赢得绝对多数席位。两个月之内仅仅是因为国家元首的恩宠才留任的乔治·蓬皮杜巩固了自己的总理地位。这一次，因为拥有议会多数，他得以成为一位名副其实的多数派政权的总理。戴高乐曾向埃德蒙·米舍莱透露过："无论发生什么事情，他对国家的前途感到放心，因为有蓬皮杜在那里[37]。"

蓬皮杜，看清前面的路！

反对秘密军队组织的斗争、珀蒂-克拉马尔暗杀事件、弹劾动议、国民议会的解散、全民公决运动和立法选举，这一切使乔治·蓬皮杜确认他的命运从此注定。经受了艰难困苦的考验！他羽翼丰满地走到了前台。三四年时间过去了，没有这么长的时间，谁也无法做到驾轻就熟。从今往后，他再也无法摆脱政治，再也不可能重返私营企业。他的道路已经划定。他个人的命运，再也不会与将军的命运分离。"人们常说政权是一种毒剂，"他写道，"但我觉得还有其他许多东西。要是为了权力而掌权、为了显赫地位而掌权、为了种种利益而掌权，我不感兴趣。我完全可以以其他方式生活。无法用价值来衡量的宝贵之处在于确信自己与一项历史使命密切地联系在一起，确信自己与一位卓越非凡的人物肩并肩地投入一项史无前例的革新国家的事业。"从这个时候起，乔治·蓬皮杜开始起飞，这位艺术爱好者变成了一位能够洞察一切、全神贯注、孜孜不倦的政界人物。

对他来说，爱丽舍和马蒂尼翁宫之间的观点和行动应保持完全一致。行政机构应与议员协调一致，国家元首应与政府首脑协调一致。决定只能由其中一个作出，否则便会造成混乱和松散。共和国总统决策，总理在总统监督下进行协调。他仅是二副，负责监督部长们和高官们，避免在执行中产生差错。这便是第五共和国。乔治·蓬皮杜发挥着作用，不折不扣、毫无怨言地服从这一规则。儒奥事件发生时，他胆敢对抗戴高乐，并在争论中获胜；他再也不会冒如此的风险。除去这唯一的例外，总统和总理之间的协调一致无懈可击，这种协调关系一直延续至1965年。

"我的岳父母与蓬皮杜夫妇之间的关系要比与德勃雷夫妇的关系和谐得多，"阿兰·德·布瓦西厄证实道[38]，"将军感到满意。发生的事件始终是严重的，但蓬皮杜先生，总是十分沉着，处事不惊，以达观精神对待所发生的一切。他很聪明，学会了很多东西。更何况，他虽然是总理，但总能抽出空来过问基金会，并到韦尔克尔去。他曾让我担任财务官，而他却一直只是秘书长。他曾说过：'不，我不会扔下戴高乐夫人不管的。'"

一则轶闻充分说明了这种默契，这种心照不宣：一天，观看歌剧幕间休息时，戴高乐和蓬皮杜正好在盥洗室肩并肩小解。蓬皮杜评论歌剧说："一出好戏，我的将军！"而将军仅仅回答说："蓬皮杜，请向前看！"

当然，乔治·蓬皮杜和戴高乐主义者们在一起时仍然缺少且始终缺少那种在德国占领期间冒险从事地下斗争而结成的兄弟般的心心相印的情谊。但是他与弗朗索瓦·密特朗不同，至少始终未向维希政权低头。他曾经指责密特朗："曾在将几千名精心集结在韦勒·迪维[39]的犹太人交给纳粹的朋友布斯凯办的报纸《南方电讯报》上发表文章而败坏自己的声誉。"总之，乔治·蓬皮杜颂扬戴高乐主义，"这部多集长篇影片与法兰西的成就和欢乐融汇成一体，而反戴高乐主义的历史则和我们国家的失败与屈辱密不可分[40]。"

他赞同戴高乐主义，尤其是其外交政策引人注目。他张开宽厚的下巴，斩钉截铁地说道："我们是唯一捍卫欧洲、抗御美国侵略的人。我们使法兰西帝国实现了非殖民化，我们剩下要做的是动摇盎格鲁·撒克逊的殖民统治。如果英国进入共同市场，那么任何力量都再也无法阻止美国公司侵入欧洲大陆。英国人和美国人的语言、文化和思想的亲缘关系形成了一种在商业上具有压倒优势的盎格鲁·撒克逊的共同体。"

无论是给美国设置障碍还是强化与德国的关系，两位人物之间的看法完全一致。他们在这方面的首次分歧出现于1966年。当戴高乐看到美国人垄断了北大西洋公约组织[41]并为一体的四个指挥部并时而干预法国事务时[42]，便让他们撤走设在法国的二十九个基地和仓库。这是戴高乐将军独自作出的决定，是他亲自向外交部长、武装部队部部长和武装部队总参谋长下达的命令。他的总理则审慎地表示反对。

乔治·蓬皮杜对瓦莱里·吉斯卡尔·德斯坦的影响感到不安。这位财政部长抓紧一切机会树立拉·普安卡雷（曾担任过财政部长、总统，将法国从经济危机中拯救出来——译注）式的形象并企图得到戴高乐的宠爱。戴高乐欣赏他，称赞他说："这个高个子年轻人什么都懂。"并热情地鼓励他："好啊，别太性急。过几年之后，您会有事干的。"但这并没有阻止他在推出吉斯卡尔公债时抛出一句冷酷的话语："这是个美妙的国债名称。"蓬皮杜根本无法阻止德斯坦于1963年绕过他直接向新闻界推介他的货币稳定计划。他被迫在召集新闻记者会之前，代替他亲自向记者们解释问题的焦点和所作出的决定。他意识到，只要吉斯卡尔担任财政部长，他这个总理就无法行使全权。两个人都心知肚明，虽已成为竞争对手，但还得互相迁就。

自从受到秘密军队组织威胁以来，蓬皮杜夫妇到奥维利埃度周末的次数越来越少。他们也对圣－特罗佩感到厌倦，因为社会杂闻栏的编辑们和社会新闻专栏的编辑们对他们经常造访圣－特罗佩这一偏僻而并不总是合乎戴高乐胃口的地方不断议论纷纷。此后，乔治和克洛德便到富埃南这块远离人们视线的布列塔尼沙滩度过夏日假期。

但他们更多的时候还是在中央高地寻找一个克洛德可以骑马、乔治则能静心读书的临时栖身之所。但他们不可能去蒙布迪夫，因为那里一穿过松树林，便显得十分阴暗、寒冷，克洛德讨厌这些。碰上机会，乔治便会问他的老同学、身边的二号人物弗朗索瓦·塞拉克："你来自令人陶醉的科隆热－拉－鲁热村庄，能帮我们在那里找个落脚的地方吗？""科隆热再没有可出售的地块了。可是我的朋友、巴黎商会主席巴尔也许能在他出生的卡雅尔克的科塞，帮你找到一处住宅[43]。"

另一种说法则是蓬皮杜曾对乔治·叙费尔说："有一天，我的夫人陪同一位朋友前往卡雅尔克。这位朋友想获得一栋梦寐以求的住宅。一切都保存得完好无损，石头阶梯、大烟囱、屋前草地、河流都一览无遗，毫无遮挡。我不知道交易是否成功，总之，夫人回来时，讲她也找到了一处房屋。当然，我也非常依恋这个地方。此后，我便不停地交付房款[44]。"

克洛德非常喜爱这处古老的农舍，她很快便将它改造成一座舒适的乡村别墅，用灌车给小型游泳池供水，马厩里养着三匹马，其中一匹是摩洛哥国王哈桑二世赠送给克洛德的纯种良驹，乔治喜欢边往壁炉点火边听音乐，或者在他用旧阁楼改造成的办公室里工作。即使在吵闹声中，他也能独处其静，专心工作。他从窗口可见到洛特省。这是大自然，是自由，是名副其实的生活。克洛德和他经常像一对恋人在科塞村落漫步。"科塞是一个牧羊人或者一个牧羊女整天和他（她）的羊群孤独地生活的地方，因为孤苦伶仃而呈灰色，毫无生气。科塞也是猎人们晚间归来时喝着新酿制的、一般来说无法下咽的酒水栖息的农庄，科塞还是一个让人绝对心安神宁的去处。"卡雅尔克的一个女孩弗朗索瓦兹·萨冈[45]便是如此体味她的村庄的。蓬皮杜夫妇乐于见到萨冈和她的出版商丈夫居伊·舍勒，她的妹妹和家乐福超市的创始人之一的妹夫雅克·德福雷。乔治还喜欢与也在附近买了一处农舍的雷蒙·科尔迪雅一起朗诵诗歌。一个人开头，另一个人接下去，如同放炮一样。时光便这样流逝。

乔治·蓬皮杜极需平静。自 1962 年秋季选举获胜以来，他任命安娜-玛丽·迪皮耶为办公室主任,将他的记事本交给她,请她负责筛选来访者。从此迪皮耶成为他的时间卫士,确保他的工作效率。

长时间的煤矿罢工破坏了社会的安宁。开始是"法国总工会"和"工人力量总工会"于1963年1月16日发起矿业效益罢工。当时煤炭资源非常紧缺,无论对工业还是对取暖都是如此。基层矿工是大众形象的标志。1月28日北部煤矿工人和加莱海峡省煤矿工人投票决定完全停止工作,同时,"法国天主教工人联合会"也加入罢工行列。谈判失败后,冲突愈演愈烈。满以为能够依靠洛林的福尔巴克和梅勒巴什(这两个地区是以投票赞同戴高乐主义而闻名的正统的天主教教区)煤矿工人来制止事态进一步恶化的工业部长莫里斯·博卡洛夫斯基见势不妙,便促使戴高乐将军使用武力。戴高乐将军的军人天性起了作用,签署了一项征用法令。

然而,出乎意料,不仅北方矿工拒绝服从,而且洛林地区的矿工也与之团结一致,并肩战斗。罢工形势越发严峻,并蔓延开来。征用法令激起公愤,人们在已提出的要求基础上,又增加了工会自由的内容。戴高乐的支持率直线下降,并永远失去了部分大众选民。北方和洛林地区的"保卫新共和联盟"也丧失了其根基。

不满情绪蔓延至铁路员工和法国电力公司员工。长达34天之久的大规模罢工达到高峰时,出现了矿工队伍进军巴黎的奇观,从而激起全国人民的极大同情,到处成立起声援罢工者委员会,连神甫们也加入其中。蓬皮杜承担失败的责任,受到猛烈攻击。"你们想想!批准执行这一恶毒的征用法令的政府首脑是来自罗特席尔德财团的!这便没有什么可以奇怪的了!"显而易见:是蓬皮杜不好,他没有预见到这一事件,他过于信任莫里斯·博卡洛夫斯基,而不信赖工会领导人。他未曾抵制将军的法令。

他没有执迷不悟,而是迅速承担过失:"现在我要追根寻源,把事情搞清楚。"他对西蒙娜·塞尔韦透露说[46]。必须懂得后退,尽管这完全与将军的哲学背道而驰。蓬皮杜决心挽回这一失策造成的损失,实现和解。他立即作出反应,挺身而出。1963年3月8日他以好好先生的声调,坦诚而直率地在电视台发表了一席和解的演讲:"现在是冬季,我们不能让罢工无限期拖延下去,存煤即将耗尽,整个经济活动都将蒙受损失,通货膨胀将会加剧。好啦,好啦,这是真情,矿工们的工资迟发了一些,但只要我们大家都通情达理,一切问题都可以迎刃而解,误会将得以消除……"为了挽回面子,他责成皮埃尔·马塞和另外两位"贤达"之士将矿工们的工资与国营和私营部门劳动者的工资进行比对。

晚些时候,他承认征用法令是个错误的决定。在很长时间里,他自责没有采取行动，以试图劝阻将军放弃这一决定。很难说服将军，尤其是当他将一些像 1963 年 3 月 18 日的信件交给你的时候：

"我亲爱的朋友，过去的每一天、每个小时，都更加清楚地表明，得到所有反对派支持的罢工事件是针对'谁'的政治阴谋，这一点您一清二楚。无论是目前还是将来，最重要的是使那些发起这场攻击的人以彻底失败而告终。这便要求政府方面对已经提出的一切要求不能作任何让步。这也要求政府决定让公众了解公用事业部门人员自 1958 年以来生活水平的提高和需要保持平衡的现状。这样做便能确保最终的胜利。否则，便会断送一切。顺致诚挚的敬意。"

乔治·蓬皮杜在《巴黎竞赛画报》上吐露心声说："我不相信这一政策和戴高乐将军的行动的主要目标是给法兰西人民带来繁荣。依我看，首要的目标应是使法兰西人民享受尊严。我们社会政策中最重要的内容之一是使社会各阶层，尤其是低微的阶层真正不再感受到像陀思妥耶夫斯基（1821—1881，俄国作家——译注）所说的'受凌辱和受伤害'。"

幸运的是，"贤达们"与矿工工会代表达成了谅解。在所得出的结论基础上，考虑到煤矿注定最终要关闭，乔治·蓬皮杜 1963 年 4 月 2 日同意给矿工们增加 11% 的工资和第四周的带薪休假。

政府退让了。被胜利冲昏了头脑的巴黎独立运输公司在地铁组织突击罢工。在被激怒的使用者们的支持下，总理通过投票制定一项公用事业部门罢工必须预先通知的法规。

1963 年 4 月 14 日，煤矿工人罢工正处高潮时，传来一则暗杀戴高乐阴谋失败的消息。这次暗杀发生在军事学院。

"很奇怪，"阿兰·佩雷菲特评论说，"珀蒂－克拉马尔暗杀事件过去六个月了，谋反者们仍然想推翻现行制度。"

"推翻现行制度？"蓬皮杜回答说，"暗杀戴高乐仅仅是一种报复形式，这纯粹是民族间仇杀（法国科西嘉岛的古风俗——译注）：'我们失败了，那就要他的命！'这并不是对制度的威胁。"

"可杀害制度的创始人，难道不是想推翻制度吗？"

"您为什么愿意这么考虑呢？法国人珍惜制度，由他们自己设法解决吧。"

接班问题有保障吗？珀蒂－克拉马尔事件带来了全民投票公决的胜利，一次成功的暗杀能确保对继任者的选择吗？乔治·蓬皮杜相信未来。在不到一年的时间里，他不仅习惯了总理职务，而且也习惯了自己"可以当选为总统"的魄力。他想到继任总统了吗？

无论如何，必须消灭秘密军队组织。这些人并不为某人的利益而工作。为了活命，儒奥将军命令部属放下武器。他获得特赦，但他的一名狂热信徒——阿尔古上校在国外领导数百名以国内为基地的恐怖分子继续准备暗杀活动。武装部队部部长皮埃尔·梅斯梅尔建议将他从德国逃亡地绑架回来。乔治·蓬皮杜表示赞同。正是阿尔古上演了暴乱事件，从而和阿尔及利亚人一起葬送了和平谈判。这个不思悔改的家伙始终是个潜在的危险。2月22日，两名头戴蒂罗尔帽（一种男用毡帽，绿色，边带上饰有羽毛——译注）、一副无害样子的便衣在慕尼黑一家旅馆的大厅里走到阿尔古身边："德国警察!"阿尔古跟着他们走。他们将阿尔古推到一辆小型卡车的后排座上，然后装进车厢柜里，将他捆得像段香肠似的拉回法国。这便是秘密军队组织的最后一段插曲。

令人不解的是，《快报》5月份发表了一篇题为《接班人》的长篇文章。作者让·费尔尼声称戴高乐选择了巴黎伯爵，他还提出了理由。乔治·蓬皮杜被惊动了。"巴黎伯爵，为什么不是茨冈皇后呢？这不像是戴高乐所作出的承诺。戴高乐的做法应是慷慨地发表大量颂扬之词，而另一位应视这些颂扬词语为兑现承诺。"即使第五共和国像是封建王朝，那也得是经过选举产生的王朝。这与旧制度时期的世袭王朝风马牛不相及，与波拿巴的王朝也毫无关联。

恰好，阿兰·佩雷菲特应巴黎伯爵的邀请，6月份前往他在卢弗西埃纳附近的克尔·沃朗乡村别墅用午餐，阿兰问乔治·蓬皮杜他是否可以接受邀请。"当然可以，您去吧，如果您有空闲时间需要消磨的话。巴黎伯爵的王朝正在建立。现在似乎仅缺将军指定他为王储。""您认为将军是在嘲弄他吗?""我不会这么说。我是说将军通过让人们懂得他未来会依靠他们来控制人，但永远不会明确说出来：'准备好完成等待着你们的任务!'"每次都能成功。

乔治·蓬皮杜本人在五年之后也深受诺言之苦。总之，无论是戴高乐还是蓬皮杜，都没有就巴黎伯爵能对他说些什么询问阿兰·佩雷菲特，第一因为他们能猜测到，第二他们对此嗤之以鼻。

戴高乐并非总是容易接近的。乔治·蓬皮杜和他之间，时而也会迸发出愤怒的火花。例如1963年4月，想在资本主义和社会主义之间寻找到第三条道路，即"职工参加企业管理制"和"资本—劳动组合制"时，将军似乎为阿尔班·夏朗东的建议所吸引。这位巴黎商业银行行长，因其推翻陈规旧念的想法素有"红色银行家"之称，建议从未分配给股东们的利润中每年提取一部分资金储备起来，再投入企业，作扩展和现代化之用，但最终成为补充退休基金的财产。这是一种劳动者参与管理的绝妙形式，同时还可以减轻因人口老龄化所带来的后果。

对这些美好的主张，乔治·蓬皮杜根本不相信。当人们建议他作些改变时，他看不出好处何在，却本能地辨别出其中的弊病。"既然这么做能行得通，何必把一切都打乱呢？"他认为，企业的决定应该由领导层作出。"什么事情都要有个限度，当人们决定在企业中建立会议制度，在某种程度上通过举手表决是购买美国商用机器公司生产的比勒牌机器还是另外一种品牌机器时，便超越了这一限度。确实，这样做便使权威、效率消失殆尽。这样做，结果只能是劳动者们自食其果。"

夏朗东的计划令蓬皮杜感到恼火："他创造了一种危险的参与模式。他想双倍使用现钱。从未分配的利润中提取储备金，用于投资，自供资金（指提取本企业的一部分利润用作投资——译注）。资金由企业支配，但又投入国家劳动基金，以支付补充退休金。基金到处都有，但无济于事，也解决不了退休者和劳动力人口的问题。所有得不到这一好处的人都要求得到。雇员们也将同样要求增加工资，这丝毫不会让他们平息下来。随之而来的，便是通货膨胀。"他又补充说："社会问题与工人问题不是一回事。将之混为一谈是19世纪的一种理性的败坏。工人问题，只有当工人变成资产者时才可能真正得到解决。今天的社会问题不再是工人，而是农民。"

8月份，他再次谈及这一问题："当然，将军可以津津乐道地谈他这一得意的想法。但夏朗东的参与制度是荒谬的，甚至是危险的。如果为了消除通货膨胀，便冻结工资，那将会造成什么后果？这是硬充好汉！雇员们将会造反。工资延期发放、强迫储蓄和购买国债，这对莫斯科有好处！这让人想起一种极权制度，将会导致极权制度！工人们想通过工资取得剩余价值。就是如此。"

11月份，又有新的问题激怒乔治·蓬皮杜。他恼火地看到将军在内阁会议上插手一些诸如干椰肉关税的细节问题，将军宣称："我们没有关于干椰肉的政策。总是没完没了地临时应付。""有，有一项政策，"蓬皮杜反驳说，"虽然不值得在此提及，但确实有一项政策。""在下一次法国海外省份及领地会议上，必须制定一项政策，"戴高乐继续说道，"因为我不相信已经有了政策。"

因为总统不信任自己而感到烦恼的乔治·蓬皮杜悄悄地对阿兰·佩雷菲特说："将军不明白他不该对所有事情都作出决断。首先，我们不应该使他的生活复杂化，而应使其简单化。其次，这样会影响到爱丽舍宫和马蒂尼翁宫之间的平衡，最终会打破制度的平衡。在内阁会议上不应涉及本可以在一次由我召集的小型会议上加以解决的问题[47]。"

进入政府的初期，因忙于熟悉业务和应付紧急事件，乔治·蓬皮杜几乎无暇顾及国民教育。在皮埃尔·叙德罗辞职后，他根据戴高乐的想法任命克里斯蒂安·富歇继任。蓬皮杜原本没有想到此人。一旦任命，就必须让他在这个位子上待一段时间，因为教育部长一职更换过于频繁。很快，蓬皮杜意识到他必须介入，并密切关注国民教育部的工作。于是，他便这么做了。

1963 年 6 月在国民议会的一次讲话中，蓬皮杜指出如果说第三共和国通过在每个村庄设立一座小学使初等教育实现民主化的话，那么初中、高中在地理上相距过远，仍然使乡村孩童在中等教育方面处于不利的地位。因此，他全力以赴发展中等学校（CES）和普通中学（CEG），结果到 1968 年，便使法国的初中生和高中生达到战前的 6 倍。

对于父亲和祖父都是小学教师的乔治·蓬皮杜来说，会考和考试依然是社会地位上升的最有效的手段。在 1962—1968 年他主政马蒂尼翁宫的六年期间，将国民教育在国家预算中所占的比例从 9% 提高至 17%，与此同时，军事开支则由 30% 削减为 17%。可以想象他耗费了多大的耐心和作出了多么顽强的努力，才使将军作出如此重大的决定！

然而，促使大学生数量增长 8 倍，远远超过欧洲其他国家的并不是他。在无法为蓬勃发展的工业培养足够技术员的同时，大学里却充斥着没有任何市场的社会学和心理学大学生。"60 年代，"后来成为哲学老师的他的同学雷蒙·波林说，"是大学大众化的年代。1961 年索邦大学文学系有 12000 名学生；1968 年则增至为 42000 名。其过剩程度可想而知！而且他们的技能也越来越差。这也正是 1968 年 5 月学生运动爆发的根本原因所在[48]。"

与之相反，乔治·蓬皮杜则强化中学会考的难度，以阻止那些无力从高等教育中获益的中学生进入高等学府。挑选最优秀的学生，而不是最富有的学生。选挑与民主是协调一致的。扩大录取范围，以吸收来自民众阶层的有才华的分子，而不是一味地接受富裕家庭的子弟。

在他眼里，学校应该为民族服务，而不是为那些经常像小市民或者小经营耕作者一样保守、一样反动的教员们服务。"这些人"，他说道，"自以为在坚持传播人道主义的、免费的文化，而不管其出路，无视资本主义社会的种种唯利是图的弊病[49]。"

实现教育民主化、敞开信息的大门、确保机会均等，如果没有这些，便不会有真正的言论自由和民主社会。打破特权者对文化的垄断，但并不因此而建立新的特权知识阶层。应使教育适应民族经济的需求。让每个人能够学习到 16 岁是对的，但是别让孩子们只是为了满足父母的愿望，继续进行没有出路的、无休止的学习。按照计划预算出的可支配的岗位录取大学生，因为计划是能确保国家发展的唯一有效的标准。法国需要技术员、工程师来建造大厦、设计飞机、画制船舶图纸、构筑高速公路，培养大批闭锁在抽象概念中的社会学家和心理学家是徒劳无益的。况且，乔治·蓬皮杜讨厌心理分析：他认为意愿才是战胜情感障碍的唯一武器。在他看来，被分析者过于喜欢为别人听取。他认为体力劳动、体育活动是远远胜过被动行为的有效手段。

如果学校以保证所有受教育者得到最起码的教育、以完全履行公民应尽的责任和义务为宗旨的话，那么就不应该像印刷机的油墨滚筒一般无视知识的差别，而这正是朗万 - 瓦隆方案所想达到的目的。正好相反，乔治·蓬皮杜愿意看到大学渴望激发像他这样来自下层的、有天赋的孩子的聪明才智，并使之开花结果。最具天赋的孩子，而不是那些娇生惯养的大少爷。然而他错误地让克里斯蒂安·富歇留在国民教育部长位置上，因为这位部长反对任何选择的思想，根本不考虑经济现实的需要，只是一味地延长学习时间。

乔治·蓬皮杜也不信任那些研究员。在高等师范学校的校友中，他所认识的舒舒服服沉溺于他们的世界和他们思想中的研究员太多了。"我第一次碰见他的时候，"让·端木松说，"我不知道怎么会谈起我发表的一本书来，他瞧了瞧我，以一种令人难以理解的、对作家和他们的理想、幻想有几分厌倦的口吻喃喃说道：'啊！……因为是您写的！……'"

就他而言，工业和研究之间的二元对立阻碍了发展。所以他以不信任的目光关注着大型研究机构，如对"全国空间研究中心"、"法国原子能委员会"、"全国科学研究中心"的发展。这大概与他的实用主义的、来自农村的、总是寻找实际成就的思想不无关联。对于一位诗歌和抽象艺术业余爱好者来说，这也是不可思议的！

乔治·蓬皮杜难以掩饰他对"全国科学研究中心"不信任的情绪。他的俏皮话传到洛朗·施瓦茨和弗朗索瓦·雅各布的耳中，并使他们感到不快。无所谓！他重申自己的信念："我希望研究员们不要成为终生的学生。几年之后，应让他们转到教育岗位上来，除非他们有重大发明，需要延长研究时间才能获取所有的研究成果。我反对将在'全国科学研究中心'的工作变成一种职业生涯。"

虽然蓬皮杜夫妇远离圣 - 特罗佩，选择了卡雅尔克的孤独，但他们依然是不折不扣的巴黎人。比如，他们始终坚持前往马尔罗家做客。乔治和克洛德依然与玛德莱娜保持着良好的关系，尽管她已与安德烈离婚。他们也经常出入于安德烈的新伴侣路易丝·德·维尔莫兰在韦里埃－勒－比松的住宅。他们成为饰有白花的蓝色座椅和窗帘的蓝色大厅的常客。大厅装有两面大镜子，对面是钢琴和摆满用象牙、银子和玻璃刻成的小猫的独角小圆桌。马尔罗夫妇慷慨地招待八方来客。晚宴开始时，安德烈便开始讲话，而且一直讲个不停。令人头晕目眩的言辞使他脱离开现实。大家知道他从何处开始讲起，但不明白他究竟还想讲些什么。他的脸部肌肉越来越抽搐。谁也不敢打断他，不理解他为什么会这样，都感到胆战心惊。当他结束独白时，便站起身来，突然离开，甚至不等晚宴结束。他们在韦里埃还能见到满脑袋18世纪传统的上流社会绅士、舞蹈家雅克·沙佐[50]，还有演员保尔·默里斯和米歇尔·布凯及作家莫里斯·热纳瓦、电影艺术家勒内·克莱尔、歌唱家莫里斯·舍瓦里埃……

　　除了这些关系外，蓬皮杜夫妇还有一个亲密朋友的小圈子，一帮定期相聚在一起美餐的同伴们，有时在这家，有时在另外一家，以讨论生活、绘画、电影、戏剧、阅读或者文明。除画商雷蒙·科尔迪埃外，还有船东弗朗西斯·法布尔；自1940年便参加抵抗运动，担任谍报机关情报员，后来成为别动队成员，最后是环球采访的新闻记者和重大新闻的特派记者的雅克和弗朗索瓦·加尔兄弟。他们环球采访和会见像甘地这样非凡卓越人物的新闻报道，以及他们拍摄的电影令聚会者们着迷。另外，还可见到居伊·贝亚尔，听到他弹着吉他演唱：

　　　　改变时代的色彩
　　　　世界的色彩
　　　　沿着流淌的泪水
　　　　通向汪洋大海
　　　　我生在树中
　　　　可人们却把树干砍采
　　　　我需要呼吸
　　　　树根露出街石把头抬

　　和他们在一起，总理才能远离政治，品味到真正的休闲，摆脱束缚，重新回到智慧的源泉。但这并不妨碍他在举行过一次记者招待会后，征求他们对其讲话的看法。"难以对他作出评论，"弗朗索瓦·加尔承认说，

"友谊必须有一个锋利的刀刃吗？首先，我们心里明白他或多或少地期待着某种认可。但他并非是一位普通的朋友和同事。与这位世界上的大人物、有权启动让世界坠入原子地狱按钮的少数人物之一的蓬皮杜在一起，我们怎么能不感受到亲密无间的特权呢？马蒂尼翁宫或爱丽舍宫这样充斥着历史的地方令人敬而远之，也让我们感到敬畏。无需否认，我们所有人都有某种程度的保留。我们当中的一个人只是贸然地说了一句：'你认为有必要深谈吗？'他倾听着，并点了点头[51]。"

乔治·蓬皮杜并不因此而忘却他在巴黎高等师范学校的同窗学友们。每个月一次，他都要在马蒂尼翁宫接待他们。这一天，大家都以"你"相称[52]。"我们一般十五天聚会一次，"皮埃尔·普热[53]讲述道，"大家首先询问某某人怎么样啦。然后，便一起谈天说地，但避免个别交谈。谁也不想强加于人，谁也不搞宣传。大家忘掉这是总理在招待他们，只觉得是在一位成功的同学家里。大家看重的是同学情谊。蓬皮杜也不想给人留下冷落那些停留在平庸岗位上的同学的印象。他待在同学们中间倾听，并听到有别于身边政客们的另一种声音。如果他插话，总是很幽默，从来不自我吹嘘或者发号施令。他喜欢听大家谈起我们年轻时的自由年代。"

乔治·蓬皮杜也深深怀念他在夏令营的同学们。每逢纪念比农庄枪杀案时，他都会接见被处死刑者的同学们，和他们一起回顾当年，询问他们现在的情况，有机会便在事业晋升方面助他们一臂之力[54]。

他没有忘记当他还是办公室年轻的随员时，戴高乐将军便在私人住宅接见自己，他从中受到启发，效仿将军善待自己的合作者们。始终热衷于第七艺术的蓬皮杜，不时地将同事们领到避开新闻界耳目的小客厅里看一部电影。他喜欢去位于吕贝克街的全国电影中心或者位于马蒂尼翁宫对面的克莱蒙酒店影片审查委员会。那里试放公演前的所有新电影，甚至有时是禁演的电影。带点色情和暴力的电影只要不过分，不一定全都封杀。

乔治·蓬皮杜也会抽出时间带克洛德到时髦的小饭馆或者去法兰西剧院。但他们最喜好的消遣则是参观展览会和现代艺术画廊。让－路易·普拉回忆说："当我遇见乔治·蓬皮杜时，我还在一家拍卖事务所，即莫里斯·兰斯事务所当实习生。一个星期六，所里要我接待前来观看陈列的将在加利拉馆出售的艺术品的总理。当然，想到能接待他，并领他参观，我心情十分激动。他来到时，我对他说我们来自同一地区，奥弗涅。他则祝我走运，并能在一个很少有奥弗涅人涉足冒险的行业里取得成功。他补充说：'都陈列了些什么艺术品？这次拍卖中有什么值得看和买的？'我向他展示了一幅我认为有价值的并合乎他胃口的画作。来到画作前，我们开始了下面这段对话：

'就是这幅，我向您推荐这幅画。'

'您真的想让我买吗？'

'我不知道。不，可是，我向您推荐这幅画。'

'您真的想让我买吗？'

'不，但我觉得这是一幅很好的画作。'

'可是我不能买一幅我正在出售的画。'

"我感到惊愕。莫里斯·兰斯没有明确告诉我蓬皮杜先生也出售一幅画。尽管显得窘迫，我还是问他为什么要卖这幅画。他回答说这确实是幅'好画'，他欣赏我的鉴赏力。然后他解释说他已经充分享受了这幅画的乐趣，想买另一幅画取而代之。确实，他买了罗丹的几幅优秀的小水彩画，价格中等。'您知道，'他对我说，'一位总理并非大财主。所以，我总是买些廉价的作品。我只能这么做。于是，我便试图买一些年轻艺术家们的作品。'但这一次，他买的是罗丹的作品[55]。"

乔治·蓬皮杜注意自己的身体吗？人们可能表示怀疑，因为1963年11月21日，他在凯道塞与埃拉尔首相共进晚餐时，对疾病的第一次警告毫不在意。那天，他从晚间开始便面色暗绿。他在碰杯祝酒之后，便一头倒在盘子里，失去知觉，后来人们将他抬走。八天之后，在马蒂尼翁宫的一次招待会上，他把目击者们讲述的那天发生的引人注目的事故早已忘得一干二净。"几乎所有的客人都到了"，克洛德·莫里亚克说，"莫里斯·兰斯夫妇、爱德蒙·德·罗特席尔德夫妇、埃蒂安·比兰·德罗齐埃夫妇、奥利维耶·吉夏尔夫妇、弗朗西斯·法布尔夫妇、莫里斯·勒鲁、莫里斯·德吕翁。就差按摆在桌上的席次表应坐在我旁边的那位小姐没有来。我便问乔治：'坐在我身边的那位小姐是谁呀？'他不无自豪地回答说：'啊，是雅内·丰纳。'雅内·丰纳是当时人们经常谈起的一位美貌出众的美国女郎。她终于最后一个到了，打扮妖艳，神态迷人，容光焕发。对乔治以'你'相称。晚宴过程中，乔治尽可能地不断照顾她。他为此感到高兴，引以为荣，觉得是对他成功的一种真正回报。"

乔治·蓬皮杜是位忠实的丈夫，但他也很懂得欣赏漂亮的女人。在里茨宅邸为庆祝弗朗索瓦·莫里亚克八十寿辰的晚宴上，他忽略了坐在右手的小说家夫人，却两眼盯住坐在他左边的一位年轻而美貌的金发女郎，很可能是瑞典大使的夫人。

未来不属于魔鬼，密特朗先生

　　戴高乐比蓬皮杜年长 21 岁，似乎更注意保养自己的身体。确实，他的健康问题主要是些常见病。1964 年 4 月 17 日，他走进科尚医院割除前列腺脂腺瘤。出于谨慎，他坚持保密，不愿将个人隐私置于大庭广众之下。但医院走漏了风声。一些记者和摄影师装扮成护士，发现了他所在的病房，但碰见了也穿着护士服的保镖们。这次意想不到的碰面证实了消息，新闻像燃烧的导火索迅速传播到全世界。然而，当戴高乐醒来时，仅有几个熟悉内情的人才立即领会将军的话语："以前，我是法兰西，现在，我成了全球（一语双关，因为 continent 一词原意为患失禁症者，又意为洲，incontinent 则喻指跨越各大洲，成为洲际的——译注）。"

　　总之，第五共和国第一次在马蒂尼翁宫举行了没有戴高乐参加的内阁会议。感到自己处于受盘问的位置，蓬皮杜注意保持谦虚，以表明在将军缺席的情况下，仍能指挥自如，毫不逊色。留神按惯例在内阁会议后举行的每周一次的新闻记者招待会！他特别警告政府发言人阿兰·佩雷菲特："您现在如履薄冰，注意不要给人造成完全不需要戴高乐的印象。您面对的不是电视观众或者更为关注的读者。您就对记者们说这次内阁会议一切正常，部长们的举止没有像不守纪律的小学生们。别忘记说明总理是受总统特别委托行事的。我不是共和国临时总统，我只是在总统的监督下履行总统授予我的正常和临时权力。您多说一句话，人们就会认为：'蓬皮杜想取而代之。'"

　　4 月 24 日[56]，共和国总统的缺席导致弗朗索瓦·密特朗就宪法职能的行使责问乔治·蓬皮杜。他依据 1964 年 1 月 10 日赋予总统决定使用核威慑力量、发动核战争的权力，指出总理放弃了宪法规定的防务方面的权力。据此，政府面对议会的职责已被架空，所以，这是个人独裁制度。

　　他巧妙而蛮横无理地指责蓬皮杜纵容来自戴高乐方面的权力蚕食：

"总理先生，按照宪法第20条，政府确定并实施国家政策，总理对议会负责。如果我发现这些条文实际上已失去意义，难道我就无权责问您，依据宪法第21条，领导政府的总理如何和为什么通过把赋予您的权限不断转让给不对议会负责的共和国总统，从而放弃了您享有的主要特权？如何和为什么擅自逐步取缔了议会的监督和决定政策的基本权力？没有这些基本权力，现行制度不就沦为个人独裁的一种托词了吗？无论如何，我们可以从行使行政权的强者和弱者之间的种种变化中找到某种差异，况且这种差异不总是一成不变的。假如总理放弃宪法赋予的权力，那我们对这一既存事实不能无动于衷。因为不仅涉及到总理自己，而且也涉及到我们议会，更涉及到全体人民。因为他将权力交给了无权行使的总统。"

密特朗对眼睁睁地看着外交事务和国防事务沦为个人专权领域，而且不受议会的任何监督感到担忧。这位演说家补充道："你们的制度仅是一个专权而不负责任的制度！"然后，他建议或者回到议会制，或者建立美国式的、议会和总统选举同步举行、取消解散议会权力的真正的总统制。

乔治·蓬皮杜丝毫不敬重弗朗索瓦·密特朗："他不是一位真正的社会党人。老一辈社会党人笃信善良和社会进步，这些人才是真正的社会党人；密特朗对这一切都不信仰，他是在利用社会党。"他认为密特朗狡猾，就像许多吃政治饭的人一样。考虑到他在第四共和国时所扮演的角色，蓬皮杜不称他为"部长先生"，而是毫不客气地贬称他为"密特朗先生"，并回敬他说："通过普选，通过公民表决或解散议会来求助于人民，国家元首便有能力制止昔日造成不稳定和软弱的弊病。我这里指的是未拥有多数或者拼凑而成的、靠不住的多数所造成的风险。"

"我认为作为总理的基本职责便是永远不把在这种或那种情况下可能在国家元首和他之间出现的分歧公布于众。在我的眼里，领导层的团结和政策的一致性压倒一切。我可以肯定地告诉您，没有任何保留，不存在任何意义上的保留。"

随后，乔治·蓬皮杜由防御转入进攻。其出乎意料的魄力和气势使部分听众感到惊讶和狂喜。"在平静的反对派一边，就好像旧制度时期的流亡者们在英国一边，"他大声说道，"你们迫不及待地等待着重返国家政权，你们什么也没有学会，什么也没有忘记。那好，我告诉你们，未来不属于你们，未来不属于魔鬼！"

他乘胜追击，形容弗朗索瓦·密特朗为"过时的人物"、"影子人物"、"法国人民不想再见到的第四共和国式的人物"。

他神情威严，没有夸张做作，没有赫里欧（1872—1957，法国政治家和作家，法兰西学院院士——译注）、布鲁姆（1872—1950，法国政治家和作家——译注）式的抒情诗人的激情奔放。谁也不再怀疑他日后将是将军的继承者。这番演说不够礼貌，但要的就是这种效果。他制服了"保卫新共和联盟"的议员们。他像一名突击队长一样给了这位侵入者以迎头痛击。他的演说终于给了密特朗这位两年以来"保卫新共和联盟"议员们一直难以忍受的侵入者一记耳光，揭露了他的图谋。

此外，一段时间以来，乔治·蓬皮杜在辩论中的出色表现令人注目。他对那些理论、乌托邦充耳不闻，即席作出单刀直入的回答[57]。他委托谙熟议会事务的国民议会主席雅克·沙邦－戴尔马对付议会。每周，他在戴高乐主义头面人物的午餐会上与沙邦－戴尔马碰头。将下周要与众议院和参议院研究的问题告诉他。在迪纳尔，雅克·沙邦－戴尔马当着与会的全体"保卫新共和联盟"议员们的面，公开向他表达效忠："我对明天和后天的您抱有更大的期望。"这种表达方式非常引人注目。

乔治·蓬皮杜认为"第五共和国总理的主要角色在于与支持总统的多数派保持经常性的、密切的和相互信赖的联系，使之参与政策，并使它了解这样做的必要性，因为它与政府分担责任[58]"，他因此责成皮埃尔·朱耶监督"保卫新共和联盟"，并将一些可靠的人士安插在国家的关键部门——信息部门和公共企业部门。

他在内阁会议上，通过明确无误的表达，纠正同事的说法，有时是让他们安分守己，从而越来越扩大自己的影响。阿兰·佩雷菲特从波利尼西亚视察回来时便尝到了滋味。因为他笨拙地指出波利尼西亚的新教牧民们反对在穆鲁罗瓦岛进行核试验，惹得戴高乐发火。所以在内阁会议结束时，乔治·蓬皮杜狠狠地责备他："别这么激怒将军。我已经删除了这一主题，只有对他隐瞒一些事情，才能为他效劳。他不需要刺激。和将军在一起不能像德勃雷那样行事。像我这样做，让他安静下来。"

他在新闻界面前也同样胸有成竹。电视辩论不是轻而易举的："直播讲话是困难的，面对耀眼的闪光灯，看不见听众。我把目光转向内心世界，试图猜测并感受到正在倾听我的法国人的反应。"慢慢地他便成为"火炉边闲谈"的高手。甚至当他涉及诸如共同市场或者多边力量这样棘手的问题也能应付自如，看样子他已准备制定后戴高乐主义，人们欣赏他那音质低沉、沙哑而热情的声音。"您到世界各地走走有好处，可以提高您的声望，"戴高乐对他说，"您可以让可能选举您的地方的人们了解您。"

蓬皮杜没有把这席话当成耳旁风。他慢慢地走出默默无闻的状态，开始出头露面。1963 年 7 月，他便和将军一起前往大西洋地区检查将取代撒哈拉核实验基地的核试验中心的工程进展情况。然后，他独自一人代表法兰西前往瑞典、印度和日本访问。

尤其在外省可以见到他深入民众的身影，正像戴高乐以前做得非常出色的那样，法兰西农村有 1000 万人靠农业赖以生存。农业事务是他的强项，他如鱼得水，感到比处理工业事务要得心应手得多。他在父亲的帮助下，用奥克语写了一封信，交由奥弗涅新闻界发表。他在信中肯定"离开奥弗涅地区的孩子们一辈子都会怀念养育自己的土地"。他还补充说他将做出"他所能做的一切，使康塔尔成为一个越来越富裕、越来越幸福的省份"。

1964 年 5 月，他来到曾在那里度过童年的阿尔贝城。他为一所中学剪彩，并以他自己的方式和曾经常与他竞争第一名的老同学菲厄督学开了一个玩笑以从中取乐："督学先生，我非常高兴地参观了您所负责的各所中学。然而，我发现您并不慷慨……"所有人都惊呆了，菲厄也满脸通红，人们交换着尴尬的眼神。乔治·蓬皮杜津津有味地品尝着人们的神情，然后继续说道："因为您本来可以放学生们一天假，就像我们那个时代的做法一样。"

在学生们的一片欢呼声中，督学立刻宣布放假一天。乔治成功地在昔日老竞争对手面前赢得一片掌声。

他接着参观康塔尔，为克洛德·艾格温泉剪彩，为中心奶厂奠基，为在圣-弗卢尔武器广场跳布莱舞（法国中部奥弗涅等地的双拍或三拍节奏民间舞蹈。这种舞蹈华丽典雅，16 世纪成为宫廷舞蹈，19 世纪成为古典舞蹈——译注）的桑弗洛雷纳剧团鼓掌，乘坐直升机飞越栗树林、康塔尔和皮伊·马里沉睡的光秃山顶、布满松林的利奥朗山坡及湖边的城堡。他在维克-叙尔-塞尔邀请 65 人品赏浇有普伊-菲塞干红葡萄酒的鳟鱼和林区萨莱城的牛肉。

在洛特和康塔尔的视察使他了解到穷困乡村地区的贫瘠土质和存在的问题。视察使他重返其农民根源，帮助他抹去有损于其在公众舆论中上流社会银行家的形象。

然而，乔治·蓬皮杜地位不可抗拒的上升趋势却险些因 1964 年 8 月的一场流血事件而以悲剧形式告终。当时他正陪同戴高乐和一批军人在土伦参加盛大的海军阅兵式。雅克·沙邦-戴尔马参加了这一盛典，他回忆道："在海天交汇的一片蔚蓝色中，阳光灿烂，乐声威武雄壮，阵风吹来，营帐轻轻飘荡。300 人用完午餐后，按计划要攀登至法龙山顶，为纪念普罗旺斯登陆20周年和城市解放举行揭幕仪式，我们所有人乘坐官方汽车，车队沿蜿蜒曲折的道路前进。山顶上早已为庆祝仪式而布满鲜花[59]。"

然而，恐怖分子们却逃过安全部门的检查，前一天在长有老鹳草的喷泉池内埋下了大直径的炸弹。幸运的是，仪式举行前几个小时，一位园林工人觉得花草有些枯萎，便给花木浇注了大量的清水，但这也无法阻止炸弹爆炸。还是宪兵为防止好奇者往前拥挤而设置的警戒绳在最后时刻阻挡了杀手们从喷泉池下的某一点上遥控引爆雷管。这些人不是爆炸专家，陡峭地形形成的屏障阻止了电波穿越，所以炸弹最终未能爆炸。这一天，和在奥维利埃一样，蓬皮杜在毫不知情的情况下与死神擦肩而过。

巨 变

1964 年 10 月，开始传闻将军可能于第二年结束第一届总统任期后离去。某些迹象似乎在证实这些传闻，并有条不紊地形成不可逆转的局面：《军事规划法》或者农业共同体的投资等好像是要把继任者——不管他是谁——推到既成事实面前。

乔治·蓬皮杜不知道该怎么想："那些了解戴高乐的人都十分清楚，"他对阿兰·佩雷菲特吐露心声，"每当 11 月份到来，他便感到忧郁，因为又是一年过去了，他不得不计算自己还有多长时间[60]。他一直害怕变老，但从不怕死。11 月成为他痛苦而犹豫不决的月份，但他都挺过来了。像他这样的血性男儿是不会低头的。我父亲 77 岁高龄时始终保持清醒的头脑。依然才思敏捷、充满活力的将军为什么不能将敏锐的头脑保持到 82 岁呢？"

"任何东西都无法妨碍他在第二个七年任期里做更多的工作。第一个七年任期特别困难，因为有成堆的严重问题需要解决，大量的先例需要创建。而第二个七年任期只是维持原状。在信任的前提下，他完全可以放手让总理大干一场。为什么要固执己见地亲自解决牛奶价格问题呢？他可以在继续抓住关键问题、在指引大方向的前提下，减少一半的工作量[61]。"

10 月 14 日，在与新闻界人士的会议上，一名记者给他设了一个陷阱："如果将军要您继承他的事业，您会接受吗？"乔治·蓬皮杜巧妙地回避了问题："我为我父亲健康地生活着感到幸福，我没有对继承感兴趣的习惯。而且，戴高乐的继承问题尚未提到日程上来，近期也不可能提出来。当然，如果问题提到日程上来，请相信我，我会考虑的[62]。"

他不再是默默无闻者。电视转播的他在"火炉边闲谈"给人们留下了一位精通业务并密切关注法国人民的总理的深刻印象。既然已为人们所熟悉，他便采取不同的做法。"炉边"的概念消失了，他改为约见一名或两名报刊记者，他们扮演的再不是简单的串场的配角。他轻松自如地回答他们的问题，并随意点燃一支香烟。但他从不涉及对外政策或者与总统的关系问题："将军，这是特别的问题。"如果有人逼得他无言以对时，他便这般回答道。记者也就不便再追问下去。然而，在戴高乐万一退出选举的情况下，他是作好准备的，正如他对阿兰·佩雷菲特私下所说的那样："政界视戴高乐为一段插曲，认为在他之后，人们便会回到第四共和国，也就是第三共和国，总统仅有为菊花展剪彩的权力。这一恶毒的阴谋，将军的继承人必须彻底封杀它，毫不手软地执行将军所主张的宪法条款。让包括左派在内的政界低头、屈服，直至由反对转向赞同第五共和国，最终使第五共和国保持稳定。很少有人具备这种能力。

"必须让执行机构的团结一致压倒一切，也就是说让总统的地位压倒一切。总理应紧跟总统，遵循与他一起制定的路线。自从担任总理以来，我始终遵守这一原则。我从不当众，甚至在两个人面前，提及我与将军可能存在的分歧。最多是在一个人面前，而且是偶尔，以便在发生泄露的情况下，能够确定其根源。有关总统地位压倒一切的理论，我在 4 月份与密特朗辩论时曾经重申过，而密特朗则认为这一理论是反对共和国的。将军的继任者应不惜一切代价让人们遵守这一理论。假如密特朗有朝一日赢得总统选举，我们拭目以待，看他是实行总统地位至上的理论，还是正好相反。

"但同时也必须去掉制度的个人色彩，避免总统过多地将个人命运与全民公决的结果联系在一起。总统多数派应该与议会多数派结为一体，应该合二为一。将军意欲断然实施宪法。为了改变习惯，可能需要这么做。但在他之后，第五共和国的体制应该通过缓和的方式最终为人们所接受，否则这一嫁接将会被抛弃。"

总统选举定于 1965 年底举行。这是件全新的事物，因为自 1848 年以来，这是首次普选。戴高乐或者他的继任者似乎确信能够轻而易举地获胜。因为人们错误地相信前两次，即关于阿尔及利亚独立或者总统选举方式的投票结果。所以，左派谁也没有勇气投身选举战场。除了弗朗索瓦之外，谁也不敢。加斯东·德费尔放弃了。至于皮埃尔·孟戴斯·弗朗斯，他则认为时机尚未成熟。面对无人竞争的局面，弗朗索瓦·密特朗便抓住时机，但他很少得到人们的信任。因为大家指责他曾与居伊·摩勒的殖民政策合作。人们也几乎不相信他有取胜的机会，《快报》认为他的选票不会超过 20%。舆论普遍认为如果戴高乐参选，他会轻而易举地获胜。这仅仅是一种形式，民意测验的结果显示，他将在第一轮中以 66% 的选票当选。但如果他不参选呢？一旦出现这种情况，乔治·蓬皮杜知道自己是唯一的救场者。然而戴高乐对自己的意向却深藏不露。难道是为了试探他，为了考验他？戴高乐一会儿说他感到厌倦，想离开政坛，并一再对蓬皮杜说他将是继承人；一会儿又让他处于紧张状态，并从中取乐。

"总而言之，除非另有人参选，我们有六位候选人，"9月的一天，戴高乐对他说。"六个？""对，密特朗、马西亚西、塔克西埃·维尼昂古、一位不可避免的中间派候选人和……"留下一个小小的悬念。将军锁起眉头，让－雷蒙·图尔努[63]如此写道。蓬皮杜表面泰然自若，心里则焦急万分，不动声色地忍受着……"然后，"戴高乐最后说，"总理先生，还有我们两个！"

这种信任感的缺乏使乔治·蓬皮杜越来越不舒服。如果他等待最后时刻投入竞选，那将冒着难以挽回的落后的风险。随着时光的流逝，他最终认为戴高乐将会退出，并号召人们投他的票。因此，乔治·蓬皮杜1965年夏天一直悄然忙于准备参选。

无巧不成书，法亚尔出版社恰在此时出版了乔治·蓬皮杜的一本传记。人们以为这是奉命出书，可实际并非如此，而且完全相反。2月份，一位叫菲利普·贝尔内的新闻记者在《震旦报》上以《蓬皮杜先生，您是谁？》为主题发表了9篇充满轶闻趣事的文章。标题特别醒目：《他装扮成妇女，潜入阿尔贝女子中学》或者《甚至对卡雅尔克的羊群来说，总理都是神秘莫测的》。尽管未注明资料来源，这些文章还是向法国人披露了一位和他们同样的普通人。法亚尔出版社预感到这一题目的商业价值，便请另一位名叫梅里·布龙贝热的记者写一本真正的传记。布龙贝热狂热崇拜这位人物。不幸的是，蓬皮杜夫妇或是出于审慎，或是避免引起将军的不快，坚决拒绝为他敞开大门。多亏了西蒙娜·塞尔韦的热情相助，他才获得一些内部消息[64]，但她却无论如何也难以抑制布龙贝热的激情。他想把蓬皮杜描绘成一个原本不是积极的抵抗主义者，结果却适得其反，令他的英雄人物和其他的正牌的抵抗战士都感到厌烦。尽管有一些空白，他的书还是作为圣徒传记问世了，但相对于《震旦报》的有趣而给人好感的文章而言，并没有多大新意。

另外，乔治·蓬皮杜与财政部长之间关系僵化也使事情复杂化。他认为财政部长的稳定计划造成了社会环境的恶化，也使得法兰西工业缺乏竞争力：为了与德国人平等竞争，工业家们需要投资，然而冻结物价和限制信贷却捆住了他们的手脚。

为瓦莱里·吉斯卡尔·德斯坦辩护几句。应该承认，自1944年起，直至 20 世纪 80 年代，法国因缺乏勇气按照皮埃尔·孟戴斯·弗朗斯的主张提取部分货币流通量，因而一直处于通货膨胀的威胁之下。

乔治·蓬皮杜一度曾想撤换财政部长。阿兰·夏朗东劝他别这么做："现在免除他的职务，可能会被视为政府财政经济政策的失败。"但需要主宰一切，1965 年 10 月，乔治·蓬皮杜只好邀请瓦莱里·吉斯卡尔·德斯坦单独交谈："我不知道将军是否参加总统选举。假如他不参选，我将成为候选人。我能够得到您的支持吗？"吉斯卡尔借口需要征求党内意见，希望给他八天时间考虑，最终给了他一个肯定的答复。"我觉得他被感动了，被人道主义感动了[65]。"他后来说道。

戴高乐渴望参加总统选举，虽已 75 岁高龄，仍渴求得到一个原则上持续七年的任期，这合乎情理吗？自从他的心腹医生安德烈·利谢维茨再无力精心照料他之后，他总怀疑人们对他说的有关他健康的情况。夫人担心他旅行劳累，但也犹豫不决。"你看，"他对雅克·福卡尔说了心里话，"一方面，我为战斗所激励，但另一方面，我想我该抽身离去了。如果我等待得过久，我的继任者的条件将不如现在。我在德勃雷、沙邦和蓬皮杜之间犹豫不定。依我看，德勃雷擅长论战，沙邦的长处在议会。可现在需要战斗，蓬皮杜更能取得成功。他做事稳重而不乏勇气。我曾经就这个问题问过他，他对我说准备进行斗争。更何况，我们之间说句心里话，我想他已对权力感兴趣，这也是正常的[66]。"

几天之后，戴高乐邀请德勃雷、顾夫及后来出版一本很有价值的回忆录的记者乔治·叙费尔共进午餐[67]。"直到吃奶酪，什么事也没有。然后，戴高乐便单刀直入地征求我们的想法：他是否应该参加总统竞选？他既没有谈他的年龄、他的劳累，也没有讲其他的种种顾虑。什么也没有，只有一个简单的问题。我想是德勃雷首先发言。这是一场完整而激昂的演说。6 月 18 日这天，他什么都谈到了，法兰西民族和国家所面临的种种威胁。他洪亮的声音震得桌上的酒杯都颤动。当他终于结束他那辩护词或者抨击式的讲话时，我们早已累得精疲力竭。当然他是例外。顾夫像预料的那样，说话言简意赅。戴高乐应该感到满意。轮到马尔罗发言了。我忘记了他讲的部分内容，您要知道，他时常话语晦涩，令人费解。但无论讲什么，结束时，他都会将双臂伸向天空和众人，我们见到的是他那颤抖的双手、洁白的顶棚，他的动作阐述着一切。最后，戴高乐把目光移向我，我仅仅表示其他人把所有问题都谈到了，我赞成他们所表达的信念。还剩一道咖啡，大家便都喝起咖啡来。"

乔治·蓬皮杜勉强抑制住不耐烦的心情。他可能想说什么，但他大智若愚，永远也不会说什么。他避免作出任何声明或提出任何假设。"有一天，他来看我，"阿兰·德·布瓦西厄讲述道，"'怎么样，将军参加不参加竞选？'我仅仅回答说：'在家里面，有一个人反对，我的岳母。'我不能对他说得更多，将军曾对我们说过：'别告诉任何人。我将参选，因为还有核问题需要处理，但我不会把新的七年任期坚持到底，将在80岁时隐退。我将在最后时刻宣布我的离去，以便让所有人感到吃惊，并有利于选举继任者。继任者非蓬皮杜莫属[68]。'"

戴高乐又等了一段时间，在投票前一个月才宣布其决定。作为一名杰出的谋略家，他不想过早暴露内心的想法。1965年11月3日星期三的内阁会议上，仅在会议开始前，他才透露："明天我将在电台和电视台讲话。请原谅我不能将我要向全国讲话的内容告知你们。我为自己的决定保密，直至我向全体法兰西人民公布为止。"阿兰·佩雷菲特提醒第二天是圣·夏尔节，这样做会让人笑话。"啊，是圣·夏尔节。我也无能为力，正好碰上这个日子。""我想，"乔治·蓬皮杜说道，"圣·夏尔节只是个枝节问题，谁也不会想起，除非《鸭鸣周刊》。否则就得等到下星期三。""就这么定了，谢谢，总理先生。"

"形势超乎现实，"阿兰·佩雷菲特指出，"蓬皮杜确信戴高乐将小心翼翼地宣布他的隐退，并要求法兰西人民投票选举蓬皮杜。而将军则确信部长们、也包括总理，都已明白他将正式宣布参选[69]。"

第二天，在定好的时间里，乔治·蓬皮杜因为办公室没有电视机，便到米歇尔·诺贝尔办公室观看将军的演说，全体内阁成员也都聚集在这里。令人震惊：戴高乐成为候选人，他庄严地宣布："只要大部分公民们坦诚地赞同我继续留任，新共和国的前途便能得以确保。否则，任何人都不会怀疑新共和国将会立即崩溃，法兰西将会遭受——无可救药地——比以往更为悲惨的国家混乱。"戴高乐不仅只字未提总理，而且还让人感觉到没有他戴高乐，天将会塌下来。

办公室主任屋里的气氛十分紧张。听着将军的讲话，平日不动声色的诺贝尔都吓得变了样。

乔治·蓬皮杜一言不发地离开办公室。他知道他的位置是带有弹性的，要想继续待下去，就必须学会忍耐。他必须乖巧才能生存下去，戴高乐才不会像拉辛笔下的巴雅泽那样说："苏丹的这位首相，总是令人不安。""将军的演说对蓬皮杜一点也不留情，"诺贝尔感叹说，"甚至是一种侮辱。总之，假如他不参选，谁也无法替代他拯救共和国。"

加斯东·德费尔作出同样的反应，他将候选人的声明概括为四个字：

"我或混乱。"反对派的好几家报纸也是如此来形容戴高乐的讲话，他们欣喜若狂地将戴高乐比成满脑子自我的偏执狂，这一用语风靡一时，广为传播。

戴高乐展开了一场超现实主义的选举运动，他没有出现在任何一次公开的集会上，没有一次。其参谋部的活动难以展开：如何向选民们解释候选人的缺席和不屑一顾呢？

1965年12月5日进行首轮投票，意想不到的情况发生了：将军成为第二轮投票的候选人。意外不仅来自弗朗索瓦·密特朗所取得的成功，他将左派的所有的选票都集中到名下，并将避孕药丸作为选举的一个主题，迷倒了众多的妇女；意外还来自让·勒卡尼埃获得惊人的票数。谁也未曾想到这位脸上总挂着微笑的"白牙齿"的人物因为在"人民共和运动"主席位置上几乎无所作为而辞职，却在他的党派，独立人士和一部分激进党人的支持下，摇身成为一种欧洲联邦主义的辩护士。对于戴高乐来讲，这简直是荒谬绝伦："国家将失去民族个性，将由某种主张专家治国的、无国籍的、不承担责任的评议会（权威人士、学者或法官组成的——译注）治理。"但让·勒卡尼埃高举现代风格的大旗，赢得选民的欢心。

政权遭受否定还有两个深层次的原因。首先，反对派可以在电视台发表演说，受这些年轻演说家们感染的法国人会想："戴高乐之所以不搞选举活动，是因为他对此不感兴趣，甚至是他对我们不感兴趣。"

其次，无论是总统还是总理都没有想到法国人乐于见到他们为国家经济问题多操心，而不是仅仅忙于由所有纳税人出资，仅交由某些特权人物掌控的核威慑力量或者超音速飞机。总统和总理还应该关心住房和高速公路的建设，尤其是电话的建设。许多法国人对这个"阿斯尼埃22号分机"（当时法国电话还很落后，打电话需要先要总机，然后再接转——译注）时期十分恼火。必须平均等待两年才能够使行政当局同意将你连接进网络。当你最终幸运地拥有一条线路时，还得等待15分钟才能听到声响，有时想打通一个电话，甚至要重复拨三四次电话号码，其费用比国外贵两倍。但电话收入却被强行挪用来弥补邮政支票的亏空，为了与银行竞争——愚蠢的行为。

错误首先来自计划专员皮埃尔·马塞，因为他把电话当成无足轻重的小事，错误也在于戴高乐，因为他固执地将雅克·马雷特放在邮电部。当人们要求获得更多的线路时，这位部长竟然回答说："只有那些相互倾听情场艳事的女士们才会关心这种事。"或者说："我们的父辈没有电话，这样他们便安静得多，别人不会白天黑夜随时随地来打搅他们。这是一种无所不在的心理压力，到 45 岁时肯定会得心肌梗塞。"

12 月 5 日第一轮选举结果揭晓的晚间，乔治·蓬皮杜、路易·诺克斯、阿兰·佩雷菲特和安娜－玛丽·迪皮耶坐在电视机前。刚刚获悉投票结果，乔治·蓬皮杜便大声喊叫起来："这对将军是一个沉重的打击。我必须往科隆贝给他打电话！"

"乔治·蓬皮杜回忆起 1962 年的全民公决，"菲利普·亚历山大指出，"戴高乐如果得不到法兰西多数人的赞成，便会拒绝执政。今晚，大众则站在敌手和弃权主义者们一边。合法性这一戴高乐哲学的关键词刚刚遭受沉重的一击。总理充满了恐惧。这天晚上，他真的以为将军会打退堂鼓。[70]"

而将军恰恰害怕接听电话，他不喜欢被打搅，拒绝接听。安娜－玛丽·迪皮耶最终还是要通了电话。戴高乐正在电话的另一头。她将话筒递给乔治·蓬皮杜。蓬皮杜尽量使声音温柔一些："我的将军，选举结果几乎全部出来了。您将以 44%—45% 的选票进入第二轮选举。当然，我们感到失望，我们原希望看到您首轮当选。但这也没有什么可怕的。分散在 5 名对手名下的 55%—56% 的选票全部投给一个人的可能性完全可以排除。反对派一盘散沙，勒卡尼埃、马西亚西和巴尔比所得票数的三分之二将会转而投给您，也许是四分之三。只有塔克西埃－维尼昂古的选民们坚决反对您，会在第二轮选举中投票赞成密特朗。密特朗除在第一轮所得的选票外，很难再获 17% 的选票，以达到所需的 50% 的票数。我们应该在即将到来的 15 天内进行战斗，结果将毫无悬念。"

将军正犹豫着是否干脆退出选举。他没有回答。无计可施的乔治·蓬皮杜把话筒递给阿兰·佩雷菲特，然后又转给路易·诺克斯："无论如何，您没有其他选择，只有留下来参加第二轮角逐。如果退出，您便成全密特朗当选，他可以从容不迫地推倒您所创立和经营的全部事业。"密特朗早晚有一天会成为左派的权威人物。

戴高乐终于被说服：第二轮角逐并不妨碍经过第二轮选举出来的总统作为全体法兰西人民推选出来的总统行使职权。所以，他不仅同意作为候选人继续参加竞选，而且同意接受一位新闻记者朋友米歇尔·德鲁瓦的电视采访。这一次，他不遗余力地为自己树立另外一种亲和的形象。他在讲话中大量使用了独创的词语和充满讽刺的别出心裁的表达方式，从而使爱嘲弄者站到他的一边。例如："人们可以跳到他的椅子上，像小羊羔一般重复着欧洲！欧洲！欧洲！这不会有任何结果。"蓬皮杜也披挂上阵，投入战斗。在得到戴高乐可以动用秘密基金的许可后，通过传单和小布告来加强宣传，并使形式多样化。他要求"保卫新共和联盟"的演讲者们再别提及让·勒卡尼埃，相反，在所有集会上都要重申戴高乐在内阁会议上提出的一句名言："人们见过一位需要参加第二轮竞选的独裁者吗？"当他亲自在南特召开的一次会议险些遭到400名前来抗议其工厂被关闭的工人们的破坏时，蓬皮杜要求雅克·福卡尔给他弄来由壮汉和第二装甲师老战士组成的援军。最后，戴高乐在12月19日举行的第二轮投票中以55%的得票率当选为总统。

尽管如此，自11月4日起，戴高乐和乔治·蓬皮杜之间的关系发生了某些变化。乔治·蓬皮杜对戴高乐没有预先将其参选的决定通知他而十分不满。师生间首次出现了裂痕。直到那时为止，每当总理讲话，人人心知肚明，他是奉了戴高乐的指示。无需确认他与总统之间的协调一致，谁也不会怀疑。他在过去的内阁会议上从未提出过丝毫的批评，但从今往后，他却不时地显露出一些细微差别，甚至提出讽刺性的批评。

然而，他始终谨慎从事。蓬皮杜宁愿避开那些对吐露隐情趋之若鹜的记者们。所有的聚光灯都朝向他，这令将军感到不快。他遮遮掩掩的行动给新闻记者米歇尔·德朗古留下了深刻的印象："蓬皮杜活像一个农民，在购买一头牲口前要反复看上好几遍，始终不肯吐露获得一块渴望已久的土地的强烈欲望。这并不奇怪。"他补充说："正因为如此，人们在战争期间才会挑选他当情报官员[71]。"这一看法也得到让·弗朗索瓦·德尼奥的赞同："蓬皮杜从乡村世界带来了不信任。他那浓眉下的黑色双眸始终在窥视着。他怀疑新闻、事实、事件、天气预报和人。不让人发现自己在做什么，谁先发现谁的秘密？雨水有利于庄稼的生长吗？先别这么讲。留神，邻居可能在挪动界石[72]。"在马蒂尼翁宫，蓬皮杜稳坐在自己的椅子上等着接待访问者的样子使人想起隐藏在灌木丛中专注于永远不能过早行动的猎手。

棘手的难题

1966年1月8日，戴高乐授权乔治·蓬皮杜组织新的政府。总理成功地将瓦莱里·吉斯卡尔·德斯坦从财政部长职位上拉下来，因为这位竞争对手对其与雇员不睦及公务员罢工负有责任。他还怨恨德斯坦促使戴高乐过久地维持其1963年9月推出的限制通货膨胀的稳定计划。他原先想在总统选举活动前放开信贷，解除对物价的限制和恢复私营投资。但瓦莱里·吉斯卡尔·德斯坦却说服戴高乐反对这样做。怎么能原谅他把自己晾在一边的越级活动呢？怎么能原谅他前往爱丽舍宫阻挠实施自己的计划呢？"不是因为吉斯卡尔不热爱法兰西，"他说，"而是因为他自认为高人一等。"

"吉斯卡尔高个子两腿修长，"阿蒂尔·孔特写道，"他坐下来时，双腿交叉，肘部支在椅子的扶手上，夹钳般的手指托住下巴，人们觉得他像伸展开的藤本植物。他最喜好的战略便是包围。他不相信什么粗鲁的方式，不相信干脆断绝来往，也不相信公羊的挑衅。所以他不知道离开。只有敌手用斧头砍，才能将藤本植物与主枝分离，这一次，蓬皮杜使用了斧头，将树木交由米歇尔·德勃雷支配。藤本植物倒下了，不知所措[73]。"

吉斯卡尔在议会有很多用得着的朋友，所以乔治·蓬皮杜建议给他一种补偿：负责由城市规划、公共工程、运输、住房和旅游组合成的大部。但吉斯卡尔十分反感，断然拒绝这一安慰性的提议。"他们像解雇仆人一样把我轰走，"他对一位朋友说，"整个选举运动期间，他们充分利用我，要我到电视台讲了20次话，让我主持一系列会议，还叫我签署了上千个号召信，要大家投伟人的票……我永远不再信任蓬皮杜。最令人无法忍受的是这一切不是临时做出的，而是精心策划的。从10月中旬便开始了。有一天，蓬皮杜说想单独见我一次，要谈极为重要的事情，并请我在马蒂尼翁宫共进午餐。我去了。到餐后甜点时，他才告诉我，如果将军不参加总统竞选，他本人决定参选。他随即问我是否准备支持他，并说要让我在显要的位置上与他合作。

"当然，我对此感到震惊。我觉得这一许诺实属荒唐。我尤其在琢磨将军对此事持何种态度。我仅仅回答说需要考虑几天……当然，我也安慰了蓬皮杜。然后，我去见了蒙东和帕凯（他的两位知心的议员朋友），向他们提出这个问题，当然是私下的……没有别的办法，只能支持他，他们对我说。经过思考，我也拿定了主意。

"于是，我11月初再去见蓬皮杜，我们在马蒂尼翁宫又一次共进午餐。当我许诺支持他时，他差一点要拥抱我。你知道，他当时是多么热情。除此之外，我们是外省的密友。我是奥弗涅人，他是康塔尔人，我们之间不是没有亲密的关系，更何况，我们经常用同样的方法来分析问题……但是，突然间，全完了……将军决定参加竞选[74]。"

失望之余的吉斯卡尔·德斯坦成为一流的政界人物。他成立了"全国独立共和党人联合会"，不断发表一些名句格言，提出彬彬有礼的批评，说些"对，但是……"之类的话语。乔治·蓬皮杜密切注视着他，并未断绝与他的来往，担心那样做会失去一条有利于自己向上攀升的途径，自己拆自己的台。

另一位令人头痛者便是路易·瓦隆，他去年夏天用表决通过一项使雇员有权分享自我投资取得的部分增长资产的修正案，来极力恭维戴高乐。"您不断地毁坏我的名声，"乔治·蓬皮杜对他说，"我不可能让您加入我的内阁政府。我按照将军的原则办事：不奖励那些诋毁您的人物，而是对他们敬而远之。如果您停止这么做，我们可以再商量。"

路易·瓦隆前去见戴高乐，大声吵闹，责骂蓬皮杜，以求在内阁里谋得一个职位。"我很愿意。"将军回答说，"如果您没有当上部长，那是因为蓬皮杜不愿意。他把此事当成一个原则问题。有他就没有您，您对他做得太过分了，您说了他许多坏话。您不克制自己，总是说三道四，议论这个、议论那个的。""不对，"路易·瓦隆肯定地说，"我从来没有说过蓬皮杜的任何坏话。""总之，"戴高乐又说，"事情就是如此。他不仅有这种感受，而且他有事实根据。您冷静下来，我许诺，下一次，您会担任部长的。"路易·瓦隆再也没有当上部长。他也永远不能原谅乔治·蓬皮杜，因为蓬皮杜将他当成一个"傻瓜"。

将军同意蓬皮杜摆脱瓦莱里·吉斯卡尔·德斯坦和路易·瓦隆，却又将蓬皮杜想排除在外的埃德加·富尔和埃德加·皮萨尼强加于他。还有米歇尔·德勃雷这位确信自己能够像将军率领军队打仗一样治理法兰西经济的无可救药的统治经济论者。这位德勃雷先生经常单独去见戴高乐，令蓬皮杜感到头痛；所以，他随即给德勃雷打电话，以便知道将军都对他说了些什么。

现在总理主要关心如何使法兰西摆脱陈旧的过去。戴高乐重塑了国家的威望，剩下的便是由总理来恢复国家的强盛。乔治·蓬皮杜明白国家强盛的关键是工业。如果说法兰西经济正逐步纳入共同市场，可它的工业生产的发展速度比起贸易（每年增长 4.5%，而不是 9%）的增长速度要慢上一倍。尽管美国企业立足欧洲，给欧洲带来技术和现代管理方法，法兰西却仍然靠日趋衰弱的行业和受保护的市场来支撑。长期以来，米歇尔·德勃雷仅限于支持老工业：钢铁工业、造船工业，而法国在新兴工业方面依旧是空白：石油化工、电话、电子、航空航天。

"就业问题，"乔治·蓬皮杜在电视台解释说，"不应该从危机的角度来看待。除危机阶段之外，我们没有失业问题，因为我们不是一个工业社会。机械化改变了现状。现在，我们应该把就业看成是一个持久的问题，"他一字一顿地强调说，"不再是一个临时性的问题，而是一个我们必须持续不断用心来解决的长期存在的问题。"

首先，他致力于开发变成"法兰西荒漠"的乡村地区和因人口流向大城市而变得人烟稀少的小城镇。他将这一使命交由一小批未来展望学家（未来展望学是由法国哲学家贝尔热提出的关于研究促进现代社会发展的各种因素以及对未来社会展望的科学——译注）和仲裁者们来研究解决。即由奥利维耶·吉夏尔和菲利普·拉穆尔所倡导的"领土整治和区域行动代表团"来研究解决，该机构直属马蒂尼翁宫，以便克服因财政部和计划委员会缺乏诚意而造成的困难。将工厂搬往农村是件好事，以避免农村荒漠化，但总理希望不能因此而使乡村变得面目全非。在使法兰西恢复生机的同时，我们应该保护农村环境，避免砍伐道路两旁的梧桐树和杨树。进行工业革新的同时，一方面要整治土地，另一方面也要保护绿色空间。"我们不能这样做，"乔治·蓬皮杜对前来和他商谈，要把圣－特罗佩附近的美丽的庞普洛纳海滩后面的松树林地面铺上混凝土时回答说，"但还必须让人们可以从某个地方走过去。"所以，过了一段时间，他批准在一片沼泽地上建造风光秀丽的波尔－格里莫湖上住宅区[75]。也正是在他的鼓励下，人们启动了历史城区的改造，大楼的重新粉刷和首批地区公园的建造。

乔治·蓬皮杜注意到石油价格趋于下降，并正取代煤炭成为最主要的能源，凭借罗特席尔德财团在撒哈拉沙漠勘探公司所取得的经验，他对石油工业很感兴趣。在这方面，国有企业——联合石油总公司、地质矿产调查局和阿基坦石油公司，基本上仅有一个生产中心——埃及莱和哈西·梅萨乌德矿脉。而且这些企业完全没有涉足石油提炼和销售业。

蓬皮杜确信《埃维昂协议》中所规定的预防性措施，并不足以确保撒哈拉石油的供给。于是他鼓励这些国有公司，在雅克·福卡尔的帮助下，开发加蓬和刚果的远离海岸的石油资源。同样，他还推动他们在格朗皮、费赞、加尔让维尔建造炼油厂，收购卡尔特·弗朗西斯公司，以期在道达尔公司之后，建立另一个法兰西大型汽油供应中心。与美国、英国和英国－荷兰等世界七大石油公司竞争。

蓬皮杜1964年12月11日接见燃料公司经理安德烈·吉罗时，对他说：“对待这些大亨们，形式上要灵活变通，讲究礼节。别做无用的挑衅，应客观地对待他们，但事关法国利益时，不作任何让步。法国石油公司、阿基坦石油公司、安塔尔公司、卡尔特公司和一些小公司至少应该占有法兰西的一半市场。在国外，这些公司的占有量应该与外国资本公司在法国市场的占有量相当。它们必须控制与国家消费需求量相当的石油资源。”

剩下的问题便是使这些法国企业具有足以在国际市场立足的规模。安德烈·吉罗建议将除法兰西石油公司以外的十家企业组合成统一的集团，以便有朝一日能跻身于世界几大石油公司之列。“您需要什么，怎样才能做到呢？”他问吉罗。“一年时间和纪尧姆。”皮埃尔·纪尧姆是法国电力公司和联合石油总公司的董事长，是得到参加集团的各家石油公司负责人信任的唯一权威人物。乔治·蓬皮杜笑着说：“赞同这一组合，也赞成您用纪尧姆，如果他同意的话。”就这样便成立了埃尔夫石油集团，1967年初正式推出其商标。

将军则很少关心经济。他带有几分讽刺地宣称道：“法国的政治并非产生于纸篓。”他在理智方面与蓬皮杜的差距越来越大。戴高乐抱怨人们深陷管理之中，因为在他看来，这一领域几乎不需要戴高乐主义者。

在实现非殖民化、重新掌握军事独立权之后，戴高乐需要一场新的大论战来支撑自己。“法国人倾向于分裂，”他说，“尤其是当他们得不到一个强大的政治力量支持的时候。”对他来说，这一回的赌注应该是社会：劳动者参与企业管理，这是介乎于资本主义和共产主义之间、美国集团和苏联集团之间的第三条道路。这是第三根支柱，没有它，戴高乐主义便成为缺腿的桌子，无法立足。在这一场改革中，总理似乎不是合适的人选。而反对他的路易·瓦隆和勒内·卡皮唐却正在等候戴高乐的召见。乔治·蓬皮杜热衷于经济，这便意味着他末日来临的开始，更何况戴高乐对他的权限和威望的日益增长感到十分恼火。

"蓬皮杜，现在，算完了，"1966年10月将军对雅克·福卡尔透露说，"他显得过于通达。我要让他辞职，我要更换他。我无法继续忍受下去。他不执行我的政策，总是不务正业。他总在谈判，安排各种事情。然而，他不是在那里安排什么事情，而是在搞一种政治。他，他喜欢谈判。背着我，开完内阁会议以后，他便和埃德加·富尔策划谎言，以取消猪肉进口。当我中止预算时，他便在马蒂尼翁宫把那些所谓的多数派召集到身边，什么也不告诉我，甚至都不通知我便对他们作出让步。他没有意识到，看见他这样作出让步，其他人将会蜂拥而至，说道：'看啊，我们就要成功了，他们已经开始让步了。'于是就会发生一场煽动人心的围攻，他蓬皮杜便无法收场。还有，这些农业工人的一派胡言，农民们的示威游行，您知道，混乱，这便是无政府主义。完蛋了，福卡尔，我告诉您，完蛋了。现在就作出决定。对于蓬皮杜，一切都结束了！一切都结束了！"

雅克·福卡尔作为忠实的朋友，连忙赶往维拉库布莱，乔治·蓬皮杜刚从卡雅尔克返回那里。福卡尔让他提防将军的各种攻击，避免作出糟糕的反应。

这真不是放松警惕的时候，因为立法选举定于1967年3月举行。这次选举看起来困难，非常困难，加上将军对此不感兴趣。而且这是戴高乐首次不再介入选举战斗。

蓬皮杜作为多数派的首领，只好亲自掌管选举事务。他领导并协调选举活动，选择候选人，指挥民意测验，根据结果决定论据，以避免说教式的辩论。看见"保卫新共和联盟"及吉斯卡尔的同盟者缺少战士张贴广告和散发传单，他毫不犹豫地求助属于戴高乐主义的或多或少被怀疑干了许多坏事的"公民行动党"。"很快，2000名纽扣眼里别着标志的壮汉熟练地行动起来，就像一支突击队，足迹遍及整个法兰西[76]。"人们在各种集会上都可见到他们的身影，首先是1967年1月20日，乔治·蓬皮杜在拉·罗谢勒大获全胜，人们成群结队地前来参加集会，他与好几百人握手，就像戴高乐以前多次示范的那样。

1月31日，在巴黎体育馆的一次美国式的演出上，面对8000名观众，聚光灯将带有"保卫新共和联盟"的缩写字母UNR和"多数派，是你们"的宣传口号的巨大屏幕照得锃亮。乔治·蓬皮杜和安德烈·马尔罗站在讲台上，周围簇拥着186名"保卫新共和联盟"的候选人。安德烈·马尔罗第一个演讲，他全面出击，攻击右派，攻击左派，攻击中间派，受到成千上万的拥护者的狂热欢呼。乔治·蓬皮杜同样斗志旺盛，他回击让·

勒卡尼埃和共产党人的攻击。毋庸置疑，他便是首领。

他本人也是第一次参加竞选众议员。在考虑过他拥有卡雅尔克住宅的洛特之后，他选择了故乡康塔尔的圣－弗卢尔选区。和他的内弟弗朗索瓦·卡斯泰一起，他们坐着一辆在省里注册登记的浅天然羊皮色的403型车辆跑遍了所有的公路。人们看见他在牲畜市场与畜牧业者握手，和他们谈论牛奶、奶酪和黄油。他洋洋得意地在咖啡馆让人照相，和本地人一起喝龙胆酒，高声评论着，以便让人们听清楚："我喜欢让他们讲，这样我能学到东西。"他赢得的选票为"保卫新共和联盟"创下最佳记录：第一轮获62%的选票。

乔治·蓬皮杜不仅局限于自己的选区，而且始终活跃在第一线。安德烈·马尔罗潦潦草草地写了几句话："我亲爱的乔治，据公众舆论称，部里的视察员和司机们对我说：'啊！他真能干，蓬皮杜先生，他可真了不起！'"这是因为他花费时间勇敢地对抗反对派的头面人物，直捣他们的世袭领地。

2月22日，他在为迎接下一年举办奥林匹克运动会而建造的格勒诺布尔的溜冰场上，与皮埃尔·孟戴斯·弗朗西斯对阵。让·拉库蒂尔讲述道："人们首先见到排列密集的50名壮汉朝前走来，在第一排就座：他们是'公民行动党'人。他们晚间好几次粗暴地打断孟戴斯派发出的'间谍杀人犯！'的喊叫声。孟戴斯首先露面，身边形成一道由保护者组成的不断移动的人墙：市政委员会。欢呼声四起，仿佛大厅是他'建造'的。但当蓬皮杜在支持者簇拥下，从大厅高处，大步流星地带着轧路机般不可阻挡的气势走来时，人们便能真正看清权威究竟在哪一边：雷鸣般的欢呼声惊天动地[77]。满以为可以使他陷入尴尬境遇的皮埃尔·孟戴斯·弗朗西斯问蓬皮杜如果左派赢得选举（实际上，他提出的是一个联合执政的问题），他是否会领导新多数派执政。乔治·蓬皮杜巧妙地回避说：'这不是我的事情，这是国家元首决定的事情。'这一回答完全符合第五共和国的精神。当孟戴斯念一张纸条，以让人相信一位记者在大厅门口遭到恶意殴打时，集会失控，哄声四起。"

2月27日在纳韦尔博览会大厅再次进行面对面的辩论。这一次是与弗朗索瓦·密特朗。"您到处露面，光彩夺目，权威的口吻令我感到惊讶，"蓬皮杜对他说道，"说来说去，您，到底做了些什么，在您当政时？是戴高乐将军纠正了您的谬误，您和居伊·摩勒的谬论。我们是不会等您发起突然袭击的。如果您出剑交锋，我严阵以待。"会场内一片吵吵嚷嚷，以至这位左派领导人几乎要蒙受耻辱，无法脱身……最后是"公民行动党"的地方领导人，将他保护进他的车里[78]。

"公民行动党"的小伙子们全力以赴，绝不后退。例如在尼斯，面对因警察失误而发生的一些小事故便是如此。而蓬皮杜则佯装不知。然而"保卫新共和联盟"只是在吉斯卡尔主义者们的支持下才保住了绝对多数，而且仅多一票。悬念一直持续到海外选区结果揭晓。《鸭鸣周刊》用这样一个标题概括了当时的局面："起来，科摩罗人！"（科摩罗伊斯兰联邦共和国，非洲东部印度洋岛国，原为法国的"海外省"，1975 年独立——译注）。"实际上，"让－菲利普·勒卡讲述道，"是瓦利斯群岛和富图纳群岛的议员邦雅曼·布里亚尔的一票才使选举分出高低。这位头脑里原先仅考虑群岛特殊利益的新当选议员刚刚来到巴黎，便被科尔多瓦省的热情洋溢的议员贝尔热所控制，他迫不及待地将布里亚尔带往勃艮第，授予他塔斯特万骑士勋章，并趁热打铁，接受他加入'保卫新共和联盟[79]'。"

警告是严峻的，蓬皮杜将多数派的衰退归结于农业工人、小商人、矿工、造船工人和钢铁工人的忧虑不安。"我们为帮助他们所做的一切，没有收到任何效果。恐惧压倒所取得的令人满意的成果。"一次严重的罢工扰乱了圣－纳泽尔工地，领月薪的职工想享受和达索·南特同事一样的待遇，得到与巴黎地区工人们同样的工资。乔治·蓬皮杜始终谨慎行事，下令避免"狂热分子"与"军警们"对峙。"罢工总会结束，"他说，"必须让共和国保安部队尽量少露面。"

祸不单行，蓬皮杜夫妇因为儿子阿兰的失败而深感不安。阿兰连续三年住院实习考试未能通过。他很用功，难道是一种故意刁难吗？尽管他很痛苦，自尊心受到伤害，但父亲没有进行任何干预。"谁又能说什么呢？"皮埃尔·普热指出，"假如蓬皮杜施加影响让他儿子通过考试，当然，他肯定能通过。"

尽管如此，尚有一件事令人感到欣慰：将军未能如愿，既不能让顾夫·德姆维尔也不能让梅斯梅尔取代他成为总理，因为他们在竞选议员中双双落败，戴高乐无法名正言顺地任命一位被普选所否定的人物担任总理。于是，他便顺其自然，继续让乔治·蓬皮杜留在马蒂尼翁宫。

蓬皮杜重新组织政府，第一位入阁的便是雅克·希拉克。"一天晚上，大约 9 点钟，"希拉克讲述道，"我正从马蒂尼翁宫楼梯往下走，我想蓬皮杜是刚从爱丽舍宫回来。走到楼梯中间，他抓住我的胳膊：'雅克，您什么也别说，我会给您保留一个次要的位子，'他面带笑容地注视着我，'但是，请注意！记住永远别将自己看成是一名部长！'就这样，我便成为就业国务秘书。"

雅克·希拉克这位精明的心理学家，自进入内阁以后便产生一种感觉：这位总理担任教师时非常亲近学生，在法国高等师范学校文科预备班和高等师范学校时对同学也是如此热情，他内心肯定有一种被压抑住的亲情的需要。他仅有一个养子，仅有一个。他需要收养。于是，慢慢地，希拉克这位合作者便悄然进入这位与众不同的人物的私生活之中。乔治·蓬皮杜确实没有助长他这么做，但多少有些听之任之。年轻的希拉克成功地成为他某种意义上的教子。以至于当他有了女儿的那一天，便给她起名为克洛德，和蓬皮杜夫人的名字一样。这样，蓬皮杜夫人也就自然而然地成为他女儿的教母。

乔治·蓬皮杜再也没有像 1962 年那样费力地将这届新政府提交国民议会批准，因为在此期间，指定他为总理的共和国总统已成为全法兰西人民普选出的总统。政府归属于他，而不是国会。他再也无需恳求议员们和各政党赋予他权力。

再好不过了，因为总统多数派是勉强的。为了注意政府的团结一致，总理吸收让·富瓦耶的前特派员玛丽－弗朗斯·加罗加入内阁，任司法部长。她深受好评，尤其在参议院。尽管有加斯东·莫内瓦尔在，她在担任司法部长期间使议会投票批准设立了国家公安法院。她负责与国会的关系，监视多数派议员们的活动，竭力说服他们在不过分修正的条件下支持政府提交的议案，并提醒他们遵守纪律。而且，因为皮埃尔·朱耶的戴高乐主义色彩过于醒目，便由她出面来安抚中间派人士，并请他们当有朝一日蓬皮杜参加竞选总统时加入乔治·蓬皮杜的阵营。

谈何容易。第一道障碍，瓦莱里·吉斯卡尔·德斯坦越来越不安分，总想闹事，他抓住各种机会表达自己的不同见解。他渴望权力，和他在一起，谈话总是围绕着政治，与作为诗人的总理毫无共同语言。他时而嘲弄乔治·蓬皮杜对共产党人的攻击"他为看见法国政治深陷反共产主义的宣传的庸俗道路无法自拔而伤感"，时而揭露"孤家寡人的政权"，时而拒绝其43名当选的独立共和党人议员参加"保卫新共和联盟"。为了证明独立议员团存在的必要，他准备发起某种第三共和国和第四共和国议员们喜欢进行的"场外活动"。

第二道障碍，刚就任财政部长的米歇尔·德勃雷赞同"采取一项严厉的金融政策"。乔治·蓬皮杜不知如何向他解释"目前迫切需要关注的问题是经济和社会环境"。

第三道障碍，勒内·卡皮唐比过去更好攻击，且更为露骨。他利用一切机会就没有分配给左派戴高乐主义者足够的席位问题、选举策略和总理的社会政策进行猛烈的批评。

政府刚刚成立，便遭遇反对派提交的三项弹劾动议，差点垮台。面对种种困难，乔治·蓬皮杜向"自由法兰西"的两名前中立主义者议员莫里斯·舒曼和勒内·普莱文寻求新的支持。然后，为了避免反对派甚至多数派的某些成员从第一次会议起便可能发动的骚扰和消耗战，他则求助于宪法第 38 条。这一条款允许议会授权政府在有限的时间内，以行政命令的方式采取法律范围内的正常措施；这些措施自公布之日起即行生效，如果议会在规定时间内不予通过便过时失效。

乔治·蓬皮杜担心与瓦莱里·吉斯卡尔·德坦发生正面冲突，便于一个月前在贝蒂纳堤街与他单独共进午餐，趁他对这一程序还完全不熟悉时，便通知了他。然而，1967 年 4 月 26 日，当总理要求议会给他六个月时间，以行政命令方式处理经济和社会方面的问题时，吉斯卡尔则公开揭露这一"取消对话的政治阴谋，是无须事先通知的委任状，是名副其实的已签名的空白证书"。

可乔治·蓬皮杜已经抢先一步。行政命令有三十四个之多。为了防止给人造成拒绝对话的印象，他不断与工会组织约会，一个接一个地进行，乔治·蓬皮杜坚持单独会见他们。"法国总工会"、"法国天主教工人联合会"、"法国民主工联"、"工人力量工会"、"企业行政及技术人员总工会"、"法国全国雇主理事会"和"全国中小企业联合会"走马灯似的前往马蒂尼翁宫。不幸的是，几乎所有工会领导人对国家的看法都不符合时代精神。他们似乎依然停留在井下矿工、蒸汽机火车头司机和左拉年代铸铁工人的时代。极少有人看到世界正在变革，边界正在打开，第三产业正在发展。因此，与他们对话的结果令人失望。

然而有两个例外。他在高等师范学校文科预备班的同学，现在负责"法国全国雇主理事会"社会事务的弗朗索瓦·塞拉克和担任"工人力量工会"秘书长、为人真诚、完全不是马克思主义者的安德烈·贝热龙。"我所追求的，"安德烈·贝热龙说，"是实实在在的东西，是节奏，是退休积点的水平、住院的押金比例[80]。"所以，蓬皮杜便和弗朗索瓦·塞拉克、安德烈·贝热龙和他的社会事务顾问爱德华·巴拉迪尔一起制定有关的行政命令。

优先考虑的是保护失业者的问题，因为失业者仅由各市政府负责，而且方式参差不齐。蓬皮杜担心开放边界和技术革新会打乱就业市场，便制定一项行政命令：收回市政府的失业保险金，交由国家机构——"全国工商业就业联合会"和一个劳资对等委员会——"工商就业协会"统一管理。然后便是社会保险问题，必须遏制赤字。为避免由选举运动诱发的人口不断增加的浪潮，一项行政命令修改了行政管理委员会的构成：当选者中的一半由资方组织代表取代，另一半则为工人工会组织代表。

另一项行政命令解决附加养老金的资金来源问题。在准备阶段的讨论中，乔治·蓬皮杜问安德烈·贝热龙："有些人50岁退休。另一些人则55岁或者60岁退休，还有人65岁退休，您认为正常吗？""当然不正常，"安德烈·贝热龙回答说，"但如果您对一些特别的制度提出质疑，24小时之内，您便会面临动乱。""我知道。正因为如此，我才不会去修改。"问题依然存在。

乔治·蓬皮杜还试图通过行政命令的途径，就戴高乐念念不忘的参与问题给他一个象征性的满意的答复，一种保证。"参与问题"早在戴高乐1945年建立的企业委员会中便初露苗头。在一封致马塞尔·卢瓦绍[81]的信中，戴高乐重申他"始终在摸索，寻找一种确保改变的实用方法。不是改变工人的处境，而是改变工人的生活条件。即介乎于资本主义和共产主义之间的第三条道路。"他希望见到在每家企业里，劳动者们都能获得一份利润，尤其是能使劳动者通过他们所选出的代表直接参与公司和董事会的管理。尽管瓦隆作了修正，他仍感到事情没有任何进展，他的总理由于害怕在企业造成混乱而踏步不前。实际上，蓬皮杜对将军的伟大的社会理念不太欣赏。而将军则极其重视，尽管这一理念并不十分明确。路易·瓦隆火上浇油，不断诅咒那些被他称之为"蠢鹅"的资本家们。1967年7月戴高乐终于等得不耐烦了：

"蓬皮杜，必须实行'参与'。"

"我的将军，我和您一样反对国家实行议会制度。所以，我不能把这种制度移植到企业中来。"

"这不是问题所在。"

"可这正是卡皮唐所要求的。"

"他是个不折不扣的疯子！"

于是，蓬皮杜对他说："我能否问您，我的将军，究竟何为'参与'？"

"听着！应该使所有人了解情况，让全部劳动者参与。"

"在这种条件下，我完全赞同您的观点。"

于是，总理立即在国有企业里发布有关企业利润分配和工人股东制的行政命令。但戴高乐认为采取的措施不力。一年后的1968年4月25日，他在接见达维德·鲁塞时曾说过："必须谴责资本主义和资本主义社会。同时也必须谴责极权的社会主义，并找到一条新的道路。'参与'的道路。我与法国人的联系被切断了。我想寻找真心诚意的、能够理解这场战斗意义的人士，但我找不到。我是孤家寡人，鲁塞，我是孤家寡人。"

显而易见，总统和总理之间的关系越来越僵，再也不像过去那样息息相通了。无论戴高乐还是蓬皮杜，都是如此。乔治·蓬皮杜对将军在蒙特利尔市政府阳台上发表的著名演说感到遗憾："自由魁北克的警句格言，这些接连不断的麻烦，本来是很容易避免的，因为他写各种文章，他也写了关于魁北克的文章。他本可以让我读一读。这样，我便可以指出问题所在，他也可接受我的提醒。但他就像一个避着成人玩弄火柴的孩子。这一切会给我们带来什么呢？只能带来烦恼。而他却以为是踩动踏板，推动了历史的进程。"

1962 年还难以想象自己会从政的蓬皮杜现在却突然改变了信条。1967 年 9 月 11 日，他道出了心里话："当人们问我谁会成为共和国总统时，"我回答说，'我什么也不知道，我是总理，以后再说吧！'我是绝对诚实的。我内心深处十分清楚，我注定要从事政治，我将成为共和国总统或者反对派议员。至于我为成为共和国总统所作的准备工作，其实五年半以来我从早到晚一直以某种方式进行着。从另一方面来讲，我又不能做这种准备，因为对将军来说，这是不合礼仪的、是不正派的，显然会遭到他的冷遇。于是，为了避免失去时间和毅力，我便不再考虑这一问题。等着看吧。这丝毫不意味着我不想这个问题。

"我是总理，因此在将军的脑海里，只要我在位一天，只要我是他的亲密合作者，我就负有继承他的使命。如果我不再当总理，将会有另一位总理。而且没有任何东西可以阻止他这么计划未来。假如戴高乐突然间消失，一刻钟之内，各种势力便会展开一场激战。因此必须作好应战的准备。珀蒂-克拉马尔事件发生的那天晚上，当罗歇·弗雷在电话中对我说'刚刚发生了一件谋杀将军的事件'时，我经历了极具悲壮色彩的五分钟，直至人们告诉我将军活着，安然无恙。当他走进科安医院接受手术时，我显然在考虑这个问题，并作好准备。但当天晚上，我们都心中有数了。除了这些时刻外，我从不考虑这一问题。将军也不，更何况，尤其自1965 年他决定参加总统竞选以来。说到底，他没有任何理由引退，恰恰相反，每天都会找到继续留下来的新理由。任何东西，确实，任何东西都不允许我去想他给自己规定一个确切的时间表，确定离开的日期。但也没有任何东西可以完全否定这一点。这纯粹是我的假设，我会说：在两三年之内，也许……

"对于重大的事情，戴高乐会作出肯定而迅速的反应，大家都知道这一点。他比任何人都擅长当机立断，抓住出现的机遇。1962年他便是如此。对他认为不太重要的问题，他则随便说些什么。例如，当他听说国会动荡不安、议会骚动时，他会被激怒，说道：'这些混蛋议员们……我要统统把他们赶出去。'然后，他便不再想这件事，而且什么也没有做。

"他的继任者应该更远离日常事务，别像将军现在这样要去规定食糖的价格，借口有人给他递了纸条，突然提出要解决某个次要问题。但是，不管人们愿意与否，必须由共和国总统作出重大决策，制定政策。

"人们对我说，如果密特朗有朝一日成为总统，他也会逐渐走向总统制。这将是一个翻天覆地的变化，因为，在这一制度下，我们所有的这些政党都将失去其地位，应该合并成两个联盟，民主的或者共和的，左派的或者右派的。

"这样，二者必居其一：或者是共产党和社会党（工人国际法国支部）将拒绝这一合并，因为在这种条件下，密特朗将会消失或者是左派将会趋向统一。那样就再不会出现两大选民团之间的抗争，而成为控制联盟的共产党人为夺取政权的一场战斗。

"在前一种情况下，再不会有密特朗。在第二种情况下，不是重返第四共和国，而是出现一种由共产党统治的制度，一切都可以想象得出来：与大西洋世界完全断绝联系，我们加入东方世界。无视贸易量占我们贸易总额90%的国家，转而和与之贸易量仅占我们贸易总额4%的国家联盟，这是荒谬绝伦的。我不相信会这么做，世界经济利益也不容忍这么做。"

显然，乔治·蓬皮杜不能使其思想脱离东欧的模式。因为在东欧，每当共产党加入一个联盟，便会迅速扼杀其社会党伙伴。显然除了密特朗有朝一日反过来蒙骗共产党人伙伴之外，他想象不出第二种联盟来。

在1967年11月24—26日在里尔举行的"保卫新共和联盟"全国大会上，乔治·蓬皮杜当选为重新更名为"保卫共和国民主人士联盟"的主席，通过否定"那些未来里尔者们"——勒内·卡皮唐和路易·瓦隆的朋友们——对戴高乐主义的垄断权，他想终结对老战士们的迷信。因为没有抵抗战士的经历，他一直因被排除在这一对老战士的崇拜之外而深感痛苦。所以，他才精心安排让"争取进步青年联盟"的100名青年戴高乐主义者在前几排就座，以占据重要的地位。看见他们的领袖罗贝尔·格罗斯曼迫不及待地想发言，他便让其讲话："对出生于1940年、1945年、1950年的我们所有人来说，6月18日是个应该载入史册的日子。这个日子对于我们，就好像凡尔登对于 1942 年的抵抗战士一般具有纪念意义，已成为历史性的政治事件，不再是现在应该讨论的政治事件。"这位年轻的演说家揭露把戴高乐主义神圣化，使之退化为一种很快便陈腐过时的教义的企图："今天，我们的戴高乐主义，首先是一种说理和思考的承诺，一种不断与时代变革相结合的言论和行动的哲学，而不是一种注定要消失的暂时现象。随着一代年轻人的成长，它仅仅是个开端。戴高乐主义远不会沦落为与一个人的命运联系在一起的历史的插曲，它必将超越奠基者个人和产生的环境。"并得出"后戴高乐主义将仍然坚持戴高乐主义"的结论[82]。

这番言论使乔治·蓬皮杜感到高兴。当他到来时，坐在主席台跟前的"争取进步青年联盟"的青年戴高乐主义者有节奏地高呼："蓬皮杜属于'争取进步青年联盟'！"在大厅后排就座的戴高乐主义活动分子们借助于糟糕的音响效果终于明白："蓬皮杜将要入主爱丽舍宫！"从而引起某种惊恐不安。在这场革新政党形象的战斗中，聚集在蓬皮杜周围的年轻人成为他无可置疑的王牌。他自认为扮演着接班人的角色，是明日戴高乐主义的化身。他饶有兴趣地品味这张具有现代特色的专利证的深远含义，因为它见证了壮丽的声明："年轻与身份地位毫不相干。"

然而，1967 年 12 月 28 日，当吕西安·纳维尔特的一项允许药房根据处方出售避孕药丸的法令得以通过时，可能仍因夫人无法生育而伤感的总理感到愤怒，脱口而出："您赢了，纳维尔特！"

年迈的戴高乐将军则显得更为现代："纳维尔特，您做得对：生儿育女传递生命事关重大，应是自愿，而非强迫。"

面对骚乱

乔治·蓬皮杜很快便要庆祝他创纪录的主政马蒂尼翁宫六周年。他经历过种种考验，全都挺过来了，意欲继续下去。戴高乐对他感到厌烦，但却更为放手了。总理 1967 年末在一次讲话中引用魏尔兰（1844—1896，法国诗人——译注）的诗句，吐露心声：

> 我的上帝，我的上帝，生活在那里
> 朴素而安详
> 阵阵平静的喧嚷
> 传自都市的街巷

他的社会事务顾问爱德华·巴拉迪尔"不仅欣赏他的判断能力，他论证时的沉着冷静，他刚强的性格，而且欣赏他的幽默诙谐"。

让·费尔尼则喜欢这样来描绘他："56 岁，下巴肿胀，鹰嘴鼻（波旁家族的成员通常都是鹰嘴鼻，因此有 nezbourbonien 一说——译注），漂亮的双手，粗黑的眉毛，一脸坏笑，尤其是那双光芒闪烁的眼睛射出的温情脉脉或者冷酷无情的目光，洞察人的内心却又含而不露，满不在乎的表面掩饰着坚强的毅力。农民的健壮身材和高等师范学校毕业生的思维，他更注重的似乎是领悟能力，而不是感受能力。很少显得和蔼可亲，但有时则会热情奔放。机灵能干，记忆力强。面对生活的馈赠：权力、画作、一根香烟，他表现得更像美食家，而不是贪婪者。好奇而冷漠，专制而灵活。他经常笑话别人，但也会嘲弄自己[83]。"

费尔尼问他："如果必须在司法和国家最高利益之间进行选择，您会产生良知问题吗？""不会产生特别严重的良知问题，"他回答说，"但在日常生活中，令人左右为难的往往是在人道、良心和整体利益之间进行选择。这些问题经常会出现。这便是权力的真正悲剧所在。我自然的倾向是从良心的一面去解决这些问题。在这种情况下，我对规章条例就会比较无动于衷。如果必须借口国家利益进行选择，我会毫无乐趣地去做。事关国家利益的重大的选择，得由国家总统作出决定。从这一角度来看，总理的处境还是比较舒适的。"

"是谦虚吗？"

"不是。"

"权力会给长期使用者带来损害吗？"

"从生理上和神经上讲，会的。但人们可以通过有规律的生活来保护自己。"

"精神上来讲呢？"

"这就更难说了。但如果坚信自己是无可取代的，也可以做到。"

"权力大概是枯燥乏味的吧？"

"从这一点来看，当总理有一个好处：提交给他的问题都已剔除了技术方面的因素。无论从哪个方面来看，总理的决定都是带有政治性的。这便要更多求助于——怎么说呢？——文学天赋，而不是技术。"

乔治·蓬皮杜是如何猜测到国家很快将陷入无政府状态的呢？难道这位没有写过一句诗文的伟大的诗歌爱好者，这位从未尝试过写小说的狂热的文学崇拜者，具有丰富的想象力吗？

他是如何料到动乱首先来自青年人呢？青年人！1968 年 5 月 21 日在"全国互助保险联合会"上，他本人不是刚刚作为"争取进步青年联盟"的少男队友会的辩论晚宴上的座上客，取得极大的成功吗？为了强化自己的形象，为了压倒趾高气扬的沙邦-戴尔马和吉斯卡尔·德斯坦，他巧妙地用20世纪30年代的学生的回忆来打动他的听众，让人们为他诙谐的俏皮话而开怀大笑。他甚至大胆地激励他们不要墨守成规："今天，难以再造反，如果我25岁，我便不知道该登记参加什么组织，肯定不会成为激进青年党人。年轻人必须对一切都提出怀疑，成熟的年轻人应对秩序提出质疑。"这些言论具有出奇的预见性。

乔治·蓬皮杜并没有感觉到大学里发生的深刻动荡。他的高等师范学校的同学朱利安·格拉克、雷蒙·波林和其他人都没有对他谈起，也不敢告诉他。真是遗憾！他处于正在酝酿中的动乱旋风的启蒙年代。一个月后在与新闻记者的一次午餐会上，他关于自己即将进行的对伊朗的访问的讲话便是见证。和戴高乐一样，他认为沙赫（伊朗国王的称号——译注）可以成为中东有利于牵制阿拉伯国家的平衡力量。午餐会快结束时，他对皮埃尔·蓬特－维昂松发表在《世界报》上的题为《法国感到郁闷》的具有预兆性的文章进行了嘲讽，并指责《费加罗报》的米歇尔·巴锡："我读了您的文章，您把时间花费在呼唤改革上。那么好吧，我有充分的理由对您说，我们不能靠改革来治理这个国家[84]。"

面对蓬皮杜的怒火，米歇尔·巴锡低下了头，然后试图辩解："总理先生，您刚才对我讲的一番话令我想起了我的老师雷蒙·阿隆曾讲过的一句话。有一天，他曾肯定地说：'在法兰西，人们不搞改革，而是搞革命。'"蓬皮杜了解阿隆的经典言论，回敬道："大学教师的宣言。可是，您忘了指出，我亲爱的朋友，指出戴高乐本人将阿隆的这句话修改为：'在法兰西，人们只在革命之后搞改革。'"

与经历过1929年的大危机、失败、占领和解放的一代人一样，乔治·蓬皮杜对学生们的不满很难听得进去，也没有意识到仅在巴黎就有为数十万的大学生，比1945年全法国大学生的人数还要多。这样，他怎么能够料到正在潜伏着的动乱呢？他怎么能想象到动乱的火花正是从由他的政府1962—1964年间创建的楠泰尔大学迸发出来的呢？他怎么从来没有访问过这所坐落于工业远郊区、靠近一座贫民窟、周围为少数民族聚居区、满是遭社会唾弃的人群的可怕的骚乱大本营呢？

家庭已经经常解体，父母与孩子的关系已经今非昔比。师生之间的关系早已改变。对很多人来讲，上帝已经死去。大多数年轻人根本不再去想他们在社会上能有什么地位。他们的性生活以比上一代提前了两年，而高中会考则需推迟两年才能参加。教学计划并未因此而改变，学生认为教给他们的知识已经过时，没有意思，与他们从电影上见到的、从电台里听到的东西相比，显得越来越陌生。普雷韦尔（1900—1977，法国著名诗人和电影剧作家，善于把奇特的形象同民间的嘲弄结合起来，作品有《雨天和晴天》《夜访者》等——译注）还说得过去，高乃拉和拉辛的作品学了又有何用呢？面对将教师和学生分隔开的壕沟，教师们并未努力去改变教学计划，而是不断地要求增加岗位和减少课时。

成千上万无所事事的年轻人注册了文学或者社会学。他们中的多数来自资产阶层，喜欢听反对"消费社会"的演说。"消费社会"的概念是爸爸、妈妈灌输给他们的，但他们也充分享受了这一"消费社会"。看来，既没有受过1939—1945年的战争之苦，也没有受到印度支那和阿尔及利亚战争之害的他们，现在想有一次属于他们自己的战争。实际上，他们什么也没有见到，什么也没有学会。他们不再满足于仅仅对教育提出异议，慢慢地转向对社会和国家提出质疑。他们的某些老师"竭尽全力扭转他们的思想，要他们用一种令人联想起搞繁琐哲学者或者莫里哀笔下医生的行话，来批评一个他们自身都注定无用武之地的社会[85]"。尤其是那些被匆忙招聘来的应付学生人数膨胀局面的助教们更是如此。一小撮极左分子渗入到他们当中。打着永恒原则的旗号——"离开这里，把位置让给我"，煽动学生们推翻上一辈人建立的社会秩序。

"他们的学习基本上没有任何进展，虽有助学金，也无法结束学业，"乔治·蓬皮杜评论说，"楠泰尔学生运动领导人大部分已过了常人离开学校去就业或者中止学习走上社会的年龄[86]"。

在楠泰尔大学，自开学以来，一名神气活现的留级生达尼埃尔·科恩－邦迪明目张胆地鼓吹革命。有些人虽然没有接受他所灌输的思想，没有被激发起革命热情，但至少从中得到某种乐趣。造反声轰鸣，但却与外界隔绝。1968年1月8日，青年和体育部长弗朗索瓦·米索夫前来为大学游泳池揭幕。他的来访没有事先宣布，代表团也是悄然而至。但他惊讶地见到他所经路线已被用巨大的勃起的阴茎标示出来，并贴有布告，上面写着："今晚，18点，在游泳池举办淫乱。"

他的话音刚落，只见达尼埃尔·科恩－邦迪从一群大学生中走了出来。他在装模作样地向部长借火点烟之后，便劈头盖脸地大声责问道："我读了您关于青年的白皮书。六百页暮气沉沉的废话！您甚至都没有谈到年轻人的性生活问题……"

无法克制自己的弗朗索瓦·米索夫反驳道："看您这副德行，您确实存在这类问题。再说您可以随时跳进游泳池尽情发泄。"他简直是胡说八道！达尼埃尔·科恩－邦迪长着红棕色的头发，是法国－德国犹太人混血儿。他的一个帮凶同学抓住机会，呼喊集合口令："这是法西斯主义的回答！"

有三个原因把这些年轻人纠集在一起。首先是性自由，要求男生夜间可以在女生宿舍自由来往。其次是越南和平，争取越南和平的委员会在各所中学里如雨后春笋般涌现。最后是3月份，由"法国全国学生联合会"副主席雅克·萨瓦若和他的同事——"全国高等教育工会"的阿兰·热斯马尔带领上千名教师举行游行示威，反对进行大学入学筛选，并要求从下个学年度起开始实行。筛选是不可或缺的，选举米斯·弗朗西斯或者组织一个国家足球队，进行筛选都是完全正常的。但一旦提到大学，人们便脱离常规，拒绝筛选，甚至将其妖魔化。

这种动乱，人们注意到在不同制度和不同生活环境下的世界上所有大学里也会发生。美国加州的伯克利大学校园发生过由鲁迪·杜希克组织的聚集了 25000 名不满现状的大学生的示威游行，并迫使市长下台。在意大利、西班牙、突尼斯、埃及、阿尔及利亚，在波兰的格但斯克造船厂，在日本、捷克斯洛伐克、荷兰、巴西都发生过。几乎在世界各地。大学生人数的急剧增长，两代人之间代沟的形成，或者仅仅是梦想在电视上扮演英雄角色的年轻人的无意识模仿？所谓消息灵通人士在一起谈论密切相关的动乱谋反：一些用似懂非懂的托洛斯基、毛泽东、菲德尔·卡斯特罗或者切·格瓦拉的学说武装起来的过激分子。偏执狂，也许如此，一时间人们都纷纷提出这个问题。

对于发生在大学生住宅区房间里的事情，乔治·蓬皮杜显得相当宽容大度："就让他们在一起搞鬼去吧。这样，他们便不想给我们制造麻烦。为什么你们要每个人午夜都回到自己的房间呢？这正是他们打闹取乐的好时光！"但他也感到左右为难。他在信任年轻人的天性和憎恶混乱之间摇摆不定。憎恶混乱使他希望由铁腕人物采取激进措施。他吃惊地看到动乱由校园蔓延至整个法国社会。1月末继大学生骚乱后，在富热尔和冈城发生了工人暴力行动。

但他怎么也没有想到，这些资产阶级子弟像滚雪球一样，竟然会煽动几百万劳动者起来造反，竟然会闹到全国瘫痪三周的地步！不满情绪，乔治·蓬皮杜并没有见到不满情绪的增长。1968 年 4 月 15 日，他在马蒂尼翁宫接见了安德烈·贝热龙。贝热龙试图说服他提高已经拖延了一段时间的最低工资，但白费口舌。他拒绝道："如果各行业最低保证工资提得过高的话，就有可能使许多中小企业陷入困境，恶化工业基础较差地区的就业形势。"难以动摇这位奥弗涅人的信念。

大学生在尝试过几次孤立的行动之后，面对被激发起来的大众舆论的支持浪潮，便肆无忌惮地攻击政府，将国家推向崩溃的边缘。

乔治·蓬皮杜远远没有想到灾难即将降临到自己头上，他于 1968 年 5 月与夫人及十余人飞往伊朗和阿富汗进行早已计划好的正式访问。是国事访问，也是旅行，在德黑兰、伊斯法罕、设拉子和喀布尔停留。没有一位内阁成员阻止他进行这次访问。甚至在楠泰尔发生混战之后，国民教育部长阿兰·诺克斯还表现得很自信。蓬皮杜放心地让路易·诺克斯代理总理职务。

就在他出访的第二天，楠泰尔大学校长这位前抵抗老战士看见其他人都轻率行事，觉得过于长期的忍耐会使自己信誉扫地，感到无力重新掌控局势，便决定关闭学校。对于骚乱者们来说，这是千载难逢的机遇。达尼埃尔·科恩－邦迪失去自己习惯的讲坛后，便将楠泰尔大学学生们拉出校门，在拉丁区寻找另外一个讲坛。场面颇为壮观。一群人浩浩荡荡地在索邦大学院内驻扎下来。

学生造反运动的色彩起初是极端自由主义的，随后便演变成为儿童游戏。学生们几乎个个兴高采烈。索邦大学的墙上一片涂鸦文字，引得好奇人士前来辨别和查核究竟写了些什么。他们往手上的小本子上记录："无拘无束地享受"，"不准禁止"，"把你们的愿望当成现实"。所有的习俗全都废止，一切禁忌统统消除。反对游行者、法西斯分子即将到来这一顽念使他们头脑发热、情绪激昂，甚至引发马比荣和圣－日尔曼－德普雷之间的巷战。更有甚者，5月16日，前来关闭索邦大学、驱逐闹事者的警察愚蠢地穿过市场，将四五百名安分守己，但活该倒霉正好待在那里的大学生塞进了有篷货车，在警察局度过的一夜使这些本来温驯听话的学生成为暴乱分子。

星星之火点燃了火药库，面对大门紧闭的学校，成千上万的大学生只能在大街上集会。他们被暴力行动和打架斗殴所诱惑，便公开向当局宣战，如同儿子找父亲闹事一样。他们当中出现了受害者：12名学生当场被逮捕并获刑两个月，被关进监狱。游行队伍朝拉桑特监狱进发，要求释放被捕学生。同时还要求警察撤出整个拉丁区，重开学校大门。

先是欧洲一台、卢森堡电台，然后蔓延至法国广播电视局，纷纷报道此事，使整个巴黎的局势极度紧张。5月10日晚，阿兰·热斯马尔在位于盖伊－吕萨克街的一辆卢森堡电台的车内，与在索邦大学办公室内的副校长沙兰开始了一场奇特的谈判。几百万听众聚精会神地在收音机旁倾听，他们简直不敢相信自己的耳朵。

自从出现街垒以来，人们便形成一种精神状态。而且这种精神状态像滚雪球似的漫延开来：游行者们确信是在做大事情，便构筑了其他的许多街垒。这天夜里，几万名年轻学生在拉丁区筑起33座街垒。他们仿效1789、1830和1848年的英雄们，相信可以攻下巴士底狱，以较小的代价掀起一场属于他们自己的革命。他们高喊"共和国保安部队是党卫队（纳粹德国的黑衫队——译注）！"他们对共和国保安部队的谩骂表明他们对过去的那场战争、德军占领和纳粹德国党卫队的残暴行径一无所知。"这些人不是劳动者，"乔治·蓬皮杜写道[87]，"更不是无产者，而是些没有志向的游手好闲者，他们只能转向否定、拒绝和破坏。他们以为从暴力行动和因所有习俗全都废止、一切禁忌统统消除而产生的节日般的欢庆中突然出现的局面可能是摆脱烦恼的唯一机会。"他晚些时候还说过："他们不想冒生命危险。他们的行动仅仅停留在不冒真正风险的范围内。真正冒险的地方，他们是不会去的。"

大概是回想起在比农庄被枪杀的亨利四世中学英勇的学生们，乔治·蓬皮杜又补充说："想为国效力，准备奉献生命，机会随时都有。'你要战争，丹东，你就会牺牲。'罗伯斯庇尔曾经说过。丹东牺牲在断头台上，罗伯斯庇尔也是。切·格瓦拉并不是我想仿效的榜样，但他充满了革命的理想，他准备为这一理想而献身，所以他牺牲了。法国全国学生联合会和全国高等教育工会领导层中远没有这样的人物[88]。"

代总理路易·诺克斯、内政部长克里斯蒂安·富歇当时并没有立即派出推土机摧毁这些街垒，而是过了很长时间才让共和国保安部队赤手空拳、冒着极大的风险前去拆除，他们这样做似乎犯了一个严重的错误。

电台广播使全法国彻夜不眠，直至清晨5点，造成即将爆发一场激烈战斗的错觉。记者们的评论似乎在转播一场体育比赛时的急促声调、惊心动魄的描绘不断吸引着新的好奇者前往拉丁区，从而使游行队伍更显庞大。1961年阿尔及尔叛乱期间，半导体收音机使戴高乐将军的号召和命令越过叛乱将军直接传送给应征士兵和犹豫不定的军官，从而为确保法制占据上风作出强有力的贡献。而这次，情况正好相反，半导体收音机这一新式武器却转而为叛乱者们效力。

听信广播员的播音，现场肯定混乱不堪：水枪挥动，橡皮棍飞舞，催泪弹燃爆，警察们甚至使用了一种不知道会造成什么长期后果的攻击手榴弹。共和国保安部队驱散人群时似乎不分路人还是骚乱分子，不分中学生还是成年人。实际情况是治安警察尽管遭受沉重损失——四百人受伤——始终未开一枪，但这未能阻止大学生炮制死亡者名单。幸运的是，所有人都无一例外地活着。也许是一些人出走，另外一些人前往外省了！

5月11日清晨，电视台的主要新闻记者们为被剥夺了节日的欢乐而义愤填膺，伊戈尔·巴雷尔、皮埃尔·德格罗普、皮埃尔·迪马耶、安德烈·阿里斯、菲利普·拉布罗、阿兰·德·塞杜伊、亨利·德·蒂雷纳，甚至蓬皮杜的朋友皮埃尔·拉扎雷夫都对电视新闻"令人瞠目结舌的无能"提出轰动一时的抗议。

1968年5月的年轻造反者究竟想干什么？连他们自己也不清楚。只要听听他们在公众场合和在私下都讲些什么，便会确信无疑。一次运动中传播出如此多的蠢话，涌现如此少的具有建设性的思想，历史上鲜有前例。人们拒绝一切、诋毁一切，但基本上什么也没有提出。一些人谈论取消说教式的教学，代之以"经常性的对话"、选择课程和"为考试提供方便"。另外一些人则只是倾听，目瞪口呆，惊慌失措。这已经不再是什么教育问题，而是无政府主义和表现癖了。

巴黎人一直偏爱靠奋斗而成功的知识分子。他们就像得了一种地方病，乐此不疲。"拉丁区对他们来说好似一块圣地，这里能培育出坐在大学文凭堆上的能预言未来的女祭司，即使是后来见到闹事者拒绝文凭或者声称要由报考者自己颁发文凭而感到泄气，也不改变初衷[89]。"

法国人变得疯狂了。他们要求自由，而他们正身处在一个自由的国度里。基本上所有人都有工作，当然每年从大学毕业的几千名社会学家们除外。只是几个世纪以来，劳资双方没有对话，大学教师和大学生之间没有对话。而且，十年来，电视台和电台只反映当局的观点，从而产生一种失望情绪："十年，够了！"

总而言之，在法国，任何人，绝对没有任何人会预料发生一场如此汹涌澎湃的学生骚乱。对于某些人来说，这是盛大的节日；而对另外一些人来说，则是一种令人难以忍受的混乱局面。整整一个星期，闹事者构筑街垒、焚烧汽车，不愿作出任何妥协，不想缓和局势。他们唯一的目标便是使政府信誉扫地，然后让政府瘫痪。重现达维德对哥利亚（哥利亚为《圣经》中的腓力斯巨人——译注）的战斗。雅克·索瓦诺和达尼埃尔·科恩－邦迪要求内政部长和警察总署署长辞职。富基耶－坦维尔的学生们则提出设立人民法庭来审判他们。

戴高乐与所有人一样，事先什么也没有料到。对他来说，索瓦诺、科恩－邦迪、热斯马尔都是火星人。在建议改革前，他想首先恢复秩序，为此，他先动用部队。允许共和国保安部队和机动宪兵队驱散人群，武装部队部部长皮埃尔·梅斯梅尔派遣部队占领敏感地点——电话中心和汽油库。为防止可能发生的一切，他从西南部凡尔赛附近弗里勒兹军营调来两个伞兵团。"两个完全信得过的伞兵团，"皮埃尔·梅斯梅尔回忆道[90]，"他们的上校是我的战友，伞兵们不会对参加游行的大学生怀有本能的同情。因此，我们有 1700—1800 名年富力强的士兵，完全能够控制局面。戴高乐让我严密监视一切，但没有要求我将他们遣送回去。从第三天或第四天起，每天清晨，内政部长都在马蒂尼翁宫要求我派遣士兵增援共和国保安部队和机动宪兵队。我知道如果派一个不熟悉自己所扮演的角色的伞兵团投入维持治安行动，只要有两三个伞兵落地，并被街垒里的骚乱学生打死，双方就会交火。要从骚乱学生手中夺回圣－米歇尔大道和圣－日尔曼大道，当然会发生流血事件。于是，我拒绝了，并对诺克斯说必须给我发出征调令，我仅服从他发出的书面征调令。他明白我熟悉自己的军官职业。而这一征调令，他始终没有签署[91]。"

如果说武装部队部部长处事不惊的话，内政部部长则并非如此。"克里斯蒂安·富歇是选错了的角色，"让－菲利普·勒卡认为，"戴高乐感谢他在阿尔及利亚独立时期接受扮演一个不受欢迎的角色，然后又提出欧洲联邦的思想。但他不是打开局面的能人，幸运的是，警察署长莫里斯·格里莫没有准备诉诸暴力，而是明智地直接听从总理和他的代理人的命令[92]。"

在此期间，乔治·蓬皮杜正兴致勃勃地访问伊朗，与沙赫和总理多韦达讨论工业计划。当时的伊朗正是沙赫鼎盛时代，快速实现了工业化。这位沙赫热爱法兰西，法语讲得地道，并向法国的企业家敞开市场。当离开伊朗前往阿富汗时，乔治·蓬皮杜获悉从国内传来的令人不安的消息。他犹豫了一阵，然后决定继续访问。无论如何，有戴高乐在，他会采取必要的措施。于是，他来到喀布尔，受到国王接见，观看了布兹卡奇——一种激烈的马球表演。然后，他和随从乘坐两架奥特飞机前往北部与苏联接壤地区。飞越神奇的兴都库什山脉后，参观了昔日由亚历山大大帝建造的城市昆都士和佛陀山谷。他在昆都士惊奇地见到衣衫褴褛的孩童们正安安静静地接喝着屋檐滴水。回程时，天空骤然间阴暗下来，暴雨即将来临。阿富汗人关照法国客人，建议他们乘吉普车返回喀布尔。只是这得多花费几个小时，晚上预订的招待会只能作罢。当然，这样做更为稳妥。

"我，我乘飞机回去，"蓬皮杜坚持说。"听着，蓬皮杜，您愿意怎么做都行，"夫人抗议道，"我，我坐车回去[93]。"

蓬皮杜只好屈从。"和外事国务秘书安德烈·贝当古及其夫人一起，他们乘坐伏尔加车返回，而我们则坐苏联吉普车，"代表团成员之一的让－菲利普·勒卡讲述道，"沿途被湍湍激流冲刷成的沟槽随处可见，颇为壮观，但也一片凄惨。见不到一名妇女，到处是手持匕首和轻机枪的男人。更有甚者，当我们抵达喀布尔时，获悉为了驱散在此期间占领大学的大学生们，国王求助于身为北方部落首领的一名侄子，他手下的军人和骆驼占领了校园。除此之外，再没有任何事件破坏这里的安宁气氛[94]。"

5月10日，乔治·蓬皮杜在喀布尔接听电话。米歇尔·诺贝尔传来了十分糟糕的消息。戴高乐没有要求他紧急返回，因为这样做会丢尽颜面，并承认无力维持局面。但他——诺贝尔请求蓬皮杜尽快回国。因为遭到将军的反对，他们没有重新打开索邦大学的大门，并担心拉丁区出现最坏的局面。乔治·蓬皮杜迅速向阿富汗人道别，并在第二天清晨乘飞机返回巴黎。

他不赞成戴高乐的做法。他记得1963年因为听任他下令征调井下矿工所犯的错误。这一次，他要避免发生暴力。而且要像他这样教师出身的人让大学生流血，让年轻人流血，是难以想象的。

"您知道，"他承认说，"将军所采取的一切措施都建立在国家能使法国人超越冲突不和、重新言归于好的想法之上。但是，今天，必须承认年轻人根本不在乎祖国。直至第一次世界大战，因为存在孚日山脉的蓝色防线，所有人都是爱国的。两次大战期间，还有法兰西和德意志的对立。可是今天，法德握手言和却使爱国主义失去了动力。"

事已至此，只好作罢，但最好应避免事态进一步恶化酿成悲剧，可以让运动有喘息的机会，不要授人以柄，被指责为使用暴力镇压。人民最终总会意识到这些造反者是不负责任的。平静地等待运动缓和下来才是明智之举。在从喀布尔返回的飞机上，他对自己的想法琢磨再三，甚至为回国后发表的演说打好了腹稿。

米歇尔·诺贝尔、克里斯蒂安·富歇、阿兰·佩雷菲特、路易·诺克斯到奥利机场迎接他时，个个面色沮丧。他在向新闻界发表的简短声明中称自己"已有想法"，与米歇尔·诺贝尔单独待了一会儿后，便径直前往马蒂尼翁宫。除了路易·诺克斯外，他还召集了富歇和佩雷菲特，询问他们的想法。他们刚刚开始发表看法，他便再也听不下去，对他们说："对不起，我的主意已经拿定[95]。"他的意向是重新敞开索邦大学的大门，释放被捕的学生。阿兰·佩雷菲特提请他注意这样做是与他不在期间所奉行的政策相违背的。他毫不留情地说："信任应该是完全的。"

长期以来仅仅被视为总理的乔治·蓬皮杜，这一次却没有任何犹豫，没有任何保留。面对局面的严重性和紧迫性，他挺身而出。他断然地将政府分散的权力集中到手里。这样，他便既是总理，又是司法部长、内政部长、国民教育部长和新闻部长，而且，正如人们所见到的那样，还成为财政部长和社会事务部长。他越过这些部长，剥夺了他们的权力，仅限于将给他们的部属直接下达的决定通知他们[96]。处处雷厉风行，人人闻风而动。他坚定不移地说："不能斤斤计较。"

21点，他前往爱丽舍宫。他在戴高乐面前显得坚定、果断："我的将军，因为我不在，不幸地使您身处一线。现在，我回来了，请让我行动，请保持您的威望，避开各种混乱的局面。"戴高乐不赞同他的建议。但他坚持，一再坚持，并以提出辞职相要挟，最终占了上风。"假如您赢了，再好不过；"将军最后说，"如果您失败了，算您倒霉[97]。"

乔治·蓬皮杜立即去更换衣衫，并不顾时差赶往科尼亚克-热街的法国广播电视局录制他的讲话。一个小时后，电视台播放了他的简短而极具说服力的演讲："我决定索邦大学将自星期一起自由开放。也是从星期一起，上诉法院将就被判刑大学生提出的释放要求作出答复。我要求所有人拒绝少数惯于煽动者的挑衅，并就迅速而彻底平息动乱进行合作。就我而言，我期待着这一切平息。"

骚乱者立即将此举理解为解除阿兰·佩雷菲特国民教育部长的职务和无条件投降。对这一战略，他本人在六个星期后回答《费加罗报》一篇署名雷蒙·阿隆的批评文章时，亲自作了说明："您写道：乔治·蓬皮杜玩弄并输掉了平息动乱的赌博。请允许我告诉您，您错了。我没有玩弄任何赌博。我十分清楚，单凭我5月11日的决定，根本无法制止动乱的进程，连百分之一的希望都不存在。您又能说什么？我采取了一位将军再无法采取的立场，我撤回到防御的立场上来。我赋予撤退一种'自愿'的特性，既考虑到挽回面子，也因为舆论的压力。我这么做自有道理。当我从阿富汗回国时，面对的是一种令我失望的局面——巴黎的舆论完全站在学生一边，并宣布5月13日举行示威游行。

"于是，我想到，今天，我敢肯定地说，如果不开放索邦大学，示威游行可能会导致政府和制度的垮台，至少还会占领索邦大学。您可以想象一下从共和国广场到当费尔，50万人浩浩荡荡的游行队伍——即使星期天在我的决定之后，游行组织者同意不再按原有路线进行——难道不会绕道前往由共和国保安部队防守的索邦大学吗？谁能阻挡得住如此庞大的队伍开进像索邦大学这样的场所？甚至军队也无能为力，再说，谁敢命令士兵们向声势浩大的人群开火呢？

"从而，随着学生们置政府的决定于不顾，重新占领索邦大学，使局势变得无法收拾，并迫使我们缴械投降或者爆发一场公众无法接受的战争。

"因为，您很清楚，在这类事件中，一切都取决于舆论。通过将索邦大学归还他们，我便使游行失去其战略目标，从而阻止它演变成一次暴动，使它依然停留在'示威活动'的范围内。尤其是因为我迈出了公众所期待的一步，从而将责任推到对方身上。此后，这些大学生便不再是面对政府和警察的挑衅进行自卫反击的清白无辜者，而沦为迷途的破坏分子。于是，我便可赢得时间，控制破坏行动，然后当公众感到厌倦时，便毫无障碍地发动反击。这便是我从头至尾的行动计划。

"这类事件的出路有两条。或者刚一开始便进行粗暴的、毫不手软的镇压。我对此既无兴趣也无手段。只有当舆论倒戈，迫使他们后退，即迫使他们散去时，我才用这种手段。民主制度只有在得到舆论的支持时才能求助于武力，而当时的舆论并不站在我们一边。

"或者做些退让，丢车保帅，以争取时间，大学生可能会感到厌倦，同意和解。但他们也可能顽固坚持，他们正是这么做的。在这种情况下，他们的人数就会日益减少，而且越来越失去人心。事情正是朝这个方向发展的。火候一到，我便毫无障碍地发动反击。

"您别弄错了，5月11日晚间我在政治上赢得了主动。如果共产党决定进行暴力革命的话，还有可能进行一场决定胜负的较量。但所发生的一切与大学生们的愿望正好相反，政府已经有了使用武力的可能，因为舆论将站在政府一边，军队绝对忠诚于政府。总之，是共产党在风险面前退却了[98]。"

工人工会接过了学生骚乱的旗帜。5月13日他们在没有预先通知的情况下，下令进行总罢工，并于当天举行大规模示威游行。好像是工人阶级与大学生并肩作战，劳动者们与"娇生惯养的儿子们"并肩作战。人们这么说不无道理。

然而，乔治·蓬皮杜感到"工人们在学生队伍中发现了另外一个阶级的人物，他们认为这些人是敌视社会的唯利是图者[99]"。共产党领导人也有同样的感受。弗朗索瓦·密特朗、皮埃尔·莫鲁瓦、居伊·摩勒、勒内·比耶尔认为有机可乘，便一同前往沙托丹街的共产党大本营。瓦尔德克·罗歇不露声色地仅满足于问他们认为科恩-邦迪如何，他们控制了多少加油站。"我们大家都明白，共产党人仅仅是观众，几乎不能依靠他们[100]。"

面对大规模的示威游行，乔治·蓬皮杜并未惊慌失措。他成立了一个应付危机小组，由五人组成：爱德华·巴拉迪尔、雅克·希拉克、米歇尔·诺贝尔、让－菲利普·勒卡和皮埃尔·松韦耶。他们负责保持与各部的联络。蓬皮杜幽默地对他们说："假如某个5月13日，他们能把我们全部推翻，那才有趣呢[101]！"

16点，游行队伍离开共和国广场。雅克·萨瓦诺、达尼埃尔·科恩－邦迪和阿兰·热斯马尔走在最前面，站在他们身边的是罗贝尔·科塔夫（工人力量工会）、欧仁·德康（法国民主工联）和乔治·赛吉（法国总工会）。后面不远处，有弗朗索瓦·密特朗、居伊·摩勒、米歇尔·罗卡尔、夏尔·埃尔尼、勒内·比耶尔、瓦尔德克·罗歇、乔治·马歇、罗兰·勒鲁瓦、艾蒂安·法戎。他们的身后是五六十万游行者。所经之处，大学生们扯下象征"资产阶级国家"的三色旗，在房顶上挥动红旗或黑旗。受游行气氛感染，沿途有许多赶来观望的好奇人群形成两道密密麻麻的人墙，并拍手叫好。

当队伍前列抵达当费尔-罗什罗时，队尾尚未离开共和国广场，大学生中的带头闹事者高呼口号："到爱丽舍宫去！"另一些人则喊："到三月广场去！"欧洲一台广播员对着麦克风报道说："现在，游行示威者正向塞纳河推进，到处响起'到爱丽舍宫去！到爱丽舍宫去！'的口号声。"因为游行队伍都有半导体收音机，包括那些共和国广场的游行者，只见队伍从四面八方波涛汹涌般地越过纠察队，涌向总统府。这时，"法国总工会"的领导人手持话筒，从带有扩音器的卡车上下达了命令："散开！散开！"

游行队伍两派势力的协调一致仅是假象。共产党人永远不会接受有人比他们还左，这令他们感到尴尬。法国总工会的治安纠察队干脆封锁了拉斯帕伊大道。

万余名向塞纳河进发的大学生发现警察重新出现，并守在桥头。他们坐在艾菲尔铁塔下开会商议后，出现在为保卫爱丽舍宫而匆忙赶到亚历山大三世桥前拦阻游行队伍的几排警察面前。如果人群涌向不堪一击的警察组成的人墙，谁也不会下令朝他们开枪，历史的进程可能因此而改变。但是，示威游行者像往常一样大声吵闹之后，却回转身去占领了索邦大学。

每天晚间，乔治·蓬皮杜都在马蒂尼翁宫待到深夜，因为自从构筑街垒以来，困难时刻总是出现在晚间。由一名内阁成员轮流值班，保持与内阁政府的联系，每小时一次向他汇报局势的变化。总理的口号是：避免任何摩擦。当最后一处街垒被拆除，示威者从最后一座塞纳河桥上被清除后，他才去休息。

"5月13日，轮到我值班，"让-菲利普·勒卡讲述道，"蓬皮杜十分亲切地建议我和他一道用晚餐。游行示威几乎没完没了，游行队伍在当费尔-罗什罗广场拦下一辆急救警车，并解除警察的武装。谣传随即传开：'警察在当费尔-罗什罗开枪射击了！'我分分秒秒都在密切关注事态的发展，异常紧张。从马蒂尼翁宫可以清楚地听见宿营在三月广场上的科恩-邦迪身边人群的叫喊声。蓬皮杜的稳重给我留下了深刻印象。人们给我们准备了一顿丰盛的晚餐。我们坐在盘子前，一声不响地准备就餐。我因为陷入沉思，感到没有胃口。于是，他便对我说：'这将持续很久。必须保持正常的生活节奏。吃吧！坐在同一张桌旁开始享用三明治和一杯啤酒的人们最终将获得胜利[102]。'"

有一天曾在马蒂尼翁宫和他共进午餐的西蒙娜·塞尔韦[103]，也作了相同的见证。乔治·蓬皮杜以达观的精神与她交谈了一些个人问题，丝毫没有参与和他们同时用餐的弗朗索瓦－格扎维埃·奥尔托利和雅克·希拉克两个人就当前局势的对话。这位来自康塔尔的男子汉双脚稳稳当当地踏在大地上，就像英国在战争危急关头的丘吉尔一样，懂得只有按时吃饭、睡觉和思考其他事情，才能坚持下去。

5月13日当晚，乔治·蓬皮杜和其他人一样，为避免事故，密切注视事态发展，要求警察尽可能审慎行事。穿越巴黎的游行大部队使他感到放心，因为他们既没有抱怨冲突，也没有对暴力不满。证据是工人工会和政界领导人不管好坏，正在控制由无政府主义的大学生们所发起的运动。人们希望最终能找到对话者，不再被骚动的人群和无法预料的反应所纠缠。政界人物、共产主义者、统一社会党、联盟派和三大工人工会是对手，但还有组织起来的力量——无政府主义者的力量，被调动起来的力量。人们已经走出迷雾，了解到领导者的姓名。关键的问题在于知道谁站在自己面前，和谁打交道。现在清楚了。可以交谈，这样做要比相互交战好。如同反对势力和新闻界为大学生们怒气冲天的抗议提供了一个发泄怒火的出路，将他们的抗议活动纳入轨道一样，法国总工会纠察队在维持游行秩序的同时，最终也会将他们驱散。

按预定计划，这时戴高乐将军应前往罗马尼亚进行正式访问。他的想法是：鼓励罗马尼亚人砸碎苏联人的枷锁。这次访问也是早就安排好的。但他犹豫不决。应该留在巴黎，还是如约出访，让乔治·蓬皮杜来应付可能到来的暴风雨？蓬皮杜则认为无需改动计划，因为他相信最困难的时刻已经过去。"不要把骚乱看得过于严重。不能助长骚乱。放弃访问计划会造成政府在街头动乱面前退缩的印象。好像政府让步了。"这番话正中戴高乐下怀。他松了一口气，放心地前往布加勒斯特与齐奥塞斯库进行美好的交谈！

乔治·蓬皮杜宣布："根据宪法关于国家元首不在或暂时无法分身的情况下，委托总理使用权力的条款，共和国总统出访前赋予我行使总统职权。"他成为唯一的掌舵人。他有自己的计划：利用电视荧屏使骚乱大学生们信誉扫地。他的新闻专员西蒙娜·塞尔韦请来了三名声誉良好的记者——《巴黎快报》的皮埃尔·沙尔皮、《法兰西晚报》的让·费尔尼约和《费加罗报》的米歇尔·巴锡，并对他们说："总理决定让学生运动的三名主要负责人科恩－邦迪、萨瓦诺和热斯马尔今晚上电视。我们在弗朗索瓦一世街道上搭建了一个平台。由你们向他们提问，请他们说出心里话，必须让法国人明白他们是些破坏者和狂徒。"

米歇尔·巴锡承认，他和两位同行一样，完全被这三名狂热者滔滔不绝的话语所压倒和淹没，让他们钻了空子，感到不知所措，显得狼狈不堪，甚至被反驳得无言以对[104]，被他们的狂呼乱骂闹得张皇失措。尤其被伶牙俐齿、惯于将令人讨厌透顶的意识形态用挑衅性的、莫名其妙的言辞表达出来的科恩－邦迪弄得束手无策。

乔治·蓬皮杜并不因为这一着似乎走错了的棋而认输，立即转而实施计划的第二步，他亲自在电视台披挂上阵，试图在学生运动和工人运动之间制造裂痕，使一些人的幻想与另一些人的具体要求分割开来。以避免同时在两条战线上作战。

5 月 16 日，尽管其他人都在办公室里讨论，轮流发表自己的观点，蓬皮杜则在起草他的讲话全文。他读了一遍又一遍，平心静气得就像房子里只有他一个似的。半小时后，他在电视上发表了精彩的讲话："我将大学归还给它的老师们和学生们。我伸出了手，以进行最广泛、最有建设性的对话。我释放了被逮捕的学生。我宣布了对所有人的大赦。但我的呼吁并未被所有人听取。几股狂热分子，我们已经指出了其中的一些人，却企图扩展动乱。他们公开的目的是毁灭国家和自由社会的基础。法兰西的女公民们，法兰西的男公民们，政府必须捍卫共和国，它在行使自己的职责，但它要求得到你们的帮助。"

乔治·蓬皮杜徒劳无益地想装出一副巴黎名流的面孔，但他感受的方式和他的价值体系却凸显出他的农民本质。显而易见，他的沉重感使其话语更具分量。他心灵的呼唤和发自内心深处的话语；他的平静，他所掌握的必要的分寸；他所展示的聪明才智，尤其是他那双浓眉下洞察一切的目光，给仍处于三名大学生领袖傲慢无礼冲击波之下的电视观众们留下了深刻的印象。三名学生领袖根本提不出用什么来取代他们想摧毁的社会。于是，很多家长最终决定前往拉丁区说服子女们"返回家中"。

5 月 18 日，当戴高乐从布加勒斯特返回抵达奥利机场时，乔治·蓬皮杜不再因过失而感到内疚。自从上周他从喀布尔回国并接手政府权力后，再没有出现一座新构筑的街垒，警察和游行示威者再没有发生一次严重的冲突，也再没有一个人受伤。

相反，罢工却日益蔓延开来。布尔格纳的南方航空公司、克莱昂的雷诺公司的领导人遭到非法监禁。法国罢工人数达到近千万人。怒气冲天的戴高乐当着克里斯蒂安·富歇、皮埃尔·梅斯梅尔和乔治·戈尔斯的面，狠狠责备蓬皮杜："到处乌烟瘴气，您应该对放弃索邦大学、占领奥德翁剧院和使全国处于瘫痪状态的所有罢工负责。发生的这些事已拖延了很久。这一回是乱成一团，是无政府状态，是令人无法忍受的。必须停止这一切[105]。"

乔治·蓬皮杜静静地听着，没有回答。现在确实不是与总统进行论战的时候，不是国家最高领导层出现冲突的时候。然而，恰恰与戴高乐相反，他想继续玩弄逐步平息这张牌。一段记忆不断映现在他的脑海里，那是他进入马蒂尼翁宫前一个月的1962年3月26日，发生在阿尔及尔的伊斯利街的悲剧。当时法国人向法国人开火，造成众多伤亡。一名恐怖分子埋伏在房顶上，一阵扫射，被包围并受到威胁的一名警察开枪自卫，造成了枪战、游击战，酿成一场悲剧。一个谁也控制不了的混乱局面，一场应不惜任何代价避免的悲剧。唯一的办法便是保持平静、勇敢和宽容的局面。应该竭尽全力避免没有必要的悲剧，最好是用拖延的方法取代暴力。在根本问题上不作任何妥协，但在一些次要问题上可以随机应变。

很难做到，因为5月19日，戴高乐气呼呼地说道："改革，可以；乱七八糟，不行！"他就像给一支部队规定任务一样，命令道："第一，他们必须在24小时内撤离奥德翁剧院。第二，法国广播电视局应受到保护，仅能雇用特别可靠的人从事新闻工作。第三，立即给警察以特权。"

"对于戴高乐和他身边的大多数人来说，"让-菲利普·勒卡指出，"1968年5月是毫无意义的。蓬皮杜则不然，他不赞成这些笼统的分析——‘乱七八糟’——也不赞同克里斯蒂安·富歇和阿兰·佩雷菲特的分析。可能是因为他作了更多的思考，并从1963年煤矿工人罢工和1967年选举的半失败中吸取了教训，他感到已经发生了某些变化[106]。"因而，他研究和解决问题的方法更具理性，极少情绪化。

见戴高乐主意已定，要使用武力夺回奥德翁剧院，蓬皮杜便让他身边最能说得上话的两名合作者雅克·福卡尔和贝尔纳·特里科劝说戴高乐。多亏了他们，戴高乐才及时撤销原令："不夺取奥德翁剧院。只有当局势缓和时警察才能介入。"

但这场斗争远未取得胜利。广播金融公司董事长皮埃尔·勒弗朗对旗下两个子公司卢森堡电台和欧洲一台始终没有任何权威。它们的人员通过"直接的，仿佛身临其境"的报道，不断给局势火上浇油。警察总署署长徒劳无益地禁止电台车辆进入拉丁区，它们的广播员只要敲敲住宅的大门便能进入阳台并找到电话。第五区和第六区的资产者们可爱的轻率行为！第二天，即第三个红色星期五或者奇特的五月狂欢节的第三天，仅在首都，就有148人受伤（110名示威者和38名警察）。

悲剧周的一天晚上，居伊·贝亚特回忆说蓬皮杜来到路易丝·德·维莫兰家中吃晚饭，10点已过，人们正在用甜点[107]。"他面庞消瘦，胡子拉磕。他匆匆忙忙地向大家问好，人们给他在桌端摆上盘子。大家刚刚要求女主人为大家朗诵几句诗文。像法国传统的做法一样，不管发生了什么事情，人们还是要继续朗诵诗句、唱歌、说笑和交谈。

"女主人开始朗诵艾吕雅的一首诗：

> 达佛涅女神（希腊神话。为逃避太阳神阿波罗的追求，达佛
> 涅请父亲将她化为月桂树，阿波罗只得取其枝叶编成花冠——译
> 注），你熟悉这首古老的爱情诗吗？
> 在埃及无花果树脚下或白色的月桂树下
> 这首百唱不厌的情歌佳话。

"路易丝·德·维莫兰可能因酒喝得过量，想不起下面的诗句，便停了下来，表示歉意。这时，从饭桌的尽头响起一个疲惫不堪、低沉忧郁的声音，接着往下朗诵这首诗：

> 你能辨出带有宽敞列柱廊的神庙
> 和铭刻有你牙痕的苦涩柠檬，
> 致命的岩洞住着冒失的客人。
> 被制服的恶魔处沉睡着古老的良种，
> 时间将把昔日的秩序回送。"

格勒内勒谈判

5 月的第三个星期初，局势进一步恶化。乔治·蓬皮杜感到周围的人态度强硬起来，甚至他认为自己的朋友们也是如此。直至目前，他还能坚持住。然而，他并非超人。现在轮到他开始感到精疲力竭了。5 月 22 日，雅克·福卡尔来见他，告诉他情况不妙，人们陷入难决胜负的拉锯战。雅克·福卡尔是他为数不多的坚定盟友之一：为使"公民行动党"更为坚强有力，他为什么不能让"秘密军队组织"昔日的成员回来，并使他们抱有——敢冒天下之大不韪，但在非常情况下，必须这样做——获得全部赦免或者特赦的希望呢[108]？

乔治·蓬皮杜疲惫地用手捂住脸，对他说："听着，雅克，我知道，我知道，但什么也别再说了。有什么办法，我也一样，我的能力有限，我有时也受不了。但有些事情，有些事情……我再也受不了啦！我受够了，我有时真想一走了之[109]。"

但在与雅克·福卡尔的交谈之后，他又重新精力充沛地投入工作。决心坚持下去，绝不退缩。在得知十六区或十七区资产者设法要求释放迷恋上朝共和国保安部队士兵头上扔石块的一个儿子或一个女儿时，他甚至还开了一阵玩笑。如果在马蒂尼翁宫前往爱丽舍宫的路上，人行道上的路人认出他的车来并对他说："干得好，蓬皮杜！"他心里会感到暖洋洋的[110]。

他心里默诵着下午在国民议会上，面对以前的同学勒内·比耶尔和弗朗索瓦·密特朗的联合攻击，他将要发表的重要讲话。比耶尔和密特朗每次辱骂的结尾总是发出响亮的呼喊："滚开吧，蓬皮杜先生！滚开吧，蓬皮杜先生！"令人既惊愕又愤慨的是爱德华·皮萨尼也发表了敌对的演讲。然而，弹劾的动议仅获得 233 票，未达到法定的 244 票。

这时，戴高乐犯了一个错误。5 月 24 日，在一次电视讲话中，他宣布就劳动者参与企业储备金和学生参与大学管理进行全民公决。他满以为这样做便可掌控局面。

"如果现在进行他的全民公决，"乔治·蓬皮杜对米歇尔·诺贝尔坦言道，"一切都会完蛋。他这样做肯定会自己打倒自己。"所幸的是这次全民公决未能举行，因为他的电视演讲没有收到预期的效果。"他的声明完全不受欢迎，"皮埃尔·莫鲁瓦回忆说，"谁也听不明白[111]。"人们指责他想亲自炮制一些很少有人懂得如何运作的改革。到处都能听到前所未有多的人们重复着这样的口号："十年，受够了！"一些戴高乐派议员甚至也放言："老家伙完了，他应该离去！"心酸至极的戴高乐承认"赌注押错了地方"，并开始讲"法兰西完了"、"法兰西倒下了"，"有什么办法，如果所有部长都金玉其外、败絮其中，都没有勇气，那不是我的错。"他对电视工作者们说："你们这些阿斯图人，你们这些拉格诺人，你们这些萨布利耶人，都是些平庸之辈，可悲之徒[112]。"与1946年、1953年一样，他因得不到支持而晕头转向，便试图离开。

有一阵子，因传送带失灵，电话中心没有接线员，加油站没有汽油供应。于是，人们向蓬皮杜建议由军队保护汽油运输；但他表示反对，他认为这种措施可能会激起轻率者前去焚烧汽油库，由此需动员所有的消防队，从而冒着导致一场灾难的危险。在许多阶层里，人们在踟蹰，在等待即将发生的事情。再加上法国总工会和共产党内开始形成许多以极左派为核心的行动委员会。

即使手中还剩一张牌，乔治·蓬皮杜还会打下去。是的，仍有摆脱困局取得成功的一次机会。当然，与学生工会和教师工会进行任何讨论都是不可能的。显而易见，索瓦诺、热斯马尔和科恩－邦迪与政党的见解不同。他们最关心的并非大学改革，而是想按照古巴或者中国的模式改造社会。爱德华·巴拉迪尔建议说，既然与大学生方面对话的道路已被堵死，我们只能寻求与工人工会对话。任务紧迫，因为工会激进分子正试图诱使其领导人失去理智。他们大概想仿效年轻的大学生们。

5月24日，法国共有900万至1000万名劳动者举行罢工。大部分是因为接到了工会的命令，另一些人则是因公用部门停工而无活可干，最后还有部分人是突然停止工作。全国人民都开始感到担心。隶属于共产党的"法国总工会"想掌控这场超越其影响范围的罢工运动，夺回领导权，并赋予罢工以明确的目标。"工人阶级是成熟的，不需要监护人。"勒内·安德里厄在5月18日的人道报上写道。当大学生们列队来到雷诺工厂时，吃了闭门羹，法国总工会已将大门紧闭。

"与已经完全走入歧途的国家元首相反，蓬皮杜能够把握形势，他甚至成为一位出色的战略家，"皮埃尔·莫鲁瓦回忆说，"大学生造反是一种没有任何社会内容的幻想。他明白要想摆脱出来，必须开辟一条社会出路，使所有工会站到他的阵营里来，共同寻求某种默契，就像他经常与'工人力量工会'所做的那样。"蓬皮杜试图让乔治·塞吉这位法国总工会的头号人物和保尔·于佛兰这位头号大老板一起坐到会议桌旁。

他没有让举止过于大资产阶级化的爱德华·巴拉迪尔出面，而是指派他欣赏其魄力的雅克·希拉克这位年轻的国务秘书前去试探忠实于乔治·塞吉的二号人物亨利·克拉苏茨基。几乎是秘密进行的，希拉克和克拉苏茨基在昂维尔小花园的一张公用长凳上碰头。资方的一位重要成员也与"法国总工会"的另一位重量级的人物巴尔若内采用同样方法进行了秘密接触。"除军事学院仍有储油外，任何地方再无汽油供应，"马蒂尼翁宫当时负责全力追踪运输问题的让－菲利普·勒卡讲述道，"为使工会领导人能够来回活动而不为新闻记者们发现，我便在荣军院大道的平行侧道上与他们秘密约会。我在军事学院用手提油箱装满汽油，然后统统倒进他们的油箱内。这一切有点超现实主义的味道[113]。"这些预备性的接触将有助于正式谈判的展开。

大规模谈判于 5 月 25 日 15 点在位于格勒内勒街 127 号的劳动部举行。48 名与会者挤在一间音响设备不佳的大厅里，坐在狭长的桌子前，连坐在同一侧的人都相互看不见。

蓬皮杜仅向戴高乐要求一件事："别让德勃雷参加。"德勃雷获悉被排除在谈判之外后，感到心酸。"难道他不是经济和财政部长吗？"经常与蓬皮杜一起用午餐的雅克·福卡尔提醒乔治·蓬皮杜。

"我知道，雅克，我知道这是不公正的，米歇尔应该参加谈判。但有什么办法？他无法克制自己的冲动，时常满脸通红。听到清晨 1 点或 2 点钟声响起，面对提出的新的要求、新的必要条件，米歇尔，因为这是他的性格，他便会暴跳如雷，用拳头击打桌面，让罢工者滚蛋。可是，现在，对待学生运动，在这种气氛下，我们无权让谈判失败[114]。"

乔治·蓬皮杜仅让五名同事参加：社会事务部长让－马塞尔·让纳内、就业国务秘书雅克·希拉克、两名内阁成员爱德华·巴拉迪尔和让·菲利普·勒卡，加上他的新闻专员西蒙娜·塞尔韦。弗朗索瓦·塞拉克因疝气开刀而缺席，改由保尔·于弗兰率领资方代表团。安德烈·马尔泰尔则率领"法国总工会"代表团。分散就座的工人代表团为会谈的主力军。乔治·塞吉、亨利·克拉苏茨基和伯努瓦·弗拉雄代表"法国总工会"，欧仁·德康、勒内·博内和阿尔贝·德特拉代表"法国民主工联"，安德烈·贝热龙、罗歇·卢埃、皮埃尔·特里比耶代表"工人力量工会"。加斯东·泰西耶代表"法国天主教工人联合会"。雅姆·马朗热代表"国民教育工会"。导致这次危机的罪魁祸首们全不在场：科恩·邦迪不在，索瓦若不在，热斯马尔也不在。

"会议开始时，我非常担心，"西蒙娜·塞尔韦说道，"开头很难。每位工会领导人讲话都表现得英勇无畏。我甚至害怕有些人会离开会议厅[115]。"而乔治·蓬皮杜却恰恰相反，允许他们纵情泄愤。等紧张气氛缓和下来后，他才提出与爱德华·巴拉迪尔精心准备好的会议日程，并被大家一致接受。很快，便是他在领导辩论、安排发言。他谦虚地倾听，态度审慎、聚精会神，让每个人说出他们想说的话。每当一个人讲完之后，他便接着说，提出论据，进入事情的细节，无需任何讲稿，也从不因讲错而改口，并回到问题的关键所在。最后，他作了概括，让－菲利普·勒卡把大家的观点记录在一张纸上备案，并让大家传阅。

然而，这么多人挤在这一过于窄小的客厅里，很快便闷得喘不过气来。每个人都留心自己的言行，害怕超出问题的范围。新闻记者们在外面等待着消息。每次休会，都得由他去发表一个声明，然后才顾得上喝一杯橙汁。

欧仁·德康要求在企业的权力和工会代表问题上作出让步。听他这么一讲，大家心里琢磨他是否想让谈判功亏一篑，让政府垮台和让皮埃尔·孟戴斯·弗朗斯上台。乔治·塞吉圆圆的脸盘、笑眯眯的面孔，衣着整洁，扎着领带，身着西装，似乎更加令人放心。他讲究实用，强调应提高每小时2.22法郎的各行业最低保证工资，要求增至3法郎（即提高35%）。但在一次休会间隙时间里，他表示同意雅克·希拉克的意见，将要求减为增至2.70法郎。可在复会时，他为了拖延时间，重申起初的要求，并附加提出取消地区工资制（工资随地区生活费的减少而递减的制度——译注）和农业最低保证工资应与工业最低保证工资相同的要求。出乎大家的预料，前来代替身体不适的保尔·于兰弗的珀捷男爵回答说："我们同意[116]。"与六个月以前提高3%相比，这便前进了一大步。此举涉及到200万劳动者，占妇女总数的三分之一，男人的十分之一。

听到这一声明，塞吉愣住了，而伯努瓦·弗拉雄则像热锅上的蚂蚁，坐立不安，冲珀捷嚷道："男爵先生，您父亲36岁时，我便认识他，但我恨他[117]！"总理侧身对让－马塞尔·让纳内说："他疯了！"已是清晨3点45分，大家便散了会。

第二天5月26日谈判继续进行，按照日程规定，逐个讨论其他问题。

在此期间，乔治·蓬皮杜利用间隙时间相继与欧仁·德康、乔治·塞吉和安德烈·贝热龙个别交换意见。他放手将企业内工会分会交由"法国民主工联"领导人管理，从今往后，工会将拥有属于自己的分会，以收取会费、发表公报、散发传单。蓬皮杜和塞吉则拨动另一根敏感的心弦：反美主义。他竟然厚颜无耻地以信赖的口吻对他说："我的敌手们想利用目前的事态恢复第四共和国的政治，这是些蓄意要向东欧开放的不折不扣的亲美主义者。我们之间说句知心话，我宁愿成为共产主义政府的普通官员，也不想当由美国人统治的法兰西的总统。"信息过于粗俗，但似乎起了作用。"法国总工会"不再支持"法国民主工联"的某些要求。这才导致欧仁·德康粗暴无礼的对待："我们不会忘记，同志们！"

在第二次会议上，谈判多次面临破裂的边缘，幸而又峰回路转、起死回生。突然，清晨两点，乔治·蓬皮杜和乔治·塞吉分别收到一条秘密的信息。"你知道这张小纸条上写了些什么吗？""肯定与我收到的纸条上的内容相同。"

他们交换了纸条。完全相同：人们通知他们说"统一社会党"、"法国民主工联"、"全国教师联合会"、"法国全国学生联合会"和极左分子明天晚间将在沙莱蒂体育馆举行有皮埃尔·孟戴斯·弗朗斯参加的大规模示威游行。亨利·克拉苏茨基担心法国总工会倒向左派，喊道："好！应该结束了！"

接下来，谈判的节奏加快了。4点左右，雅克·希拉克和乔治·塞吉再次碰头。4点15分，组成两个委员会，加速开展工作。根据让－菲利普·勒卡的记录，爱德华·巴拉迪尔起草了一份综合文件。7月1日起工资将增加7％，10月1日起再增加3％。7点40分，精疲力竭、额头冒汗的乔治·蓬皮杜宣读达成的妥协条文，更确切地说是一份备忘录、一份证明书。"企业行政及技术人员总工会"的安德烈·马尔泰尔惊慌失措地跟在他后面："总理先生，这样做，我将被迫贬值！""别担心贬值。贬值总比革命好。"

乔治·蓬皮杜走近乔治·塞吉："怎么样，塞吉先生，您认为能复工吗？"

"我想劳动者不会忽视您在某些领域里作出的让步，但众所周知，在另外一些领域里是不够的，许多问题还没有解决。""如果您对他们说结果毫无价值，他们很可能相信您，不肯复工。我负责向他们解释所采取措施的重要性，我立即去电台和电视台发表讲话。""我不能代替劳动者作出决定，但我会尽可能客观地将我们认为积极的东西告诉他们，并说明我们认为不足的地方以及有待解决的问题。我马上就去雷诺工厂做这一切。您可以陪同我去，以向汽车公司的劳动者阐述您的立场。在您代表政府所作的解释和我代表法国总工会所作的说明基础上，他们会作出自己的判断。"听到这一建议，蓬皮杜脸上露出了微笑。但他首先要召开一个简短的记者招待会。在记者招待会上，他终于松了一口气："我们达成了一系列具有积极意义的结论，也可以说是一项协议。正在罢工的劳动者得到了满意的答复。但愿这一协议能给劳动者带来积极的成果，给法兰西带来积极的成果。"他终于可以奖励自己两个小时应得的睡眠了。

他 10 点左右醒来时，得知比扬库尔的雷诺工人决定继续罢工。所达成的协议并不是真正意义上的协议，而仅仅是一份情况说明。签订协议前，工会工作者需要征求基层的意见。然而，法国总工会的领导人在雷诺公司却遇到了一种意想不到的局面。"塞吉和弗拉雄并未玩弄两面手法，"让－菲利普·勒卡评论说，"他们真诚地希望能接受这一备忘录，并使它成为协议。但出现了意外。他们提前半小时到达工厂，于是便会见二十小时以来一直守在工厂里的罢工纠察队。纠察队的工人过于疲乏，难以听明白他们所作的解释：这些人在机器堆里找了一个角落好歹打了一个盹，也没有喝上咖啡，所以心情很糟。如果塞吉等上白班的工人们来后再讲，情况就会完全不同[118]。"

更何况，工人们不断听到他们说需要反复提出要求，误以为讲的是现钱，最终认为这是不可能的。乔治·塞吉因为播下了过多的幻想，结果便收获了一场暴风雨。他们的讲话引来一片嘘声，遭到工人们的嘲弄。加上在会议快结束时一些不是工厂职工的极左分子也混进厂内，并不停地呼喊口号："谈判等于背叛。"工人们用举手表决的方式拒绝接受提出的建议，决定继续罢工。一切必须从头再来，乔治·蓬皮杜十分担心在工会领导人和基层之间出现裂痕。他害怕基层工人会随着无法控制的无政府主义状态站到学生一边去。

然而，在下午内阁会议上谈及格勒内勒谈判时，蓬皮杜却显得从容自若："雷诺的工人们坚持罢工。这样就必须重新开始谈判，要付出更多的代价，但他们总不能永远拒绝。"将军发话说："讨论已经做出的事情和将要产生的结果于事无补。有反对意见吗？没有，那好，我们就认为这些协议已得到内阁会议的批准。"

乔治·蓬皮杜沉稳地点燃了一支香烟。戴高乐转过身来看他，强压内心的不满，补充说："总理先生，您竭尽全力领导了这场谈判。我们授权您把协议贯彻到底。"他还赞扬了雅克·希拉克和让－马塞尔·让纳内所作的贡献。让－马塞尔·让纳内谦逊地回答说："我没有张口说话，是总理在安排一切。"

"法国总工会"领导人自从遭到基层工人反对之后，始终担心无政府主义者和"法国民主工联"分子控制局面。"你明白，"共产主义者皮埃尔·朱坎透露说，"当人们看见让－保尔·萨特在比扬库尔装模作样关心工人时，便会提出这样的问题！"他们通过将社会要求的冲突转移到政治行动上，以拒绝资方和政府可能作出的所有让步。假借劳动者名义发表看法的人已不再需要制度，不再需要戴高乐。戴高乐所看重的全民公决已经成为不可能的事情。在因全面罢工而陷入瘫痪、因工会反对印刷选票的国家里，怎么可能进行民意测验呢？

5月27日起，疯狂的谣言在政界传开。成功地渗入极左分子中的"公民行动党"活动分子带回令人震惊的消息。有人建议占领市政府，就像巴黎人民曾经多次做过的那样，然后将黑色旗帜升上房顶。据监听到的谈话，准备通过连接洛博至塞纳省省长住宅厨房的地下通道潜入。此人将派一连别动队占领地窖。人们还谈到攻打爱丽舍宫、马蒂尼翁宫或者内政部。在这狂热的口头传闻中，很难识别哪些是真、哪些是故意毒化气氛而夸大其词编造出的谣言[119]。

既然政权已流落于街头、任人拾失，既然戴高乐主义多数派默不做声或者逐渐化为乌有，死心塌地复辟第四共和国的干将们——皮埃尔·孟戴斯·弗朗斯、居伊·摩勒、勒内·比耶尔和弗朗索瓦·密特朗——以为时机到了。还有更为严重的事情，更为严重得多的事情。戴高乐对斯大林时代留下了不可磨灭的印象，竟然对当时从布拉格到亚的斯亚贝巴全面扩张的共产党人将可能采取强硬措施一事信以为真。自从和平解决古巴危机以来，苏联侵略的危险已经消除，但动乱可能诱使无产阶级专政的信徒们采取行动。眼见极左分子们猖狂活动而不受处罚，新闻媒介便与他们串通一气，成为心照不宣的帮凶，而多数派则沉默不语，一片死气沉沉。共产党人可能冒险操纵闹事，摘取果实。他们当中的一员巴尔若内高声喊叫："今天，革命是可能的。"戴高乐坚信弗朗索瓦·密特朗并不是一位出类拔萃的政治家，他受共产党人的摆布，无足轻重。但他们将会利用他，把他当成傀儡。首先是无政府主义，然后是共产主义。我们的自由完蛋了。法兰西完蛋了。

"布拉格事件将会重演，"戴高乐晚些时候说过，"因为在所有共产党人掌权的国家都行得通。首先是克伦斯基（俄国政治家，二月革命后资产阶级临时政府总理——译注），然后是列宁。起初，他们仅满足于参与政府。后来，他们便占领街道、工厂、公用事业单位，一切都将落入他们手中，他们会控制一切，仅仅保留几张社会党人的面孔。"布拉格事件？果然，在捷克斯洛伐克刚刚爆发了声势浩大的自由化运动。斯洛伐克共产党第一书记亚历山大·杜布切克成为斯大林分子的头目，刚刚迫使安东尼·诺沃提尼将捷克斯洛伐克共产党第一书记的位子让给他。苏联、东德、波兰、匈牙利和保加利亚的坦克部队集结于边境，随时准备将"布拉格之春"扼杀于血腥之中。

在巴黎，试图从事非法活动的共产党正犹豫着是否扔掉面罩。作为开端，乔治·塞吉和瓦尔德克·罗歇装着好像是偶然的公然援引《劳动者的要求：建立一个由共产党人参加的人民政府》。一个人民政府。人们都知道其中的真正含义！共产党与"法国总工会"联手，于 5 月 29 日组织了一次从巴士底广场到圣－拉扎尔的大规模示威游行。所有记得波兹南和布加勒斯特事件的人，或者密切关注正发生在布拉格的事情的人都知道，确实存在游行示威者向不远处的爱丽舍宫进发并最终攻占爱丽舍宫的危险。戴高乐根本不想束手就擒，也不想成为他们的人质。

乔治·蓬皮杜没有这般悲观：他认为法国共产党接受莫斯科的指令，而莫斯科则宁愿要戴高乐，而不要一个大西洋主义的政府。然而，为了谨慎起见——谁也无法预料会发生什么事情——他让驻扎在萨托里的坦克部队开到伊西莱穆利诺。

他晚饭后见到戴高乐时，发现他很疲倦，但没有真正体会到他已经极度厌倦并心灰意冷。"您还能睡得着觉吗？"将军问他。

"能，只要我有时间。""您很幸运。您对事态的发展怎么看？""我不知道共产党人是否想搞革命。如果他们占领一座公共建筑物，像市政府，在得到您的同意后，我会让坦克部队介入，坦克部队已整装待命。但我权衡再三，相信他们仅限于搞和平示威游行。如果是这样，危机行将结束，因为公众舆论已经无法再承受下去。"

有时候，乔治·蓬皮杜拉开办公室窗帘，查看共和国军队是否一直在门前警戒："好，卫队在，一切还算正常。"但晚间，本该像往常一样，为了避免碰上巷战而拐弯抹角回到贝蒂纳堤街家中；可他却留在马蒂尼翁宫过夜，因为这里有卫兵守护，而且与内政部和武装部队直线相连。

最漫长的一天

5 月 29 日，自清晨起，乔治·蓬皮杜便准备投入行动。他为定于下午举行的内阁会议作好了准备。这时米歇尔·诺贝尔走进他的办公室。他是来通知内阁会议延期举行和戴高乐将军要立即出发去科隆贝的。他感到震惊和不安。当然，戴高乐无法忍受被可能闯入爱丽舍宫的游行示威者推倒、贬低和嘲弄的念头，他不准备扮演 1792 年 8 月 10 日路易十六在杜伊勒王宫所扮演的角色。然而还有比这更为糟糕的事情。自 1946 年 1 月以来，乔治·蓬皮杜了解将军经历过的危机和他周期性试图离开的企图。然而，5 月 29 日这天早晨，他的离开是灾难性的，并使他处于一种无法摆脱的困境。一直担任参议院议长的宿敌加斯东·莫内维尔便会要求担任临时总统。当然，他无法改变政府，可是蓬皮杜也无权解散气氛已被毒化的国民议会。尤其是自从为数不少的戴高乐主义者表示要求助于皮埃尔·孟戴斯·弗朗斯或者埃德加·富尔以来。

将近 11 点，多次尝试失败后，蓬皮杜终于接通了戴高乐的电话。他们的对话简短而怪异："我已经三个晚上没有睡觉了，我需要呼吸空气，在平静中思考，我明天回去。"然后又说："我老了，您年轻，您是未来。我亲吻您[120]。"将军挂了电话，将他扔在那里，第一次，一个人。孤孤单单的一个人。

戴高乐千真万确地看到了一场危机。一场令人灰心丧气的危机，打出的格勒内勒谈判这张牌似乎失败了。他的总理似乎输了。罢工在继续。动乱停不下来。戴高乐夫人购物时，遭到辱骂。自从住宅前站了一名"法国总工会女卫士"以来，他的儿媳便为孩子们担心受怕。警察厌恶自己的工作，无人掌控局势。有谁知道无政府主义者和共产主义者不会占领爱丽舍宫，不会将里面的人扣为人质呢？争权夺利的斗争开始了。"这是我平生第一次，"将军后来承认道，"感到力不从心，不为自己感到自豪[121]。"如

181

果年轻十五岁，他是不会做出如此反应的，他会直接处理事务。但他毕竟76岁了，不想成为另一个贝当。

戴高乐夫人起到了一定的作用。长期以来，她一直希望丈夫待在身边，宁静地携手度过余下的岁月。这是人之常情。透过将他们送回科隆贝直升机的玻璃窗，每当飞越正在罢工的工厂，她便不失时机地将屋顶上空飘扬的红旗或黑旗指给他看。"那边也是，夏尔，那边还有一面红旗[122]！"

对事情的说法不一。尤其是菲利普·戴高乐、莫里斯·舒曼、玛丽-弗朗斯·加罗不同意这种说法。他们认为，戴高乐不想"束手就擒"沦为游行者的阶下囚。为了摆脱这一失控的局面，他只好用戏剧性的突变来影响公众舆论，使公众产生疑惑和不安：必须"让法兰西暂时停止呼吸[123]"，让所有荧光灯聚集到他身上，就好像他已经消失，然后他再戏剧性地重返舞台。确实如此，不止一个法国人说过："他欺骗过我们，欺骗过所有人。"

总之，一回到科隆贝，他便召回了在米卢斯驻防的女婿："阿兰，我准备了一封信，将权力交给蓬皮杜。信在桌子上。你去将信交给他。"布瓦西厄反对这么做："父亲，这是不可能的，您不能这样做。军队随时听从您的调遣。您无权这样离开。""但我已无能为力，一切都不再服从我。部长们不再听从指挥，全都躲开了。我想后退。我想让人们感到震惊。再说，我真受够了，我感到厌倦！""您将使蓬皮杜的处境不堪一击，这不符合宪法条文的规定。莫内维尔已经指责您犯渎职罪，将会抓住此事不放。他会说，既然出现权力空缺，就该轮到他掌权。你无权指定一名临时总统，这是不允许的，谁也不理解。更何况，蓬皮杜会迫不及待地赶来要求您改变辞职的决定。如果国家面临危险，您可以依靠我的师团。不仅是我的部队，您可依靠整个武装部队[124]。"

此时在马蒂尼翁宫，蓬皮杜夫妇正在见他们的儿子阿兰和他的未婚妻，无法取消的午餐：他们仅有几天时间准备举行婚礼。事情都赶到一起来了！这是蓬皮杜一生中最漫长的一天。正是在这一天，迫于形势，他不得不丢掉靠山，而在此之前他始终仅仅是戴高乐将军忠实的中尉。但在危急关头，他必须走到前台充当主角。一位英勇无畏的头领。

在马蒂尼翁宫的另一间餐厅里，雅克·福卡尔正与罗歇·弗雷、皮埃尔·朱耶、皮埃尔·勒弗朗和亨利·勒伊用午餐。就座前，他们打电话，想知道将军的直升机是否已到。人们告诉他们还没有抵达。直至14点，阿兰·德·布瓦西厄才打电话给雅克·福卡尔。布瓦西厄只是说："雅克，我在科隆贝。将军不在这里，我给您打电话为了让您不要担心，告诉蓬

瘦弱和黑发棕肤使他有了一个"蟋蟀"的绰号

全国会考中荣获希腊文译法文一等奖

马赛圣－夏尔中学，他的不拘小节令学生们感到惊讶（1935年）

法国行政法院审案官
政治学院副教授（1946年，1948年）

康塔尔选举旅程中（1962年）

尼赫鲁访问爱丽舍宫（1962年9月22日）

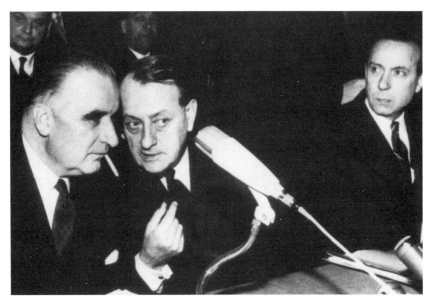

1963年9月24日和安德烈·马尔罗在尼斯（右边为米歇尔·德勃雷）

格勒内勒，和让纳内、希拉克、塞吉在一起（1968年4月27日）

和雅克·沙邦－戴尔马在一起（1969年6月）

总统选举活动中的西蒙娜·塞尔韦

解释，永远不撒谎（1969年4月）

与克洛德在布雷冈松（1969年8月13日）

与克洛德在巴黎贝蒂纳堤街（1970年）

克洛德重新装饰爱丽舍宫的套房

访问塞内加尔，在朋友桑戈尔家乡（1971年2月）

1971年5月20日法英首脑会晤，与朋友爱德华·希思在爱丽舍宫花园

1971年10月31日和莱翁·勃列日涅夫。第二行：沙邦·戴尔马、舒曼和吉斯卡尔·德斯坦

繁荣的法国拥有强大的工业。 1972年4月11日发表电视讲话

皮杜现在由他指挥。一位密使将带着将军的指令前去见他。我无法对您说得更多。将军告诉我他也不知道什么时候能回去，他说话的口气似乎意味着他不知道是否能回去。但先别采取任何措施，什么也别做[125]。”

雅克·福卡尔走进总理全家人正在用午餐的主餐厅。他示意总理离开桌子：“嗯，是这样……”他把事情经过全告诉了总理。正在这时，爱丽舍宫的秘书长贝尔纳·特里科出现了，脸色铁青：“将军失踪了！”“什么？”“他一直没有回到科隆贝，他的直升机从雷达上消失了。”

晴天一声霹雳，乔治·蓬皮杜如同五雷轰顶。面对灾难，他真的成了孤家寡人。“在这一时刻，我真的相信，”他后来说道，“我们三十年的历史，我们的戴高乐主义以可悲的方式彻底崩溃了。”“这太可怕了！”总理大声说道，“将军在什么地方？究竟发生了什么？你们以为他会回来吗？”刚来的莫里斯·舒曼平静而肯定地回答道：“他的离去是为了执行一项计划。你问我们他是否能回来。他的离去正是为了再回来。他正在回来的路上。”

部长们先后来到马蒂尼翁宫。他们刚刚得知内阁会议已被取消。大家都不赞同舒曼的乐观想法。每个人都在做出自己的猜想。或者是戴高乐已去了国外，直升机没有将他送得过远，或者是他去了位于米卢斯的女婿家。

“不会，”雅克·福卡尔回答说，“布瓦西厄刚才还在科隆贝。他打电话通知我说‘将军派出了一位密使’。”“可是，这位密使，他并没有告诉您是谁呀？什么时候到？”“没有，只是告诉我等待。”

大家在焦急不安中度过了一个小时又一个小时。大家重新开始提出各种假设。突然，有人通知福卡尔，说戴高乐夫人正在科隆贝。他连忙跑去接电话，对方告诉他：“戴高乐夫人来了。”

于是，他说道：“向您致意，夫人，听到您的声音，我非常高兴。”

这时，他辨别出了是女佣人的声音：“我不是戴高乐夫人，夫人不在。”“那么请德·布瓦西厄将军讲话，他刚才给我打过电话。”“他走了，家中一个人也没有[126]。”

将军究竟到什么地方去了呢？他女婿的反应令他猛然惊醒，也许是最后的机会了。他决定前去试探军队的忠诚，鉴于阿尔及利亚叛乱和镇压秘密军队组织期间某些军官的表现，军队的忠诚是令人质疑的。虽然并不期待军队主动采取不合时宜的行动，但戴高乐却想知道在需要的时候，军队是否靠得住。即使是最好不要动用军队，但军队应当能成为手中的一张王牌。他想在圣－奥迪勒山或斯特拉斯堡召见法军驻德部队的法军指挥官马叙将军。但电话接线员罢工，拒绝接通位于巴登－巴登的马叙将军的指挥所[127]。于是，事情的发展便变了样。他没有通知任何人，甚至没有通知蓬皮杜，便乘直升机飞往巴登－巴登。令他恼火的是飞机竟降落在德国领土上。

马叙见他脸色很难看，两颊凹陷，垂头丧气。"您知道，马叙，我现在厌烦透顶，我已无能为力，我将离开。""我的感觉是，"马叙后来说，"他将要流亡，再不想回去[128]。"马叙不想当众与他争辩，仅回答说："好，我的将军，请到我的住处来。"

他在车上什么也没有再讲。到达住所前，为使将军回到正常、平静、有条不紊的气氛中来，他让一个伞兵分队前来欢迎他。用午餐时，将军慢慢地静下心来，恢复了常态。这时马叙花费40分钟和他进行了令人心碎的交谈："不行，我的将军。凭您的威望，您可以扭转局势。您无权就这样离去！为了使国家重新运转，您可以依靠军队的武器，依靠电台、车辆、库存的汽油和给养。如果这一切还不足以的话，我随时准备向巴黎进发。我向您保证当人们知道马叙军团已兵临首都城下时，所有这些革命者都会变得老老实实的[129]。"

玛丽－弗朗斯·加罗[130]怀疑马叙能够——尤其在这么短的时间内——使将军改变自己的决定。阿兰·德·布瓦西厄也持相同的观点，他曾回顾道："当将军告诉我他要去看望马叙时，我便起身朝与德国直通的电话机走去。将军对我说：'你去哪儿？'我回答：'我去打电话通知马叙你要去。''不！您别从这里打电话。我的线路很可能被监听。我想让政府和公众处于怀疑和不安之中。啊！他们装作我已不存在。好吧，让他们等着瞧。'这便是事情的经过[131]。"

莫里斯·德吕翁则赞同下列观点："马叙讲的一番话纯属错觉。戴高乐的离开是因为在骚乱的情况下，对国家元首来说，爱丽舍宫这座放荡女人之家实在是难以再待下去了。那里呈现出的是一幅可怕的景象，而且这已经不是第一次。蓬皮杜从未得到通知中感受到缺乏信任。然而，实际情况恰恰相反。假如说被悬在半空中的蓬皮杜未能顶住压力的话，假如他与第五共和国的敌人们进行接触的话，他本可以切断戴高乐的退路，使他无法重新掌权。将军断定蓬皮杜不会退却，并将忠诚于宪法，所以才完全信赖他[132]。"

然而，"马叙只能是马叙，"戴高乐承认说，"他让人感到军队并未受到传染，仍然服从我的命令。军队到处在维持秩序，守卫政府各部、省政府、火车站和所有公共设施。它可以夺回罢工纠察队占领的地盘。马叙使我恢复了对军队的信任[133]。"也许将军心里想到动乱仅局限于巴黎地区，局势仍可挽回。那么应该相信谁呢？总之，他又重新振作精神，于18点回到科隆贝，立即接通蓬皮杜的电话，告诉他将于次日中午回到巴黎。

"1968年的法兰西给我最重要的启示是，"一位幽默者指出，"它无疑是世界上唯一的在没有任何外国侵略者的情况下，能使自己生活于被占领之下的国家。简直是神话！被自己人占领的法兰西竟然走到迫使国家元首前往德国练兵场寻求解决问题答案的地步，就像杜邦先生趁黑夜敲一名地下救火队员的门以便灌满手提汽油箱；可救火队员却什么也没有看见，因为他精神失常了。"

漫长而难熬的数小时使乔治·蓬皮杜变成了另外一个人。迫于形势，他孤身一人承担国家的重任。大地在脚下消隐，大雨飞逝而去，国家元首不见踪影，他自己成为首领。他挑起了戴高乐的重担，千斤重担。他能够胜任吗？在这考验的时刻，他发现自己拥有足够的能力。他向自己，也向其他人显露出真实的才华。

是时候了。得知戴高乐失踪消息的弗朗索瓦·密特朗——不知如何得知的——注意到权力真空的问题，便趁机兴风作浪。前一天晚间，他便宣称准备担任共和国总统，并宣布要委任皮埃尔·孟戴斯·弗朗斯为总理。瓦莱里·吉斯卡尔·德斯坦则在表示希望将军留任的同时，要求总理辞职。他认为："政府已无力消除危机。蓬皮杜应该离去。相反，代表国民和共和国合法性的共和国总统应该保留下来。围绕总统重新治理国家。"他会见了皮埃尔·孟戴斯·弗朗斯。

"事情进展顺利，"弗朗斯对他说，"我继续进行对话，以组织政府，我想让您了解我现在进行到什么程度。"

"谢谢您，您如何处置现在的政府？"

孟戴斯皱起眉头："噢！已经过时了。现在已经没有政府。"他用手向后做了个姿势，好像是在驱赶令人讨厌的苍蝇，"什么政府也没有。必须迅速行动，以避免动乱蔓延。我希望能在下午达成一个协议。""您遇到了很多困难吗？""仅剩下要取得共产党的同意，然后便大功告成。但是他们态度十分强硬。""他们要什么？""问题不在于他们要什么，而是拒绝什么。他们坚决反对一名极左派或持不同政见者的代表进入政府。对于他们来说，这是个原则问题。他们准备接受其他一切。但在这个问题上，他们绝不妥协[134]！"

他笑了笑，并对瓦莱里·吉斯卡尔·德斯坦说："他们甚至可以接受一位像您这样的人物进入政府……当然这得需要他们认清形势。如果我们得不到所有人的支持——包括极左分子，因为他们是社会活动的急先锋——怎么可能使罢工停下来，让机器重新运转呢？今天下午，我要会见他们。我有把握取得成功。"

在此期间，在马蒂尼翁宫整夜没有合眼的蓬皮杜，问是谁出的这个荒诞可笑的主意：召集戴高乐主义者们傍晚时分在协和广场集会。他认为，游行注定要失败。为了取得成功，必须至少聚集十万人，否则，将被视为是一种失败，并敲响政权的丧钟。会有多少人参加呢？至多两万人，他想。"主意是克里格出的，"皮埃尔·朱耶回答说，"拉贝和桑吉内蒂重提这一建议，我想若埃勒·勒塔克和尼古拉·德·奥特克洛克也都赞同。我承认，曾以您的名义鼓励这么做。"乔治·蓬皮杜耸耸双肩。他的情绪糟糕透了，他的朋友皮埃尔·拉扎雷夫刚刚在《法兰西晚报》的头版发表了坦克纵队在巴黎地区活动的照片。这是火上浇油！背叛！于是他拟就一封辞职信，派人送给贝尔纳·特里科。在和将军合作多年之后，事情竟会发展到如此地步！他这么做绝不是为了让一直要求他离去的吉斯卡尔称心如意。不，是因为他为总统昨晚消失而痛心疾首。不通知他，只字不提这么做的目的，没有给他留下任何指示。

戴高乐刚回来，便发现了蓬皮杜的辞职信，两个小时后，他在爱丽舍宫接见了他。14 点 30 分。在此期间，阿兰·德·布瓦西厄前去见了蓬皮杜，简明扼要地解释了所发生的一切。"那么，密使，便是你了？""是的，但我抵制了。"

接见乔治·蓬皮杜时，将军面色疲惫，但意志坚定而自信。他站起身来，热情地抓住他的胳膊，对他说："蓬皮杜，不可能存在辞职的问题。您不能离开。您说得好，我们是同一条船上的人，我们生死与共。"然后，他重提他的全民公决计划。是想通过一种改革或者一种方式，向法国人并向自己证明其合法性吗？事实上，他是想恢复法兰西与他之间的脐带关系。对他来说，这是一种需要。

乔治·蓬皮杜提出反对。如果说要通过一项法律条文，既然我们在议会拥有多数，尽管是微弱的多数，毕竟是多数，那么为什么要在最为糟糕的情况下征求人民的意见呢？不，他真的不能同意，他不掩饰自己的观点。"我的将军，请放弃全民公决。人们会指责您像拿破仑那样想搞个人独裁的全民投票，还不如宣布立法选举。应该将所有议员派到他们各自的选区去搞选举活动，这样事情就好办得多。这样，谁也无法批评您。您要求我收回辞职申请。我依您，但作为交换，我请求您宣布解散议会[135]。"

戴高乐先是仔细听他讲，然后拿起一张纸，迅速写了几行字。当乔治·蓬皮杜仍在阐述自己的理由时，戴高乐将纸条递给他。这是一封给加斯东·莫内维尔的信，通知他将军将解散议会。根据法律条文规定，这一步骤必不可少。将军按铃，将纸条交给副官，并作出指示。然后，他问蓬皮杜："那沙邦呢?"乔治·蓬皮杜回答说他接受了国民议会议长的权力。因此可以视为及时通知了他。

将军修改了他计划于16点左右发表的讲话草稿，然后将稿子递给他。对他来讲，这一动作是异乎寻常的。"怎么样，您满意吗?""是的，满意。"蓬皮杜满脸堆笑地回答说。他为避免了一场灾难，为可能因此而拯救了共和国终于松了一口气。更何况，指责仅仅来自呼喊着"选举等于背叛"、"选举是愚蠢的骗局"口号的狂热分子们。

戴高乐站起身来，说道："到时候了，该去了。"他没有时间把讲稿熟记在心，便前往"法国广播电视局"。新闻部长乔治·戈尔斯按照习惯建议他在电视上发表演说。"不，"将军不同意，"电台足矣。正值中午，谁也不会在家守着电视。再说，协和广场的示威游行定在18点。不必让人们再回到家中，相反，要他们出来，走到大街上，带着他们的半导体收音机。"

戴高乐担心如果出现在他驾轻就熟的电视上，他那年迈、疲惫的形象会削弱他讲话的影响力。再说，他已经充分利用了电视屏幕的各种效能，这一工具已不再锋利如初，他宁愿重新求助于他在1940年的"老盟友"、极具魅力之美的电台。在定好的时间，全法兰西果然都聚精会神地通过半导体倾听他的演讲。国家元首的讲话令全国人民感到震惊。人们原以为他已消逝。悬念叠生，惊讶到无以复加的地步。他以军人的风度，寥寥数语，便推翻了当前的局面："在目前情况下，我不辞职。我拥有人民的授权，我将履行职责。我不会更换总理，他的才华、他的坚定、他的能力值得所有人敬重。今天我解散国民议会。我授权省长们组织保卫共和国的行动。我号召全体人民游行示威，在全国各地立即组织公民行动。"

为了明确无误地表明他已重新行使国家元首权力，他再次使用了二十八年前在伦敦发出号召时的语调。他的话语中带有坚定和自信，给沮丧到极点的人们以勇气；他的话语带有庄严，以表明局势的严重。讲话简明扼要，坚定有力，出乎人们的意料。

讲话引起轰动。这位76岁的长者，六天前曾发表过一次令人失望的演说，竟然又以充满魅力的权威面目出现，简直是奇迹。路易十六1792年当众退位，夏尔十世1830年退位，路易·菲利普1848年退位。而1968年，戴高乐和乔治·蓬皮杜则经受住了街头示威游行的考验。

20万人云集在协和广场上聆听将军的演讲，然后走上香榭丽舍大街游行。报纸和电台几乎没有宣布游行，但雅克·福卡尔和他的"公民行动党"的小伙子们出了大力。他们使用阿拉伯电话，每位接到通知的支持者又通报给另外十个人。福卡尔从各市政府收集到1500面三色旗。动用了巴黎地区所有可利用的大客车。夏尔·帕斯卡租用这些客车，运送方圆100公里的积极分子。他向示威者们赠送里夏尔商店的茴香油[136]。胜利的首字母"V"成为参加的标志。全巴黎都可听到五声喇叭响——两声长，三声短："戴高乐不孤单！"法国人对银行关门、加油站停业、邮件停寄、垃圾堆满行人道、耗子在菜场垃圾中乱窜的情景，早已感到厌烦。

欧洲一台关于游行将惨遭失败的预言完全落空。两小时后，上百万人群高呼着戴高乐，潮水般涌向香榭丽舍大街。人们还高呼口号："撤出索邦大学！""密特朗，完蛋啦！"站在队伍前列的身披三色绶带的议员们手拉手。因为激动而面色苍白的安德烈·马尔罗的两边分别是米歇尔·德勃雷和路易·诺克斯，他们就像两名卫士保护着一位先驱者。紧随他们身后的是一些身挂勋章、头戴贝雷帽或橄榄帽的老战士。将军重新控制了国家局势。

解散国民议会的决定同时由雅克·沙邦－戴尔马在波旁宫的讲台上加以确认。这样，局势便得以扭转。人们幸免于难。如果乔治·蓬皮杜在最后时刻未能让戴高乐从嘴里说出"我解散国民议会"这几个字，国家会冒多大的风险啊！"没有这句话，"让－菲利普·勒卡评论道，"没有这句改变一切的话语，游行肯定会引发一场激烈的反游行，公民行动的号召可能会演变成一场内战[137]。"反政府的闹剧结束了，议员们都被辞退。他们唯一要干的事情便是回去准备重新参加选举。

"人民受够了，"皮埃尔·莫鲁瓦回忆说，"持续的时间太长了。人们普遍认为闹剧早该收场了。但解散国民议会，无可争辩地是一种新的发现。一下子，你看这些议员们都忙着到他们自己的选区活动去了[138]。"遭受挫折的弗朗索瓦·密特朗想从历史中捞取稻草，以发泄心中的恼恨："我们刚刚听到的声音，是雾月18日的声音（雾月为法兰西共和国的第二月，相当于公历10月22—23日至11月21—23日，这里指雾月18日政变——译注），是12月2日的声音，是5月13日的声音，是少数派和厚颜无耻的政权走向反人民、走向独裁的声音。这一声音，人民将会使它销声匿迹。"他这么说也是枉费心机，少数派是他的朋友，是他搞政变的盟友，除了自己再没有人追随他所谋划的政变。现在他失败了，人们全都离他而去。

尽管部分人一再要求，乔治·蓬皮杜没有与其他人肩并肩地出现在5月30日的游行队伍中。不知道可能会发生什么事情，他宁愿后退，也许是为了操办儿子阿兰的婚事。当晚，为了执行格勒内勒谈判达成的协议，他签署了将每小时最低工资提到3法郎及取消地区差别的法令。

第二天，好像施过魔法一样，加油站恢复了汽油供应。几十万巴黎人涌向庞特科特度周末，结果公路上造成70人死亡、600人受伤。乔治·蓬皮杜改组了政府。在危急关头胜堪重任的雷蒙·马塞兰取代克里斯蒂安·富歇担任内政部长。在过去的日子里，他看到极左分子将法兰西推向无政府主义的边缘，深感不安，来到马蒂尼翁宫后，对政府的优柔寡断感到愤慨。他肯定是最能维护社会秩序的人选。"富歇，终于走了，称职的内政部长来了！"戴高乐在欢迎他参加内阁会议时大声说道。好几位知名的左派戴高乐主义者——勒内·卡皮唐、阿尔班·夏朗东、菲利普·德沙尔特、伊冯·莫朗达、莫里斯·舒曼——也都进入了内阁。

6月1日，达尼埃尔·科恩-邦迪、阿兰·热斯马尔、雅克·萨瓦若和阿兰·克里维纳和紧随身后的15000名无可救药分子，再次从蒙帕纳斯至奥斯特里茨广场举行示威，游行队伍前面打着红旗和黑旗，呼喊着"选举等于背叛！"的口号。这一次，仅有"法国全国学生联合会"和"全国高等教育工会"参加，"法国总工会"、"法国共产党"、"法国民主工联"表示歉意，没有参加。"统一社会党"则分裂了。左派也同极左派决裂。6月5日法国电力公司及煤炭和钢铁行业复工，6月6日法国国营铁路公司复工，7日邮电部门恢复正常。达尼埃尔·科恩-邦迪10日在弗兰和拉丁区（筑有62个街垒，400人受伤、1500人受质询）为了名誉而进行最后抵抗之后，秘密前往德国。法兰西恢复了正常的秩序。

"权力在票箱之中，而不是在街头。"雷蒙·马塞兰评论说[139]。历史的一页似乎翻了过去。国家避免了一场革命。1968年5月事件仅造成两人死亡。"看见5月事件中的所谓英雄们现在的样子，我有时感到好笑，"让·端木松二十年后写道，"他们抽着雪茄，比三十年前的敌手们为消费社会作出了更大的贡献。我似乎听见欧仁·约内斯科的声音。一个大学生派系前去为他喝彩，他让他们回去，并对他们说：'回去吧！二十年之后，你们所有人都会成为公证人的[140]！'"

能够绕过险滩，全亏了乔治·蓬皮杜。在风暴来临的最黑暗的时刻，他是少数能够保持头脑清醒者当中的一个。他毫无畏惧地掌着舵。长期以来，他一直保持着温和宽厚的形象，法国人了解他的性格和尊严。这一次，他们从他身上还发现了一种令人惊讶、让人激动不已的勇气。危机迫使他挑起重担，尤其是极为艰巨的重担。一个人在经受考验后，绝对不会保持原样。"1968年5月，"皮埃尔·梅斯梅尔坦言道，"蓬皮杜显露出国家元首气度。他同时还表现出其英明和权威。必须做到不死一个人，因为，只要没有人死亡，便不会发生革命。他英明而权威地采取了行动。在关键时刻，他与戴高乐对抗，他做得对[141]"。

然而，据说戴高乐私下对此感到气恼。当蓬皮杜花费时间在圣－德尼街的圣－勒教堂庆祝儿子的婚礼时，将军猛烈攻击他的总理："他把什么都扔下不管。因为他无条件地打开索邦大学的大门，才使占领之风蔓延到全国。他在格勒内勒同意将最低保证工资提高35%，甚至都不分期执行，因而使经济、财政、货币遭受沉重打击。是的，蓬皮杜消极被动。这不是第一次，这是他的性格，他是一位调停者。他使紧张局势缓和下来，而德勃雷则不断面临紧张局势的挑战。和这位总理在一起，我不去管那些天天令人烦恼的事情。我可以忙大事，忙法兰西的国际事务[142]。"

乔治·蓬皮杜消极被动吗？的确！他坐立不安，像热锅上的蚂蚁，四处活动，费了九牛二虎之力组织戴高乐主义者们参加立法选举战斗。他解散国民议会的主意是天才之举。他将对峙转移至竞选阵地上，从而将对立分解到500个选区里，"保卫新共和联盟"候选人的提名，是他分配的。他还趁机顺便清算了几笔旧账。例如埃德加·皮萨尼这位背信弃义者在危机最严重的时刻提出辞职，并直截了当地建议国民议会解散政府："皮萨尼的行为卑鄙下流。我将让人击败他，而且让一位陌生者击败他。这将是可怕的，而且还要让他蒙受耻辱。"他还充分利用这一大好时机施展才华，让那些政界所不熟悉的人物登上国民议会的舞台。

参加选举运动的纲领，是他秣马厉兵亲自制定出来的。他忘掉摆脱危机时曾得到共产党人和"法国总工会"的帮助，他这一回彻底玩弄了害怕共产党人的游戏。他将6月中旬重新出现的动乱夸大成爆发内战的风险。这样，12日，面对解雇60名记者后为政府牢牢控制的电视台，他一本正经地说道：

"如果你们想击退颠覆活动，如果你们想阻止一个威胁自由的极权政党执政，请在首轮将你们大量的选票投给保卫共和国联盟推举出的候选人。只有和他们一起共同努力，我们才能拯救自由，才能拯救法兰西。"一些传单揭露反政府大学生们"攻击前来灭火的消防队员，并用木棍袭击他们"。

他还巧妙地采用讯讽手法："实际上，有时候人们好像在梦中。请看，三个星期前，我见到瓦尔德克·罗歇先生领着一群人，打着红旗游行示威。他们伸着胳膊，声嘶力竭地要求权利。我看见，我听见密特朗先生讲话，俨然一副国家主人的面孔。他一反手，置共和国总统于不顾，违背宪法，要求合法政府辞职；他还成立了暴动临时政府，企图取而代之，并确定政府由十名成员组成。他指定迫不及待的孟戴斯·弗朗斯为总理。密特朗先生将共和国总统的位置留给自己。这一切，和我一样，你们都看见了，你们都听到了。"

"哎呀，这些日子，通过电视观看选举活动，我又再次见到了这位瓦尔德克·罗歇，这位密特朗，我都认不出他们来了。他们都变成了驯服的绵羊，纯粹的民主主义者，他们亲吻三色旗，只想通过最合法的途径掌权，他们仅仅要求和其他的共和人士一起加入政府。"正像保卫共和国联盟机关报《民族报》社论所写的那样，"为了表明一旦祖国处于危难之中，所有分歧都应该平息下去。"总理对秘密军队组织的前成员实行了大赦。

乔治·蓬皮杜首轮获得80%的选票，当选为康塔尔选区的议员，比前一年的62%高出许多。1968年6月30日，他在全国范围内取得一系列的胜利，真是势如破竹。输赢坦然的赌博者皮埃尔·莫鲁瓦后来承认："我们遭受沉重打击，终身难忘。"485个席位中，戴高乐主义者和他们的盟友获得360席，创造了历史记录。但右倾的多数派并不真正拥戴戴高乐主义。"必须抑制这一胜利。"乔治·蓬皮杜说。"不，如果可能的话，应充分利用这一胜利！"戴高乐回答说。

不负众望，比公众的期待做得更为出色的总理重返马蒂尼翁宫。他对危机的治理，还有对选举运动的领导使他成为出类拔萃的政治家。但治理危机和领导选举运动也使他十分疲乏，他开始隐约感到染上了某种疾病。是否执掌马蒂尼翁宫，他犹豫起来。

6月25日，在两轮选举间隙期间，菲利普·戴高乐旅行归来，到爱丽舍宫见父亲。他穿过大厅时，看见乔治·蓬皮杜正在等待元首的接见。他靠在椅子上，面色消瘦，脖颈浮在衣领上。他示意菲利普走过去，突然对他说："我跟随您父亲已有24年，进入马蒂尼翁宫也已6年。我累了，不想再干了。但愿没有我，大家能应付过去。"

同一天，他对福卡尔透露说："我感到厌烦，我觉得受不了啦。组建内阁，是可怕的苦役。这意味着我得感谢一批人。与人们所想的恰恰相反，我是一个敏感的人，有时甚至过于敏感。这令我感到苦恼。我肯定地告诉您，对我来说，给这一位或那一位我先前的部长打电话或者写信，通知他们我不能请他们参加下一届政府是件可怕的事情。我这是第五次组织内阁。我肯定地对您说，我感到厌倦。我对处理一些问题，整天没完没了地掌控现状和各种棘手的难题，感到极其厌烦。最后，还有一个实际问题，必须说出来，假如戴高乐有一天要我参加总统竞选，我必须避让三分，我仅能以一种救急的方式参与，以便人们说：'啊！还有蓬皮杜。'"
"是的，假如在取胜之后，戴高乐同意用别人取代你，这个人会是谁呢？顾夫？""当然，是顾夫。我看不出还有其他人可以胜任。""如果他同意用别人取代您，应以一种直截了当、明确无误的方式宣布为什么要这样做。但他已经放出风来说必须保留您，以完成日后更为重要的任务。"
"我知道，这是应该的。""对。但这属于那种将军不喜欢说出来的事情。当心。您不能以一种已被将军排除在外的身份出现。因为如果突然间出现继承问题时，一些戴高乐主义者们便会说：'小心，有蓬皮杜在，就有戏！'

"我很清楚，这是最大的难题。其余的都好办。请相信我，一切会好起来的。我去旅游，我是议员，我会在某些重大的辩论中发表演说。我会在这里，或者露面。这是再好不过的了。而且，您知道，议会复会将是困难的，非常困难。人们以为经济即将恢复正常，完全不是那么一回事。我们有失业问题。谁担任总理便要承担重任，他会失去民意的，很快人们就会说：'啊！还是蓬皮杜时代好！'看待事物应该实事求是，冷静地思考。再说，在我 60 岁之前，成为共和国总统候选人对我大有益处。数字"6"很重要，我应该留在数字"5"内。吉斯卡尔四十多岁，还是可以的。如果我进入 60 岁，那么人们就会议论：'啊！不管怎么说，岁数不小了！'由将军作出决定，如果他要我成为走运的候选人，那应该是在 1970 年前。假如一切顺利，将军将会乘势离开，声誉巅峰时引退。[143]"

实际上，如果乔治·蓬皮杜休假一年，消失一段时间，然后再回来，戴高乐将会让位于他，这种结果是不错的。这也是戴高乐的想法，他曾向雅克·福卡尔透露说："关于蓬皮杜的问题。我真不知道该怎么办才好。显然，他累了，他想休息，引退一段时间。他已成为出类拔萃的人物，深得民心，无可置疑。如果进行总统选举，他将当选。必须为此而让他养精蓄锐。"

然后，戴高乐便决定改变社会，通过劳动者逐步投资大工业公司，让他们参与分享果实。在社会主义和自由资本主义之间，他坚定地要创建第三条道路。这和在美苏两大集团之间，他要走第三条道路如出一辙。他甚至认为如果坚定不移地、及时地实行参与政策，"五月危机"本来是完全可以避免的。但他知道乔治·蓬皮杜是不赞同他这一主张的。

"蓬皮杜，您决定和我一起实行参与政策吗?"他最后一次问道。"我的将军，我只能在知道这是怎么一回事的情况下，才能回答您。"而戴高乐却认为蓬皮杜不相信他这一政策是大错而特错："参与，便是未来。我们曾经宣布过，我们再不能后退。法国人期待着我们采取一些新的举措，必须抓住机遇。如果蓬皮杜不赞同，最好选择另外一个人[144]。"

　　克洛德热切盼望丈夫回到自己身边。作为开始，她先带他去布列塔尼休养。亲爱的人迫切需要得到休息。他已在贝蒂纳堤街家中的柜子里留下足够的地方，存放他平日在马蒂尼翁宫习惯使用的物件：礼服和衣衫。她希望不要再有其他任何事情妨碍他放松一个时期。

穿越荒漠

    1968 年 7 月 1 日，第二轮选举结束的次日，乔治·蓬皮杜拜见戴高乐。两人互相道贺一番，然后正如在新的立法选举结束后所要求的那样，蓬皮杜提出辞呈。虽然戴高乐希望挽留他，但他去意已决，他需要后退，需要休息。"这么说，您感到厌倦了？""您知道，我的将军，六年半了，我已筋疲力尽，我干够了。我想后退一步，休息一下。""如果您不愿意留下，我也没有办法。"

    语气冷漠，远不及 5 月 30 日那么热情。

    两天之后，雅克·福卡尔匆忙来到波旁宫雅克·沙邦－戴尔马的办公室："将军要辞职！"他对我说："我受够了，受够了，受够了！人们再也不服从我。我不知道如何指挥。蓬皮杜扔下我走了，顾夫态度暧昧，沙邦想保持距离。我走了，我感到我的时代已经结束！"雅克·福卡尔补充道："只有一种解决办法：请求蓬皮杜改变他辞职的决定，留在马蒂尼翁宫。"雅克·沙邦－戴尔马连忙赶去见蓬皮杜："乔治，您现在唯一的任务：留下，并尽快通知将军。"

    "我无能为力，"他回答道，"我必须离去，我得去休息，要不然，我会干出蠢事来。如果回去，我就该组建新内阁——辞退各部部长并选择新部长，然后，得不到一天喘息时间，便要着手准备改革方案，以便 8 月底正式提出。不，这不可能，别要求我这么做。我太疲乏了。我已向克洛德许诺辞职不干。我们将去长途旅行。如果我改变主意，她会大失所望的。"

    在几个小时之内，乔治·蓬皮杜频繁改变主意，不知如何是好。身边的人都对他说不要走：这会造成误解，带来严重后果。正是在这天晚间，他在家中庆祝自己 57 岁生日。夫人请来了卡斯泰夫妇。雅克利娜对他充满敌意。天知道，她可能会指责乔治过于投身政治，使她姐姐的生活变得无法忍受！但她对他却讲了一番令人难以想象的话语："您无权这么做。

194

这是一种不折不扣的背叛。一种对戴高乐的背叛，对戴高乐主义的背叛，对全体选民的背叛。您没有权利这么做。"

甚至克洛德也赞同她的看法。事情糟糕到无以复加的地步！"你瞧瞧，"她说，"我已一切准备就绪，只等出发。再说，我也想过了。商人们、大商场里的顾客都能认出我来，每次都是陈词滥调：'瞧，蓬皮杜夫人，这不是真的吧？您丈夫不能走。他不能就这样把我们扔下。我们不仅是投戴高乐的票，我们也是投他的票；他无权这么做！'于是，在这种情况下，我也对你说，你应该留下[145]。"

平时上床倒头便睡的乔治·蓬皮杜整夜没有合眼。第二天，他打电话给总统办公室秘书长贝尔纳·特里科，宣布准备筹组下一届内阁，如果将军要求他这么做的话。特里科不置可否地回答说将把他的话传达给将军。他未敢告诉蓬皮杜，实际上将军想找人取代他。他在总理位子上待得时间太长了，一位总理在马蒂尼翁宫的时间不应超过三至四年。再说，他做得太成功，他已成为马蒂尼翁宫的主人，是他赢得了选举的胜利，将军对此感到嫉妒。如此发展下去，他将成为与将军旗鼓相当的对手，第五共和国的一位总统不能允许权力的天平从爱丽舍宫偏向马蒂尼翁宫。戴高乐不想以沦为管家来结束自己的政治生命。顾夫这位"头发微微卷起的徒有虚名者"将会更好地辅佐他恢复权力的平衡：总统至高无上，指挥总理执政。

戴高乐宁愿他的右臂作出牺牲，但他难以说得出口。然而正是这样，他在装作要引退的同时，不知不觉地玩弄起他的拿手好戏。将军感到称心如意，他刚刚接见了莫里斯·顾夫·德姆维尔，建议他接替蓬皮杜担任总理。

7月4日，戴高乐夫妇设晚宴招待蓬皮杜夫妇，以答谢他们4月份在贝蒂纳堤街的宴请。一切按照礼仪进行：由于担心气氛过于沉重，大家在家中不谈政治。乔治仍然相信他会改变主意，但第二天，莫里斯·顾夫·德姆维尔已悄然得到将军对他继任总理一事的确任，这一信息似乎是向他弟弟发出的："在那个可怕的时期里，蓬皮杜挺住了，将军感谢他。将军本来是不想让他离开的。"

6日因得不到消息而感到担心的乔治再次打电话给特里科，重申他继任的意愿，并要求紧急拜见戴高乐。过了一会，特里科给他回电话，尴尬地说："我已将您的想法告知总统，但他回答说很遗憾，太晚了。昨天晚间，他已指定顾夫·德姆维尔，不能变卦。因此，总理是顾夫。"

这天晚上，居伊·德·罗特席尔德单独和乔治·蓬皮杜用晚餐，看见他来时脸部都变了形，好像换了一个人似的。一向能够克制自己的乔治·蓬皮杜精神似乎失去了平衡，失去了能给予他力量的泰然自若。居伊感到他受到了伤害，神情恼怒而苦涩。"他处于愤怒之中，一个劲地拼命抽烟[146]！"除了不公正之外，他更感受到一种情感的伤害。他像对父亲一样拥戴戴高乐，可现在却遭到他的遗弃。将军本来完全可以安排好这件事。顾夫大概也会退出，不至于闹事；但戴高乐没有这样做，愚弄了他，而且是不屑一顾的，以国家利益为由……

第二天，始终感到悲痛的乔治·蓬皮杜向雅克·福卡尔倾诉衷肠："雅克，将军嘲弄了我，他想将我蒙在鼓里。他玩弄别人。真的，对待像我这样的戴高乐主义者，这样做，真不应该。"当贝尔纳·特里科要求他像5月30日主动做的那样，递交一封辞职信，以证实这件事时，他的第一反应便是拒绝。

一贯善于制服、善于逆转局势的戴高乐，最终还是用充满真诚的词语安抚了他忠实的中尉："我的夫人是您忠实的支持者。她对您的离开十分遗憾。""我的将军，我的夫人却已经习惯于重新开始。她已准备好作出奉献。"

乔治·蓬皮杜终于为自己的离开找到了一个理由。更何况，他感到摆脱了重负，首先是组织内阁的重担。尽管十分留恋，他还是于7月10日回到爱丽舍宫呈交了辞职信，语气十分生硬。

将军含糊其词地表示信已收到，话语中带有几分嘲弄："考虑到您担任政府首脑期间肩负的重担，我想应该同意您不再重新被任命为总理的请求。"然后，又表示出几分遗憾："您任职期间，在各个领域完成的伟大事业中，成绩卓著，才干出众，从未辜负我和您所领导的政府成员们对您寄托的厚望。因此您的离去更加令人遗憾。在过去的5月和6月国家所经历的危机中，您所做的一切尤为难能可贵。这便是全体法国人民对您的评价，他们通过最近的选举也表达了同样的见解。"

结尾处的词句简直像是告诉乔治·蓬皮杜他便是接班人："无论您去什么地方，请相信，我亲爱的朋友，我一定会与您保持特别紧密的联系。最后我希望您作好完成各种使命的准备，承担可能有一天国家将赋予您的职责。"名不虚传，将军果然是施展魅力、让人沉醉于梦幻之中的高手。使对话者沉醉于得到他理解的幻觉之中，沉醉于他将满足他们所有愿望的梦幻之中。

面对许多对他的离去感到惊讶的"保卫新共和联盟"的议员，乔治·蓬皮杜恳求他们不要反对国家元首作出的选择。没有提出任何批评，没有表达任何痛苦的乔治·蓬皮杜得到大家的喝彩，并被推选为议员团的荣誉主席。他对几位一贯支持他的议员吐露了心里话："掌权六年，时间很长。每当需要改组内阁时，我总是为必须从如此众多的人才中挑选少数内阁成员而感到五内俱焚。"

大多数记者，就连那些曾在 1962 年揭露他无能的记者都对他们后来才真正了解并热爱的总理的离去感到惋惜。但 7 月 14 日在拉赛宾馆举行的招待会上，蓬皮杜却难以忍受那些已经开始贪婪地睨视顾夫高大的身材和不安的神情的阿谀奉承者所上演的情感喜剧："他们如此虚伪，真让人难以忍受，"他对让·沙博内尔说，"我得到外面去喘口气[147]。"

然后，他便回到马蒂尼翁宫将六年执政期间的同事们召集在一起，举行告别午餐。快结束时，坚持要来参加的安德烈·马尔罗站起身，举杯祝酒："康塔尔议员先生，我为您的未来干杯！"

蓬皮杜夫妇随即动身前往卡纳克休假，受之无愧的假期，轻松的假期。瓦纳地区议员雷蒙·马塞兰在那里为他们找到一处出租的别墅。一道芦苇栅栏使他们免受好奇者们的干扰。看见他们时而出没于油煎鸡蛋薄饼店，时而出现在堰堤上或者乘坐他们的朋友米歇尔·博洛尔的游艇前往海中垂钓，人们感到欣慰。

那年夏季，苏联、东德、波兰、匈牙利和保加利亚的 10 万士兵和 5000 辆坦克侵入捷克斯洛伐克，占领了布拉格，逮捕了斯沃博达和亚历山大·杜布切克。自由遭到扼杀。西方人没有表示反对，但一想到东德边界离斯特拉斯堡仅有 170 公里，都感到毛骨悚然。捷克斯洛伐克事件使左派联盟的前景变得遥遥无期。是否是为了评论这一事件，乔治·蓬皮杜才于月底返回巴黎，对米歇尔·诺贝尔透露"在春季制作一些电视片的意向"？诺贝尔见他胖得厉害，尤其是脸部，建议他不要在这种状况下出头露面。

"噢！这没有什么，"他回答道，"我还得疗养半个月，然后便会一切恢复正常。"

真是怪事，他周围的人对此漠不关心。

9 月 4 日，乔治·蓬皮杜回到巴黎，办公室设在位于拉·图尔－莫布尔林荫大道 8 号雷蒙·马塞兰担任主席的地方议员协会租用的一个套间内。他自己仅使用朝向院子的一个房间，在墙上挂了一幅丰塔纳两次用刮胡刀割破的淡紫色丝绸的画布。玛德莱娜·尼格雷尔、玛丽－弗朗斯·加罗、皮埃尔·朱耶、米歇尔·诺贝尔和爱德华·巴拉迪尔则共用三间朝向大街的客厅。

以康塔尔一名普通议员身份回来的乔治·蓬皮杜与"保卫新共和联盟"秘书长罗贝尔·布热德保持接触，并经常前往国民议会，但不经常出席会议，以免在辩论时过于显眼。对他来说，以瓦莱里·吉斯卡尔·德斯坦的"对，但是"的方式扮演一名反对派角色是不成问题的。他更多时间是在走廊和临近科尔贝大厅的一间小办公室内进行活动。他在那里尽量与新当选的议员单独交谈，听他们谈论对最近发生事件的想法，并询问他们的计划和抱负。听着，记录着。许多人都认为他所扮演的角色已经结束，他对此也不加任何评论。现实使人想到卡迪纳尔·德·雷斯的一句名言："那些在风口浪尖处理重大事件的人们，在自己的阵营中所遇到的麻烦不会少于敌对阵营所制造的麻烦。"

好几个月来，乔治·蓬皮杜的心情不如以往愉快。如果说私生活有了更充裕的时间，但他始终没有从他认为受到的不公正待遇中振作起来。然而，一天晚上，他与克洛德和加尔兄弟去歌剧院时，临开场前才悄然来到正厅前座位，却仍然被观众认出来。整个剧场的人们立刻起身，长时间朝他鼓掌，欢迎这位曾经拯救和平的人物。散场时，既没有亲笔签名，也没有口哨声，有的只是尊敬。"这天晚上，"弗朗索瓦·加尔说，"我意识到他迟早有一天会成为总统[148]。"他基本上被剥夺了上电视的机会，这使他怒火中烧。至少，他认为经济形势正在迅速恶化，莫里斯·顾夫·德姆维尔挺不了多久。然而，有顾夫在，人们并没有感到慌乱。即使形势再度恶化，顾夫脸上也不会表现出来，总摆着一副当面顶撞别人的架势。

"保卫新共和联盟"的议员们像绵羊，是"戴高乐的盲目信奉者"。"孩子们，不能有情绪，"议会团主席对他们说道，"应该按照政府的要求投票。"他们对什么都投赞成票，例如赞成提高损害选民利益的遗产继承税收。最令乔治·蓬皮杜感到不安的是国民教育部长埃德加·富尔所采取的危险行动。"我了解此人，"几年前他曾预言过，"富尔是个蛊惑人心的政客。正因为如此，我才将他放到农业部，我需要听到农民的声音。在国民教育部长这个位子上，他是个危险人物[149]。"埃德加·富尔恰恰在 1968 年 10 月 10 日让表决通过了一项无需进行任何选择，便可进入高等教育的有悖常理的改革。令人难以置信，一项革命的法律，竟然在极端保守的国民议会上以几乎全票赞成得以通过！"你看，"乔治·蓬皮杜对安德烈·贝热龙说，"孩子们再也不会学到什么。"更何况，就在投票前，埃德加·富尔本人也承认："这将是一场胜利，然而，多么可笑……[150]！"确实，这是一项可笑的改革。这一改革将政治引进学校，允许实施令人质疑的教育，破坏了大学机制，使教师队伍不和，往日的老友再不交谈。这场改革使大学生们习惯于放任自流，从而无法使他们具有适应企业生活所不可或缺的素质。这不是在教育他们，而是使他们走向堕落。不是在为他们进入生产活动作准备，而是使他们先天不足[151]。

"唯一真正重要的，"乔治·蓬皮杜对奥利维耶·吉夏尔说，"是教学大纲，教学大纲！必须让已经打破与外界隔绝状态的年轻人学到知识，不仅要学布拉桑（法国词、曲作家和歌唱家——译注）、普雷韦尔（法国诗人——译注），还要学习高乃依、拉辛和拉封丹。啊！文学，人们仅从1945 年教起。您听见人们谈起过有位哲学教师曾对他的学生们说过下面这段话：'挣脱开你们所有的书本……都是胡说八道……！我要给你们讲自杀，妙极了，我曾经实验过。'果然有一天，他的一名女学生在上完他的一节课后，便自杀了，你知道吗?"

　　乔治·蓬皮杜坚信必须保持教师的权威、纪律、作文和 20 分制。他宁愿仅在极少数大学里保留就业机会很少的专业，例如心理学、哲学、东方语言等，从而解放经济学，使之得到大力发展，并为工农子弟提供更多的助学金。他还主张将进行专业化教育的年龄提前，并将学生们的定向交由能对他们的能力和性格进行评估的老师来完成，而不是由所谓的专业方向的专家们来确定。"一张真正的学生成绩单不能仅仅只列举分数和类似'可以做得更好一些'或者'取得某些进步'之类的令人可笑的评语，而应该是一张雄心抱负的渐进表，一张所具备的潜力和无法超越的障碍的明细表[152]。"一个有正确判断力的问题。

　　但这并不妨碍他在每月一次与高等师范学校的同学中午聚餐时，平心静气地倾听倾向左派的罗歇·伊科尔和亨利·凯菲莱克发表见解，并脱口而出："5 月事件，就是安德烈·布列东（法国作家，1896—1966，超现实主义创始人之一），是超现实主义。"然后便模仿埃德加·富尔的样子，逗乐大家。

　　他对在领导政府六年期间整天忙忙碌碌、很少思考问题感到遗憾，便利用强加于他的空闲时光写下他关于对话、体制和社会所持有的疑问。他还写成了经济、社会政治学的大纲。克洛德在他去世后，将这些对当今世界人类提出质疑的未完成稿的笔记以《难以解开的结》为书名正式发表。

　　蓬皮杜夫妇还到普罗旺斯和博马尼埃的乌斯托度过一些日子。在乌斯托，作为主人的雷蒙·蒂利埃向他们介绍了《游击队之歌》和《该死的国王》的作者莫里斯·德吕翁。他们之间慢慢结成了友谊。"蓬皮杜和蔼可亲、待人热忱，但难以捉摸。"德吕翁说，"他的目光带有一种自相矛盾的神情：一方面好奇而狡黠，另一方面则能捕捉人和事物的本质。他的谈吐算不上冠冕堂皇，却脚踏实地：不放任自己，但修养有素，随时脱颖而出。他担心轻率从事，前后自相矛盾，总是先听取这些人或那些人的想法，往往晚些时候才作出决定。但当他认为必须做某件事时，他就会去做[153]。"

在莫里亚克家用晚餐

克洛德·莫里亚克在一本回忆录[154]中讲述了乔治·蓬皮杜1968年11月一天晚间如何向他披露了内心里对戴高乐"离开"的真实看法。是在他家里,在他位于贝蒂纳堤街的那套房子里。纯属巧合,他正好住在蓬皮杜夫妇家那栋房子的一楼。那是一次蓬皮杜和弗朗索瓦·莫里亚克亲朋好友的小型晚餐聚会。

伟大的小说家既是蓬皮杜主义者,也是戴高乐主义者,这并非言过其实。乔治·蓬皮杜非常欣赏他的才华,并对他在其《摘记》中提到自己时所用的体贴、诚恳的言语心存感激。

那天晚上,不知为什么交谈难以进行下去。"大家谈到,"克洛德·莫里亚克回顾说,"自蓬皮杜离开马蒂尼翁宫后,有五名便衣警察日夜守候在楼前,还不算一名形影不离、跟着他活动的警察。"

"警察喜欢了解一切,监视人们的一举一动。"

"监视您!"

"如果吉斯卡尔前来见我,他们会对此感兴趣的。"

大家还对费里西安·马索最新出版的小说议论了几句。《国王的人》描写了一个普通人、一个平庸者的故事,但权力却使他摇身成为一名国务活动家,一名有真才实学者。咄咄怪事!

慢慢地,大家借助酒兴,把话题转到"5月学生动乱"上来。大家谈论年轻人,这一代人里很少有人像戈达尔在他的电影中那样真正理解这些年轻人。谈到大学时,乔治·蓬皮杜认为一切都会好起来的,也许文学系除外:"没有关系,人们尤其需要医生、药剂师、建筑师。可以这么说,除少数人外,文人都是无能的。"谈到中学教育,他的看法似乎是"大多数教师都是共产党人或者被共产党操纵的人"。

这时克洛德·莫里亚克贸然提出含糊其辞的指责:"既然共产党人拯

救了国家，您为什么对他们如此无情呢？"

乔治·蓬皮杜怒气冲冲地回答说："首先，长期以来，我不清楚他们在干些什么。我们始终弄不明白。他们这些人，什么事情都干得出来。再说，共产主义是敌人。政治便是战争。我进行过战争，我险些被迫开火。走到开火的地步，这很难，很可怕。"没有任何东西可以证明苏联人不会将8月份对布拉格发动的进攻在巴黎重新上演。

然后，当大家提及格勒内勒协议时，他说："必须抢先表态，这太重要了。"随即他又沉着冷静地补充说："其实这些协议并不像人们所说的那么令人难以承受。人们本可以在不会造成多大损失的情况下，早些时候签订，只要人们有一点点勇气，只要财政部有一位稍微果敢一些的部长[155]……"

当大家谈起巴登－巴登之行时，乔治·蓬皮杜起初保持沉默。"但他的面部表情却意味深长，"克洛德·莫里亚克回忆说，"脸部微微发胖，就像进入总统府之前那样。再不夸耀自己，极其冷静，轻松自如，敞开心扉，平易近人，就像我多年经常见到的那样。乔治·蓬皮杜走出了电视镜头，来到我们中间，我们见到了事物的另一面，看见了月亮的阴面。曾经是国家机密的东西展现在我们眼前。这一次，他要说话，他理了理思绪，犹豫了一会。然后，他开始进入话题。他一直讲下去，整个晚间都没有停下来[156]。"

乔治·蓬皮杜讲道，5月29日那天早上，他获悉内阁例会被推迟，戴高乐决定回科隆贝。他又是如何徒劳无益地对特里科坚持要见戴高乐：

"我终于发火了：听着，特里科，我必须马上见到将军，你听见了吗……正在这时，电话铃声响了。有人告诉我：'将军请您接电话……'请注意，在我担任总理的六年时间里，他仅给我打过六七次电话。'听着，亲爱的朋友，'他对我说，'我感到疲倦，我需要睡觉，需要一个人呆在科隆贝的大自然中，我需要退后一步，以试图看清所发生的一切。我走了，但我明天将回来。'

"'问题严重，我的将军，因为我对您是否回来，没有把握……'"

"他回科隆贝，我们知道这意味着什么，"蓬皮杜对我们说，"再说，我了解戴高乐夫人。我真的以为他不回来了。"

"'不，'他回答我说，'我明天午后便回去召开内阁会议。即使我回不去，您不是在吗，您……'

"当我对他说我认为我的总理职位无足轻重时，他反驳说：'好吧！您将成为靠山！但我告诉您，我会回去的。'他又补充了一句令我愕然的

话：'我亲吻您。'

"然后他便放下话筒。亲吻我，将军！这不是他说话的方式！我心想：'要坏事！'如果国民议会不解散，如果他不回来，我将在48小时内被推翻。当务之急要应付这一可能出现的局面。于是我便准备让将军签署的解散议会的法令，然后派一名使者送往科隆贝……"

这时克洛德·蓬皮杜插话，说出一句雅克·沙邦－戴尔马不经意间说出的、有些轻浮的、马蒂尼翁宫里任何人都意想不到的话语。随后她丈夫便继续往下讲：

"午后，我们得知在巴士底广场发生的事情，这时脸色铁青的特里科来到我的办公室，告诉我：'将军不见了。''怎么回事，不见了？''对！对……他应该12点半到科隆贝。可直到1点半，他的直升机还不见影子。谁也不知道他去了哪里……'

"戴高乐什么也没有告诉我！他什么也没有告诉他的总理。这是可怕的。我已经习惯于有一个人在我之上，作为依托。这样我才感到有人保护我，可是，突然间，出现了真空，孤独……

"我度过了令人恐惧的几个小时，没有看到共产党人有什么动作，我才松了一口气。四五个小时没有消息。没有任何消息。于是我决定第二天召开内阁会议后，向全国人民发表讲话。一次内阁会议，总理的一次讲话，至少可给全国人民造成一切正常和政府还在的假象。但我为向全国人民讲些什么感到尴尬。

"我便打电话给梅斯梅尔：'这真令人难以置信。您负责共和国总统的安全，可您不知道他在何处。那谁又能证明他已擅自出走而去向不明呢？谁？'然后，梅斯梅尔回我电话：'我们找到了他！我们的雷达真厉害！他去德国见了将军们。他已回到科隆贝。'

"真让人无法接受他这种隐藏自己真实意图、将我整整扔下一天、不给任何指令的行事方式。得不到他的任何消息，对他所做的事情一无所知。不知道他究竟在哪里。"

"无法接受！无法接受！"克洛德·莫里亚克回忆说，蓬皮杜多次发出这一感叹[157]。他会向已回到科隆贝的将军说出心里话吗？无论如何，他应该让将军明白这一点。人们不该如此这般对待一位总理。尤其是作为共和国总统更不应该这样做。他不会原谅将军的所作所为。

蓬皮杜继续往下讲：

"这样，戴高乐便回来了，像梅斯梅尔所说的那样。他拥抱了我，这一次是真的。用身体拥抱了我。我口袋里装着一封辞职信。我是真心实意想离开。将军用这样的话应付我：'我要留下您。'他又补充说：'戈尔斯这样不行。必须撤换他。'好像什么事情也没有发生！我接受继续留任，条件是戴高乐必须解散国民议会。

"他先是告诉我这无济于事。后来因为我坚持，他便说：'不，既然我们已不能再搞全民公决，我们也就别再搞更多的选举了。'我回答说这不是一回事，完全不是一回事，任何政党都不能反对选举，共产党也不例外。进行选举，便可结束罢工，因为选举需要邮局和交通运输恢复运转。

"他坚持不解散国民议会。于是，我便说道：'这次选举，我们将会取胜。我担保。您要求我留任。而我，我的将军，我要求您解散国民议会。'

"他说从宪法角度来讲必须进行咨询。我回答说：'我见过沙邦－戴尔马。他表示同意。'于是，戴高乐拿起笔，给莫内维尔写了十行字，并派人给他送去……法令签署了，先在内阁会议上宣布解散国民议会，然后向全国公开。"

"那天晚上听蓬皮杜讲述这一切，"克洛德·莫里亚克写道[158]，"我相信找回了昔日的蓬皮杜，他的朴素的天性，他对多年老友的信赖，他的推心置腹和放荡不羁。但今日的他却永远地变了。因权力而改变了自身，我无法弄懂在他身上究竟发生了什么，而他实际上是深得人心的，并拥有巨大的影响力。他试图明白这一切，想每天当着夫人的面，今晚当着我们大家的面，大声谈论所发生的一切，以试图使眼前模糊不清的东西清晰起来。他再也不想恢复昔日曾使他心醉神迷的权力。"

告别时，克洛德·蓬皮杜向主人表示歉意：

"我的丈夫话讲得太多了，他甚至都没有让您的爸爸讲一句话……"

当莫里亚克的父亲和颜悦色地发表感叹时，克洛德又补充说：

"总之，乔治从来没有像今天晚上讲这么多话。他应该早点睡觉。在发生这些事件后，他便得了严重的贫血症。"

"啊！是吗？真的？现在怎么样啦？"

"医生检测血液白细胞分类计数，情况不妙。"

意味深长的真情吐露。

第三部分

对法兰西的雄心壮志

难以大白于天下的真相

乔治·蓬皮杜之所以在莫里亚克的晚宴上显得如此激动，是因为几个星期以来，有人试图将他的夫人牵扯进一桩淫秽案件中去。如果这一案件发展到损害他声誉的地步，他准备不惜一切代价捍卫自己。如果必要，甚至葬送自己的政治生涯也在所不惜。即使丧失一切也胜于听任败坏自己亲爱的人的声誉。政治是一张犀牛皮，而来自拥护者和朋友们的背叛则比来自敌人的攻击更加令人难以承受。

事情是这样的。1968 年 9 月底，人们在伊夫林省的埃朗库尔的公共水库里发现了一具裹在床罩里的尸体，一颗特制的 38 型子弹深嵌在其颅骨里，这是职业杀手的武器。尸体很快被辨认出来，是一个名叫斯特凡·马尔科维奇、住在阿兰·德隆家的南斯拉夫人。他是阿兰·德隆的保镖，是他的朋友……也是阿兰·德隆夫人纳塔莉的朋友。很快，调查人员查获一封信，受害者在信中声称为自己的性命感到担忧，感觉受到马赛地区的一位实力派人物的威胁。此人也是阿兰·德隆夫妇的朋友。

很快，丑闻迅速传开。阿兰·德隆是位很有名气的演员，也是巴黎名流界中的明星。人人添油加醋，丑闻越传越神奇。"人们提到另外一个南斯拉夫人，"蓬皮杜写道，"也是阿兰·德隆的保镖，在此案件前在美国自杀身亡，情况不明。人们一传十、十传百，报纸影射说这是一场讹诈，是一些经过特殊处理的照片，列举了一些艺术家的名字，并援引说有'一位前部长或者前内阁成员的夫人参与其中[1]'。晚宴上，鸡尾酒会上，总有人提起这个话题。"

蓬皮杜与阿兰·德隆不熟。起初，他对这类杂闻轶事无动于衷。"我在匆匆浏览这些文章时，注意到人们影射一位前部长夫人。我心里犯嘀咕，试图弄清可能指谁，甚至想起一两个人的名字。但心里一点把握都没有[2]。"他主要考虑国民议会复会的问题，并开始撰写一本有关他的经历及政治观念的书，这便是在他去世后正式出版的《难解的结》一书的雏形。

但对他的形形色色的对手们来说，这具尸体是一根救命的稻草。一些所谓的消息灵通人士肯定这个女人不是别人，正是蓬皮杜夫人。人们开始偷偷地、不择手段地利用这一事件进行全方位的政治炒作。一名负责调查的警察天天给一位名叫勒马尔尚的卷入本巴尔卡案件的戴高乐派律师通风报信；一位社会党律师罗兰·迪马火速赶往贝尔格莱德，成为马尔科维奇的家庭律师，弗朗索瓦·密特朗费了九牛二虎之力也无法让他平静下来；第三位律师属于极右派，可能是最难以对付的——这位伊索尔尼先生昔日曾经为贝当和布拉西亚辩护，对戴高乐及其身边的人怀有发自内心的憎恨；还不算那些分散在各处，扮演难以说清角色的国外情报及反间谍局的情报人员。

蓬皮杜万万没有想到，他的妻子竟成为这些卑鄙的无稽之谈的靶子。直到有一天，他的一位前同事——让－吕克·雅瓦尔决定向他透露秘密，他才终于明白其中的奥秘："谁也不想或者不敢告诉您，人们谈论马尔科维奇案件时提及的部长夫人便是您的夫人。您必须知道这一点。城内的晚宴上、报刊编辑室里，大家都在议论这件事。"

蓬皮杜觉得这一切难以令人置信，所以对雅瓦尔也很不客气。然而，为了弄清楚究竟是怎么一回事，他请来了巴黎市行政长官皮埃尔·松韦埃，松韦埃也是内政部办公室主任，在5月困难的日子里，他们之间始终保持直接联系。松韦埃十分尴尬地证实了外界的传闻。

雪上加霜，案件又有新的进展，弗雷内监狱看守截获了一个名叫雅可夫的犯有盗窃、窝藏和持有武器罪的犯人写给阿兰·德隆的一封书信。这封信似乎披露了一些有关的情节，雅可夫被带去见负责调查马尔科维奇谋杀案的法官帕塔尔。雅可夫对帕塔尔声称于1967年或1968年被一些朋友带去参加阿兰·德隆在伊夫林别墅里举行的一次狂欢晚会。在那里，人们大致对他说了这么一番话："你看见那个高个子金发女郎了吗？小声点！她便是总理夫人[3]。"雅可夫的证言非常令人怀疑。因为蓬皮杜后来得知他不仅是流氓，而且是警察的眼线。就在他所谓的揭发的前几天，他曾在牢房里见过他的律师和警察署的一名技师。

得知雅可夫的证言后，蓬皮杜的死对头司法部长勒内·卡皮唐如获至宝，命令法官将他列入诉讼案内，并随即将此事通报莫里斯·顾夫·德姆维尔、内政部长雷蒙·马塞兰和一直担任爱丽舍宫秘书长的贝尔纳·特里科。1968年11月1日，特里科根本不想将他采取的这一措施通知蓬皮杜，其实对他来说，这只是举手之劳，而他却跑到拉布瓦瑟里将此事报告给戴高乐。

当时正在那里的阿兰·德·博瓦西厄讲道："特里科乘直升机而来，声称带来司法部长的重要报告，要紧急交给将军。我告诉他今天是万圣节，他会耽误将军做弥撒，并使他心情不好。果不其然，透过房门，我很快听到我一生中从未听见过的破口大骂：

"'您带着这一套荒谬绝伦的谎言，给我瞎扯些什么？我一个字也不相信。您以为蓬皮杜夫人会做这种事情？她是一个非常腼腆的人！这是不可能的。您竟厚着脸皮给我送来这种胡说八道的报告？听到这一类的消息，应该作大量仔细的调查后再来打搅我。我讨厌这种流言蜚语。'

"我岳父对竟然有人恶毒攻击蓬皮杜夫人怒不可遏。特里科面色苍白地走了出去[4]。"

但执法的政府首脑如何对抗司法程序呢？宪法严格将执法、立法和司法三权分离，这是基本原则。阻挠调查过程将会激起公愤。最好还是让诉讼进行下去，直至排除对蓬皮杜夫妇的任何怀疑，还他们以清白。这也正是在11月6日举行的内阁会议上讨论此事时作出的决定。

雷蒙·马塞兰提出了这样一个问题："谁负责通知蓬皮杜他将受到牵连呢？""总理……"将军回答道。

莫里斯·顾夫·德姆维尔一点也不喜欢他的前任——爱说坏话的人传言，他因一次泄露内情而对蓬皮杜怀恨在心——所以不想去通知他。雷蒙·马塞兰因为担心别人认为自己的蓬皮杜主义色彩重于戴高乐主义色彩，也不想出头，保持沉默。最终，似乎是与司法部的人接触得多而消息特别灵通的玛丽-弗朗斯·加罗将这一横生的枝节通报给乔治·蓬皮杜。

蓬皮杜如雷轰顶。他经常接待的这些人怎么现在竟然让调查朝这个方向发展呢？他们明明了解自己，为什么都听信对自己夫人的流言蜚语呢？戴高乐和他的部长们竟然都没有进行干预，以制止这些卑劣的行为？甚至没有一个人来通知他，真是令他难以置信！面对如此的背叛，他深感受到伤害，义愤填膺。"我知道，将军不喜欢打电话。但他有笔。我期待着他能给我写几行字。却没有等到。我感到孤立无援。"后来，与戴高乐形成鲜明对照的是他的夫人很快便安慰克洛德，表示同情和义愤，这越发使蓬皮杜想不通。

"我们夫妇二人，"他讲述道，"坠入了地狱。任何东西也无法阻挡恶意中伤。弗雷内的一名惯犯的证言还不够：为了证明蓬皮杜夫人的所谓的品行不端，人们又求助于一些照片。"他向新闻界散发了一个言简意赅的通告："戴高乐将军的前总理和他的夫人对案件一无所知。"

然而，辟谣无济于事。"在巴黎，"阿兰·德隆的一位传记作家写道，"在报刊编辑部、在上流社会晚宴上、在政界，每个人都会认识一个人，而这个人又会认识一个说他亲眼看到这些名噪一时的照片的人……人们提醒说蓬皮杜夫妇在奥维里埃拥有一栋乡村住宅，离发现马尔科维奇尸体的水库仅有几公里之遥。这么近的距离，人们可以编出种种神奇的故事，撰写出最为异想天开的奇幻小说……在巴黎的新闻界、政治社交界，听信这些污蔑和中伤传闻的大有人在[5]。"

　　"当人们想到我的名字，"乔治·蓬皮杜说，"我夫人的名字，我们仅仅因为一个在押犯、一个令人疑窦丛生的家伙声称和我的夫人淫乱过而被牵连！真是无法想象、耸人听闻！这便足以使预审法官相信他的证词，并记录在案。还有无视友情而犯下的过失。当时立刻应该做的事情是通知我，并说'谁会相信这些乱七八糟的东西呢？'将之一笔勾销。可恰恰相反，人们却说：'啊！蓬皮杜夫人不够谨慎。当然，她是一个正派女人，但她不够谨慎。'就这样，谎言便渐渐地蔓延开来，添枝加叶，把事情说得越来越离奇。"

　　1969 年 1 月 3 日，乔治·蓬皮杜在致将军的一封贺信中宣泄了心头的怨愤之情。"对通过我夫人反对我的这场运动，我能说什么呢？为什么那些曾在我身边担任部长、多年来对我们夫妇的为人一清二楚的人们，面对下层警察线人的、当然是受人指使的、骇人听闻的不实之词的反应竟然如此软弱无力，我敢这么说，如此卑鄙无耻呢[6]？"

　　1 月 5 日，将军回信说："您在信中谈及的内心感受触动了我。尽管那些关于您的流言蜚语是荒唐离奇、卑鄙无耻的，我希望您不要为此感到难过。从某种角度上看，什么事情总有个基本面，也就是说，人们清楚自己到底做了什么，并为此感到问心无愧。"

　　在爱丽舍宫受到戴高乐接见的乔治·蓬皮杜苦涩地诉说道："我的将军，您知道我为什么要求见您。我有三件事想告诉您。我非常了解我的夫人，无法想象她会沾上这等丑闻的边。人们也许企图将我牵连进去，因为他们在别处抓不到我的把柄。我并不怀疑您，但对这些部长们，我就难说了。无论是旺多姆广场的卡皮唐先生，还是马蒂尼翁宫的顾夫·德姆维尔先生以及爱丽舍宫的人们，谁也没有做出正人君子之举，敢于站出来讲话。"

　　戴高乐倾听着，并稍作辩解："蓬皮杜，新闻报刊低级庸俗，我从未相信这一切。我也曾要求通知您……""当然，我并不怀疑您个人的态度，我的将军[7]。"

但蓬皮杜还是觉得戴高乐的态度比较勉强，反应程度也无法令人信服，因为他毕竟是戴高乐二十多年的亲密合作伙伴，甚至是朋友啊！面对败坏克洛德声誉的恶意中伤，戴高乐本应毫不犹豫、争分夺秒地挺身而出，理直气壮地鸣冤叫屈，说这是错误的，是根本不可能的。然而，他并没有这样做。实际上，他与这位曾被自己视为养父之间的精神上的息息相通的纽带，两年来已经有所削弱。这一次的情况尤为严重，情感上的沟通已经断绝。

　　实际上，戴高乐也无法超越法律向全体法国人作出一项声明。国家元首无法像普通人一样采取行动。"在这一事件上，"西蒙娜·塞尔韦认为，"蓬皮杜也许过高估计了戴高乐的能量，而将军则低估了他所能产生的影响[8]。"

好好睡吧，爸爸！

正如德·布瓦西厄晚些时候向让·莫里亚克宣称的那样："将军始终想让蓬皮杜成为他的接班人；这一点，我敢向您断言。将军知道，只有蓬皮杜才能当选。在蓬皮杜离开马蒂尼翁宫后，将军曾写信对他讲过这件事。而且，他当时曾对蓬皮杜说过这样的话：'我不会一直待到任期届满，您应该让人们了解您。出去走走。写一本书。'他从未想过让顾夫继任。当顾夫在伊夫林省补选中败给米歇尔·罗卡尔后，他曾对我们重申过这一点：'你们看见了吧，顾夫补选失败了，他不可能成为共和国总统[9]。'"

十年前，乔治·蓬皮杜在六个月过渡期后担任第四共和国最后一任内阁总理、戴高乐办公室主任之后，重返罗特席尔德财团。而这一次，安娜－玛丽·迪皮耶告诉我们，他不打算再次回到私营企业中。他相信自己为国效力的命运，决定留在政治领域里。

再次见面之后，戴高乐对他说："您看，污蔑经不起事实的考验。"他建议蓬皮杜出国散散心，去意大利、英国和美国。乔治·蓬皮杜恢复了平静，偕同夫人到罗马去放松了几天。他利用这次旅行与驻罗马教廷大使、老朋友勒内·布鲁耶重聚，还隐姓埋名花费几天时间参观了哈德里安别墅和埃斯特别墅。

在一次与新闻界见面时，一名伺机获取独家新闻的《战斗报》女记者向他提出一个庸俗的问题："蓬皮杜先生，你来罗马是执行公务还是私人旅游？""基于法兰西共和国的一位前总理，带来一封法兰西共和国总统致意大利共和国总统的信件，我让您自己去作出判断。"蓬皮杜受到意大利总统萨拉加特、参议院议长吕莫尔和范范尼的接见。

这位女记者接着问道："对您来说，国家命运意味着什么？""和您一样，我也向自己提出同样的问题。如果您有某种解释或者某种设想，我愿洗耳恭听。""您将成为共和国的总统候选人吗？"

他没有意识到讲话的后果，漫不经心地回答说："要想成为某种职务的候选人，首先这个职位必须是空缺的。但现在情况并非如此。如果我告诉您，我不会参选，您也不会相信我，那又何必再谈下去呢[10]？"

第二天，旅馆的电话铃响了：是《巴黎新闻》的记者皮埃尔·沙尔皮。乔治·蓬皮杜跟他很熟悉。"啊呀，您在罗马呢？"他一边系蝴蝶结，忙着穿戴整齐去拜会教皇，一边问道。"不，我从巴黎给您打电话。我之所以给您打电话，是因为您的声明引起了巨大反响。""我并没有说什么特别的话。""您想辟谣吗？""可我讲过的话，我怎么能自相矛盾去辟谣？这样做会败坏名声的。"

究竟发生了什么？后来人们才得知。意大利秘密情报部门在乔治·蓬皮杜召开小型记者会的客厅里布满了麦克风。法新社罗马分社负责人从意大利情报部门弄到一盘复制录音带。一个叫做芒然的家伙二十五年前因与米泽利埃海军上将策划阴谋而被戴高乐驱逐出"自由法兰西"后，始终对戴高乐分子怀有一种莫名的仇恨。他终于抓住了一次报复的机遇，断章取义炮制了一段蓬皮杜和《战斗报》女新闻记者的对话。内容如下："我是接替戴高乐将军的候选人，但我并不急于接班[11]。"

蓬皮杜明白自己做了一桩蠢事。他的所谓"罗马声明"引起轩然大波。他在罗马只不过重复了他在法国向新闻记者说过千百遍的话语。没有任何新内容，没有任何出格的言论，结果却引起整个法兰西新闻界以通三栏的标题朝他开火：《蓬皮杜，爱丽舍宫的候选人》。他使戴高乐丧失权威，看来，他想将戴高乐扫地出门。直到那时，将军的巨大影响似乎是无可替代的。现在有了一名可能的继任者，因此他离去的威胁便失去了悲剧性的色彩。乔治·蓬皮杜在布鲁托斯城内，便谋杀了父亲。事态的发展是他所始料不及的。他从未想到，事情会造成如此严重的影响。而顾夫·德姆维尔则迫不及待地跑到将军面前张扬这些闲话。将军把此事看得特别重。只要听见身边的人谈论起他一旦不在位后的事情……他心里总感到很不自在。

"我，我不明白，"认为自己丈夫已 78 岁高龄、早该离位的戴高乐夫人反驳说，"也许蓬皮杜本不该明确说出他所说的话。但他还是说出来了。夏尔，您早已承认他将是你的继承人。因此，我不明白为什么您现在还要大做文章。"

"您想想，伊冯娜，如果我听任别人讲我将提前离任，我还怎么能保持我的权威呢？""假如蓬皮杜给您写信说既然如此，他什么也不管了，退出舞台，您该怎么办呢？您将后继无人。这样做不好。"

白费口舌。莫里斯·顾夫·德姆维尔则感到兴高采烈，趁机火上浇油。根据他的建议，戴高乐于 1 月 22 日发表了下列公报："在完成全国委托我的使命期间，我于 1965 年 12 月 19 日蝉联共和国总统，任期 7 年。我有履行总统职责的责任和意愿，直至任届期满。"

　　阿兰·布瓦西厄设法从意大利人手中获取一盘真实的录音拷贝，放给岳父听，从而使他明白真相。这样，将军和蓬皮杜之间本来可以消除误会。但他们两个人都过于爱面子而不肯解释清楚。怎么做才能不失尊严呢？蓬皮杜怎么才能澄清他曾重复过千万次的话语呢？尤其是他还遇到一个更大的烦恼。一个严重得多的烦恼。始终到奥维利埃来与他共度周末的父亲得了脑梗塞："我已失去两个姑妈，"蓬皮杜说，"我的母亲很早便离我而去。突然间，我意识到整个一代人行将离去。"

　　将军因对蓬皮杜表现得过于严厉，甚至不公正而感到歉意，让人捎去一句话："我亲爱的朋友，我获悉您父亲正经历着一场病痛的折磨。我仅想告诉您，在您为此而深感忧虑的时刻，我想念您。顺致敬意。夏尔·戴高乐。"

　　2 月 3 日晚间，乔治·蓬皮杜离开住在布西科医院的父亲："睡好，爸爸。""你也睡好。"莱昂·蓬皮杜第二天便离开了人世。

　　"西蒙娜，八天之内，我竟两度失去父亲，"蓬皮杜向他的同事西蒙娜·塞尔韦说。这是他为与戴高乐关系恶化而深感痛苦的信号。当将军冷淡地明确表态，像对待小孩一样安慰他时，蓬皮杜失去了尊严，因为他不愿意别人如此对待自己。当然是出于自尊，但可能也出自骄傲自大。

　　"将军应该懂得别罚我站墙角（要被处罚的学生背对教室站着——译注）。"蓬皮杜不经意间露出了心里话。"下次再作声明时，小心一点。"见他还想争辩的米歇尔·诺贝尔劝道。不想竟引出了蓬皮杜如下的回答：

　　"对，我应当注意，但我会说出我所想说的。我不敢向您保证。"

　　果然，2 月 13 日在日内瓦接受瑞士电视台的采访时，他故伎重演，而且这一次是故意的。他放出话来，说他既不会是总理，也干脆不是像德勃雷那样的部长，而是到时候，成为继承将军的总统候选人。

　　对"您如何看待您的政治前途？"这一问题，他的回答是："我不相信人们称之为政治前途的问题。但我有过政治的经历。如果上帝保佑，我可能掌握国家的命运，这是另外一回事。戴高乐将军主政爱丽舍宫，任期到 1972 年结束，因此不存在继承的问题。正因为如此，有朝一日就会举行共和国总统的选举。"如果上帝保佑，乔治·蓬皮杜竟将上帝据为己有。接班已是板上钉钉的事情。法国报纸再次以头版大标题大肆渲染。

此时，马尔科维奇案件仍是巴黎人们说长道短的话题。戴高乐夫人对强加在克洛德·蓬皮杜身上的种种污蔑感到无法忍受，对丈夫再次发难："怎么可以对如此下流地非难一位夫人听之任之呢？我太了解克洛德了。她是一位清白无辜的女人，非常正直，宽厚仁慈。她对她的侄女视同己出[12]。即使她处事不谨慎，也丝毫改变不了我对她的敬重。难道就无法制止这些漫天飞舞的谎言吗？"

她指责丈夫不进行干预："上一次我是在基金会见到这位可怜的蓬皮杜的[13]。他要求从小门进去。我发现他疲惫而忧心忡忡。这一切都是无耻下流的，都是耸人听闻的。"将军耸耸双肩："此事归内政部和司法部管。人们很快会清楚这些流言蜚语子虚乌有。"她坚持说："那么，就没有其他办法啦？""除了对这一切嗤之以鼻，还能做些什么呢？"

他又补充说："显而易见，如果说共和国总统对这等肮脏的传闻表现出丝毫关注的话，反而显得它有几分重要。您想，像蓬皮杜夫妇这样热衷于参加巴黎名流界的晚宴，与上流社会及半上流社会（由交际花之类构成的——译注）人士交往过于频繁者，接触各种各样的人，碰到各种各样的事，都是不足为怪的。蓬皮杜夫妇过于喜欢外出了。他们的身后是一批热恋上流社交生活的人物，缺少与外界的联系。克洛德有点像女中学生、女大学生，她跻身艺术界却毫不顾及人们寻求与她接触的主要原因是她身为总理夫人。"

戴高乐这番话并没有完全说错。克洛德·蓬皮杜过多地与居伊·贝亚尔、安娜贝尔或者雷吉娜一起露面。而她的丈夫虽然在廉洁方面一丝不苟，对一些与可疑事件有牵连的人物都十分谨慎，但对戏剧界的人士却缺乏足够的警惕。在卢弗西耶纳的拉扎雷夫家中，他可能碰见过阿兰·德隆，甚至，只有天知道，还和他一起打过扑克牌。蓬皮杜夫妇没有想到这些人，甚至是无可非议的人，可能会与一些来历不明的人有不正当的交往。

眼见调查始终"没有朝着寻找罪魁祸首，而是朝着寻找可能损害我的夫人和我的证据方向发展"，乔治·蓬皮杜再次要求见戴高乐，而且提出这次让贝尔纳·特里科在场。"在他们面前，"乔治·蓬皮杜讲述道，"我揭穿了警察和法官行动的把戏，新闻界几个星期前便获知将要披露对一名在押犯讯问的结果。并在讯问前几天与在押犯进行接触。证词令人难以置信。我说审讯的方向奇特，好像无需寻找凶手，只想寻找蓬皮杜夫妇品行不端的证据。我陈述了这一切，证据确凿。"

"将军听我讲述这些，感到惊愕。他说'真可笑，法官不应该这么

214

做！'将军当着我的面，要求特里科召见卡皮唐，请他重新确定调查方向。临离开时，他建议我对这些无稽之谈嗤之以鼻。并补充说国家领导人遭受污蔑是在所难免的。我回答他说如果仅仅涉及我自己，那我能够理解，但事关我的夫人，怒火便压倒蔑视，忍不住爆发出来[14]。"

四年之后，蓬皮杜总统有一次会见《观点》杂志的乔治·叙费尔，提起此事时，曾从容不迫地说过："庸俗无聊的传闻，精心策划的大阴谋，由一些次要人物上演，利用新闻界收集的流言蜚语。所有人都卷了进去。当困兽被逼近池塘时，所有的狗全都冲上前去，这便是生活。那些曾在我身边当过部长的人，顾夫·德姆维尔周围的人都听之任之，真令人感到不快，但这也是人之常情。相反，如果将军相信这些污蔑之词，哪怕是一分钟时间，我便无法忍受。我感到震惊，感到不知所措。""将军可能一无所知吗？""绝对不可能。如此严重的事情，显然每天都有人向他汇报事态的发展。""你说顾夫听之任之，这是非同小可的指控。""由您自己去判断吧[15]！"

尽管有种种推断，人们始终没有确定谁是杀害马尔科维奇的凶手，也无法断定犯罪动机，1976 年 4 月 18 日，即事发八年之后，检察院决定不予起诉。但乔治·蓬皮杜肯定对罪犯有自己的看法，永远不会原谅。他身边总带着一个小本子，上面记了一些绝不会与之握手言和者的名单。不仅有莫里斯·顾夫·德姆维尔、贝尔纳·特里科和警察总署秘书长奥贝尔，甚至还有一些高级官员，例如一天晚间在饭店谈论他时，说过："他大概不会是清白无辜的，清白无辜的，清白无辜的。"官员的政治生涯肯定因此而断送。

戴高乐 3 月 12 日晚上宴请蓬皮杜夫妇，试图平息风波。但大概是为了掩饰其尴尬的处境，他竟然不合时宜地想到邀请以饶舌出名的米歇尔·德勃雷和他的夫人出席晚宴。结果酿成一场灾难！本来应是亲密无间的晚宴，戴高乐和蓬皮杜终于能够像过去一样坐在一起，谈谈心里话。结果却成了令人沮丧的晚宴。为了给自己壮胆，克洛德·蓬皮杜先饮了一杯威士忌，然后才动身去爱丽舍宫。所以她变得歇斯底里起来，像得了神经病一样。将军没有和她讲话。感到不自在的德勃雷一反常态，没有开口说话。蓬皮杜对此后来评论道："无论是惯于谨慎的戴高乐夫人，还是不安的将军，我想，都没有说一句心里话。"

两位伟人终于有了单独待在一起的时间。蓬皮杜简要地、过于简要地说："我在罗马什么也没有说。人们歪曲了我的意思。""可您犯了老毛病。""我的将军，由于政府和您本人的立场，为了维护我的尊严，这就

215

迫使我不能讲违心的话。但是，谁都知道，这并不是眼前的事情。"说完，席终人散，他与戴高乐竟成永诀。

事情发展得很快。戴高乐因为无法实施参与计划而感到失望，便开始寻找新的伟大的蓝图。他这位永不疲倦的改革家，觉得被6月选举上台的保守势力束缚住手脚。因为无法实施他推崇备至的参与改革，他幻想在中央政府和民族有生力量及地方工人、工会和老板之间进行有效的对话。通过将参议院这一乡村市镇墨守成规保守主义者的堡垒改造成一个半政治、半行会的混合代表大会，确立与劳动阶层的联系。这样，他就将各个政党大肆展开活动的第二舞台变成一个多样性的、具有现代特色的代议制大论坛。"基于其选举方式，参议院和省议院不能代表现代法兰西，"他说，"而只能代表黑麦和板栗的古老法兰西。我们要第二个政治议会有什么用呢？我们伟大的事业是为了顺应时代的潮流。"

他意欲将这两个计划交付全民公决，以赢得时间。1968年5月以来的十一个月里，他对全民公决的失利从未甘心过：他始终耿耿于怀，无法接受错过良机的现实。因为意识到6月选举的胜利与其说是他的，还不如说是蓬皮杜的，他便想能在不受议会多数派制约的情况下采取行动，从而赢得法国人民对他个人的赞同。因为过于想造成轰动，投入一场恢复个人声誉的行动，所以他引起的更多是不安，而不是令人赞赏。

据阿兰·德·布瓦西厄讲，一向消息灵通的雅克·福卡尔从1969年2月起，便告知将军由情报局进行的民意调查结果对他不利。他的全民公决将会一败涂地，应该放弃。一次在拉布瓦瑟里散步时，戴高乐曾对女婿谈起此事。他思考着，停住脚步，然后说道："在这种情况下，我便回到这里来写我的回忆录，以便让后代，我的儿孙们知道所发生的一切。这是蓬皮杜当选总统的最好机遇。他应该继承我。"在这个问题上，将军的态度是明确的。阿兰·德·布瓦西厄证实了这一点[16]。

地区和参议院是两个不同的问题，本可以得到两种不同的回答。如果人们拒绝参议院，而不拒绝地区，或者相反，那人们不可能得出戴高乐得不到人民信任的结论，因为这只是他向人民提出的两个问题中的一个：现在人们必须对捆在一起的两个问题作出"赞同"或者"反对"的回答。人们认为这是一种全民表决，更何况戴高乐作出了直截了当的声明："如果我被你们当中的大多数人否决，我便不再可能履行国家元首的使命。我将立即停止我的职权。"这使人想起导致1965年总统选举首轮未获半数结果的"我或者动乱"的讲话。

更为糟糕的是由莫里斯·顾夫·德姆维尔和让－马塞尔·让纳内草拟

的文本修改了宪法的多处条文。冗长，繁杂，枯燥乏味。本应征求议会的意见，并修改文本，使之完善，但没有这样做。那么，议会还起什么作用呢？谁也不明白，许多人认为这仅仅是对将军的表彰。

"1962 年的全民公决，"让·费尔尼评论说，"法国人民知道应对是否通过普选来选举共和国总统这一明确的问题作出'赞成'或者'反对'的回答。而这一次，他们必须读懂有 50 条内容的不知其所以然的改革方案。今非昔比。1962 年，戴高乐将军刚刚结束阿尔及利亚战争，险些为《埃维昂协议》而在秘密军队组织的子弹下丧生。许多法国人对他怀有感激和爱戴之情。而今天，在经历过 1968 年的悲剧事件后，公众更为敏感的是物价上涨和政府反以色列的政策[17]。"

获得法律教师学衔的年轻人、宪法专家夏尔·德巴斯补充说："直到那时，由将军发起的全民投票的力量集中体现在所提出问题的重要性及其带有的政治戏剧化上。人民大众对戴高乐的仰慕像是在马路上看热闹的人群被一位马戏团演员表演的殊死一跳的惊险场面所迷醉，并期待着见证他如何着地。将军所上演的孤注一掷（输家的最后一场赌博，或翻本或加倍输掉——译注）成为人民关注的焦点，让人紧张得透不过气，从而诱使选民们投赞成票。依仗其擅长的拿手好戏，他曾多次获胜。但当他成为熟练的驾驶员时，却因一次操作失误而使汽车倾覆[18]。惯于见风使舵的瓦莱里·吉斯卡尔·德斯坦露出野心勃勃的真面目，宣布他"十分遗憾，肯定不会投赞成票"。

乔治·蓬皮杜对戴高乐坚持要搞全民公决并不感到奇怪，但他认为这是一个严重失误。如果他是总理，至少会试图说服他不要将两个问题混成一个；可他不再是总理，将军也不会征求他的意见。"专家出身的高级官员们精心炮制出来的文本，"贝尔纳·勒福尔承认，"对大多数法国人来说是无法理解的。将军想向国民们提出信任的问题；而改革方案仅仅是为了证明全民公决的必要性。当然，我投了赞成票，我别无选择，我不会抛弃正在战斗中的戴高乐将军。我作了一次投赞成票的演说，仅此而已[19]。"地方权力的设想尤其使他感到不快。三年之后，他在回答让－雅克·塞尔旺－施赖伯就这一问题提问时，声明说："问题不在于附和不负责任者们的空想，而是首先应该想到国家的统一。没有任何比为使法兰西解体打开方便之门更为糟糕的事情[20]。"在去世前的最后一次演说中，他还说过："我应立即告诉大家，'区域的欧洲'不仅令我反感，而且在我心目中是一种不可思议的倒退。历史上曾经有过区域的欧洲，那是在中世纪，称之为封建欧洲。像法兰西这样的国家经过千年的奋斗，才创建了统一的国家。所以地区无论如何都不能被视为反对国家的一种手段。"

当时，乔治·蓬皮杜尽管有所保留，却不得不保持缄默，并投入"赞成"运动。否则，会被视为对 25 年的忠诚的背叛，任何赞成戴高乐主义的选民都不会谅解他。"我从未听到蓬皮杜对将军说过一句批评的话，"让－菲利普·勒卡肯定地说[21]，"从来没有。他没有做过任何促进全民公决的事情。他一直理智行事，始终如一[22]。"安德烈·马尔罗行事总是不知轻重、缺少分寸，竟要求他在全民公决失败的情况下，保证不参加总统竞选。总之，他总是当众自我毁灭，以便影响选民：在失败的情况下，无人替代！但乔治·蓬皮杜避开了。巧妙地避开了，他只是说他没有考虑失败的可能性。

这场公民投票运动并没有激起他的热情。由于顾夫·德姆维尔并未过于坚持要他全力投入，并重返第一线，他在这场运动中便更显得有气无力。相反，这是他重新在电视台出现，并顺便留下继承人形象的机会："法国的男公民和女公民们，我已有 10 个月无幸通过电视向你们讲话了。"4 月 24 日他说道。许多对未来忧心忡忡的电视观众为重新见到这位嘴角叼烟、狡黠而幽默的健谈者的微笑和粗黑的浓眉感到高兴，心里松了一口气。

共和国总统

    利用"争取进步青年联盟"的青年戴高乐主义者1969年4月13日在斯特拉斯堡召开的大会，乔治·蓬皮杜大张旗鼓地重返舞台，并在大众传媒报道中频繁现身。"争取进步青年联盟"的存在标志着后戴高乐主义的到来。联盟充分发挥作用，帮助蓬皮杜获得社会人物和忠诚战士的双重合法地位。戴高乐主义的晚辈们的支持来得正是时候，它为蓬皮杜作为进步人士提供担保，并淡化其保守分子的形象。为了不被淹没于星期天众多的演说者中，他巧妙地坚持成为星期六晚间唯一的应邀者。在定好的时间里，他身着白色运动上衣，纽扣上插着一朵红花，面色黝黑，以胜利者的姿态神气活现地入场。热情洋溢的人群用"戴高乐－蓬皮杜！"的呼喊声向他致敬。

    他现在旗帜鲜明地参加继任总统的竞选，成为救场者。许多法国人从这位从未编造谎言、值得信赖的正直的先生身上找到了自我。人们受够了那些自认为比别人高明的人物。现在，人们渴望得到安宁，渴望在改革之中得到一段休整时间。法兰西人民大众比拥护戴高乐更为赞同蓬皮杜。看起来，团结的戴高乐阵营发生了分裂。"盲从戴高乐主义者们"止步不前。对于诸多选民来说，问题不再是在戴高乐与动乱之间两者择其一，而是在戴高乐和蓬皮杜之间两者择其一[23]。

    更何况，全民投票运动进行得很不顺利。人们过早地确定了未来地区的首府，从而造成南锡拒绝接受梅斯的监护，尼斯反对马赛的监护，奥尔良拒绝选择图尔，佩皮尼昂愿意与图卢兹在一起，而不想臣服于蒙彼利埃等等。每个人都站在各省的立场上。参议员们则站在主席阿兰·波埃身后，一致行动起来反对改革方案。

    政府似乎在慢慢消逝。爱丽舍宫也再不存在蓬皮杜"背叛"的问题。周围的人当着戴高乐夫人的面，闭口不提蓬皮杜的名字。马蒂尼翁宫悄无声息。顾夫失去了昔日的灵巧。运动拖得太久。戴高乐好像是在养精蓄锐，以准备投票前夕的演说。他宣布"全民投票，便是赞成或者是他引退"，很多人弃权或者投了反对票。"嗯，我们非常喜欢他，"他们说，"他为我们做了许多事情，但是现在，让他离开吧，既然有蓬皮杜可以继承他。"蓬皮杜在罗马和日内瓦放出的耐人寻味的话语，使他稳稳当当地扮演了继任者的角色。

不出所料，4月27日，大约10%的本应投赞成票的选民们未参加投票，否决票以52%占据上风。在戴高乐看来，共和国和全民投票是无法分割、缺一不可的。1962年，他之所以对推翻乔治·蓬皮杜内阁的弹劾动议置之不理，并将内阁一直维持至选举，是因为当时并不存在对抗民众裁决的问题。这一回，他刚一得知遭到否决，便顺从民意。当天午夜，他便结束自己的使命，在极度悲伤中引退而去。

乔治·蓬皮杜内心深处对将军的下台并未感到绝对清白无辜。如果说所谓的罗马声明并非他蓄意所为，那么日内瓦的所谓宣言则是故意的。他为此而感到痛苦。但道路已经敞开，再也无需犹豫不决。尤其是克洛德同意他顺应姗姗来迟的使命的召唤。更何况，他是戴高乐派唯一可能的候选人；其他人，从莫里斯·顾夫·德姆维尔到米歇尔·德勃雷全都卷入到全民投票运动当中，似乎注定要失败。而只有他的声誉未受损害。

度过了从情感和礼仪上对戴高乐将军抱有歉意的整整一天之后，乔治·蓬皮杜在电视上正式宣布参加竞选总统："我不代表任何政党。我也不是继承人，戴高乐将军是不能继承的。"他强调他在1968年5月所起的作用："必须稳定局势，首先在不流血、不使大家陷入内战的条件下恢复秩序，然后重新开动法兰西生产机器，挫败政治阴谋。现在，我明白这一天已经到来，我将无权逃避应承担的责任。"另外，为了争取一部分中立主义者的选票，他宣布赞同开放多数派，同意英国加入共同市场。

声明发表一小时后，他便来到"保卫新共和联盟"议员团政治局。他没有和各政党进行任何谈判，他是擅自采取行动的，但"保卫新共和联盟"一致热忱地欢迎他。"在这样一个非常时期，"罗歇·弗雷总结说，"为了乔治·蓬皮杜，我们将进行殊死战斗。"有一个人低声说道："不能殊死！"50名代表爆发出阵阵笑声。

随后，他作为候选人来到"独立共和党人全国联合会"，受到普遍的欢迎；只有瓦莱里·吉斯卡尔·德斯坦犹豫不决。他本人也很想参加竞选，但他觉得自己还年轻，而且，他反对全民投票的活动使他丧失了戴高乐主义者们的选票。因而在经过数日的思考后，他心甘情愿地放弃参加这一届总统竞争。战胜对抗情绪后，他甚至决心公开支持乔治·蓬皮杜的竞选。他委托亲信莫里斯·达兰瓦尔[24]印制了一幅他与蓬皮杜并肩战斗的招贴广告。

首幅新潮艺术（上世纪50年代末主要流行于英美的一种现代艺术流派，其特点是利用都市和日常生活中的形象，如在雕塑中嵌有事物，在油画中借用广告画——译注）的设计图案上画有高大的乔治·蓬皮杜和矮小的瓦莱里·吉斯卡尔·德斯坦，说明文字为："我支持乔治·蓬皮杜竞选。"瓦莱里·吉斯卡尔·德斯坦评论说："等一等，至少应该能让人们把我看得更清楚一些。主题不是竞选者——这是尽人皆知的——而是我支持他竞选。两个人的脑袋至少应该一般大。"经过重新设计，两个人的照片大小差不多。瓦莱里·吉斯卡尔·德斯坦还是噘嘴，感到不满意。他想把自己放得更大些。于是又有了第三张设计图：吉斯卡尔成为巨人，蓬皮杜则小一些。"无懈可击！"

剩下的便是看乔治·蓬皮杜是否点头同意。莫里斯·达兰瓦尔将画带到拉·图尔–莫布尔林荫大道给皮埃尔·朱耶看。"我立即展示给蓬皮杜看"，乐得不行的朱耶说道。一会儿，莫里斯·达兰瓦尔看见乔治·蓬皮杜出现了，他笑得直不起腰来："真是咄咄怪事。经纪人成为主角，这还是第一回见到。但这样很好，就这么的吧。"

引退之后的戴高乐绝对不参与选举运动，但让人转告乔治·蓬皮杜，他希望蓬皮杜当选。他还对女婿吐露心迹："对于蓬皮杜来说，这是接替的最佳机遇。假如我担任总统直至届满，谁还能够记得起他以及他在1968年5月间的作为[25]？"因此，在获悉勒内·卡皮唐准备参选时，阿兰·德·布瓦西厄便要求他放弃这一打算。他最多能获得30万张选票，难以击败蓬皮杜。这也是让·沙博内尔的看法，他们两人最终都退出了竞选。

弗朗索瓦·密特朗认为时机尚未成熟，决定以后再参选。加斯东·德费尔决定出马参加角逐，但共产党反对左派政党共同推出候选人，指定雅克·杜克洛参加竞选。杜克洛曾经是名糕点师，粗犷豪爽，颇有人缘。这是共产党人的最后一次盛大表演。拥护社会党人的选民们的票分别投给加斯东·德费尔和统一社会党领导人米歇尔·罗卡尔。在瓦莱里·吉斯卡尔·德斯坦拒绝参选后，中间派的参议院主席阿兰·波埃参加竞选。

于是，乔治·蓬皮杜便和皮埃尔·朱耶一起思考需要发挥的主题和为团结中间派应采取的战略方针。余下的工作是还要制定一项社会计划，尤其不能赞同卡皮唐的观点："这是愚蠢的……被赋予管理权的职工们通过占据优势的工会声音发表意见，这种体制将会造成工会控制企业的后果。还不算因反复召集人员参加全体大会——什么都讨论，结果什么也没有讨论——从而打乱生产秩序。总而言之，所有具有责任心的人都会明确表示反对；如果是我提出这种方案，人们会说：'无法忍受，这种分散权力的主张是错误的判断。'"

乔治·蓬皮杜不想使人们陷入梦幻和空想之中。他想说出真实情况，仅说真实情况，不提出任何他认为站不住脚的建议。那么该提出哪些重要的或者似乎是重要的而又属于能够做到范围内的建议呢？

在选举运动中，他的社会事务顾问爱德华·巴拉迪尔对洛林一座炼钢厂罢工者提出的要求留下了难忘的印象：他们要求"按月付薪"。这些人是按周付薪的"小时工"，体力劳动者。与按月付薪的基层管理人员和领月薪的职工毫不相干。每当生病、休产假或发生工伤事故时，仅有领月薪者能得到报酬；也只有领月薪者们才能享受与工作年限相关的待遇：奖金、补充休假、解聘或退休补偿金。是待遇上的不平等，也是器重方面的不平等、尊严方面的不平等。"小时工"按劳动的小时，甚至按件领取报酬，而领月薪者们则按级别领取报酬。领月薪者，从某种程度上说成为企业动产的一部分。人们不会用指挥按月领薪者的方式来指挥"小时工"。

皮埃尔·朱耶则进一步加以发挥。他因领导一家出租汽车公司，对劳动者阶层有一定的了解。他很清楚，根本无法与那些按小时领取报酬的职工们谈论"参与"：在参与管理之前，必须首先实行按月付薪。

蓬皮杜和他们一样，认为洛林"小时工"们的抗议是有道理的。现在是结束区分"按月付薪者"和"按小时付薪者"，结束这一陈旧、过时制度的时候了。如果大家想在不大规模求助于外国劳动力的条件下使法兰西实现工业化，就必须提高最具生产力和最感约束的雇佣工人的工资。就必须缩小体力劳动者和其他人之间的社会差距。

他不喜欢人们仅满足于理论和学说。他对理论和学说深感厌烦。然而推广月薪化的想法，他却拿来为己所用，并将其变成他自己的主张。这不是一门学术，而是一系列实际的措施：节日工资照付，生病或休产假保留工资，还有工龄补贴。这些并不是一种救济的措施，而是让工人融入集体的手段；是一种提高劳动者地位的手段；是承认其晋升，承认其尊严的手段。

令他感到高兴的是，这样便提出了一个新的、具有独创性的、取工会而代之的观念："1968 年我和他们讨论了 48 小时，在我的记忆中没有听到有人使用这一词语。"他喜不自胜地指出。更何况这一强有力的观念将使他得以保留住戴高乐将军从左派队伍中赢得的部分工人的选票。

于是他派爱德华·巴拉迪尔去试探已经成为"法国全国雇主理事会"二号人物的前高等师范学校预备班同学弗朗索瓦·塞拉克的反应。1968年5月运动在法国雇主界产生了与1936年5月相反的效果，改革者成功地使他们的观点占据上风，站在最前列的正是弗朗索瓦·塞拉克。

塞拉克对建议进行思考之后，对爱德华·巴拉迪尔说："你们可以开始行动[26]。"

他许诺说服"全国雇主理事会"决策机构接受月薪化。即使接受这一建议，雇主们也喜欢蓬皮杜，而不愿和波埃打交道；因为和蓬皮杜在一起，他们有一种信任感，而波埃则对工业一窍不通。所以蓬皮杜对将向选民们作出的这一承诺能否站得住脚，胸有成竹。1969年5月28日在一次电视演讲中，回答工会主义者勒夫拉尔就他打算为工人们做些什么的提问时，他说道："改善体力劳动者的物质保障，减少不平等状况，改造社会等级。缩小从一定意义上被称之为精英的领月薪者们与被称之为小人物的'小时工'之间的差距。"

被乔治·蓬皮杜委任为竞选运动财政总管的雅克·希拉克必须设法获得必要的资金，以印制宣传广告，租借会议厅。他似乎甚至为此在蓬皮杜不知情的情况下同沙特阿拉伯费萨尔国王接过头[27]。但巧妇难做无米之炊，因为缺少必要的资金进行美国式的竞选活动，乔治·蓬皮杜便充分利用电台所有频道的全部播放时间。如果说他在电视台上，左眼显得冷漠、严峻，似乎对夫人因受到侮辱、收到匿名信感到震惊而抱有积怨的话；那么他的右眼则是乐观而随和的，显示出他对现实生活的热爱[28]。因为随和的一面让人感到放心，他便竭力用几句简单的话语表现出他对幸福生活的向往，从而树立温和并贴近法国人民所关注的日常生活的形象。他想树立的不仅仅是一个精力充沛而且胜任的国家元首形象，他想在戴高乐之后，成为一位富有人情味的总统。

一个名叫让·戈里尼的新闻记者，抱着怀疑态度问他从5月事件中吸取了什么样的教训。"首先，戈里尼先生，您为什么愿意我是原来的乔治·蓬皮杜呢？全国人民也许还记得，我当时成功地恢复了国家平静的生活。您以为大家需要另外一个乔治·蓬皮杜来继承原先的蓬皮杜是件糟糕透顶的事情吗？其次，自1968年6月，我便说过我愿意敞开政府的大门，敞开多数派的大门。我甚至还说过，我们多数派越强大，我越容易求助于其他的人们。这正是我刚刚重复过的话。"

竞选活动初期的第一次民意测验结果是波埃领先。正像蓬皮杜对让·

沙博内尔所说的那样[29]，"这名经常与神甫们往来的共济会员"无论在怀念维希政权或秘密军队组织的反对戴高乐主义者中间，还是在那些希望多少有些改变的人中间都能争取到广泛的支持者。选民们把他看成一名仲裁者，一名主张和解者，一个关心社会公正、关注最下层人们命运的人物。这些人因为对崇高感到厌倦，便冒险投入这一完全能反映出自身利益者的怀抱。已在爱丽舍宫出现的这张伪善、喜笑颜开，而且通过担任临时总统已经赢得一定程度上合法性的面孔继续留下，并不使他们感到不快。"如果我竞选失败，"乔治·蓬皮杜想，"我将走开，远离政治，回到卡雅尔克，照顾我的妻子、外孙们，致力于文学[30]。"但他很快便振作起来，让·费尔尼见证了这一变化："您不会落选的，事情明摆着。落选的将是波埃。""对，您看着吧，只要他一讲话，他就会完蛋。"蓬皮杜回应说。果然不出所料，阿兰·波埃第一次在电视台上露面时，表现得还算不错；但第二次，便没有什么东西可讲了，显然力不从心，连他自己也意识到这一点[31]。

作为刚刚遭遇失败的 4 月 27 日全民投票的赞成者，乔治·蓬皮杜的竞选处境确实困难。他必须表现出争取过半数选民的能力，扩大全民投票赞成者的行列。"我在执政时，犯过错误，和大家一样，"他在电视上承认道，"但我也学到了很多。"还有大量的尚未作出决定的选票，中立主义者们的选票。取胜的关键在于使其中的一部分摇摆不定者转而站到蓬皮杜阵营中来。因此，他发表了赞同英国加入共同市场的言论，提出"连续性和开放性"的口号。表面上是矛盾的，但连续性是对戴高乐主义者们讲的，而开放性则是对中立主义者们讲的。通过将雅克·迪阿梅尔、莫里斯·舒曼和勒内·普莱文团结到自己身边，他在阿兰·波埃的阵营中打开了一个大缺口。

乔治·蓬皮杜前几年在康塔尔进行的选举活动，为淡化他上流社会银行家的形象起到很大的作用。电视观众多次看见他在做完大弥撒后，在咖啡馆里的蜡油彩画前与选民们握手，和选民们一起品尝龙胆酒，在饭店后厅观看五国橄榄球锦标赛的转播。当他回顾起他在蒙布迪夫度过的童年，讲述吊鳌虾或者到皮伊·马里远足时的乐趣时，人们便相信他是真诚的。这一次在卡雅尔克他让人给他和当年出生的羊羔一起在羊圈里拍照，或者是给他和一起骑马散步的克洛德拍照。

"您看见我的母马了吗？"他嘲弄般地提醒道，"已经卖掉了，因为它不产仔。其实，在我买这匹马时，她是怀了马驹的。现在，未成年的雌马已经六个月了。我赚了一笔。"

他的竞争对手雅克·杜克洛嬉皮笑脸地反击他："人们给蓬皮杜和绵羊合影，而我则和公牛合影。区别在于绵羊们属于蓬皮杜，而公牛却并不属于我。"杜克洛有一条狗。一位女记者问他："这是一条比利牛斯大狗吗？""是的，它名叫蓬皮杜。偶然的巧合！"

乔治·蓬皮杜的支持率直线上升，第一轮选举中便取得了44%选票的佳绩，平了戴高乐1965年竞选总统第一轮的记录。阿兰·波埃得票率为24%，他几乎没有什么威望，难以与蓬皮杜匹敌，比起用嘲讽逗乐选民们、获得23%选票的雅克·杜克洛来，也仅以微弱优势领先。其他三名参选者加斯东·德费尔、米歇尔·罗卡尔和阿兰·克里维纳的得票率微不足道，分别为5.3%、3.6%和1%。

尽管乔治·蓬皮杜的朋友让－克洛德·鲁塞尔帮忙，将其直升机联合公司生产的一架直升机借给他用，但他仍感到疲乏，甚至对选举活动感到厌倦：走下飞机，发表简短的演说，在一些会议上还需要无休止地争论有关小商贩的问题。瞧，他又得出发去参加下一段的活动。这一切最终令他感到乏味。

出乎意料的是，共产党下令投弃权票而确保他取得胜利。莫斯科老大哥不愿意看见一个执行亲美路线的大西洋主义总统妨碍对美国实行独立政策。"他们派来使者说必须助蓬皮杜一臂之力[32]。"米歇尔·诺贝尔如是说。听命于莫斯科的雅克·杜克洛宣布："资产阶级从不孤注一掷，提出了两名称兄道弟的候选人。蓬皮杜先生和波埃先生是一路货色。"共产党的另一名领导人乔治·马歇也拒绝在被他比做瘟疫的波埃和被他比成霍乱的蓬皮杜之间作出抉择。"这很正常，"安德烈·弗罗萨尔在《费加罗报》上指出，"这两个讨厌家伙的名字的首字母和共产党的首字母相同。"阿拉贡还在《人道报》上发表了奇谈怪论："夏尔十一世之后，法国将需要哪一个路易·菲利普呢？"

在意想不到的共产党人的帮助下，"反对派联盟"销声匿迹，乔治·蓬皮杜于1969年6月15日以58%的得票率当选。这样，他便成为1962—1974年间8次选举的胜利者：1962年、1967年、1968年和1973年的4次立法选举，1965年和1969年的总统选举。对被其贬称为"蓬皮·迪斯"的胜利感到失望的《鸭鸣报》写道："法国人乐此不疲，他们还想再要。"并将有关爱丽舍宫的评论专栏名称从原先的《宫廷》改成《摄政时期》。

然而，于当晚8点获悉总统选举结果的乔治·蓬皮杜却黯然神伤，觉得过去的一切都将改变。同事们聚集在贝蒂纳堤街的荧屏前，他们是：居伊·贝亚尔、弗朗西斯·法布尔、雷蒙·科尔迪耶及加尔兄弟。当然还有香槟酒。蓬皮杜为了消除将不再是普通人并撤出朋友们行列的局促不安，为了试图最后一次扮演普通一员的角色，竟充当起家庭主妇来，不住地为客人们端茶倒水，除了"还要吗"再也说不出别的话来。一位朋友壮着胆子对他说："你看，大家都明白，今后你将称呼我们为'您'，而且你见我们的时间也会少了[33]。"当然，他们在总统的游园会或者7月14日相聚时也会显得审慎持重的，但他将保持自己与朋友们的友谊。

艾吕雅的超现实主义

乔治·蓬皮杜知道选择什么样的人当总理：雅克·沙邦－戴尔马。他为人富有魅力、生气勃勃、随和朴实、和蔼可亲、喜好运动，并且思想解放，善于调和与议员们的矛盾，安抚多数派中的反对派。他随机应变、快速行动和乖巧灵活的能力有目共睹，无可争议。他 1946 年开始成为议员，1958 年起任国民议会主席，他象征着议会的开放趋向，并和所有人和睦相处。他是与中左派展开必要对话同时又不刺激亲爱的戴高乐主义同事们的最佳人选，他没有树立任何敌人。乔治·蓬皮杜负责处理国家大事，他的总理负责处理好与议员们的关系。乔治·蓬皮杜对议员们的重视程度远远超过他的前任。

沙邦－戴尔马不仅威风凛凛，而且拥有一系列战士的称号："弓箭"、"拉卡纳尔"、"科廖兰"，尤其是"沙邦"（佩里戈尔的一座村庄名）。他是一位名副其实的抵抗战士，新总统的软肋正是在战争期间没有任何特别的作为，因此他从精神上坚持要由一位曾是抵抗战士的人担任总理，"我也一样，背负着洛林的十字架，"他低声抱怨说，"至少和沙邦在一起，他们不能再说我不喜欢'他们的'抵抗运动。"

雅克·沙邦－戴尔马 29 岁为准将旅长，30 岁为橄榄球队国际队员，32 岁任波尔多市市长，代表着年轻一代及其想象力和生活乐趣。一些人甚至称他为雅克·沙尔芒（法语 Charmant 意为富有魅力的——译注）·戴尔马。54 岁的他仍然才思敏捷、步履矫健，看上去仅有 40 岁。在马蒂尼翁宫院子里让记者们照相时，与其说他走下汽车，不如说他从汽车里突然钻出来，三步并作两步跑上台阶。乔治·蓬皮杜作为将军的继任者，不想给人留下任何空白和衰退的印象。

"选择沙邦，是势在必行，不管愿意与否[34]，"米歇尔·诺贝尔说，"既满意，也不满意，因为蓬皮杜对他这个人并不感兴趣，更何况他在马尔科维奇案件中也表现出思想上的保留（哲学用语，指说话的人在思想上保留的意思和嘴里说出来的意思不同——译注）。""只好如此，沙邦富有魅力[35]。"蓬皮杜曾对让－勒内·贝尔纳说过。蓬皮杜与让·科[36]的一次单独交谈似乎也证实了这一点：

"您将选择谁担任总理呢？""您想要我选择谁？沙邦！""沙邦？他是个衣着打扮可笑的年轻人，一个理发店的老板，一个高级鞋商。""我知道，但我没有其他人可选。有希拉克，但他太年轻……再说戴高乐主义者们，如果我选出希拉克的话！"

作出选择的次日，乔治·蓬皮杜便询问沙邦－戴尔马下午是否有空，并约他到拉图尔－莫布尔林荫大道的办公室一谈。见面时，他仅对沙邦－戴尔马说："我猜测您知道我为什么请您到这里来。没有其他选择。我想您会接受的。"雅克记得大约两年前，曾在马蒂尼翁宫图书馆和乔治一起喝过咖啡。当时乔治仅是一时心血来潮问过他："您喜欢这个房间吗？这里很不错，我装饰这个房间也是为了您。"这仅仅是个转瞬即逝的表示。雅克一笑了之。可这一次，他很快便要在这里办公了。

1969 年 6 月 20 日，新总统走马上任时，在爱丽舍宫的台阶上受到失意的对手阿兰·波埃和低调的敌手莫里亚克·顾夫·德姆维尔恭敬的欢迎。场面十分滑稽可笑。然后，在大使会见厅将荣誉勋章宽大的饰带挂到他的脖子上。鸣礼炮 21 响，由宪法委员会主席加斯东·帕莱夫斯基宣读选举结果。最后，15 点整，乔治·蓬皮杜前往凯旋门重新点燃火炬。接着他从那里前往市政厅，从巴黎议会议长贝尔纳·罗歇手中接受巴黎市政府的金质勋章。

新总统进驻爱丽舍宫没有大肆喧哗。他坐进办公室的第一天，叫来了安娜－玛丽·迪皮耶和玛德莱娜·尼格雷尔这两位心腹中的心腹，和她们待在一起，很长时间没有讲话。"总统先生……"安娜－玛丽·迪皮耶打破沉默说。"行了，还是像过去一样，就叫我先生吧，"然后又脱口而出，"现在，我成了孤家寡人[37]。"

他大概想说："孤独一人面对法兰西。"虽然再也没有将军的监督，但他知道戴高乐始终存在。他在谋划盘算中，总会自然而然地想到戴高乐可能会作出什么样的反应[38]。

六年间，他曾经成功地丢弃马蒂尼翁宫的金碧辉煌，晚间回到贝蒂纳堤街家中和夫人共享天伦之乐。而这一次，他必须住进使历届总统深感压抑的、被戴高乐称之为"左手的宫殿"（le palais de la main gauche，法语中左手指不合法的婚姻和孩子，右手指合法的婚姻和孩子，这里做不合法的宫殿讲——译注），隐喻蓬巴杜侯爵夫人（1721—1764 年，法国国王路易十五的情妇——译注）、君主总统路易－拿破仑·波拿巴的阴谋和死在"情妇"怀抱中的太阳总统费利克斯·福尔（1844—1899，法国政治家，法兰西第三共和国第六届总统——译注）。

克洛德对强加在丈夫和自己身上的这些束缚深为不满。她想出门进城，身边必有人群相随，身后必有警察保护。她丈夫的境遇更为糟糕：他再也不能在巴黎城内散步，只能坐车。她出于爱情和责任感，万般无奈地放弃了自身的自由。但药丸是苦涩的："您被任命为国务秘书，"她有一天对安娜－玛丽·迪皮耶说出心里话，"您很幸运。我丈夫担任总理期间，是我们夫妻生活中最美好的时光[39]！"

她对住进爱丽舍宫根本不感兴趣。爱丽舍宫的套房毫无个性可言，她参观这些住房时，禁不住吓了一跳："啊呀，还得在这里生活，真受不了！"

法兰西人并不了解总统和法兰西第一夫人违背了传统。"蓬皮杜被迫答应克洛德每个星期三晚上回贝蒂纳堤街，"安娜－玛丽·迪皮耶讲述道[40]，"以便在贝蒂纳堤街、奥维利埃和爱丽舍宫之间走动，每周仅在爱丽舍宫过四个夜晚。蓬皮杜还授予她全权，让她把私人套房现代化，从而为她提供了会见新装饰家和艺术家们的机会。"

戴高乐没有挪动爱丽舍宫的任何东西，大概是不想为了个人乐趣而浪费国家的资财。相反，蓬皮杜夫妇则觉得原来的装饰象征着过去和威严的世界。另外，他们认为这样做对促进现代艺术家的进步是有益处的，即使他们将为蓬皮杜夫妇所创作的橱窗是世人所无法见到的。

按照克洛德的创意，皮埃尔·保兰那些填有塑料的、包着彩色平针织物的现代座椅，使路易十五的家具更加完美无缺。埃尔班、福特里耶、阿尔顿、西马和昂塔伊的画幅悬挂在饰有橘黄色的暖色织物的墙上。一架白色的台式钢琴醒目地摆在大厅中央。餐厅里，由波利亚科夫设计的五颜六色的餐具取代了塞夫勒产的瓷器。一张摄政时期风格的涡形脚桌子（半边靠墙的，上面只放花瓶、玩物等——译注）和一张路易十五时代的黑漆写字台与阿尔普大理石和瓦萨列里（法国几何图像抽象派画家和光效应艺术运动的主将——译注）的挂毯相邻。在克洛德的房间里，衣橱、五斗橱和拿破仑风格的桌子、文艺复兴时期的椅子和带有莫里道尔印记的圆柱形写字台，与一张丙烯树脂的低矮桌子和阿热蒂创作的白色挂毯并排摆放着。

更令人称奇的是克洛德请以色列艺术家阿冈装饰的候客厅。72 个锡制坠子和 54 个带斜边的彩色塑料片，形成因视角不同而变幻不定的抽象图案。穿越候客厅，可以见到每天的生活节奏：左边墙上的白色主调显示清晨的天空；中间则是耀眼夺目的五颜六色的艳彩；显得暗淡无光的右侧，象征着人们坠入夜晚的黑幕之中。在一盏荧光灯的照射下，空间随着人们移动而摇曳不定。蓬皮杜能够长时间地待在这里见证这一变幻的进程吗？

坦率而真诚的克洛德领着人们参观她的新住房时，始终显得兴高采烈，带有几分孩子气。要想成为一个公众人物，她必须约束自己。更何况，她一点也不喜欢礼节性的招待会。自从马尔科维奇事件以来，她对政界厌恶至极。地位令她感到自豪，但也使她感到惶恐，起码初期是如此。幸运的是，她喜欢时装，穿戴库雷热、夏奈尔等极具魅力的服装师们制作的高雅服饰。根据自始至终对她和蔼可亲并在困难时期真诚相助的戴高乐夫人的建议，克洛德养成了戴帽子的习惯。

乔治·蓬皮杜必须继承戴高乐的传统，高瞻远瞩，永远不能使总统职权落到第三和第四共和国政客的水准上去："但愿所有人都不要错误地理解共和国，"他说，"不能从路易十四跌至路易·菲利普。也不能从崇高的威严变成庸碌无为[41]。"

现在，小学教师之子成为了共和国总统，他的气度有几分高贵，步态也显得庄重。1970 年 1 月 6 日一名记者向他表示祝愿时，问道："您应该感到幸福吧？"他则回答说："幸福？我已经放弃了幸福。"

"在爱丽舍宫，我注定要与其他人保持距离，"他自己写道，"在总统职位上，既不能烦躁，也不能激动。真可怕，简直是出家修行，衣着和举手投足都得任人摆布。再不能开门，按电钮，好像成为一个残疾人。"

他再也不会给人一种亲切感。当教师时，他从不允许学生们对自己过于不拘礼节。从今往后，他讨厌罗歇·弗雷和奥利维耶·吉夏尔像过去一样对他直呼其名。奥利维耶·吉夏尔不时地这么做是出于挑衅。罗歇·弗雷则没有意识到这样做令他感到恼火，而且也不合时宜。

职务捆住了人的手脚。只有他，只有他一个人才能作出决定。因此，决定深深地打上了孤独的烙印。他多次心甘情愿地重复道："住在爱丽舍宫，就完全变成了另外一个人。"当然，也必须与常人一样，以便使所有人都能认出他来，而且不失其国家元首之尊严。

"在各市政府，"让·费尔尼指出，"蓬皮杜的标准相取代了戴高乐的标准相。装饰原封不动，两个人都站列于一座图书馆前，右手置于一张独脚小圆桌上。不同在何处？戴高乐将军头部难以察觉地偏向左侧，而蓬皮杜先生则偏向右侧。戴高乐将军似乎紧握拳头，但他的继任者却松开手掌。在保持连续性的同时，应该表示开放……放置新面孔的长方形镜框取代了原有的椭圆形。蓬皮杜的额头更宽、更为突出，因而更能俯瞰全局。被浓黑的眉毛遮住的双眸不像戴高乐的双眼那样被厚重的眼皮所隐没。他的双眼富有生气，吸引着人们的注意力，甚至紧紧抓住人们的视线。将军窄小而单薄的双唇显露出他喜欢安静，带有某种苦涩和极度的蔑视。而蓬皮杜的双唇宽大而厚实，张开便会露出幽默的微笑。他的双唇总是微微张开，露出牙齿，显出的更多是渴望，而不是贪婪。两位人物长相不同，但在两张标准相上，他们又有些像是一家人。蓬皮杜先生不是戴高乐将军，他不按戴高乐将军的方式而是按照自己的方式治理国家。新总统不会集两千年历史之大成。看着他的照片，人们不会想起蒙布迪夫。他不会听任人们规定他的权力和特权。他将是总统[42]。"

　　然而，护胸甲遮掩不住敏感者的心境。他很快便在电视上展现出他的人道主义。1969 年 9 月 22 日，他在主政爱丽舍宫后举行的第二次记者招待会后，接受了蒙特卡洛电台总编让 - 米歇尔·鲁瓦耶的提问："既然您允许我们超出原定范围提问，我想干脆让您离开原先设计好的框框，问一个关于一条杂闻的问题。在马赛，一名 32 岁的女教师因被指控拐骗未成年人而自杀身亡。您对这一提出深层次问题的杂闻有何看法？"

　　确实，前一年，一名 17 岁中学生的父母向法院起诉孩子的法语老师加布丽埃勒·吕西埃，指控她与中学生保持恋爱关系，拐骗未成年人，当时法律规定的成人年龄为 21 岁。这一事件引起公愤，并使昔日也曾在马赛一所中学当过法语教师的蓬皮杜为之震惊。经过七个月的羁押之后，案犯被判处一年徒刑、缓期执行，总统选举之后不久获得大赦。然而检察院认为判处过轻，提出上诉，重新将年轻的女教师押送刑事法庭。她因无法承受压力，便自我结束了生命。

　　乔治·蓬皮杜被这一突如其来的、异乎寻常的问题问住了，张口结舌，无法控制内心的慌乱。大厅里的克洛德焦虑不安。好几分钟时间过去了，难熬的几分钟。然后，目瞪口呆的电视观众们听见总统用一种低沉忧郁的声音回答道：

　　　　至于我所感受到的，和许多人一样！
　　　　只要愿意便会懂得体谅
　　　　我，我感到内疚的是
　　　　不幸的女人
　　　　躺在大街上的模样

通情达理的牺牲品

撕碎了衣裙破了相

迷途孩子的目光

披头散发，容貌走样

她像那些为了被人们所爱

而消逝者一样，灵魂随风飘荡

停顿了一会儿之后，他才补充说："这是艾吕雅的诗。"

这正是艾吕雅为回顾人们不想惩罚罪犯而虐待女孩的时代创作的一首诗。

乔治·蓬皮杜此时此刻究竟有何感受？是对不幸者良知的敬重，对她放弃生命的敬重，还是他不愿当众展示内心的悲伤或者怜悯？谁能知晓？他站起身来，离开大厅，以掩饰内心的不安。电视观众们认为这是真实的时刻，是显露出他内心世界的时刻。

他的新闻随员西蒙娜·塞尔韦[43]给我们指点迷津："蓬皮杜先生极愿就这一问题发表他的见解。他并非临时抱佛脚。他对我讲过，如果有人向他提出这一问题，他将作出回答，并要求我留意人家向他提这个问题。"弗朗索瓦·加尔也同意这一观点："这正是他想像提及爱情问题那样提及人道主义问题的方式，用一首诗来作出结论。这也是表明他多么喜欢艾吕雅作品的一种机会，更何况这也牵涉不到他的政治色彩[44]。"

重新平静下来后，他征求了政府发言人莱昂·阿蒙对这次记者招待会（这一事件除外）的想法。他是否成功地运用了将军所擅长的这类做法？"您态度很明确。""每个人都能明白。我教了很长时间的三年级。三年级，这相当于中等电视观众的知识水平。"

让·费尔尼则宣称非常满意："戴高乐像教皇做弥撒一样在记者招待会上讲话有十一年之久，现在可用较为通俗的语言与记者们交流了。戴高乐将军仅能从方便和礼仪方面获得记者们的好评。他精心准备演说，把讲稿熟记在心，很少关注意料之外的事情，他也无视这类问题，除非能给他提供即兴演说的机会。所以，他的演说沿袭传统、词藻丰富，经常引用大段的文学作品。而蓬皮杜的讲话则完全是另一种风格。他对问题从不弄虚作假，有什么说什么。总统讲话，最重要的完全不在于能言善辩、词藻华丽或者文风考究，而在于简洁明了、坦率真诚、详尽周到。为了表达精确，他总是经过深思熟虑后再讲。所以他并不追求一时轰动的效果和不犯错误，而是无拘无束地与记者们自由交谈。一次新闻记者招待会，说到底便是如此而已。我们忘记了他，我们昨天突然又欣赏他。我注视着蓬皮杜先生把臂肘支在桌面上，动作适度，就像奥弗涅的农民那样，但目光敏锐。我注视着他的一言一行。场面相当富有魅力[45]。"

乔治·蓬皮杜的举止忠实地保持着法国中产阶级的乐天派天性，私人外出时，开着自家的波尔舍轿车，不用摩托车开道，仅有一名便衣警察坐在紧随后面的没有警灯的车里。度假时，他则和普通人一样，"希望不把我当回事，别来打搅我！"如果需要，他便穿着翻领衣服，无拘无束地和被他亲昵地称为"我亲爱的"克洛德一起让人照相。他喜欢在奥维利埃过周末，或者去卡雅尔克，这样能免除一本正经的礼节。丢弃电视演说，而在火堆旁进行座谈，这是当初富兰克林·罗斯福，然后是孟戴斯的做法。他喜欢即席讲话，回答记者们的提问，甚至是有些咄咄逼人的提问，因为他善于防卫和反击。他知道自己擅长辩论。

他小心翼翼地将公众生活和私生活区分开来，从而为自己与家人或者朋友留出真正轻松自如的时刻，阅读、咏诵诗歌的时间和欣赏音乐的时间。然而，即使在度假时，他清楚头顶上再没有遮阳伞，一想到可能会发生的事情，便会感到不安。他那保持心态平衡的秘密，他那令人惊叹、让人放心、给人留下深刻印象的保持平静的秘密，大概要从他成功的夫妻生活中寻找答案。他与克洛德配合默契的夫妻生活在当今伟人中实属罕见。鲜有如此相濡以沫的君主和国家元首夫妇。维多利亚女王和阿尔贝王子、沙皇尼古拉二世和玛丽亚·费多皇后、乔治六世和玛丽皇后，当然，还有夏尔和伊冯娜·戴高乐。但为数不多，屈指可数。

每逢周三晚间，蓬皮杜夫妇都要返回他们仅当成房客的贝蒂纳堤街住处。有一天房东宣布要出售房屋，灾难突然降临："您知道，我们将不得不离开我们的住房，因为我们买不起。"他们对安娜－玛丽·迪皮耶说。神通广大的迪皮耶很快找到了一位正在寻求无风险投资的买主，他同意将房子租给他们。这样，蓬皮杜夫妇才得以保留住他们十分珍惜的周三晚上的聚会。

通常，他们喜欢和朋友们喝一杯、看一部电影。他们始终迷醉于现代艺术，并在闭馆的时间里参观展览会。"当有三十个人注意您时，您怎么能够欣赏沙加尔或者贾科莫蒂的作品呢？"乔治·蓬皮杜随即又补充说，"当您置身于空无一人的博物馆时的感觉是不可思议的。会产生一种孤独感，这在国家元首的生活中是难以承受的。"他又进一步说道："每当我走出爱丽舍宫，人们都要奏乐向我表示敬意。于是，如果去看牙医，我只好从花园出去。"

在这座金色的牢笼里，他正是从最不守旧和最富争议的艺术中寻求逃遁之术。就好像他在以自己特有的方式进行他的 1968 年 5 月学生运动。在妹夫亨利·多芒热的帮助下，他对自从安德烈·马尔罗离开文化事务部以后的文化给予更多的关注。马尔罗有时令他感到恼火；他将菩萨像和玛雅雕像进行比较，蓬皮杜认为做得很出色，但未免有几分矫揉造作。他所提倡的是鼓励创造，而不仅仅是保存昔日的遗作。所以，他亲自介入为艺术家和年轻一代建造现代艺术中心的计划。再不是陈列马蒂斯（1869—1954，法国画家，野兽派代表人物，20 世纪最出色的造型艺术家之一 ——译注）和鲁奥（1871—1958，法国表现主义画家——译注）的作品，而是展示 20 世纪 60 年代的艺术家创作的作品。他希望到 2000 年将 20 世纪 60 年代的作品移至别处，而将中心让位于 2000 年的作品。这是一座在某种程度上处于变动状态的博物馆，而不是一成不变的博物馆。他想将这一艺术中心建在首都的心脏地带，让所有人都能参观，不仅仅是那些应邀出席艺术展览开幕式的常客们。不久前决定迁移的巴黎中央菜市场正好在波布尔留下一片宽阔的空地，可以用来建造一座博物馆、一座图书馆和一个音乐创作中心。

乔治·蓬皮杜担任总理时，便向将军吐露过这一设想。

"如果您坚持的话，您就去做。"将军的回答几乎没有一丝热情。由于担心被视为以建立博物馆权势集团为借口，纠集所有人来反对将军，蓬皮杜宁愿等到他成为共和国总统，拥有无可争辩的权力时才着手实施这一计划。雷蒙·波林则提议建造一座大学图书馆。确实，图书馆的建设远远落后于大学的建设。"你别以为我会在右岸建设一个大学区，"他回答波林说，"左岸的大学生已经够令人头疼的了[46]。"

蓬皮杜中心图书馆与国家图书馆不同，不是研究性的图书馆，而是一座向公共大众开放的信息图书馆。

总之，新总统坚信必须尽快行动，否则永远建不成。所以 1969 年 12 月 11 日，他便举行了奠基仪式，并帮助负责人扫除了一个又一个障碍。1971 年夏天，他指示签署一项有争议的法令，拆除巴尔塔亭阁。然后为了不拖延时间，他让评审团从 680 个建筑方案中挑选出伦佐·皮亚诺和里夏尔·罗德热的方案。他们设计了向博物馆倾斜的广场，如同站在锡耶纳的市镇广场前一般，他很欣赏。这是对人们进入文化中心的一种自然邀请。与那些形成一道鸿沟、阻隔人们奔放的激情的台阶截然不同。乔治·蓬皮杜很快发现可以充分利用这个广场：这里将成为政治集会的场所，讨论公共事务的论坛，哲学家们与街头卖艺者们混杂在一起的场所。至于博物馆正面，不用封闭式和隐藏式的石头墙面，而是采纳使用巨型开放式的玻璃天棚的方案。没有任何隐藏，一切都暴露无遗，赫然在目。这一风格酷似色彩鲜艳的石油提炼厂？建筑师构思新颖，将楼梯、通风管罩和所有管道系统全都放在外面。以便没有任何东西将内部空间与外部隔开。

蓬皮杜中心在他去世三年后的 1977 年 1 月 31 日正式对外开放，参观人数众多，取得极大成功。原设计每天接纳 5000 名参观者，实际高达 25000 人。

在马尔科维奇事件上因得不到支持而留下的苦涩使蓬皮杜夫妇与政界关系疏远。政界中只有福卡尔夫妇和马尔罗夫妇是他们忠实的朋友。如果说他注意不得罪傲慢而多疑的瓦莱里·吉斯卡尔·德斯坦的话，乔治·蓬皮杜有时便会对米歇尔·德勃雷和雅克·沙邦－戴尔马冒出几句毫不客气的话语。相对而言，他更喜欢他办公室的成员：米歇尔·诺贝尔、爱德华·巴拉迪尔、安娜－玛丽·迪皮耶，尤其是皮埃尔·朱耶和玛丽－弗朗斯·加罗。专讲别人坏话者将之称为"黑色办公室"。

他在同事和私生活之间设了一道屏障。严格的区分使他不将二者混为一谈。两个圈子的挚友形成他的贴身卫队。首先是他的亲人：阿兰，他的夫人和孩子们，卡乌尔血脉的卡斯泰一家人，蓬皮杜血脉的多芒热一家人。然后是好友，居伊·贝亚尔、雷蒙·科尔迪耶、加尔兄弟、弗朗西斯·法布尔、舍勒兄弟、德福雷兄弟和萨冈姐妹。

还有艺术家和艺术爱好者，如索尼阿·德洛内、尼基·德·圣－法尔、布萨勒里、让·坦盖利、哈通、阿甘、康丹斯基和尼古拉·德·斯坦埃尔的遗孀、莫里斯·兰斯、让－保尔·比内教授等形成他的第三个交往圈。一些记者如皮埃尔·拉扎雷夫形成他的第四交往圈。然后则是巴黎社交界人士，德·塞吉侯爵、让·端木松、蒙德斯鸠夫妇。此外，还有高等师范学校的学友。乔治·蓬皮杜是毕业于巴黎高等师范学校的首位总统，到目前为止仍然是唯一的！他一如既往，定期邀请罗歇·伊科尔、朱利安·格拉克、雷蒙·波林、亨利·凯菲莱克及保尔·居特和其他几位朋友到家中做客。他尊重他们的独立见解，从不试图验证他们的政治观点。相反，应他们的要求，在对由 80 名同学签字的请愿书经过调查后，他释放了 1935 届毕业的被认定为苏联间谍的乔治·帕克。

总统也经常与商界人士交往。当然首先是罗特席尔德夫妇。但为了避免《鸭鸣报》的流言蜚语，他故意躲开不去参加罗特席尔德夫妇在费雷尔或在巴黎府第举办的过于张扬的庆祝活动。人们经常见到他与电力总公司董事长安布鲁瓦兹·鲁在一起。他与这位狡黠、阴险的人待在一起，有种"两个心照不宣的农民"串通一气的感觉。同时他还与他的同学、雇主协会的弗朗索瓦·塞拉克和他在罗特席尔德财团的继任者米歇尔·德·布瓦西厄经常交往。到阿尔萨斯、索洛涅、朗布耶和尚博尔打猎，是他最大的嗜好。一边欣赏大自然，一边与老朋友相聚，其乐融融。这些老朋友包括亨利·伊尔登布朗、让－克洛德·鲁塞尔、让·德·博蒙、弗朗西斯·布依格、让·普雷沃和弗朗索瓦·佐默。显然，他交往的人士范围极广，真可谓兼收并蓄：让·普雷沃在被占领期间曾与"拉普罗帕冈塔斯塔费尔"（纳粹宣传文化审查机构——译注）合作重新出版《法兰西晚报》；而弗朗索瓦·佐默则是"自由法兰西"洛林部队的轰炸机飞行员，曾和罗曼·加里、皮埃尔·路易－德雷福斯及皮埃尔·孟戴斯·弗朗斯并肩战斗过。打猎使他得以摆脱议员们闭门造车的空谈阔论，并就一个他越来越着迷的主题——工业——进行有益的交流。

　　算起来，他共有七八个交际圈，各不相同，又互为补充。他正是依靠这些交际网络，获得信息、缓解压力并自得其乐。这种极其开阔的思想与他需要集中全部精力思考原子弹或者求助特赦、对钟点工实施月薪化或者工业现代化这样重大的问题形成了鲜明的对照，并使他忙里偷闲，得到休整。

新社会

1969 年 6 月 21 日，雅克·沙邦 - 戴尔马组成了新政府。内阁成员众多：39 名部长和国务秘书。他出于体贴，想取悦于过多的朋友。所以他打破了历来的记录，"像白菜包肉一样，任命了无数的国务秘书！"被遗忘在名单之外的亚历山大·桑吉内蒂曾说过。

这些部长先生们都是议员。当然主要是"保卫新共和联盟"的，如负责议会关系的国务部长罗歇·弗雷，有两位国务秘书辅佐他的工作，一位负责国民议会议员，另一位负责参议院。再如嫉妒雅克·沙邦 - 戴尔马的米歇尔·德勃雷担任负责武装部队的国务部长。总统的儿媳在自家窗前用录像机记录下了 7 月 14 日阅兵时德勃雷在沙邦面前指手画脚的场面。"录像很古怪，我打算等德勃雷夫妇冷静下来后，放给他们看。"乔治·蓬皮杜说。"保卫新共和联盟"议员中还有阿兰·夏朗东、奥利维耶·吉夏尔、罗贝尔·加莱、埃德蒙·米舍莱和弗朗索瓦 - 格扎维埃·奥尔托利也都加入了内阁。奥尔托利称心如愿地担任研究和工业发展部长。他与部分同事一起，在科学研究和工业实践之间、在研究人员和企业家之间架设起一座桥梁，并通过创建风险资本公司而推进革新事业。奥尔托利的合作者中的一些人，如让 - 保尔·帕雷尔和罗曼·扎列斯基将肩负起开拓工业和能源光辉未来的使命。

独立共和国党人也获得了合理的席位。雷蒙·马塞兰担任内政部长。尽管瓦莱里·吉斯卡尔·德斯坦曾反对全民公决，但在艰难地穿越了三年荒漠时期之后，他也终于回到期盼已久的财政部长职位上。在他身边还有升任计划国务秘书的雅克·希拉克"形影相随"。吉斯卡尔抗议这位野心勃勃的合作者插手财政事务，但无济于事，总统用挖苦的语气回敬道："您总不能要求什么都得到吧！"显然，将雅克·希拉克放在这个位置上是为了像在足球场上那样"盯住他"，并让他向爱丽舍宫汇报情况。

吉斯卡尔严格照章办事。从此以后，他非常敬重共和国总统的职权，对乔治·蓬皮杜忠心耿耿，甚至当总统与爱德华·希思、里查德·尼克松就有关他职权范围的问题会谈时将他排除在外，他也依然忠贞不贰。

有一人未能入阁引起人们的关注，他便是埃德加·富尔。当乔治·蓬皮杜要求高等师范学校同寝室的同学雷蒙·波林主持大学生支援蓬皮杜竞选委员会工作时，波林对他说："请允许我提一个条件：埃德加·富尔不能被任命为国民教育部长。他毁了大学，我对他憎恨透顶。""说定了。"他会心一笑，回答道。

政府中有四位中间派人士：勒内·普莱文任司法部长、莫里斯·苏曼任外交部长、雅克·迪阿梅尔担任农业部长、约瑟夫·丰塔内任社会事务部长。当戴高乐1958年吸收"人民共和运动"成员加入内阁及1962年吸收蓬皮杜入阁时，中间派人士很快便摔门而去。这次却大相径庭，中间派人士长期在内阁中任职。

只有左派戴高乐主义者引人注目地没有加入内阁。毫不奇怪：路易·瓦隆对共和国总统发表了令人无法容忍的言论："罗特席尔德财团的人"，"不懂戴高乐主义的人"。乔治·蓬皮杜给了在马尔科维奇事件中几乎没有支持他的莫里斯·顾夫·德姆维尔和贝尔纳·特里科应有的惩罚，他将他们排斥在内阁之外。

"很多部长，"阿蒂尔·孔特说，"都是一个模式：瘦高个，举止文雅，彬彬有礼，小心翼翼地避免不合时宜的行为举止，不具备洞悉大众活力的本领，讲只有国立行政管理学院毕业生才能听得明白的高级官员的话语。即使他们个人拥有才华、忠诚和无可争辩的国家观念，但在一起却仅能组成一个被宠坏了的孩子的奇特内阁、一个激情或者合理的怒火永远无法震撼和赋予活力的内阁[47]。"唯一富有创造性的内阁成员，可能要数阿尔班·夏朗东这位不因循守旧的银行家。他是莱昂·布鲁姆办公室最年轻的成员，后来成为马塞尔·达索的亲信，最后担任兼管设备和住房的大部的部长。

沙邦－蓬皮杜组合的双套马车如何运转呢？很多人都认为新总统是位现实主义者，是应用资产阶级美德塑造成形、出自巴尔扎克小说的人物。他登上总统职位是为了稳定局势，而不是为了制造混乱。"戴高乐将军开辟了道路，现在轮到我用碎石铺路。"他对阿蒂尔·孔特吐露心声说。雅克·沙邦－戴尔马则完全是另一种类型的人。他渴望超越右派与左派之间的对立，所以请两位由弗朗索瓦·布洛克－莱内推荐的左派人士进入他的办公室：皮埃尔·孟戴斯·弗朗斯昔日的同事西蒙·诺拉和"法国民主工联"的一名工会主义战士雅克·德洛尔。

这位总理以为这样便挖了左派的墙脚，贸然对卢森堡广播电台宣称："在1968年5月事件中，一切都并非是恶意的。发生了对各个领域里，首先是社会领域里，基于压缩、后退、孤立和分隔的陈规陋习、习惯势力和怪癖的反抗运动……不幸的是这些反抗富有活力的一面，完全被无政府状态的一面、被混乱和国家动荡所掩盖。"

诸事开端顺利。总统是新当选的，总理是新上任的，他们似乎相互取长补短，配合默契。议员们对比难以交往的莫里斯·顾夫·德姆维尔更易沟通的沙邦－戴尔马的到来感到满意。他们认为和沙邦－戴尔马在一起可以以"你"相称，甚至拍拍后背，以示亲密无间和不拘礼节。总之，法国公众舆论对新一届政府表现出了久违的热烈拥护的姿态，民意支持率创下新高。外汇盈余；夏日里，城市居民们纷纷涌向海滩。

在一片和谐声中，总理于1969年9月16日在国民议会发表了庄重而热情洋溢的施政演说，字里行间充满了开放意识，充满缓和政治生活、建设欧洲和使电视新闻自由化的意愿。神采奕奕的总理称议员们为"我亲爱的同事们"，并逐一谴责了"停滞不前的社会、朝四面八方发展而效率低下的国家、社会保守主义"，保证促进"新的社会，自由和宽容"。

在施政演说后进行了表决。与第四共和国时期一样，政府首脑在做完就职演说之后，需要得到议员们的授权，就像一位骑士需要得到领主的认可。这大概是这位热情、和蔼可亲、始终试图引人注目并建立伙伴关系的前国会议长的条件反射吧！但这一倡议不符合第五共和国的精神，令乔治·蓬皮杜感到不悦。更何况沙邦前一天晚上才将施政演说送给他。

热拉尔·沃姆斯[48]揭露了这一愚蠢行为的鲜为人知的内情。雅克·沙邦－戴尔马自己并不起草文件，而是让他的办公室拟就。办公室人员热情高涨，全力投入，每个人都带来自己的想法，从而导致演说不成形。9月14日，内阁召开了除总理和他的两名主要助手雅克·德洛尔和西蒙·诺拉之外的所有成员会议。"你们的演说什么也不是……"年轻气盛、天不怕地不怕的埃内斯特－安托万·塞埃首先发难。奇怪的是所有人最终都赞同他的看法。一位名叫伊万·卡纳克的内阁成员说："让我来改，今天夜间我对演说进行加工。"果然，他对报告进行了修改，并将之分成两部分：诊断，停滞不前的社会；解决办法和治病药方，按领域一一分别提出。演说稿比原先强多了，几乎是一篇全新的演说稿。

但是，无论雅克·沙邦－戴尔马，还是雅克·德洛尔和西蒙·诺拉都还没有见到稿子。这时有人告诉总理："您仅有两小时时间阅读稿子，然后就得呈交爱丽舍宫。""不着急!"沙邦回答道。最后当稿子转到总统手上时,他因要参加早已定好、无法推迟的一次晚宴,只好把它交给副秘书长。爱德华·巴拉迪尔仅仅改动了三个字。

但第二天,当乔治·蓬皮杜见到稿子时,大声喊道:"这是共和国总统演讲的稿子!"厌恶空话连篇的蓬皮杜,满眼看到的都是夸张的文体、毫无意义的华丽词藻,"全是华而不实的词语!全是没有用的废话!上帝才知道法国有这么多事情要做!上帝才知道,为了做到这些,政府必须向所有意见敞开大门。任何有重要的、明确的事情要讲的人都可以发表自己的见解,并得到倾听。请发发慈悲吧,我们绝不能把言语当成行动[49]。"

"'停滞不前的社会','新社会','新的社会契约','变革',这是无法识别母牛和公牛的巴黎知识分子喜欢使用的语言!在圣-日尔曼-德普雷可以尽情发挥,但不能用这类文字游戏来治理法兰西[50]!"他对阿兰·佩雷菲特说,"新社会,我们还是首先满足于现有的社会吧!"蓬皮杜还曾对路易·若克斯说过:"沙邦这是在鲁莽行事。他想让我赞同一个我根本没有看过的计划。即使第三共和国和第四共和国的总理也不会在没有通知共和国总统的情况下发表一个如此重要的演说……我琢磨这是件有意或无意干出来的蠢事,太过分了。如此笨拙简直是白痴。这不像是沙邦的风格。那么,是下边人的主意。是谁在煽风点火呢?又出于什么动机呢?为什么要以伤害我为乐呢[51]?"

在与记者们共进早餐时,蓬皮杜身边的人,尤其是皮埃尔·朱耶和玛丽-弗朗斯·加罗已经开始窃窃私语,说总理自视为国家元首。刚开局关系便弄僵了。这样一来,乔治·蓬皮杜似乎成了一位扮演总统角色的总理的总理。开局的相互不信任感始终未能消除,并导致最终关系破裂。因为两位要人之间从未意气相投,从未有过深入的对话。出身农民、小学教师子弟、崇尚实践知识的乔治·蓬皮杜和出身城市、活泼机灵、与人交往见面就熟、容易接触的雅克·沙邦-戴尔马之间毫无共同之处。加之,正如米歇尔·诺贝尔所指出的,沙邦-戴尔马和他的第二任或者第三任妻子米舍利娜正手挽着手招摇过市地欢度蜜月,这令因马尔科维奇案深受伤害的乔治·蓬皮杜大为恼火。总统禁不住对他的秘书长说道:"今天早晨,您看《巴黎竞赛画报》了吗?这很好,幸福,但不应该蔑视他人[52]。"

在就职演说中,总理承诺要确保电视新闻主持人对政府保持其独立性。喜欢阅读的乔治·蓬皮杜却很少看电视,但他在12年的公众生活中,对剧增了三倍的电视不得不加以关注。诸如越南战争、人类首次登上月球、环法自行车赛、五国橄榄球锦标赛等重大事件,使电视机销量突飞猛进。1958 年每 10 户家庭有 1 户拥有电视机；1965 年每 10 户家庭 4 户拥有电视机；彩色电视问世七年后的 1974 年，每 10 户便有 8 户购置了电视机。一些节目，如《头版五栏》《快乐的家庭》或者《萨多克一家》获得极大成功。乔治·蓬皮杜为了帮助电视产业成为大型企业，不顾文字报刊的反对，说服戴高乐将广告引进电视。因此，他意欲充分利用这一传媒工具。"电视记者，"他说，"不同于其他的记者。他肩负着另一种使命。无论愿意与否，电视荧屏被法国人和外国人视为法兰西之声。这就必须有某种程度的保留。那些在电视台或者法国国际广播电台发表讲话的人多少都是以法兰西的名义，所以，我要求他们讲话要保持一定的高度，注意影响[53]。"

那么，是有所保留还是放任自由呢？法兰西电视台当时仅有两个频道，外省只能收到一个频道。两个频道应该忠实于政府，仅限于报道好的一面，还是可以诋毁官方的论点呢？主张多元化电视的雅克·沙邦－戴尔马任命以独立思想而闻名的皮埃尔·德克罗普领导第一频道。德克罗普曾在《头版五栏》节目中全面报道阿尔及利亚战争，他听任人们将其纳入左派行列，主要是爱出风头，而不是出于信仰。很快，皮埃尔·朱耶和安德烈·方东便指责总理"将'法国广播电视局'拱手交给我们最危险的敌人"。沙邦－戴尔马通过皮埃尔·拉扎雷夫放风说他准备辞职，蓬皮杜则宁愿再等待时机。

雅克·沙邦－戴尔马擅长与工会开展对话，这一点是无可争议的。直至当时，仅有或者几乎只有"工人力量工会"的安德烈·贝热龙与资方和政府——更确切地说是与弗朗索瓦·塞拉克和乔治·蓬皮杜——保持经常和富有建设性的接触。其他工会因为感到被抛弃或者处于次要地位，干脆置身于反对派行列。国营部门的所有工会都反对规定工资制度，一致要求像私营部门一样拥有谈判自由。

雅克·沙邦－戴尔马着手将它们联合起来，参与变革。这是一件新生事物，从而在直至当时对其一无所知的部门里产生了合同的概念。要让为数众多的议员们接受这一政策，总理需要有一定的勇气。接受与一个它们所不喜欢的政府进行协商，工会组织同样需要一定的勇气，因为当时极左分子尚不服输，不断揭露工会组织的"背叛"行径。

对于雅克·沙邦－戴尔马和雅克·德洛尔，确切地说问题并不在于像路易·瓦隆所一厢情愿的那样，使劳动者与企业领导层联合起来，而是要让劳动者知道可能做到的事情，使他们了解财政形势和不致发生财政危机的情况下所能获得的利益，在社会关系中既保障发展生产所不可或缺的稳定，又引进确保工资增长的游戏规则。

这种协商办法显然既不合"法国总工会"的口味，也不能取悦于左派戴高乐主义者。由法国煤矿公司、法国电力公司、法国国营铁路公司组成的国营企业代表团，将之理解成为货真价实的合同自治权。把谈判级别降低了一等。政府和工会面对面谈判被与国营企业行业工会面对面谈判所取代。在劳资双方代表人数对等的委员会里，资方和工会代表们在共同审议目标和手段之后，在不断改善劳动条件的前提下，签订确保国营企业持续发展的"累进的"长期合同。大家不再将时间耗费在相互对立上，而是试图通过共同建设，改善对附加养老金和产假的资金投入，实施劳动者月薪化。

雅克·沙邦－戴尔马在终审法院专门设立了社会庭，以仲裁集体劳动纠纷。然后，在1970年1月，各行业最低增长工资取代了各行业最低保证工资，以便考虑经济增长和国家所实现的实际收益，而再不仅仅考虑消费价格的变化。最低收入者如果不能赶上其他人的收入，至少可以改善同比下的生活水准，而不至于继续扩大差距。当土地所有者们从经济增长中获得不动产巨额剩余价值时，为什么他们却被弃之一旁、无人过问呢？富有活力的工业政策所带来的繁荣不应仅能使一小部分特权阶层获益，而应该让全体法国人受惠，既按他们所付出的努力，也根据他们的实际需要。1971年7月的法案规定个人享受培训假期，必须对面临解雇威胁的劳动者进行培训，强迫10名员工以上的企业将工资总额的0.8%用于职工培训。在所有社会措施中，无疑这是最难能可贵的措施之一，因为它不仅提倡社会公正，还能带来实际收益。

这一行动与乔治·蓬皮杜的教育政策不谋而合。1971年首次核心内阁会议制定了技术业士学位和普通教育业士学位等值的政策，强调创建大学技术学院的必要性，并设立见习培训制度。1973年第二次核心内阁会议制定了大学入学选择并鼓励再教育的机制。

月薪化

　　乔治·蓬皮杜不如熟悉康塔尔农民那样了解工人，所以总是感到和工人们不是那么贴近。他曾在教育界、行政法院、银行界、高级行政管理部门工作过，但从未涉足工业。这一点从 1963 年他使戴高乐卷入对"煤矿工人"的不合时宜的征调事件中便可看出。从那以后，他便改弦更张，坚定不移地推行三点主张：在就业不景气地区实施转产、工人股东制和月薪化。

　　尽管曾有光辉 30 年的繁荣，但有些地区仍在遭受贫困之苦，受到正在出现的煤炭、纺织或者制鞋业危机的沉重打击。这些无力应对国际竞争的工业被排除在发展行列之外。为帮助这些受害或正在受害地区适应处于变动中的世界，为了帮助它们找到替代的工业，蓬皮杜、沙邦－戴尔马和研究与工业发展部部长奥尔托利任命了三名转产特派员，他们是北加莱海峡的让·马泰奥利、布列塔尼的皮埃尔·瓦萨尔和洛林的米歇尔·德朗古。

　　蓬皮杜认识米歇尔·德朗古已有六七年。正是他重新推出了《企业》周刊，创建了法兰西 500 强企业的定期排名制度。这种方式打破了企业资产负债表的秘密，并激发竞争的意识。正是他和于贝尔·弗雷勒卡、迪迪埃·雷蒙一起组织了圆桌会议，定期请七八位工业老板和同等数量的高级公务员共进午餐，以使他们之间更为息息相通。当然，乔治·蓬皮杜本人不屑于参加这些午餐会见。还是德朗古推出了国际商会的大型盛典，以便让政界人物定期前来向百余名企业家和工会干部作报告。

　　一天，米歇尔·德朗古应邀和热罗姆·莫诺、皮埃尔·瓦萨尔一起前往爱丽舍宫参加午宴。蓬皮杜边念菜单边说："我们想到了您，德朗古：洛林猪油火腿蛋糕！""总统先生，很荣幸，我挺爱吃猪油火腿蛋糕，因为一个月来，我每天都吃。""显然，德朗古，您本性未改。"

　　另外一次，蓬皮杜同德朗古结伴而行，恰巧也是在洛林。他们在圣－

迪耶附近的一个小村落做短暂停留。转产特派员帮助在布萨克刚刚关闭的一座纺织厂里新建了一座电线厂。他们冒着倾盆大雨，受到共产党人市长的欢迎："共和国总统先生，我们荣幸地在这里欢迎您，并告诉您，您的机构所采取的行动为我们地区造了福。但同时也应考虑到年轻一代。他们急需一座游泳池。""一座游泳池！市长先生！[54]"蓬皮杜用力往上抬了抬滚淌着雨水的雨伞，哈哈大笑地说道。

实行工厂转产的同时，在工业生产运行良好的地区实行工人股东制。"一天早晨，"贝尔纳·埃桑贝尔讲述道，"诺贝尔召见我：'埃桑贝尔，总统要一份关于沃尔克斯瓦根的报告，涉及政策各个方面的六页纸的报告：在第三帝国时期的表现，对标致、雷诺和其他品牌汽车的策略，工人股东制……'实际上，他仅对最后一点感兴趣，但他在收集这一方面资料的同时，不想引起别人的注意。于是，他要我起草一份全面报告，以欲擒故纵。半个月后，他满脸堆笑，目光炯炯地宣布一条独家新闻：将雷诺公司的股份分配给企业人员，并宣称这一措施应为其他企业所效仿[55]。"果然，1970年1月2日的法令规定了雷诺公司的工人股东制，1973年12月27日又在私营企业实行了工人股东制。

"月薪化，"乔治·蓬皮杜1970年3月12日在电视台宣布，"对所有工人都极为重要。不再区分雇员和干部，一律同等对待，这是公正的。因为我们至少需要同等数量的工人和雇员、干部。工人是生产者，他们的劳动是关键。此外，有了月薪化，家庭主妇便有了一种安全感。她知道她月底能领多少钱，她知道丈夫月底能交给她多少钱。她知道能够留下多少钱花在孩子们吃饭、穿衣上，用来支付洗衣机的汇票或者购买小汽车的费用。她知道怎么做便可以存下一些钱来用于度假。她知道如何避免经济形势和暂时失业可能造成的麻烦。这一切可以改变劳动者的生存状况。这是一项重大的改革，不是一朝一夕便可完成的。国家作出了示范，你们看见我们已经开始在国营雷诺公司实行了这一改革。"

看着他的三大社会改革主张之一的月薪化实行得比预期的要晚，乔治·蓬皮杜感到恼火。为什么想不通呢？为什么拖延了呢？有三个原因。首先，雅克·沙邦－戴尔马和雅克·德洛尔没有将它放在与合同政策、职业培训、新闻自由化和国家与公民的新关系同等重要的位置上。他们没有迅速付诸行动，而是将它交由四位顾问进行思考，结果浪费了四个月时间。其次，老板们的态度比弗朗索瓦·塞拉克估计的更为冷淡：他们担心实行更优惠的疾病补贴政策会加剧旷工现象。最后，一些工会不乐意听任老板们对将给予月薪化待遇的工人进行自由挑选。他们认为，这是分裂工

244

人队伍的一种手腕。

尽管如此，月薪化正逐渐得到实施。为了组织复查，验证雇员旷工的理由，雇主们招募了医生。1970 年 4 月至 1971 年 5 月，资方和工会组织签订了四十多个全国月薪化协议，逐个部门进行，涉及 500 万劳动者，约占工人总数的 60% [56]。"在社会变革史上，1970 年是至关重要的一年，"弗朗索瓦·塞拉克指出，"既没有动乱也没有发生冲突，由劳资双方对等委员会实现的两项重大改革，给社会地位带来的变化的深刻程度超越了 1936 年以来的各项改革：一方面是月薪化，另一方面是职业培训[57]。"

"看起来并非慷慨大方的蓬皮杜，实际上是宽宏大量的，"莫里斯·德吕翁回忆道，"他不是那种光做姿态、不切实际之辈，而是一个本质善良的人。一次，在皮埃尔·拉扎雷夫家用午餐时，我曾听见他大声宣布说他对宽容的信赖程度胜过正义[58]。"他将他的理解、他的怜悯有时甚至是他的脉脉温情，奉献给各类处境不幸的社会阶层。比如给年迈之人，因为他们的积蓄，如果能够有积蓄的话，经常随着货币的贬值而化为乌有；给未婚母亲；给残疾人，安娜·戴高乐基金会向人们揭示了残疾人的悲惨境遇；给因边界开放而受到伤害，注定在落后生活中苦苦挣扎或者在梦想现代化中负债累累、贫困不堪的小农们。这便是在他心灵深处回响的呼声。他也没有忘记迷途的士兵们，他给予他们以赦免或者宽恕。他与致力于自由学校的基督教家庭的一家之主们签订长期任职合同。他在收养阿兰之前，曾长期蒙受没有子女的痛苦，所以对那些无幸诞生于一个合法家庭的孩子们也十分关注，这些孩子们对长期饱受私生子称呼感到绝望。他强调必须承认他们的生存权利："人们断言我热衷入迷，说我言过其实，说我无视道德规范，可这些孩子们是无力自卫的受害者，值得人们去关注其命运。"

根据他的要求，司法部长勒内·普莱文主动制定了 1972 年 1 月 3 日法令，修改了《民法》从而改变了这些婚外出生的孩子的命运。从此以后，当父母去世时，这些非婚生子女和婚生子女享有同样的权利。直至当时一直被排除在继承之外的非婚生子女也将有权得到一半遗产。还有收养法规胜于世袭法规，所有实际抚养一个孩子的人将从法律意义上成为其父亲，即使他不是孩子生理学上的父亲。

在勒内·普莱文突破家庭禁忌，在雅克·沙邦－戴尔马打破社会刻板习俗、化解劳动冲突的同时，阿尔班·夏朗东也突破了行政管理与被管理者之间的禁区。更确切地讲是突破了国立桥梁公路学院机构有影响的大人物与梦想拥有一栋私人住宅的普通公民之间的禁区。雇佣劳动者应该在其劳动场所附近或者至少在便利的交通工具所能通达的地方拥有一处合理的住宅。这位不因循守旧的部长，为了重新推动建筑业的发展，竭力降低新房的造价，以鼓励房屋储金和抵押信贷。

他在 1969—1972 年担任设备与住房部长的三年期间雷厉风行地推进住房和公共工程，成就斐然。这位果断的部长力排众议，打破种种垄断，为企业家们的竞争大开方便之门。为了压低价格，他在全国实行招标，并为全国最富有活力的、最具创新精神的企业——布伊格、迪梅、马赛大型工程公司、化学和公路及通用企业公司、康珀农－贝尔纳、让·勒菲弗等，提供了大规模发展的良机。这一"放宽国家控制"措施激怒了众官员，使这些人对阿尔班·夏朗东怀有敌意。但这一措施冲破了重重障碍，克服了拖拖拉拉的通病。这一措施还催生了第一座新兴城市埃夫里的建设；每年建造 57.5 万套住宅。相当于现有住宅的两倍多。

在 1962—1974 年乔治·蓬皮杜执政期间，城市人口几乎翻了一番，尤其是在远郊区，大楼如雨后春笋般地不断涌现。阿尔班·夏朗东打破了大规模快速建造低租金房住宅区的潮流，依靠国家资助，尤其是缩短申请建筑许可的批复期限，使更多的法国人获得个人住宅。搁置多年的成千上万的档案得以解冻。梦想成为现实。他不像后来的雷蒙·巴尔那样给住房条件差的人发放补助，而是直接给他们提供砖石和建筑。他不是忙于制定僵硬的、不可更改的法律条文，而是为应运而生的机遇大开绿灯。他不再根据需要采取行动，因为那样会加剧通货膨胀，而是依据供给采取行动，因而增加了住房的供给量。

为了限制巴黎人口的增长，领土整治和区域行动代表团通过奖励和免税手段，鼓励在布列塔尼建造电子极（指具有发展能力的经济群体对其他经济领域的一定群体起带头作用——译注），在图卢兹附近建设航空航天中心，在福尔－叙梅尔周围建设钢铁中心，对下朗格多克进行旅游整治，对北加莱海峡、中部和南部地区的煤田加以转产，发展均衡的大都市：里尔－鲁贝－图尔宽，蒂永维尔－梅兹－南锡，南特－圣纳泽尔，里昂－圣艾蒂安，艾克斯－福斯－马赛。

阿尔班·夏朗东启动了好几项高速公路的建设。为此，他毫不犹豫地寻求私人投资和私营施工。依靠这种辅佐方式，每年可建成 300 公里的高速公路。是时候了，法国的汽车拥有量已从 1960 年的 500 万辆增至 1965 年的 830 万辆，1973 年达到 1400 万辆[59]。急剧增长。上世纪 60 年代初，流行一则笑话："法国没有高速公路，但有最漂亮的立交桥。"确实如此，1962 年，全法国仅有 192 公里高速公路；而意大利却有 1000 公里，德国为 2700 公里，美国则达 1 万公里。自从乔治·蓬皮杜主政爱丽舍宫，形势发生了变化。他对汽车博览会怀有浓厚的兴趣，花费很多时间参观，坐进雪铁龙 SM 马赛拉蒂总统型车内或者亲自驾驶夫人的波尔舍轿车。比起有关天使性别的争论，他更感兴趣的是大型工地。他与其前任限制生产的马尔萨斯主义决裂，开始着手改变高速公路建设方面的落后状态。他任总理时，便提出通行税原则，责成一家高速公路中心收款机构发行公债，设立一个专门的工程处——中央公路设计及施工公司，创建法国北部高速公路公司、巴黎 - 诺曼底高速公路公司等四家混合经济公司，以各自建设并开发一段高速公路网，目标是达到每年新建成 175 公里高速公路。阿尔班·夏朗东大张旗鼓地加速施工建设，1970 年便给一家私营公司——高速公路金融及工业公司以特许经营权。高速公路金融及工业公司将好几家公共工程大企业组合成一个工业集团。桥梁公路工程局长期以来一直抱着法国已有稠密的公路网而不需要高速公路的想法，左派政界人物也不愿意听到通行费这个字眼，他们认为这与公民在公共设施面前人人平等的原则是背道而驰的。

1950 年以来一直受冷落的铁路也开始奋起直追。在法国和在美洲一样，所有人都认为面对汽车和飞机的竞争，铁路客运正慢慢消亡。地方经营的铁路已相继关闭并被长途客车所取代。人们认为铁路只能靠货运苟延残喘，而且它在速度方面难有作为，想模仿日本人自 1964 年起连接东京和大阪的时速达 210 公里的东海道是徒劳无益的。更何况，法国和整个欧洲一样，铁路网络的设计是使昔日的火车头能运送沉重的货车，沿着山谷蜿蜒曲折而行，以避开斜坡。因而弯道密集，无法通行高速火车。

意大利人和英国人用摆式车辆寻求折中，即使车厢成曲线倾斜，以补偿道路的倾斜不足，还必须及时诱发这一倾斜。这样便使问题更加复杂化，并明显地提高了运输价格。解决办法是放弃这些线路的客运业务，使其专门从事货运，同时使主干线通过高强坡度穿越高原，以减少其曲折度，从而使轻合金的旅客列车通行无阻。

工程师让·贝尔坦推出有轨垫车。这是一种置于气垫上，由飞机涡轮机带动并在一种成 "T" 形的水泥道上行驶的车辆。1965 年以二分之一的比例大小进行了试验，1969 年则在奥尔良与阿泰奈之间专门建成的道路上进行试验。样车时速达到 428 公里，但是法国国营铁路公司并未被说服。容量太小：仅比一辆客车大一些。道路，或者说是水泥高架道路费用昂贵。道岔操纵也成问题。尤其是人们无法将它与现有的铁路网连接起来。

1970 年，由乔治·蓬皮杜主持的核心内阁会议决定就一种既能在弯度不超过 3200 米的新铁路线上行驶、时速达到 260 公里，又可在其他线路上按正常速度行驶的新型车辆开展研究。数对列车能够在间隔五分钟的距离内安全相继而行。阿尔斯通研制出一种由置放于转向架汽悬浮上的折叠连接的车厢组成的列车。这一装置减少了一半数量的转向架，可以使车体轮轴游间朝各个角度活动。一旦出现事故，便可阻止拖车分离和倾侧。剩下的便是选择驱动的方式。当时石油似乎是取之不尽、用之不竭的，而且价格不断下跌。就像有轨汽垫车一样，人们趋向使用燃气涡轮机。样车 TGV001 便是用燃气涡轮机驱动的阿尔斯通列车。1972 年在朗德进行的系列试验表明其时速达到了 307 公里，而且不会使铁轨变形。

蓬皮杜先生，我们为您感到耻辱！

然而，正当雅克·沙邦－戴尔马和其内阁成员大张旗鼓地奉行面向未来的政策时，一小撮落后于形势的戴高乐主义者总是对过去恋恋不舍，不甘示弱。1969 年 10 月，在一篇题为《反对戴高乐》的抨击文章中，路易·瓦隆激烈指责乔治·蓬皮杜野心勃勃，篡改"戴高乐伟大的参与思想"。皮埃尔·勒弗朗则不断在戴高乐夫人身边煽风点火，戴高乐夫人的一位侄子雅克·旺德鲁与于贝尔·热尔曼则一起创建了"戴高乐主义参与和行动协会"，该协会不断对蓬皮杜进行大肆攻击。

乔治·蓬皮杜终于被惹火了："二十年里，我一直是戴高乐将军最亲密的合作者。前十年中，因为深信他不会重新掌权，第四共和国也不能做出过多的蠢事为他重新当政打开方便之门，所以我拒绝在议会担任任何职务，尽管人们给我提供了很多机会，而且是十分轻松的工作。我始终没有进入内阁。我的戴高乐主义是完全彻底的、具有个性的、不谋私利的。完全不谋私利。戴高乐主义的行为准则，我无需向任何人学习。你们听清楚，无需任何人给我上课。"他将路易·瓦隆开除出"保卫新共和联盟"议员团，随后将他开除出党。

从防卫政策来看，乔治·蓬皮杜确实完全遵循了戴高乐的民族独立路线。在这一点上，他是坚定不移的。他的朋友弗朗索瓦·加尔问他："在履行新使命的过程中，您觉得对您压力最大的是什么？"他回答说："原子弹的责任。以前一直是将军承担这一重任。现在则成为我的责任。一想到这一点，便感到可怕[60]"。

世界上有几个人承受这种压力呢？有几个人像约翰逊（1963—1969年任美国第 36 任总统——译注）那样，因梦见珍珠港事件重演，夜间猛然惊醒，头上直冒冷汗呢？每一天都可能轮到他履行核反击的职责。谁也不敢断言。只要华沙条约集团的装甲车越过铁幕，什么事情就都可能发生。华约集团的装甲车刚刚扼杀了捷克斯洛伐克的微弱的独立愿望。苏联人说："铁幕不在你们家里!""对,但我们在一个同盟内。"

因为意识到仅靠法国和西德的装甲车无法与华约集团抗衡,乔治·蓬皮杜便处心积虑地选择目标,以进行必要的警告性打击。为了起到威慑作用,对城市进行打击或者仅对军事基地进行打击是必不可少的。为此,作为总统他仔细研究了被他任命为"国外情报及反间谍局"局长的亚历山大·德·马朗什呈送的每一份报告。选择乌克兰或者乌拉尔的某个城市作为袭击目标,让死神降临到几十万无辜平民的头上,需要承担多大的责任啊!这比起履行特赦权来要艰巨得多。

他在希望美国在欧洲保持军队的同时,因为担心卷入战争,始终拒绝法国重返"北大西洋公约组织"[61]。要想使法国核威慑力量不受美国的控制,那它就必须变得更为可靠。

戴高乐曾主持通过了两个为期五年的军费开支法令,第一个涵盖1960—1964年,第二个为1965—1970年。他在这一基础上通过了1971—1975年的军费开支法令。他排除万难,下令继续在太平洋地区进行核试验。在获悉一位名叫帕里斯·德·博拉迪埃的法国将军参加了新西兰和平主义者反对核试验游行示威后,他便让此人辞去军职。1971年,乔治·蓬皮杜在检阅土伦海军部队后,前往塔韦尼战略空军部队指挥所,视察了阿尔比翁高地的18个导弹发射装置。参观隆格岛基地时,他曾登上第一艘核潜艇"无畏号"。在每年7月14日前夕接见军队将领时,总统总要向他们当中的一些人提出各种问题,表现他对军事问题的好奇、关注和理解。他尤其询问执行发射核武装命令的方式。

首次访问军事学院时,他端坐在扶手椅上,双目微闭,凝神聆听"红方"穿越莱茵河威胁"蓝方"的传统示范教学。按照传统做法,参谋部选择了"同代人中最优秀的军官"讲解这次演习。这名设定为"蓝方"指挥官的年轻军官宣布说,为了阻止敌军前进,他将配有核武器的兵团投入战斗。乔治·蓬皮杜打断了他:"您没有'冥王星'。"

年轻军官一时不知如何回答才好,认为总统误解了,解释说,配有核武器的兵团在附近待命,可在最短的时间内投入战斗。乔治·蓬皮杜再次打断他。他双唇紧闭,面色严峻,浓眉竖起,骤然间露出刚毅的目光:"您没有'冥王星','冥王星'是一种地对地战术导弹,使用核武器是共和国总统的特权。总统没有授予您使用核武器的权力,更何况您也没有向总统提出请求。"

"冥王星"与其他远程的战略导弹的区别在于,它是近程战术核武器,用于首次打击。很可能用于反击苏联对西德的侵略，并在法兰西想保护的民众中造成重大伤亡。这一敏感的主题在德国舆论中引起众多的争议。

总之，乔治·蓬皮杜担任总理时，便懂得利用国防委员会获取各种军事常识。他曾聆听戴高乐和皮埃尔·梅斯梅尔的讲话。给蓬皮杜带来其岳父的、从某种意义上来讲是军事遗嘱的主张的阿兰·德·布瓦西厄刚被晋升为陆军总参谋长。面对蓬皮杜那作为内行会心的微笑，他惊讶地发现总统对所有这些军事问题都了解得十分透彻。因而他在任职总统期间，对军事显得胸有成竹。在制止地面部队人数紧缩或者使导弹现代化，生产地面防空导弹，迫使财政部甚至国防部重新制定预算计划等方面，他多次毫不犹豫地进行干预。

乔治·蓬皮杜在对外关系方面，也忠实地执行戴高乐将军制定的政策。至少在对阿拉伯国家的关系上是如此。与阿拉伯国家的关系，法国首先必须走出第四共和国历届政府因同意向以色列提供武器并在科研方面与之进行合作而陷入的隔离状态。因此，他拒绝解除戴高乐1967年实施的对"六日战争"涉及的三个交战国的武器禁运。禁运主要制裁了以色列。

继因允许美国人使用在利比亚领土上的基地，在兵站业务（包括补给军需和粮食、输送兵员、接受伤员、接待过往部队等——译注）方面给以色列提供帮助而犯有过失并被推翻的利比亚年迈的伊德里斯一世国王之后，新出现的铁腕人物卡扎菲上校断绝了与盎格鲁－撒克逊人的关系。这位信念坚定的穆斯林也不愿听命于苏联，宁愿武器供应商多元化。在这种形势下，乔治·蓬皮杜预见到法国军事工业产品多了一个潜在的市场，因为在与以色列断交后，法国正在寻求替代市场。1969年12月15日，借口利比亚不属于交战国，如果拒绝向利比亚人出售武器，苏联人便会乘虚而入，蓬皮杜宣布"与利比亚建立真诚的友好关系"。12月19日《纽约先驱论坛报》披露法国准备向卡扎菲出售113架幻影式飞机[62]和200辆坦克。

乔治·蓬皮杜虽然十分担心这一消息会在以色列引起轰动，但却低估了他的决定在大西洋彼岸好斗的犹太人社团引起的骚动。在外交方面尚无经验的乔治·蓬皮杜将他1970年2月首次正式出访定在美国，实为轻率之举。戴高乐永远不会犯如此的错误：他不会在访问美国前夕将飞机出售给利比亚，或者他会将这一花招掩藏至访美之后才公之于众。和许多土生土长的法国人一样，乔治·蓬皮杜对"东方市场"、对德国、对苏联市场颇感兴趣，但对美国和美国人却一无所知，虽然他欣赏美国文学。与他熟练掌握德语相反，他的英语基础知识较差，发音糟糕。但他却自找麻烦，一下子捅了美国这个马蜂窝。

出访的前四天，在华盛顿、肯尼迪角和旧金山都没有出什么大问题。在华盛顿，里查德·尼克松对蓬皮杜说他欣赏戴高乐：像法国这样一个中等国家竟能成功地实施一条如此卓越的路线，真是功勋卓著！但回程经过芝加哥时，事态却急转直下：一辆载着米歇尔·若贝尔的总统汽车的司机警告说"气氛越来越紧张"，果然，有近万名犹太示威者举着"蓬皮杜先生，我们为您感到耻辱！"的标语拦住去路，没有警察保护，蓬皮杜夫妇只好躲进帕尔梅旅馆。二十名狂热分子从转动门尾随其后涌进旅馆，并闯入大厅。狂热分子们缠住他们不放，并高声辱骂。惊恐万分、烦躁不安的克洛德对他们做出嘲弄的手势（以拇指顶着鼻尖而摇动其余四指表示轻蔑、嘲弄的手势——译注），蓬皮杜担心她会遭到一顿乱揍，便抓住她的胳膊，将她拉开，并要求陪同他们访问的一位健壮的部长约瑟夫·科米蒂保护好她。

没有市长的正式邀请，戴高乐是不会去芝加哥的。或者他会装作什么也没有发现，等几个星期之后，再作出反应。乔治·蓬皮杜度过了一个懊恼的夜晚。他想不通，一个如此强大的国家，声称可以对全世界发号施令，但在国内却对少数人的骚扰显得如此无能为力。他不知道美国联邦政府是依靠市政当局的权力执政的。正是市政当局控制的警察局允许公众在某种程度上宣泄其不满情绪的。

怎么办？他犹豫再三：如果他保持沉默，将会被视为懦夫；如果发表声明，就必须付诸行动，取消余下的访问。最终，他拿定主意，继续访问。仅仅在芝加哥机场，而且是在夫人冲动的感染下，他向记者们声称昨天发生的事件"玷污了美国的形象"。

纽约的情况也很不妙。三千名示威者对乔治·蓬皮杜发出嘘声。警备司令罗克费勒和市长林德赛宣布拒绝参加将在瓦尔多夫·阿斯托里亚宾馆举行的欢迎蓬皮杜的晚宴。幸亏里查德·尼克松获悉警备司令和市长都将缺席欢迎晚宴后，取消其所有的应酬，亲自前往出席晚宴，为他雪耻，并动用联邦警察保护蓬皮杜夫妇。尼克松在晚宴上的出现令众人惊讶不已。晚宴期间，尼克松对克洛德关怀备至，从而赢得了蓬皮杜夫妇忠实的友情。

更何况，里查德·尼克松想使自己成为法美重归于好的使者。这一次与在芝加哥的情形截然相反，宾馆里布满形形色色的警察，以至宾馆主人忙得不可开交，不停地给应邀者发放餐券，并对其他人说："没有餐券者，不供应晚餐[63]"。

法兰西成为孤儿！

八个月之后的 1970 年 11 月 9 日晚上 7 点左右，戴高乐在表现出惊人的毅力后于科隆贝溘然去世。他恰好 80 岁。他于十八年前将遗嘱交给乔治·蓬皮杜时，曾讽刺政界："如果我发生什么不测，他们将企图占有我的遗体，给我举行国葬，以充分利用我所代表的一切为他们牟利。但是，我会愚弄他们。"他的葬礼极其简朴。"葬礼将在我过去选择好的科隆贝双教堂举行，因为对当时身为一名军官的我来说，这里是通向我可能被遣往的各个方向的十字路口。我希望安息在一个普通的洛林十字架的阴影下。葬礼上，我不需要鲜花和花冠，不需要音乐和歌声，不需要呢制服和演说。不能以任何借口，将我安置于荣军院教堂内去面对狂热的人群，不要将我存放在尘土满布、阴暗密不透风的先贤祠。躺在科隆贝小坟墓些许荒芜的地下，有亲人墓地的环抱，这便是我的意愿。"

第二天清晨，阿兰·德·布瓦西厄通知了爱丽舍宫。获悉这一噩耗，乔治·蓬皮杜感到震惊。几个小时后，菲利普·戴高乐赶来阅读他知道已持有一份的遗嘱。在发生影响他们关系的令人不快的事件后，他们为将在圣母院举行的安葬仪式作了必要的准备，这便耗费了大半个上午的时间。在此期间，清晨刚获悉这一不幸消息的解放时期的老战友开始涌向拉布瓦瑟里，向这位英勇无畏的战士的遗体告别。

总统在夫人和雅克·沙邦-戴尔马的陪同下，下午赶抵科隆贝时，发现棺木已经合上。由于米歇尔·德勃雷抢先一步参加了入殓仪式，蓬皮杜感到痛心和失望。他觉得这是一种不友好的举动："戴高乐夫人经常来看望我的妻子，一起饮茶，"他坦言道，"自从我取代勒弗朗领导广播金融公司以来，和她的关系便大不如前了。彼此都很客气，但再不像以往那么亲密无间。""这么做丝毫没有恶意，"阿兰·德·布瓦西厄透露说，"是将军本人要求一旦准备就绪，便将棺木合上，因为他童年时曾夜间守灵，备受煎熬[64]。"

面对灵柩盖上放置的法国军帽和老战士们的贵宾留言簿，乔治·蓬皮杜肝胆俱裂。当然，自从巴登－巴登事件和罗马声明以来，他们之间的关系已远非昔比，但一想到在由村子里木匠用橡木板雕凿成的棺木里躺着的是昔日自己如此敬重、多年携手合作的伟人，他便心潮起伏，难以平静！令人仰慕的伟人永远活在所有人的心中。

他竭力克制自己，平静地浇圣水、亲吻戴高乐夫人的手，虽然他很少这样做。戴高乐夫人对他的慰问表示感谢，并告诉他基金会运转良好。她对雅克·沙邦－戴尔马补充道："将军非常喜欢您，您是知道的。"然后，当乔治·蓬皮杜紧握菲利普·戴高乐的手、拥抱阿兰·德·布瓦西厄并再次瞻仰戴高乐办公室时，戴高乐夫人将痛心疾首的克洛德带到图书室，对她讲述了将军去世时的情景。

乔治·蓬皮杜等待了十八个月之久才得以重返拉布瓦瑟里。他想回来，无奈苦涩之情和戴高乐夫人的怨恨使他难以成行。他盼望有一天能独自一人或者带着一名副官来到戴高乐墓前。障碍主要来自戴高乐夫人。他通过一条法令，向她归还其丈夫的养老金，因为戴高乐生前从未领取过任何形式的退休金。显而易见，如果他要求见她，她将难以拒绝总统的来访。但他不想强加于人，迫使她接待自己。如果她不想见他，蓬皮杜是难以前往拉布瓦瑟里的。他非常敬重戴高乐夫人，她在他们最困难的日子里，对克洛德和他是那样的和蔼可亲。她始终如一地支持他们。于是，出于小心谨慎，他不想去打搅她，直至1972年6月18日，他为纪念碑揭幕才重新出现在科隆贝。

戴高乐夫人希望按照丈夫生前所喜欢的样子，保持科隆贝的原貌。将军曾经留言，讲他死后既不想要塑像，也不要纪念碑。然而，人们还是竖起了一块1500吨重、高达43米的洛林十字架，以便从远处便能赫然入目。非常简朴，是用玫瑰色和灰色花岗岩做成的，布列塔尼人奉献了玫瑰色，奥弗涅人则奉献了灰色。

那一天，在向戴高乐夫人道别时，乔治·蓬皮杜对她说，她有幸拥有孩子和一个如此出类拔萃的女婿。她回答说："是的，我的女婿是好样的，但菲利普这次表现得也很出色。"他想这是出于母亲本能的反应。

总之，戴高乐坚持只让家人、解放老战士和村民们参加他的葬礼。科隆贝的年轻人将棺木抬至覆盖着三色旗的装甲车上。将军不想让任何官方人士尤其是任何内阁成员参加。乔治·蓬皮杜非常清楚这一点。他拿着一份遗嘱，黯然神伤地返回巴黎，发表了演讲："戴高乐将军去世了。法兰西失去了国父！1940 年，戴高乐拯救了祖国的荣誉；1949 年，他领导我们大家走向解放和胜利；1958 年，他使我们幸免了内战。他为现代法兰西奠定了政体，使法兰西在世界上确立其独立地位。在这举国哀悼的时刻，我们谨向痛失亲人的戴高乐夫人及其儿孙们表示哀悼。让我们切实承担起感激之情所赋予我们的责任。让我们确保法兰西无愧于过去所吸取的经验教训。愿民族之魂——戴高乐将军永生！"

无疑，他的讲话字斟句酌。说到法兰西失去"国父"时，他避开"成为孤儿"一词：法国不是孤儿，因为她拥有一位共和国总统。

在科隆贝举行葬礼的当天，乔治·蓬皮杜在巴黎圣母院主持了一次官方仪式。世界各国政要坚持前来向这位伟人表达敬意。从未有人能使如此多的各国政要聚集一堂。

现在戴高乐像他所希望的那样去了，没有经历因高龄而行动不便所产生的被遗弃感。所有欧洲人都伤感地认为戴高乐将军是崇高而宽宏的幻想的化身。尽管有 1940 年的失败，法兰西仍不失为世界一大强国。虽然，苏联人和美国人取得了胜利，将世界分割成了两大阵营，但古老的欧洲仍然是个决定性的洲际。随着戴高乐将军的逝去，这些幻想也将随之消失。

但愿有一天，昔日的对手们摒弃前嫌，重新团聚在一起，并分享同一激情。尽管人们拒绝他们进入一座乡间的简陋的教堂，但他们全会出现在大教堂的中殿里，仅有戴高乐已经永远离去。乔治·蓬皮杜忧伤和不安的面容愈发显露出抑郁和孤独造成的重负，远远胜过对权力和自由的陶醉。

晚上，两个小时内各国代表团相继来到爱丽舍宫。在与总统交谈了几句后，便留在客厅里聊天，回顾与戴高乐的交往。里查德·尼克松走近乔治·蓬皮杜身边。后来尼克松在自己的回忆录中这样写道："停了片刻，他才开始讲话，我仔细打量着这位不动声色的、曾与戴高乐发生过冲突的乔治·蓬皮杜。我发现他因震惊和不安而讲不出话来。我回忆起在艾森豪威尔逝世后我在情感上遭受的震撼，便耐心等待他恢复平静。我和他一样，都曾长期生活在艾森豪威尔和戴高乐两位伟人的卵翼之下。现在他们都已仙逝。乔治·蓬皮杜叹息一声，望着我，终于打破沉默，对我说：'仅剩下我们两个！'"

继美国总统之后的是苏联领导人，随后是英迪拉·甘地夫人。她表示哀悼，但随后看见尼克松和波德戈尔内正在一个窗洞前交谈，便走上前去，愤懑地说道："啊，不行！不能再这样下去了。不管怎么说你们不能再继续瓜分世界，把别人全都排除在外！"

乔治·蓬皮杜随后前往一个单独的客厅。雅克·福卡尔将非洲国家元首们全都召集在这里。雅克·福卡尔，这个家伙……总统因为担心其他中间派部长们感到愤慨，在犹豫了三个月之后，才任命他为非洲事务部长。然而，总统十分欣赏他认真负责的精神、他的工作魄力、他的率直和他的礼貌谦恭，所以凡事总想听听他的建议。有关非洲和马达加斯加的问题，他一概放手让福卡尔去处理。另外，他还将海外省份及领土事务也交给他管理。

没有一位非洲总统不为将军的去世而深感哀痛。各位总统一致赞赏他明智而审慎的建议。在雅克·福卡尔的提示下，乔治·蓬皮杜对每位总统都能说出有关将军与该国关系的独特的话语。

他向各位总统表达了尊重之情和关切之意，可能博卡萨除外（中非共和国总统，曾自封为中非帝国皇帝——译注），戴高乐曾经称他为"博卡萨，这个胆大妄为的家伙"。博卡萨曾是法国军队的士官，他摆脱了雅克·福卡尔的控制，进行了自由选举。他在驱逐法国技术人员后，靠拢莫斯科，更有甚者，又去讨好布加勒斯特。齐奥赛斯库奉献给他一位新娘，即他所喜爱的名叫加布里耶拉·德兰巴的金发女郎，她名为舞蹈演员，实则是安全部的间谍。博卡萨徒劳无益地称颂乔治·蓬皮杜为兄弟，并声称"像对戴高乐将军一样，对蓬皮杜满怀友谊、亲情和敬重"，蓬皮杜对其怀有戒心。"正如南方人所说，这个家伙是个荒淫无耻之徒。面对他信誓旦旦的忠诚，我告诉他：'听着，因为我们有同一个父亲，所以我们是兄弟。正因为我们是兄弟，我们就必须和睦相处。您很热情，您是我的兄弟，但您却驱逐了我的大使。如果我以同样的手段回敬您，您会怎么想？而且，您不遵守我们之间达成的协议。'这个家伙脸皮真厚！在表达哀悼之后，还向我提出一大堆要求。他得不到帮助修建一条铁路和一所大学的许诺，便不肯离去[65]。"

非洲之行

　　自从重新掌管非洲事务以来，雅克·福卡尔密切关注保持法兰西在黑非洲的影响。他与内政部长雷蒙·马塞兰发生过不少矛盾。马塞兰为了限制非洲人进入法国，毫不犹豫地违反和这些国家签订的人员通行协议，不惜引发这些国家采取对应措施。雅克·福卡尔提出抗议："一方面，你们有六至七万勤劳的黑人仆役、清扫工和洗车工，另一方面则扰乱在非洲20万占据社会高位的法国人的平静生活。达荷美（贝宁的旧称——译注）已向一定数量的法国人关闭边界，这是因为这些法国人没有像我们强制非洲人那样拥有必须的'通行证[66]'。他不断向乔治·蓬皮杜重申和非洲的关系是保持接触的问题、人道主义的问题，法国的非洲朋友们对长达十年之久没有收到总统的一次邀请而深感遗憾。"

　　他经过反复强调，终于说服总统原则上接受1971年1月前往黑非洲进行首次访问。计划在十天内访问五国：毛里塔尼亚、塞内加尔、象牙海岸、喀麦隆和加蓬。"连续十个正式的晚宴：他们会把我撑坏的，您得保护我。"蓬皮杜说道。

　　不喜欢社交、尤其讨厌大型庆祝活动的克洛德违心地同意参加访问，但蓬皮杜警告雅克·福卡尔："我希望不要出现什么麻烦。如果出了什么事，如果他们对我夫人很不礼貌，我不知道我以后还会不会再去非洲访问，但她，她肯定不会再去了。请您告诉他们，我们既不会喝冰镇的酒，也不吃生的食物。我的肠胃一直比较虚弱。因此，我一旦染上阿米巴病，就很难恢复……啊！讨厌的霍乱，总让我感到不安。您知道，克洛德和我，我们都不愿意打预防针，医生也禁止我们接种疫苗。上一次，我们病得很重。您得留神。如果我们病倒了，我的夫人或者我，我会立刻中断访问，不管那会带来什么后果。以后，您就别想再让我在非洲出现。"

　　在毛里塔尼亚的努瓦克肖特，面对配有骆驼奶和椰枣的烤全羊等传统食品，乔治·蓬皮杜总是感到不安，好像他的健康进入了警戒状态。他还惧怕光敏性皮炎："人们往往感觉不到，等感觉到了，已为时过晚，我不想惹麻烦。至少给我放一瓶埃维昂矿泉水在身边，以便我随时清醒头脑。"

走进达喀尔城时，呼喊着的人群，鸣响着的达姆达姆鼓，热情洋溢的场面难以言表。在总统府欢迎人群热烈的掌声中，提吉亚纳社团的首领塞杜·努鲁·塔尔是位狂热的戴高乐主义者，他不仅亲吻了桑戈尔夫妇，还亲吻了蓬皮杜夫妇，令他们极为惊奇。在法国大使馆，2500 名应邀者前呼后拥地欢迎他们。但当来自诺曼底的桑戈尔的新一任夫人科莱特对克洛德直呼其名时，克洛德·蓬皮杜夫人则称呼她"夫人"。她们之间的关系不很融洽。克洛德始终是桑戈尔前任夫人象牙海岸人吉内特的忠实朋友，不允许科莱特将她与其离婚及取消罗马婚约生拉硬扯到一起[67]。

似乎是个微妙的话题。离开达喀尔之前，乔治·蓬皮杜当着桑戈尔夫妇的面问雅克·福卡尔："怎么样，雅克，明天阿比让等待我们的是什么？首先是天气如何？这里的气候好极了。"雅克·福卡尔解释说象牙海岸穷人家里的日子很难过，潮气逼人，可能还会下雨……这时桑戈尔连忙说道："穷困的象牙海岸人，看你说的！他们缺少的便是贫困！他们不可能什么都有，可可、咖啡、木材、香蕉，外加蓝色的天空！"

多嘴多舌的桑戈尔令他感到几分扫兴。如果想继续与他对话下去，必须不断地将他拉回当天日程规定的主题；因为听任他讲下去，他便会从一个想法转到另一个想法，从一个主题跳到另一个主题上。反之，当桑戈尔向他要求得到幻影式飞机时，乔治·蓬皮杜因确信非洲国家元首更害怕的是政变而不是空战，便将他引导到要求大炮上来。

在象牙海岸，蓬皮杜夫妇受到从机场到阿比让沿途两旁排列成十行的密集人群的热烈欢迎。妇女们五颜六色的服饰绚丽多彩。不断传来阵阵伴有咚咚击鼓声的节奏强劲的呼喊。整整两个小时，乔治·蓬皮杜坐在敞篷的梅赛德斯车上，向 50 万朝他欢呼的人群招手致意。尽管因劳累而显疲惫，他仍竭力面带微笑；因为每当他微笑时，非洲民众便兴高采烈。然后，总统乌弗埃－博瓦尼便让乘直升机浏览阿比让全貌。他们一个半小时里飞越了海港和农田。发动机的轰鸣声震耳欲聋，乌弗埃递给他一张张小纸条，上面潦草地写着"新码头"、"工厂"、"私人种植园"、"国家种植园"、"香蕉园，安的列斯（西印度群岛中的岛群，以盛产香蕉著名，是法国进口香蕉的主要源地——译注）可得小心点了"。卡拉巴斯侯爵满面春风地向蓬皮杜夫妇展示着他的土地[68]。

晚间，雅克·福卡尔提醒乔治·蓬皮杜大家都在等着他拉开舞会的序幕。"不可能。记者们一门心思想拍照，乌弗埃夫人是位美人，和她跳舞会引起人们说长道短的。再说，我的夫人怎么能任由一名黑人搂抱呢！在苏联，我留神了。苏联人送给我一顶水獭皮的无边软帽，非常漂亮。啊呀！我虽然冻坏了耳朵，但就是没有戴帽子，您想，所有记者都围着转来转去，一张大照片很快会登在《瞬间报》上。不可能。我要保持我的形象，不能为了乌弗埃而牺牲自己的形象。"

蓬皮杜一行在访问了努瓦克肖特、达喀尔、阿比让和雅温德之后，来到利伯维尔。这一次，与在其他国家的情况不同，邦戈在对蓬皮杜的访问表示欢迎之后，立即转到具体要求上来。他直截了当地提出各种要求：体育场馆、跑道、道路。

也是在1971年，乔治·蓬皮杜相继接见了三位非洲总统，蒙博托（扎伊尔共和国即现在的刚果民主共和国总统——译注）、邦戈和埃亚德马（多哥总统，1972、1979、1986及1993四次连续当选——译注）。为了准备欢迎邦戈的晚宴，雅克·福卡尔呈给他应邀者的名单："我方有舒曼夫妇、布尔热夫妇和福卡尔夫妇，这是一次小型晚宴。""不错，但双方是对等的。""不对等，因为只有六个法国人，而非洲人有八个。""您很可笑，但您忘记了我，还有我的夫人。我们是八个对八个。"

多哥总统埃亚德马赠送给乔治·蓬皮杜一张重达一吨的白色大理石办公桌。雅克·福卡尔私下对总统说，埃亚德马对没有带回任何具体的访问成果而感到十分失望。在一次隆重的访问之后，他返回时无论如何应该能说"这便是我所获得的成果"，否则，人民会讲"他出去散心了，没有工作"。

雅克·福卡尔说完便悄然离去，但听见乔治·蓬皮杜提高嗓门说道："讨厌，因为有了这个福卡尔！"

既好笑又困惑的雅克·福卡尔转过身来说道："怎么啦？""我已对埃亚德马总统说过我准备给多哥所需要的一切，我甚至说多哥所要求得到的一切，但我应该和您算算账。您每次都对我说：'不，总统先生，您给的太多了，不应该把这些都给多哥，对多哥来说太多了。'""总统先生，您的黑色幽默有点儿玄乎，未免太夸张了[69]。"乔治·蓬皮杜笑了，对自己的恶作剧感到心满意足，而埃亚德马只能强作欢颜。

当然，蓬皮杜继续推行戴高乐的政策。法国帮助法语非洲国家投资经济基础设施，组建国家电台，培训将要逐渐取代法国合作者们的师资队伍、技术人员和一批优秀人才。后者取得了惊人的效果：1970年，这些国家小学入学儿童为1966年的五倍，中学生则达六倍。

但这些非洲领导人很可怕，他们总是提出请求："即使我们没有对他们作出任何许诺，他们也会根据自己的愿望去想当然。乍得总统通巴尔贝回忆说，有一天瓦莱里·吉斯卡尔·德斯坦曾对他讲，整个财政部应该得到国家元首的支持，乔治·蓬皮杜则以其人之道还治其人之身："既然您现在有了一位好的财政部长，那么您就尽管支持他好了。"从而摆脱了这位纠缠不清的通巴尔贝。

　　1972年初，雅克·福卡尔陪同总统再次前往非洲，访问尼日尔和乍得。出发前几天感到疲乏的蓬皮杜准备取消原定计划。他对福卡尔说："我从未同时管过这么多的事情。"人们心里明白，对他来说，准备有关欧洲问题的全民公决是一项重大的使命，其意义显而易见超过赴黑非洲的访问。虽然他最后还是勉强同意前往非洲访问，但提出条件："必须加强安全保卫，我不太相信谋杀的风险，但我不想死在乍得，谁也无法接受这样的结果。请同时加强对我夫人的贴身保卫。我同意乘坐敞篷车，但我的夫人不行。在任何与人群交织在一起的情况下，请注意安排人在身边保护我们，尤其是保护我的夫人。"可能是他回想起了在芝加哥那噩梦般的遭遇……

　　在尼日尔首都尼亚美，蓬皮杜夫妇受到成千上万名与道路成直角排列、骑在披挂着五彩缤纷鞍辔上的骑士们的隆重欢迎。车队经过时，骑士们直立在马镫上，高举军刀或者标枪，大声呼喊着表示敬意。人群挤得密不透风。阿马尼·迪奥里总统向乔治·蓬皮杜赠送了许多礼品：一件长袍、一副马鞍、一副盔甲，尤其是一把军刀。乔治·蓬皮杜接过军刀，高举起喊道："啊！轮到我进攻啦，他们可要留点神了！"克洛德接过首饰、袍子和靴鞋，随即试着穿戴起来。

　　在乍得首都恩贾梅纳的演说行将结束时，雅克·福卡尔悄然对乔治·蓬皮杜说："《马赛曲》！"

　　总统回过身来，对他说："对，我很想听！"随即便回到麦克风前，等待着演奏《马赛曲》……"不是，总统先生，由您来唱。"福卡尔轻声提醒说。"我唱！我实在唱不了。"他抓住福卡尔胳膊说："这个，我亲爱的朋友，我永远也唱不了《马赛曲》，因为我一唱就跑调。""不需要您来唱，您提议一下就行了：'我们一起唱《马赛曲》。'"歌声随即响起，而且唱得很好[70]。

　　蓬皮杜第三次，也是最后一次非洲之行是在1973年1月冒着酷暑进行的，仅访问了吉布提和埃塞俄比亚。在吉布提，阿雷夫总统在正式午宴前，向两位客人赠送镶金的银套匕首。乔治·蓬皮杜弯腰欣赏雅克·福卡尔的那把匕首。当福卡尔从刀鞘里抽出匕首时，他大声惊呼："啊呀！我可得当心，因为你的刀身比我的长。"引得大家都笑了起来。

　　总统对是否继续访问非洲国家提出疑问。"我对西拉纳纳作出承诺是大错而特错了，"他有一天对雅克·福卡尔说，"我本应该知道，即使您一再坚持，也必须处处留意，因为假如我答应给他们当中的某一个什么东西，然后就必须给予所有人，给十八位国家元首。我曾设法摆脱电话带来的烦恼，可现在却是非洲国家元首的电话给我带来种种麻烦。我觉得这真令人厌倦，桑戈尔太过分了。"但当马达加斯加总统西拉纳纳的生命受到威胁时，他竟帮西拉纳纳说话。"对于掌政者来说，政治上的责任是，"他1972年5月宣称，"无愧于国家利益，但他们不应落得悲惨的下场，因此，我们应该保护西拉纳纳的人身安全。"

让英国人进来

　　1969 年至 1973 年曾兼任外交部长的雅克·沙邦－戴尔马在任命莫里斯·舒曼为外长时，曾对他说过："我们必须既确保戴高乐主义的延续性，也要使欧洲有一个新的起点。你是理想的人选。"实际上，预见欧洲能够统一货币、拥有一支军队或者共同的外交政策、发布指令、惩罚违法行为，还为时尚早。也远远谈不上关税或者给予某个经济领域例如农业以补贴。但乔治·蓬皮杜记得与居伊·德·罗特席尔德的交谈。他坚信法兰西的繁荣和在世界上仍能扮演某种角色的可能性取决于欧洲的成功，所以他对欧洲一体化比戴高乐持更为开放的态度。

　　他定期会见联邦德国社会党人首相维利·勃兰特。有一天勃兰特问他："您知道谁是地球上最老的社会党人吗？"对于乔治·蓬皮杜来说，社会主义意味着从别人口袋里掏取他自己所没有的东西。于是，他便列举了一些名字……"哦，不对！是克里斯托夫·哥伦布。他出发，但不知道去向何方。他到某个地方，但不知道身在何处。他做了这一切，使用的钱财却都是别人的[71]。"

　　实际上，两人之间难以沟通。"维利·勃兰特是个什么样的人物？"乔治·蓬皮杜问道，"和他讲话时，他总同意，然后又好像什么也没有听见。"毒化他们之间关系的，还有阿尔弗雷德·格罗西耶的文章，他在《世界报》上一再重复说蓬皮杜一窍不通。此人居心叵测，令总统十分恼火："你们称赞格罗西耶，那好，我告诉你们，只要我活着，他休想得到梦寐以求的圣－西蒙奖。"

　　嫉妒西门子成就的电力总公司经理安布鲁瓦兹·鲁经常见到乔治·蓬皮杜，成功地使蓬皮杜和他一样憎恶德国：这是米歇尔·德朗古的看法[72]。也许是因为他难以从记忆中清除 1940 年 6 月遭受俯冲轰炸的阴影。如果说罗贝尔·舒曼和戴高乐曾是法德重归于好的推动者，那蓬皮杜则更倾向于加强与英国的关系。他始终对戴高乐反对英国加入共同市场感到遗憾，并力图重新启动已中断的法英谈判，更何况他并没有感到自己拥有戴高乐那样的权威能与德国单独进行谈判；与英国进行三方谈判，这样能充分保持平衡。

与一个和美国及英联邦结盟的大国进行合作、共同前进，可不是轻而易举的。这是一次真正的挑战，一次历史性的挑战。必须打破因为戴高乐两次使用否决权而心怀积怨的英国的不信任感，同时还不能让英国人视法国人的良好意愿为软弱的表现，从而提出得到更多优惠的要求。

1970年3月4日由共同市场成员国通过的一项共同农业政策给扩大与英国的交往形成了一道新的屏障。幸运的是乔治·蓬皮杜很快有了一位比他对欧洲一体化更为热忱的英国首相作为谈判对手。对于一个英国人来说，这是难能可贵的。爱德华·希思通过1970年6月18日保守党在选举中获胜而登上首相宝座，他有充分的理由令蓬皮杜感到满意。高高的个子，长得很帅气，幽默感强，这位木匠和女仆的儿子是靠自己的努力奋斗出来的。作为音乐家，他曾指挥过阿尔贝·阿尔皇家乐队；作为运动员，他刚刚赢得在塔斯马尼亚首府霍巴特举行的帆船航海赛。此外，他还是米歇尔·诺贝尔的私人朋友。

蓬皮杜开始行动，他完全抛开时任外交部长和财政部长的莫里斯·舒曼和瓦莱里·吉斯卡尔·德斯坦。他与爱德华·希思举行了长达十七小时的单独会谈。两位政治家的心灵息息相通。在舍凯尔工作的一个周末，他们早晨见面共进早餐。"我的丈夫，"克洛德·蓬皮杜讲述道，"他穿着运动服，希思先生为了见一位法国人，则穿了一身海蓝色的西服。但他们十分自然，好像什么也没有发生似的。晚些时候，也是在上午，他们要碰面，一起工作。每个人都想做得好一些，所以都换了服装。这一次，希思先生穿着运动服，而我的丈夫则身着海蓝色西装。他们忍不住放声大笑起来[73]。"

笑声来得正是时候，因为工作日程安排得很紧：英国人要放弃对新西兰奶制品的偏爱，捕鱼税，向布鲁塞尔派驻会讲法语的英国官员。最敏感的问题显然是英国人对共同农业政策应承担的份额，确切地说，便是对法国农业工人所提供的补贴金额。法国生产的粮食占共同市场粮食生产的46%，其中将近一半可供出口，但价格高于国际市场的现行价格。法国农业工人迫不及待地想加入一个由两千多万消费者确保的市场。英国人则提出一项反建议：他们提供比其他共同体国家少一半的资金补贴。

随后的一个周末，居伊·贝亚尔在奥维利埃会见了乔治·蓬皮杜。

"与英国的谈判情况不妙。"总统对他说。

歌唱家期待着远离经济这一主题，但蓬皮杜却继续说道："在希思先生的国度里，在舍凯尔，我很清楚这是在外省，给我们提供的是小包茶叶。英国这方面真不行。"

几个星期之后，负责材料的格扎维埃·德尼奥往马蒂尼翁宫给他捎话说："我们不能再等了。谈判机器正在运转。到目前为止，还可以停留在预备性的文字清理和资料的研究上。但必须当机立断，应该清楚我们想得到什么、我们不想得到什么。没有目标的谈判不可能取得成功。"德尼奥要求在爱丽舍宫接见他。

乔治·蓬皮杜靠在扶手椅背上，眼睛盯住升向金黄色屋顶的缕缕烟圈。然后，他猛然站起身来，放下烟头，回答说："让英国人加入共同市场，德尼奥，只有这样，我们才能最低限度地减少麻烦……"

在与高等师范学校文科预备班及巴黎高等师范学校的老同学午餐聚会时，他说出了心里话："我们让某个我们无法阻止的人进入欧洲。请注意！这不是一厢情愿的事。英国人并非是容易合作的伙伴，他们将给我们制造最多的麻烦[74]。"

"这是我一生中最美好的一天！"爱德华·希思1972年1月24日在签署了"加入欧洲共同市场条约"后感叹道。

英国、爱尔兰和丹麦同时加入共同市场。它们的加入似乎成为分裂签订共同条约后正在欢度蜜月的左派的一种手段。蓬皮杜希望通过全民公决这一显然非常规的程序，要求法国人赞同这一协议，从而在共产党人和社会党人之间插进一根楔子，因为共产党人肯定会发起一场"否定"的运动，而社会党人则始终是欧洲主义的拥护者，不能不投赞同票，从而借机增加"保卫新共和联盟"的得票率。

但选民们对这一问题早已丧失兴趣：他们觉得问题已经解决，结果早有定论，此事已经成为历史，无需再耗费气力。弗朗索瓦·密特朗敏锐地察觉到这一陷阱，主张弃权或者投空白票。这样，除去弃权票、空白票和无效票，仅有47%的选民投票。虽有68%的人表达了自己的意愿，但赞成票仅占36%。对于这一相对的失败，乔治·蓬皮杜极端重视。他认为这是对他所执行的政策的一种否定，因而随后便放弃使用全民投票手段。他的继任者们在随后的二十年里也都吸取了这一教训。蓬皮杜认为此举使他在国际舞台上失去了信誉，为此他曾对爱德华·巴拉迪尔承认，"我再也没有外交政策了。"

法国与英国的关系一直很融洽。5月里，蓬皮杜夫妇在巴黎接待了伊丽莎白女王、菲利普王子和爱德华·希思首相。女王对爱丽舍宫的现代装饰饶有兴趣。"能这么做，您真幸运！"她对克洛德说，"我羡慕您的自由。在白金汉宫，我真的没有在家的感觉。"

一片祥和，到处是音乐和友谊声，但死亡的阴影也在游荡。1971 年夏，在参观朋友拉扎雷夫位于布雷冈松附近的一处别墅时，蓬皮杜夫妇险些被杀害：从勒旺岛上发射的一枚马祖卡导弹，突如其来地在游泳池旁爆炸。

与死神的另一种亲密接触便是行使总统特赦这一可怕的权力。乔治·蓬皮杜对死刑向来持慎重态度："特赦保持着一种威慑力。以一名绑架者为例，如果被追捕，人们能否相信他这么做是甘冒掉脑袋的风险，还是以为坐十年牢便可完事呢？我举此例是指职业罪犯，而不是讲那些一时冲动、妒火中烧、毒瘾发作或者精神错乱者。"然而，每当他行使总统特赦权时，良心上都会感到极度不安。因为总是信不过法官的判断，他便寻求他所信得过的人的看法，比如他在亨利四世中学的老同学、现为律师的克洛德·迪克勒[75]。1969 年 7 月，他赦免了犯下杀人罪的一名银行收银员和一名宪兵。然后在 9 月份，又特赦了一名道口看守工和一名犯下杀害父母罪行的罪犯。

1971 年秋，发生了保尔·图维耶案件。图维耶为前里昂保安队（第二次世界大战期间法奸组织——译注）队长。他因 1944 年两次杀害犹太人而被缺席判处死刑，但被出于仁慈和极端主义信条的教士和宗教组织藏匿了 20 年。严格地讲，这并不是请求决定生死权的特赦，而仅仅是免除附加刑期、没收财产、剥夺居留权。所以乔治·蓬皮杜并未过于重视。更何况，他回想起戴高乐曾最终赦免了两名盖世太保头目，他本人也需消除昔日的积怨。"这是使法兰西人相互对立三十年的辛酸的分裂所带来的苦果。"于是，他签署了宗教界所恳求的特赦。

没有自由法兰西首领光环的乔治·蓬皮杜，为了愈合这些伤口，已做了他所能做到的一切！如果说可以宽恕的话，不应该由他来进行，因为他在法国被占领时期，什么也没有做过，什么也没有遭受过。只有那些纳粹的受害者们，他们的父辈或者他们的子孙们可以给予这种宽恕，而不是由他来进行宽恕。他的这一举动会激起犹太人和抵抗战士的义愤。这一点，在 1972 年 6 月 18 日便清楚地显露出来。那天，他为科隆贝纪念碑揭幕。他当着戴高乐夫人和她的孩子们的面，在讲话中发誓忠诚于戴高乐的遗志。当天，在蒙-瓦莱里安的犹太人集中营纪念碑前，解放战争的老战士与前部长们和里凯神甫一起参加了一次大规模的抗议示威活动。

乔治·蓬皮杜采取守势：“你们可以想象一下，我曾被维希分子向德国警方告发；我也曾两次逃脱秘密军队组织的暗杀活动，一次是和戴高乐将军在一起，另一次是专门针对我的；所以我自认为有权这样说：我们就这样无休止地听任尚未抚平的民族分歧的创伤延续下去吗？揭开隔幕，忘却法国人互相伤害、互相诽谤，甚至相互残杀的年代的时刻仍未到来吗？”

　　1972 年，乔治·蓬皮杜赦免了一名出租车司机杀人犯，从而引发了邦当事件。这名出租车司机因在布洛涅森林杀害一名妇女而被判处死刑，监禁于克莱沃。但在同伙罗歇·邦当的帮助下，出租车司机成功地制服了一名守卫和一名女护士，并将他们劫为人质。他们试图谈判，以释放人质为条件换取自由。但未能得逞，结果便杀害了人质。在这种情况下，法律规定应对他们执行死刑。如果他们再次得到宽大处理的话，两名受害者的极度愤慨的同事们便决心处死他们。总统见到了再次放在他桌上的可怕的卷宗，右页上是把死刑减成无期徒刑的决定，留有他签字的空白处，下方的另一空白处是留给司法部长签署的地方。左页上是“按法律程序进行”字样；在这一页上，没有合签，赦免权不生效[76]。

　　这一次，选择极为引人注目。如果他同意赦免，他知道监狱方将会自行惩罚。国家利益要求不能制造混乱。乔治·蓬皮杜克制内心的信念，在左页上签了字，按法律程序进行。令他内心更为不安的是克洛德·比费书面要求蓬皮杜“同意由他执行”，他将会感到“十分荣幸”，因为“这将最终了结两名死刑犯可怕的处境所酿成的痛苦”。两名罪犯 1972 年 9 月 12 日被处以绞刑。他们所犯的罪行无论多么令人毛骨悚然，也不如图维埃那般罪大恶极。这次考验使人们得以进一步了解总统的内心世界。

沙邦想标新立异

直至将军去世，乔治·蓬皮杜并没有自视为历史人物，而且也不想这么做，因为历史只有在悲剧中才能创造英雄人物。乔治·蓬皮杜始终悄无声息地向前进。在终于摆脱首领化身的庇护后，他才获得解放，威望上升。这一点自他 1971 年 1 月 21 日举行记者招待会以来，便可明显感觉到。即使他并不以丰富的想象力而出众，但也留下了深刻的印记。因而，他与雅克·沙邦－戴尔马已初露端倪的紧张关系便激化起来。更何况，他比沙邦对马蒂尼翁宫正在处理的文件要熟悉得多。所有部长都在爱丽舍宫受到接待，并定期地、直接地与他讨论相关的问题。

这时，人们发现他身上重新显露出雄心壮志。他在巴黎高等师范学校三年同寝室的学友皮埃尔·普热感受最深的一点是："他身上有两种相互矛盾的倾向：某种程度上的漫不经心和好胜心。随着时间的推移，第二种倾向逐渐占据上风，达到令我吃惊的地步；漫不经心则消失殆尽[77]。"

艺术爱好者已经不再是他，而是雅克·沙邦－戴尔马。蓬皮杜起初非常喜欢他，因为他与米歇尔·德勃雷或者罗歇·弗雷相反，没有为他走向政权制造障碍，所以他才选择沙邦这位容易相处的总理。但久而久之，他开始看不惯沙邦的作风：参加内阁会议总是姗姗来迟，不肯下工夫研究文件材料，不能得心应手抓住问题的要害，以为两三句话便可应付过去。"沙邦是个奇怪的人物，"阿蒂尔·孔特指出，"很难与他就一些严肃的主题进行长时间的交谈。初次见面时，他便令我想起年轻侍从（由贵族子弟充当的封建领主的年轻侍从——译注）。因为他心甘情愿地陷身于风流传奇之中，所以他看起来更像一个富有魅力的少年。他过于玩弄温柔多情的把戏[78]"。

除办事无条理、轻浮而不专心的性格之外，沙邦颇得民心也令乔治·蓬皮杜反感。"沙邦很讨人喜欢，"阿蒂尔·孔特曾经讲过，"但和他在一起，我总是感到晕头转向。我站在那儿，脚踏大地，而面对我的却是一个做出各种各样的传球花样的家伙，以至我感到不知所措。他玩弄各种技巧，但并不实用。"一次用晚餐时，总统甚至说："沙邦是个表演平衡技巧的杂技演员，想充当明星，但他不够认真。给他双颊和脸蛋涂上脂粉，站在您面前的就是鲁道夫·瓦尔蒂诺（意大利电影演员，被称为20世纪20年代的"伟大情人"——译注）。而且，他长着瓦尔蒂诺式的头发。可是，头脑何在呢[79]？"

面对如此轻率的沙邦，乔治·蓬皮杜抱怨说："不能这样扮演花花公子的角色。主人是我。戴高乐将军留给法兰西最珍贵的遗产，是总统至高无上的权力。如果让最高权力越过塞纳河，听任领导未来的最重大的决定在马蒂尼翁宫而不是在爱丽舍宫作出，便意味着国民议会将在短期内占据上风。我们不能重返政党制度，不能回到内阁不稳定的时代。那样做，便是重演第三共和国初期的灾难。我既不会是麦克马洪（1808—1893，法国元帅，总统，1871年任凡尔赛军总司令，残酷镇压巴黎公社——译注），也不是格雷维（法国总统，1879—1887——译注），我不会放弃权力。"他又再次说道："华而不实的沙邦！他想像吹灭蜡烛那样让我消逝，让我熄灭！"

乔治·蓬皮杜和戴高乐一样，不想仅限于为菊花展揭幕。他绝不会放弃第五共和国赋予国家元首的任何特权。看来，他变得比戴高乐更为专权。他不把雅克·沙邦－戴尔马视为总理，甚至也不把他看成首席部长，而仅仅是工作部长。他选择沙邦只是为了确保制度的连续性和打开欧洲的大门，而不是成为一种想入非非的新戴高乐主义的倡导者。凭着理性和从平民日常生活经验中汲取的现实主义，他对沙邦－戴尔马的夸夸其谈的词语感到厌恶："停滞不前的社会，新的社会，这些都是让·穆兰（法国反抗德国法西斯抵抗运动著名领导人——译注）俱乐部得意的话题，是青少年或者浪漫主义者的幻想。沙邦以为创新的时刻到了。人们永远不会创新！永远没有什么空白的纸页！我们应该满足于继续编织由前人开织的挂毯，其结构是不容改变的。新的社会，这是不可能的！社会就是这个样子。必须在这个社会里生活。让法国人想入非非是最糟糕不过的事情。我们还是正视现实吧！"

"其实，使命很简单。目标应该高于一切：使法国成为一个工业大国。我们可以达到这一目标。让我们集中精力实现这一目标。其他都是多余的。"

"你们以为什么事都可以一起做吗？在毁掉隔板、拔去门栓的同时，我们便葬送了国家和民族，就像 1968 年险些发生的那样！这是那些企图摧毁国家的不负责任者们的念头。国家利益应该高于一切。只有我们——戴高乐主义者在捍卫国家利益。"

"指责墨守成规并不令我感到害怕。为什么要有变革的顽念呢？当我们周围的一切都在变革时，关键的问题便在于保持我们的平衡。相反，在发明创造、技术革新和国际交往的滚滚潮流中，重要的是使我们自身处于以各种方式进行的变革之中，不管我们愿意与否。重要的是保持我们自身的基本价值。确实，必须要有足够的勇气来抵制这些滥用词语的恶癖。"

"带着这些'开放'和'改革'的观念，人们只会激起阵阵气流，准备将自己被排除在外。开放，我借助于独立共和国人士和中间派人士实施开放。我并不满足于'保卫新共和联盟'。假如我们拒绝接受刚刚恢复秩序的民族和国家的遗产，假如我们害怕使用概括了我们所有信念的词语，我们便会加入反对派的游戏，并背诵失去判断力的、难以消化的马克思主义。在这场游戏之中，我们永远是失败者。甚至会吸引自己的敌人，并使自己的朋友失望，我们永远不可能是胜利者。本来抑制敌手们要比追赶他们容易得多，可我们却从事他们的政治，并以损害选民们的政治为代价！我们捕捉不到敌对者的声音，却在鼓励他们从事敌对活动，从而证明我们的软弱无能。奉承反对派不会使反对派变得温和，反而会使他们更加胆大妄为。沙邦在国民议会中拥有五分之四的多数，这是任何共和国都未曾有过的优势。可他却宁肯得罪五分之四的多数派，而去诱惑余下的五分之一的反对派。这种现象，也是前所未闻的。当我们拥有多数派时，必须保持住多数派[80]。他这样做，将使我们失去选民。我们便会成为密特朗嘲弄的对象。"

密特朗在回应沙邦 1969 年 9 月 16 日的讲话中宣称："当我看见您，总理先生，我并不质疑您的真诚。当我看见您的多数派时，我却不相信您能取得成功。"雅克·希拉克也持同样的见解："沙邦的政策是为那些永远不会投我们赞成票的人制定的。"

与人们的种种期待相反，雅克·沙邦－戴尔马不像第五共和国历届内阁总理所做的那样——把会见"保卫新共和联盟"的议员们当回事。议员们感到失望，当他们回到各自的选区时，也无法向选民们交代。总理既不勉励他们，也不倾听他们的意见，似乎仅重视代表少数派的工会。这大概是受一个技术性过强而政治性不足的内阁的影响。他仿佛无视国民议会代表的是全体法兰西人民。生性刚直无邪的乔治·蓬皮杜认为必须执行推选他为总统的选民们所期望的政策。因此，当雅克·沙邦－戴尔马再次兜售他那些令人头昏脑涨的主张时，乔治·蓬皮杜断然地对他说："别再用您的'新社会'的理论来纠缠我们了，谁也不会相信。您令所有人感到厌倦。"

他的周围出现了两个阵营。一个以米歇尔·诺贝尔为代表的亲沙邦派，另一个则是以皮埃尔·朱耶和玛丽－弗朗斯·加罗为代表的反沙邦派。皮埃尔·朱耶是"治理法兰西的人"，玛丽－弗朗斯·加罗是"穿着短裙的拉斯蒂涅"（法国 19 世纪作家巴尔扎克《人间喜剧》中的人物之一，即一个冷酷的野心家——译注）式的人物，"戴高乐主义者和社会杂闻栏编辑们称玛丽－弗朗斯为漂亮的棕发女郎，圆圆的脸盘、白净的皮肤、一双长角羚羊般的眼睛、樱桃小口、说话节奏快而悦耳动听。她总是表示出炙热的友情。人们感到奇怪，这位仙女般的理想的主妇本应使自己的家庭充满魅力，可她却跟随了雷蒙·马塞兰这位法国政治档案的行家里手。然而，必须出神地注视她那晶莹洁白的脖颈，因为只有健壮而灵活的脖颈才能揭示出战神瓦尔基丽（北欧战争女神——译注）热衷于战斗的风姿。每当人们回顾起竞技场（位于古罗马剧场中央——译注），便对她那颤动的鼻翼或者手指修长的双手迷人的动作不再那么感到乐趣。虽然纤细的双手禁不住显露出内心的激动，但大理石般的面孔却依然无动于衷[81]。"

皮埃尔·朱耶和玛丽－弗朗斯·加罗二人不允许沙邦以第四共和国内阁总理自居。看见他准备践踏唯一能保持政权稳定的第五共和国的体制时，他们决定使之声名狼藉。习惯于中伤别人的米歇尔·诺贝尔补充说："当沙邦去见蓬皮杜时，总是避开玛丽－弗朗斯或者朱耶的办公室，因为他们不断地想诋毁他[82]"。只有他才会作出如此的解释。但他们从事的破坏活动很快便恶化了爱丽舍宫和马蒂尼翁宫之间的关系，总统最终对总理感到厌恶。可能也是因为蓬皮杜对风华正茂和深得民心的沙邦抱有几分嫉妒，因为他的仪态与自己迟钝、笨拙的外表难以取得女人们的欢心形成了一种令人痛苦的鲜明对照。"是新闻界在抬举沙邦，整天报道他，同时却低声抱怨蓬皮杜。但他什么也不做，什么问题也不解决。他对所有人作出种种承诺，可随后又把球踢到这里来。我可以肯定地说，权力不在马蒂尼翁宫，而在这里。[83]沙邦总想安排一切，这不是治理国家的方式。"人们好像听见戴高乐在讲话，因为这正是他惯用的指责方式……

乔治·蓬皮杜始终谨慎从事，不喜欢喋喋不休者。他认为法国社会已在 1968 年的 5 月运动中蒙受严重创伤，再也不能雪上加霜。他认为雅克·沙邦－戴尔马想走得更远、走得更快，想一气呵成。蓬皮杜也不欣赏他通过争取费利克斯·加亚尔等中左派人士，甚至像加斯东·德费尔这样的左派人士来扩大多数派的企图。如果沙邦想争取更多的支持者，那肯定是在为自己积聚更大的力量，以便时机成熟时参加竞选总统。时机成熟时?! 当"保卫新共和联盟"的战士们被搞得晕头转向时!

"我不知道怎么样才能使沙邦明白这一点，"蓬皮杜向福卡尔吐露心声，"我已经以多种方式反复对他说过。您看，现在已经走到不得不和他摊牌的地步。他做这一切都是为了在我之后成为共和国总统。我完全赞同他继承我，但我最后要向他声明，假如他想通过种种投机活动使所有人赞成他的话，我将参加下届总统的竞选。这样，他便完蛋了……必须让沙邦闭嘴，别再用他的'开放'来纠缠我们。在这个国家里，每当我们设法使其他人不和的时候，我们总会赢得胜利。"

正当乔治·蓬皮杜和他的总理关系失调时，他们都没有觉察到共同的敌人弗朗索瓦·密特朗正悄然粉墨登场。1971 年 6 月 16 日，在埃皮奈代表大会上，密特朗俨然摇身变成解决实际问题的人物。他凭着微弱的多数，成为社会党领导人，而传统的领袖人物居伊·摩勒和阿兰·萨瓦里则因深陷有关五十年前与共产党分裂的责任的空洞无益的争论而不能自拔。为了迷惑夺取政权必不可少的盟友——共产党人的选民们，弗朗索瓦·密特朗放弃了所有中间派的策略。经过长时间的讨价还价，社会党人、共产党人和左派激进分子终于在 1972 年 6 月 26 日通过了左派共同纲领。这一共同纲领在体育馆举行的一次蔚为壮观的集会上被正式宣布，犹如一颗炸弹起到了轰动效应。

伙伴和混蛋

此时，一连串的诽谤和恶意中伤使雅克·沙邦－戴尔马和他身边人物的形象黯然失色。首先是《鸭鸣报》1970年2月18日登载了一篇揭露一家民营不动产投资公司——"地产投资公司"经营活动的文章。1964年一条法令批准建立的这类民营不动产公司求助于储蓄，购置房屋出租，租金原则上用于确保红利。地产投资公司的三位负责人是左派戴高乐主义者律师维克多·罗什努瓦尔、房产商罗贝尔·弗伦克尔、公证员让－皮埃尔·德拉吕克，他们通过许诺10.25%高得出奇的收益来吸引小储户。为了进一步愚弄小储户，他们让一位"保卫新共和联盟"的前议员、沙邦以前的合作者、名字源于古老法兰西的安德烈·里夫－昂里·德·拉乌斯伯爵做担保。依靠这一宣传广告，三名诈骗同盟者榨取了1.3万名认购者的资金，高价购买了土地和房屋，从中谋取丰厚的佣金。为了将其欺诈行为掩盖一时，他们动用新储户的股金支付老储户的红利。这种鬼把戏使后来的储户失去了全部股金。

7月10日，第二家不动产公司——地产投资公司成为司法新闻报道的焦点。得到"保卫新共和联盟"前副秘书长安德烈·鲁兰担保的总经理克洛德·利普斯基挪用七千名认购者的资金，投资军火交易。他受到指控后，便逃往以色列。

1971年7月14日，《鸭鸣报》再次出击："无论是大盗贼还是小投机商，在每件丑闻的深处，人们总会突然捕捉到，总是如此，政权人物或者与权力有关的人物的肮脏卑劣的手及贪得无厌的嘴脸和可疑的行径。他们无所不在。非法牟利者们从未如此稳操胜券，他们行骗的道路也从未如此平坦。只有追溯到第二帝国时期和七月王朝末年的猖獗投机活动才能找到与之相匹敌的欺诈行径。"在这些丑闻中，议员们的出现为事前的推断洞开了大门：一个完全腐败堕落的议会。

1970 年 11 月 5 日，发生了"德卢埃特案件"：在美国的"国外情报及反间谍局"人员牵连进美国的毒品走私活动。戴高乐将军的前部长比约特将军宣布："'国外情报及反间谍局'不再属于共和国治安部队，应予解散。"

阿尔班·夏朗东办公室的一名顾问加布里埃·阿伦达在两个月之内给《鸭鸣报》洪水决堤般地提供了 138 份文件。这些文件资料涉及发放给在可能被洪水淹没地区或者雪崩通道的建筑用地的许可证；无竞争情况下批给友好公司的公共市场、为"保卫新共和联盟"募集企业资金的虚拟研究室，还有巴黎市政厅的低租金住房机构的令人生疑的赤字的有关情况。"丑闻涉及面之广，人们列举了分别担任'保卫新共和联盟'秘书长和'保卫新共和联盟'议员团副主席的勒内·托马西尼和克洛德·拉贝。此外，还提及巴黎市议会议员米歇尔·阿比卜 - 德隆克勒[84]。"这一案件使《鸭鸣报》获得法兰西消息最灵通报纸的美誉，进一步损害了政府名声。乔治·蓬皮杜怒气冲天："我给了你们明确的原则，'不要和不动产公司有任何联系！不要和他们约会，不要和他们接触！'绝对不能！您十分清楚情况特殊的不动产界是多么危险！"

紧接着，总理办公室的一名成员爱德华·德加作为巴黎 16 区的财政稽核官由于为好几位人士的偷税漏税大开方便之门，也被牵进丑闻之中。最后《鸭鸣报》公布了雅克·沙邦 - 戴尔马的最新税单，证明他在好几年之内没有缴纳任何个人所得税。从法律上讲，沙邦是无可指责的。他在1959 至 1969 年期间担任国民议会议长职务，自第三共和国以来，国民议会议长所得到的津贴和实物报酬是无须纳税的。这是左翼联合政权的人物爱德华·埃里奥在 20 世纪 20 年代提交通过的法案，但人们早已将其忘得一干二净。抵税款项，代扣所得税已包括了税收部门应向雅克·沙邦 - 戴尔马征收的其他所得税收。因此，他没有任何偷税漏税行为，只是对手们笨拙地挑起事端，企图将他说成是一个特权人物和弄虚作假者。注重平等有序价值观念的普通选民们大声议论说这类事情在戴高乐时代是闻所未闻的。

在这场泄露内情和走漏风声而引起的混乱中，诽谤中伤者们声称见到财政部长瓦莱里·吉斯卡尔·德斯坦无形的手在兴风作浪，说他对使下届总统选举中潜在的对手处境尴尬而暗自庆幸，是真是假，不得而知。更何况，他的朋友米歇尔·波尼亚托夫斯基曾将沙邦总理身边的人戏称为"同事加混蛋"。实际上，是一位身为左派激进分子的庶务人员采用不正当的手段，借机猛烈攻击总理。

报刊文章的标题令人难以承受："沙邦深陷泥沼"、"丑闻登峰造极"。

《战斗报》的评论员文章说："今日的第五共和国受到最为严重的伤害。"至少在"新社会"中存有某种勉强的善意，在总理的社会政策中有一种清醒而公正的努力。除此之外，还有什么呢？可疑分子们今后还有什么可信度而言呢？因为《战斗报》总结道："即使法律没有受到侵害，伦理道德已经遭到践踏。太过分了。"《快报》署名克洛德·吉约满的文章提出了同样的警告："为时已晚，警钟已经敲响，要想让它停下似乎已不可能。反对派有了一个理想的施行阴谋诡计的阵地，随时向沙邦－戴尔马先生，并通过他向多数派政府发起攻击。极有可能引起即将按照上年度纳税额预缴三分之一税金、申报个人收入的纳税人们的共鸣。纳税人群甚至都不明白指责总理什么，因为他们仅关注一件事：他所缴纳的为数不多的税款……何时缴纳。"

深受伤害的雅克·沙邦－戴尔马对埋怨他苍白无力的自我辩解的"保卫新共和联盟"的朋友们说道："我惶惶不可终日。我为人光明磊落，不知道如何应对这些攻击，因为子虚乌有的错误而遭到攻击实在令人无法忍受。"这位多情善感的总理曾向阿蒂尔·孔特道出心里话："我已经精疲力竭。我对这些卑劣无耻的诽谤感到厌烦透顶。"更何况，他还要与他的朋友们争斗，要对付爱丽舍宫，对付爱丽舍宫[85]！于是，沙邦按照抵抗运动时期养成的反应习惯——拒不说出联络网，始终庇护着朋友们。1972年5月12日，米歇尔·巴锡在《费加罗报》上发表文章："共和国总统在欧洲问题全民公投失利后，可能认为掌握主动权的最佳办法是更换总理……这也许是不公允的……但沙邦－戴尔马先生的离职已成定局。"

自从盛行针对某位部长的污蔑运动以来，人们不得不予以重视，并改组政府，以资鉴戒。所以，令乔治·蓬皮杜感到恼火的，还有雅克·沙邦－戴尔马在信息方面所奉行的宽容主义。"看了电视，"他说，"人们的印象是法国始终存在一个社会问题。人们喋喋不休地报道罢工运动，画面上的一些工会代表提出种种要求，另一些代表则宣布没有罢工，但很快便要组织一次罢工。事实上，过去一年里的罢工比上一年度减少了一半。所以我认为电视观众对刚刚过去的平静的一年并没有留下客观的印象。"

四面楚歌的雅克·沙邦－戴尔马感到已经失去总统的信任，在一次两人单独共进午餐时，他要求总统批准在国民议会辩论总体政策时对政府进行信任投票。"为什么不呢，如果您认为有用的话？"乔治·蓬皮杜仅如此回答而未作任何强调。如果您认为有用的话：这便是总统意味深长的一种保留。

雅克·沙邦－戴尔马取得了大多数议员的信任。他赢得议会的支持，终于松了一口气，并在电视上重申坚持执政至 1973 年 3 月的立法选举。他说这些又有何用呢？首先，这是一种愚蠢的提法：说坚持执政至立法选举，言外之意是指政府将要消亡；恰恰相反，不仅要准备好，而且要赢得这次立法选举，并使政权延续下去。其次，这是一种大逆不道的行为：总理违背了总统至上的戴高乐主义原则。看样子他想回到第四共和国政体。当然，在第五共和国，议会保持推翻政府的权力；但共和国总统，而且只有共和国总统才有权任命政府、肯定政府或取代政府："出类拔萃的沙邦竟以为无须向共和国总统汇报。他似乎认为蓬皮杜更大程度上是科蒂总统而不是戴高乐将军的继承者[86]。"

"先下手为强，"马塞尔·加比伊在《费加罗报》上撰文说，"总理这样做便将本属于总统的主动权归于自己。取得议会的信任，是他本人从中获利，而非总统。假如他未能取得议会的信任，议会可能将其意愿强加于国家元首。显而易见，蓬皮杜先生在这两种情况下都冒有风险，而甘冒风险不是蓬皮杜的习惯，尤其是通过间接的途径而冒风险。"

雅克·沙邦－戴尔马 1969 年要求议会授权时，已经犯过这种愚蠢的错误。这一次他要求信任表决，重染恶习，使自己的处境更为不妙。乔治·蓬皮杜绝不允许这种强加于人、让自己面临既成事实的行事方式。

"这是一种无情的逻辑，"玛丽－弗朗斯·加罗讲述道，"我们即将投入看来十分艰巨的立法选举，而且不可能将选举运动交由一位在所有集会上任何对手都可能对其高喊'缴纳你的税收！'的总理来领导。从那时候起，他便感觉到威胁，想通过一次议会的信任投票使自己得以摆脱。可是，这样做恰恰犯了大忌——重新恢复第四共和国的做法。这是无论如何都必须避免的[87]。"

许多人都以为第五共和国的体制是为伟人戴高乐而设置的，在他身后便无法继续存在。即在他离开总统职位后，人们便会恢复议会制。可事实并非如此！1972 年 7 月 5 日，乔治·蓬皮杜利用议会休会期引人注目地证实了这一点。

这是一个星期三，照例应举行内阁会议。果然，内阁会议按部就班地进行：外交部长莫里斯·舒曼的例行报告；财政部长的报告；通过一项关于"法国广播电视局"董事会的法令。沙邦就每个问题发表看法。正当讨论接近尾声时，乔治·蓬皮杜突然宣布："先生们，我相信总理先生有个消息要向大家传达。"果不其然，雅克·沙邦－戴尔马发表讲话，三言两语地宣布辞去总理职务。

所有人都惊讶得说不出话来，张张面孔满是慌乱不安。政界对此举毫无思想准备。雅克·沙邦－戴尔马不失分寸地服从乔治·蓬皮杜的这一决定。早在1970年10月15日回答弗朗索瓦·密特朗关于如果总统要求总理辞职而他拒不服从会产生什么后果这一问题时,蓬皮杜便宣称:"一位赖着不走的总理算什么呢? 啊! 密特朗先生,算是一位可怜虫吧,您可以这么讲!"正如他那天所说的一样,雅克·沙邦－戴尔马没有抱住总理职位不放。他和全都惊呆了的同事们用午餐时,仅说了一句评论的话:"请相信我,孩子们,一切都会顺利的,道路还很长。"

第五共和国的体制没有规定如何解决共和国总统和总理之间的公开冲突。"戴高乐将军对人从不宽容,所以任命总理时,要求总理在一封没有署名的用做向国家元首提出辞呈的信上签字,以预防出现这类风险。但这一预防措施始终未被采用,乔治·蓬皮杜也并未要求雅克·沙邦－戴尔马在辞呈上签字[88]。"那些被总统视为知己的人把他当成敌人看待并使其饱受折磨的沙邦,也未给蓬皮杜制造任何困难。

作为总理的继任者,有两个人的名字浮出水面:奥利维耶·吉夏尔和皮埃尔·梅斯梅尔。上一个星期前往爱丽舍宫的居伊·德·罗特席尔德在用完咖啡后,和总统在花园散步时,偶然说道:"具有当总理素质的人不多。"

然后,他便提到一个人的名字,大概是奥利维耶·吉夏尔,但遭到总统的驳斥:"啊,不! 他不行! 在马尔科维奇案中,他本可以向将军进言,但他没有这样做[89]!"

每当想起夫人遭受的屈辱,蓬皮杜心里总是隐隐作痛。加之,对蓬皮杜颇具影响力的安娜－玛丽·迪皮耶发表了自己的见解:"吉夏尔、沙邦属同一类型的人,他们总是拖泥带水,不能及时作出决断[90]。"这一看法得到让－菲利普·勒卡的赞同:"吉夏尔似乎对总理职务缺少兴趣,看样子他并不真正想当。"

1972年7月5日晚,爱丽舍宫新闻发言人宣布:"皮埃尔·梅斯梅尔先生被任命为总理。"乔治·蓬皮杜在收到沙邦递交的辞呈后,回复如下:"来函收悉,兹答复如下:我接受您按照宪法第8条之规定提出的辞呈。在我们前几次的会晤中,我已向您阐明我认为需要组成新一届内阁的理由。"语气之冷淡达到无以复加的程度,与戴高乐将军在同样情况下所表现出的彬彬有礼有天壤之别!

乔治·蓬皮杜认识皮埃尔·梅斯梅尔已有十八年之久,是居伊·德·罗特席尔德向他介绍了这位他在象牙海岸重逢的战友。当时梅斯梅尔任总督,后来成为他的密友。他是威慑力量的坚定拥护者。"我曾经是唯一对原子弹感到高兴的法国人,"皮埃尔·梅斯梅尔承认道,"当时我正在印度支那，曾计划立刻前往日本海岸。我知道如果去了，就不会活着回来。所以，听到广岛的消息（日本本州西南部港口，1945 年 8 月 6 日美国在此投下第一颗原子弹——译注），我终于松了一口气[91]。"

这位解放战争时代的战士拥有乔治·蓬皮杜始终需要的戴高乐主义者的合法地位。他不仅是戴高乐将军的一位杰出的武装部队部长，而且是位殖民地总督，是海外法兰西部好几任社会党人部长的办公室主任。他的业绩显赫，尤其在岛屿上。他因长期担任部长职务，对文件资料的熟悉程度胜过前任。

这位脚踏实地、为人正直的总理，希望内阁成为总统的顾问班子，终结了沙邦年代的政客们唯利是图的失控状态。实际上，难以想象《鸭鸣报》能够就税单或者不动产推销商问题攻击这位比尔·哈根的廉政英雄、越南竹笼的脱险者。可能在舌战中不如其他人那么超群出众，但他毅然决然，做事果敢，既不仓促行事，也不优柔寡断。尤其是他和戴高乐一样，在与蓬皮杜合作时，便失去了米歇尔·德勃雷式的歇斯底里。同样，乔治·蓬皮杜与沉着冷静的皮埃尔·梅斯梅尔配合起来要比与热情激愤的雅克·沙邦－戴尔马顺当一些。"也许可能是身染疾患，他感到需要依靠一颗苗壮的橡树，皮埃尔·梅斯梅尔便是如橡树一般坚韧强壮的人物[92]。"

"再见，皮埃尔，祝您工作顺利！"令人心醉神迷的米舍利娜·沙邦－戴尔马离开马蒂尼翁宫时对梅斯梅尔祝福道。她的丈夫因想仿效戴高乐，重新寻找曾经创造戴高乐主义活力和独创性的广泛的社会基础，便摒弃了左、右派之分的意识形态观点。他成为最后一位能置身于两大党派阵营争斗之上的人物。这种机会再也不会出现。"和沙邦－戴尔马在一起，"米歇尔·德朗古认为，"便可以避开密特朗[93]。"

与皮埃尔·梅斯梅尔在一起，人们的举止言行焕然一新。"大家摆脱了春天般的欢乐，"弗朗索瓦·塞拉克指出，"此后，大家走进夏季。信任、尊重、安全取代了狂热和动荡[94]。"乔治·蓬皮杜决心不再以执行敌手们的政策而冒丧失自己选民们的风险。此后，他以无可争议的右派领袖的身份出现在人们面前。一个变革中的右派，不像第三共和国和第四共和国右派那样僵化，但仍不失为名副其实的右派，绝对平均主义不能抹杀功绩和首创精神的一种思想意识学派。转向保守主义成为他任总统的最后两年里的明显特征。皮埃尔·梅斯梅尔立即着手组织政府，根本没有考虑召开议会特别会议。他置反对派的抗议于不顾，在三个月之后才发表施政纲领演说。

强大的工业和繁荣的法兰西

　　乔治·蓬皮杜继承戴高乐将军实为徒有其名，因为他想表明不受其人格的束缚。他对法兰西的未来有自己的一套设想。在他荣任总统三个月后的一次记者招待会上，当有记者问道："总统先生，您希望在七年任期届满后，给法国人民留下什么呢？"他回答说："我想使法兰西成为一个能与其他工业大国相匹敌，并经得起竞争的国家。"

　　他曾向莱昂·阿蒙敞开心扉："人们指责我缺少宏伟蓝图，指责我胸无大志。我有！我有雄心壮志，我想在我七年任期后，法兰西在工业和经济方面比联邦德国更为强大。希望我们能在这一领域成为欧洲真正的强国。是的，这便是我的宏伟蓝图。"

　　在1972年9月12日举行的记者招待会上，他在回答《法兰西晚报》记者让-皮埃尔·法尔卡斯的提问时，再次绘声绘色地描述他的宏伟蓝图："亲爱的古老的法兰西。法兰西美食！牧羊女剧场！巴黎同性恋！大批量出口的高级时装、白兰地酒、香槟酒、波尔多酒和勃艮第酒！这些都将成为过去！法兰西已经开始，并将广泛开展工业革命。今天，法兰西的农业，法兰西的工业，在许多行业中，在许多领域里，在价格上，甚至经常在技术上都具有竞争力。我们的工业家们，再也不在办公室里睡觉，再也不困守国内，而是毫不犹豫地搭乘飞机前往国外。在欧洲，在世界各地，甚至在美洲，人们都能见到他们的踪影。此外，我们的大使们放弃了饮茶和享用点心的习惯，开始认为信贷、贸易条约、财政贷款都是不会损害他们声誉的事务！

　　"另外，我们开始设立商务参赞。他们懂得什么是贸易，并开始提出建议，将我们的工业家们引进地方竞争领域，无论是国营的还是私营的。

　　"噢！果然如此，先生，这样下去绝对不行。法兰西终于前来搅乱布局，来从事美国、英国、德国、日本和其他一些国家长期以来一直经营的贸易！甚至古埃及时的法老（古埃及国王的称号——译注）为此指派约瑟夫垄断中东粮食市场为其谋利！

"竞争早已开始！必须顺应形势。法兰西从今往后应全力投入、成为强劲有力的竞争者。她不会取代其他国家，但她的市场正逐年扩大。就在昨天，我和巴西财政部长交谈时，也觉察到这一点。真的，其他地方的情况也是如此。人们将顺应潮流[95]。"

乔治·蓬皮杜双眼盯住德国，与德国就"德意志奇迹"——她战后的重建——问题精心举行德法首脑会议。蓬皮杜梦想法兰西的工业不再受德国工业的控制，赶上德国，甚至超越德国。他还充分利用 1968 年 7 月至 1969 年 6 月穿越荒漠期的 11 个月空闲时光，理顺关于这个问题的思考。在去世后，他未完成的笔记以《难以解开的结》为名正式发表。他在笔记中写道："如果没有工业发展的支撑，一切将变成无米之炊。我不会因含糊其辞的计划而误入歧途。"法兰西工业落后。部分工业领域处于危机之中：煤炭、铁矿、钢铁、造船和纺织。虽然法国农业在欧洲首屈一指，但食品工业仍落后于德国。

乔治·蓬皮杜信仰自由主义，坚信人类是创造者。他认为只有让每个人都承担起责任，才能收到最佳效果，过度的计划和管理会扼杀人类原始的首创精神。他自身的榜样表明在这个只要人们不甘落后并尽力而为便有办法在生活中占有适当地位的共和国里，社会进步是完全可能的。

"蓬皮杜并不试图在人们不情愿的情况下勉强做好事，"弗朗索瓦·塞拉克讲述道，"他不仅在事业方面视野开阔，而且具备他的继任者所没有的善于听取别人想法的优秀品质。有时我们的想法也会对立，但我们有共同语言，他当然会懂得我们的问题、我们的目标，这种理解有利于创造一种信任和安全的氛围[96]。"他并未因专家治国论者们筑起的围墙而与世隔绝。

他也十分清楚，不管左派讲些什么，他们仅仅对收入均等感兴趣。然而，在收入均等之前，必须增加收入。"什么样的制度有利于收入的增长呢？只需看一看共产主义如何使 1938 年生活水平曾与西欧相当的东德和捷克斯洛伐克迅速衰弱下来，便会对自由主义的优势确信无疑。在重新起步前，必须要有东西可以分配。只有发展，快速增长国民收入才能改善工人的生活环境[97]。"

更何况，他坚信如果增速放缓，失业人数将超过 50 万，便会引起社会动乱、政治失衡和社会倒退。所以，在 1969 至 1973 年间，总统通过实行一项唯意志论的工业政策，激励生产和投资。法国的生产和投资的增速每年都超过邻国一个百分点。

但事物的发展并不尽如人意，因为从 1969 年起，世界经济增长速度开始放缓。美国防务开支的增长导致通货膨胀再次蔓延，1971 年，美元贬值限制了法国产品的出口。然而，在 1969 至 1974 年，法国工业生产以每年 7.5% 的速度增长。这是自拿破仑三世以来前所未有的！四年之内，法兰西人的生活水平提高了 27%，赶上了德国，比英国人的生活水平高出四分之一。

当然，高增长率也存在着导致社会失控的风险。乔治·蓬皮杜不想看到这种情况发生，他希望社会平稳过渡。工业发展应该在相对安定的社会中进行，在政治稳定中进行。然而，乡村已经变得空空荡荡，人口全都涌向巴黎地区、地方首府和中等城市。全力以赴地在这些城市里建造住房和城市基础设施已变得迫在眉睫，法兰西的工业化是在平稳中进行的，而不是在左拉式的第二帝国的形势下进行的。

"总统认为法国并存着两个完全不同的领域。一个是生机勃勃、现代化的、具有竞争力或者差不多具备竞争力的领域，仅需加以鼓励便可；另一个则是多少受到变革威胁的、由于各种原因，主要是社会原因，人们不能听任其自然消亡的领域。例如，统计数字表明，许多地方关闭矿井，保证被解雇的失业者领取工资，其退休金不高于继续开采所需的费用。立即断然关闭这些矿会给某些地区带来名副其实的经济混乱，给什么也不干的人照发工资，对受益者来说，不仅是出于正当理由而采取的措施，更多的则是对他们尊严的凌辱。这些都是不争的事实。因此关闭工矿企业应该分期分批进行，同时努力在有关地区实施工业转型并对矿工和认为可以在煤矿找到工作的年轻一代进行职业培训。同样，只有创造相应的就业岗位，加快使农民子弟转变为产业工人的进程才具有实际意义。

"在这些方面缺少预见性和计划性将会受到经济规律的戏弄和惩罚，造成适者生存的局面，并酿出我们所无法接受的社会苦难的历程。按照法国上个世纪进行的工业革命形势，完成现在所必须的变革，这不是我们的愿望，也是难以想象的。肯定相反的东西，不仅无视人之常情，而且违背正确的判断。任何一个西方国家——法兰西比其他所有国家更不愿意如此——都不会同意做出 19 世纪前三分之二年代里强加给工人阶级的那种牺牲。因此，进行规划是不可或缺的[98]。"

首要的规则：强化国家的约束，由国家强制实行适当的最低工资制，但并不是由国家确定工资，也不由国家对职工提出的优惠条件作出裁决。应由工人工会和资方通过劳资合约和面对面的讨论来解决问题。国营企业应向市场机制靠拢，少接受补贴并更多享有管理自治权。当然，国家应该关注职业培训与货币稳定，整治土地，确保交通和运输的基础设施。计划能从总体上为国民经济导向，但不是代替资方老板领导企业。

"像苏联这样辽阔的领土和丰富的资源几乎可以保障经济自给自足的国家可以接受计划经济。而在法兰西这样的国度里却行不通，因为她缺乏能源和原材料，必须与国外进行贸易，所以便会面临竞争，需要变得更具竞争力。具有竞争力便意味着企业繁荣，能够不断投资，以保持持续发展的势头。繁荣即意味着具有投资能力，总之一句话，生产率便是利润，否则又是指什么呢？可悲的是人们在表达一个再明显不过的真理的同时，总听到有人高喊'这是反动'。"

竞争力的口号已经喊出。戴高乐将军所提倡的一整套政策被乔治·蓬皮杜的竞争力政策所取代："然而，在各级范围内，官员们都热衷于控制。他们对一切，对生产、对分配、对价格、对他们认为正常的利润额，对应该鼓励或加以反对的兼并都有自己的想法。企业领导人的生活成为一种与办公室无休止的争斗，甚至达到大企业认为应由与部委有关系的人，而不是由经营有道、能力强者来领导对企业更为有利的程度[99]。"

这种始于1940—1944年物资匮乏和解放时期的控制癖，又由一些大学校、尤其是国立管理学院传授给年轻一代的官员们。这些专家出身的高级官员们对私营企业持怀疑态度，将整体利益与国家干预混为一谈，不断繁缛多余的行政手续，插手所有事务。

乔治·蓬皮杜则考虑法国的特殊国情。首先，国家是最大的银行家、最大的保险商、最大的运输商、最大的工业家，而且是大工业的首要顾客。然后，中小企业惯有的单独经营的思想和彼此不信任感妨碍它们相互兼并，并朝托拉斯方向发展。企业，无论是国营的还是个体的，都比瑞典、荷兰或者瑞士的企业更为分散。有限的规模使这些企业无法获得批量生产的效益，缺少科学研究和发展的必要手段："经常是领导这些企业的高级官员们主张它们联合起来，相互兼并，以适应共同市场的规模及其最终不可避免扩大的趋势。"

法国仅有三家企业进入欧洲排行30强，未能占据应有的位置，尤其是在几乎完全被美国国际商用机器公司和波音公司控制的信息科学和航空航天这两个代表未来的领域里。欧洲运输量徒有其名地占全世界的四分之一，因为欧洲航空航天工业仅占民用航空市场的10%。

自从有了银行工作经历后，乔治·蓬皮杜便对财政对企业竞争力所产生的影响感兴趣。为了避免法国企业家在国际市场上落后于他们的竞争对手，他免除了部分准备金的税收，用于重组资产。为了鼓励中型企业合并，组成能与德国或美国竞争的独立企业实体，他取消了对拥有 20% 以上的子公司资本的母公司的双重税收。总统对国有企业不容商量，专断作出决定；但对私营企业，则采取宽容豁达的态度，这是对法兰西抱有雄心壮志的一种宽容豁达。没有命令，仅有榜样："请看我们在国营部门的所作所为，并从中获益。""佩希内和库尔曼的董事长茹旺和格雷泽尔，在一个星期五下午交易所周末闭业时来看望我，"贝尔纳·埃桑贝尔讲道，"他们对我说：'我们决定合并，请您通报共和国总统。'通报共和国总统，便清楚地表明总统没有介入其中[100]。"

对这些合并，国家还会相机助一臂之力。时而通过由经济及社会发展基金提供担保或者优惠利率贷款，时而通过减税许可，以弥补通货膨胀造成的影响，以重新估价资产，从而为用于分期偿还的保证金挖掘新的潜力。

依靠垄断社会游戏（游戏者通过竞争获得土地、房产，达到垄断程度——译注）的巨大份额，法国在几年内抢回了失去的时光。大批企业跻身于欧洲前列。蓬皮杜亲自介入南方航空公司、北方航空公司和塞雷布航空公司的重组工作，并于 1970 年 1 月成立了国营宇宙航空工业公司。同时，达索公司兼并了布拉盖公司，大西洋轮船总公司和法国邮船公司合并组成法国海运公司。在银行领域中，巴黎国民银行便是由国家工商银行和巴黎国家贴现银行合并的产物。

在化学领域里，罗纳－普朗兼并了纳夫塔化学公司，佩希尼公司合并了于吉内－库勒曼公司，全国制氮工业局与阿尔萨斯钾矿业公司组成矿产及化学企业公司，阿基坦道达尔有机化学公司则是由法国汽油润滑油公司和道达尔化学公司组合而成的。在材料工业方面，蓬阿穆松公司中止对钢铁和化学的投资，并将其铸管与圣－戈班公司的玻璃和纤维合并组成新的公司。

在机械制造方面，施奈德集团的克勒索钢铁公司与马里内－菲米尼集团的公司组建成克勒索－卢瓦尔公司。在电器制造业方面，电力总公司先后兼并了阿尔斯通和大西洋造船公司。

在金属加工方面，佩希尼公司、于吉内公司和特雷菲金属公司组合成有色金属公司。在钢铁工业方面，于齐诺尔公司兼并了瓦卢雷克公司、洛林－埃斯科公司和索尔内公司及于康热公司，而西德洛尔公司则与旺德尔公司、莫斯拉内公司合并。得不到喘息的工业产品价格和洛林铁矿枯竭的双重打击迫使洛林的钢铁工业必须转型。人们将洛林钢铁企业移至海滨，靠近铁矿进口处的福斯，并在洛林建设了部分替代工业。

尽管如此，蓬皮杜的工业政策在一个领域里还是遭受了惨重的失败：信息科学。1963 年，戴高乐曾因美国政府否决向法国原子能委员会出售一台发展核武器所不可缺少的、比勒公司无法自力更生制造的达塔巨型控制计算机而深有感触。根据弗朗索瓦 – 格扎维埃的报告，蓬皮杜政府于1967 年推出了计算机计划。当北大西洋公约组织欧洲盟军最高司令部撤走后，在卢弗西埃空出来的大楼里，建立了新的信息公司——国际信息处理公司。股东有电力总公司和汤姆森公司。国际信息处理公司享受国家补贴，并寻求与西门子公司合作生产外围设备，与菲利普公司合作生产电子设备。尽管初期取得了某些成功，但计划终因两大股东间的种种纠纷及缺少必要的对策而流产。蓬皮杜去世一年后，该公司便被瓦莱里·吉斯卡尔·德斯坦所舍弃。

空中客车

　　法国公司的重新组合主要涉及重工业和装备制造业，而消费行业，例如食品工业几乎无人参与竞争。乔治·蓬皮杜便越来越积极地通过与外国公司的双边或多边的局部协议来填补这方面的空白，以具备施展大规模计划的能力和手段，力求达到更高的目标。

　　在航空航天方面，达索公司与阿尔法热公司和大西洋轮船公司合作生产，国营宇宙航空工业公司则与英国飞机制造公司联合生产协和飞机，布勒盖公司与英国飞机制造公司联合产生美洲豹飞机。克劳斯·马费设置障碍使德法联合生产装甲车的计划功亏一篑，但国营宇宙航空工业公司却和梅塞施米特飞机制造公司组成欧洲导弹集团，生产罗兰地对空导弹和奥特地对地导弹。

　　1969年5月29日，法国与英国和德国签署协议，合作研制有300座席的A300型飞机，以取代波音727、快帆式喷气机和三叉戟客机。国营宇宙航空工业公司、福克尔公司和梅塞施米特公司为此成立了"空中客车工业经济利益集团"。1969年10月23日，核心董事会决定舍弃仅存在于绘图板上的发动机。恼怒的英国人宣布退出计划，但西班牙卡萨公司取而代之。集团制订了分工合作计划，德国人制造座舱和机尾，法国人生产驾驶舱和飞机中部，英国人尽管退出工业集团，仍负责生产双翼。整机组装在图卢兹进行。1972年10月24日，内阁会议通过生产360架空中客车的计划。

　　余下的问题便是装配发动机，空中客车和波音飞机一样需要匹配高压发动机和低压发动机，国营飞机发动机研制公司已拥有低压发动机，但缺少推力为十吨的高压发动机。电力总公司已为美国F–15战斗机生产过高压发动机。该公司同意转让法国化的制造许可证，也就是说仅要求支付七至八年的专利权使用费。但投资研发高压发动机的五角大楼反对这一技术转让。乔治·蓬皮杜为排除这一障碍，对里查德·尼克松采取了一系列友好姿态。

1970年春，法国研究了与德国合作生产运载火箭和通信卫星的可能性。1972年11月30日，欧罗巴火箭实验失败后，法国建议研发阿里亚娜运载火箭。乔治·蓬皮杜与自从负责发射导弹以来便迷恋航天的皮埃尔·梅斯梅尔、弗朗索瓦－格扎维埃、负责科研和工业的让·沙博内尔都不想错失良机。法国在这场竞争中握有三张王牌：宏图大志、"全国空间研究中心"的杰出的科研团队和大批尖端工业机构——欧洲动力装置公司、液态空气公司、马特拉公司和国营航空航天工业公司。1973年12月，经过一年的耐心努力，他们终于战胜了对预算持保留态度的瓦莱里·吉斯卡尔·德斯坦。而且，外交部长米歇尔·诺贝尔也成功地说服欧洲十国与占62%股份的法兰西联合，共同研发，但由"全国空间研究中心"掌控。蓬皮杜当然希望活得更久一些，以便在1979年圣诞节参加阿里亚娜火箭的首次成功发射，因为他在某些意义上将之视为自己的孩子。

从此，法国和日本并列为世界第三出口国。这一成就应部分归功于军火销售，尤其是向西班牙、希腊、巴西、阿根廷、哥伦比亚、巴基斯坦、南非和利比亚这些非民主国家出口武器。法国还出口装甲车、潜艇和由海军造船厂生产的直升机。同时也出口由私营工业企业制造的海市蜃楼系列战斗机、巡逻艇和导弹。这种武器交易对确保法国武装部队拥有具备竞争力的现代化武器发挥了重要作用，乔治·蓬皮杜在回答一位抗议这类军售的法国主教时说过："我敢声称，世界上有四种宗教：天主教、基督教、犹太教和马克思主义。基督教主导的主要国家、马克思主义主导的国家和犹太国都是军备过剩的，难道需要禁止武器装备不足的天主教主导的国家继续武装自己吗？同样出于最高尚的理由，教会曾禁止有息借贷；在蒙受苦难的世纪里，谴责天主教国家，例如西班牙和葡萄牙；长期阻挠法国的发展。现在教会这样做，难道还想重犯昔日的错误吗？人们对这一道理竟然视而不见，令我感到惊讶……所有国家，无一例外，都想拥有最低限度的自卫的军事手段。他们越是与强国接触，越希望从那些既不对他们形成威胁，又不会压迫他们的国家购买军用品。他们之所以愿意以较贵的价格购买法国武器，正是为了使自己不依附于强大的邻国。我们在向他们出售武器的同时，也帮助他们赢得了最低限度的独立。这样做表达了我们的同情，当然也带来了某些困难，这一目标难道是卑鄙的和可悲的吗？总之，有时候正是理论上的理想主义成就了暴力的横行。"在私下，蓬皮杜并不掩饰对被他称之为"放弃宗教责任"及力图成为"同事"的教士、对社会现实不满的本堂神甫们的厌恶。

一般来讲，以每年7%的速度持续增长即意味着创造新的工作岗位，且社会生产快速实现机械化和自动化。在蓬皮杜担任总统的年代里，信贷昂贵和失业幽灵远离人群，社会保障费用低廉。如果汽车制造商或者房屋建筑和公共工程企业想加快进度，利用市场的扩大快速增长，他们以为期六至八个月的有限合同雇用移民劳工是较为有利可图的，因为一旦形势出现反复，他们可将这些劳工遣返回国。这种办法在1915年至1928年的武器工业领域里曾得到验证。减少投资，便是减少借贷，也就缩小了限制。而且还赢得了时间，因为机械化和自动化耗费时间，拉长期限。

在有关国家机关设立的移民局的帮助下，法国向外来劳动力敞开了边界。"招聘人员坐在带有高音喇叭的汽车上，穿越苏斯河谷、安纳托里亚和南斯拉夫高原，兜售前往法国工作的优惠条件。他们负责提供赴法的旅费。父亲、儿子、兄弟、堂兄弟都可在同一工厂劳动，在同一个集体宿舍居住。他们保证做到这一切！他们不必操心这些志愿者是否识字、能写会念。仅需看一眼他们的双手，以确认是劳动者便够了。只要他们不厌恶拿铁锹或操镐便被录用。在这些新劳工中，有些人不懂如何乘坐火车，因为他们从未见过，有时便坐在站台边上，被火车头吓得胆战心惊。他们被安置在备有两个衣橱、一个盥洗盆的狭小的双人房间里。起初，老婆和孩子尚在国内，每月收到丈夫寄来的相当于工资大部分的汇票。慢慢地，工地上的木棚变成了宿舍新村[101]。"

1969至1973年期间的这些单身或不带家眷的移民数达到每年20万人，为法国工业发展作出了贡献。移民是省事的解决办法，因为它免除了自动化，而且同时还延缓了现代化。尤其是它创造了一种人们尚无法估量其影响的剥夺方式，因为这些新工人丧失了学习和掌握一门技术所赋予的自主权。大型工业的普通工人数量翻了一倍，超过40%。与熟练工人不同，这些普通工人——用词纯属欺人之谈——被安排在分割开的、残酷无情的、专门的岗位上，不掌握任何专门技术。他们的劳动是分割成块的、重复的和奴役性的，这种作业方式使他们对产品一无所知。他们不成比例的人数以及他们接受培育的不足都给工厂里埋下了一颗不折不扣的定时炸弹[102]。

一个强大的工业没有足够的能源资源是无法实现的，然而法国资源匮乏，石油在很大程度上取代了煤炭。所有可能建造大坝的地方都已建成就位。在法国电力公司创立25周年之际，乔治·蓬皮杜对国家能源依赖的状况作了一次总结，并阐述了摆脱这一困境的办法："今后至少十五年内，石油和天然气将在我们的能源供给中占据首要位置。我们应使供给来源多样化。我们的两大石油集团为寻找石油作出了种种努力，已签订的或正在商谈购买石油合同，还有国家之间的协议。"

"我们已经作出决定，加速进行利用核能计划。中子增值反应堆可预见的成就显得尤为重要。我们清楚能源的需求将会迅速增长。我们清楚需要四至五年才能建成一座使用期超过 30 年的核电站。我们清楚电网和天然气管道能够运行好几十年。我们清楚使用者所需的年限不会少于这些期限。完成铁路电气化和机车内燃机化的进程难道不需要 20 年的时间吗？"

实际上，核电生产提出三个问题：使用什么燃料？运用什么工艺？建多少个核电站？在建设前四个核电站——马库尔、希农、圣洛朗－德索和比热——期间，法国没有选择。法国原子能委员会因为无法在令人满意的条件下获取浓缩铀，只能使用含量 0.7% 的铀 235 和不参与核反应的含量 99.3% 的铀 238。而对于核电站，法国原子能委员会则采用石墨和二氧化碳发展了一种减速和冷却工艺。

1967 年推出费桑埃姆核电站计划时，展开了一场争论：继续使用天然铀，还是使用现在美国人愿意提供的同位素 235 含量四倍于天然铀的浓缩铀？必须保留法国式的冷却工艺，还是参照美国的工艺？因为始终秘密研究并拒绝合作研制核武器，法国原子能委员会工作效率有所降低，理所当然对加载计划感到不安[103]。因此，它倾向于原封不动。相反，刚从美国出差回来的法国电力公司董事长马塞尔·布瓦特却得出结论说，假如使用浓缩铀和美国的一种冷却工艺，可使每千瓦/小时的费用低二至三倍。而且美国有两种冷却工艺：一种是衡压水反应堆，另一种是沸水反应堆，即水气混合反应堆。

于是达成一种折中方案：法国原子能委员会提供两个费桑埃姆核反应堆，法国电力公司和克勒索－卢瓦尔则参与在比利时蒂昂热建造的一座浓缩铀核电站，以积累经验。

第六座核电站，即肖兹核电站是在 1969 年 11 月 13 日的核心内阁会议上通过的。乔治·蓬皮杜被内阁会议和马塞尔·布瓦特说服，同意使用浓缩铀，并将两种美国冷却工艺中的一种法国化。不过，他当时对究竟采取通用电气公司的沸水反应堆，还是威斯汀豪斯的增压反应堆尚举棋不定。

如果他同意在冷却工艺方面几年之内依赖美国的话，法国则应迅速掌握制造工艺。为增加铀 235 的含量，使其达到可分裂的程度，有两种工艺：离心分离法和气体扩散法。英国人、德国人和荷兰人 1969 年 11 月 25 日共同商定采取措施，发展离心分离法。与之相反，法国原子能委员会则主张气体扩散法，将铀的四氟化物转换成铀的六氟化物。用微孔膜对这种气体过滤1400次后，才能从铀238中分离出更轻的铀235。无论采用何种工艺，都需要极其昂贵的投资。这超出了法国国家财政的承受能力。那么，是离心分离法，还是气体扩散法？英国人、德国人和荷兰人的三驾马车犹豫不决。他们终于决定等几年再采用离心分离法，在此期间，则从美国获取浓缩铀。

乔治·蓬皮杜不想等待。确保国家的未来能源是当务之急。于是，他决定在没有英、德、荷三驾马车的情况下，仅与比利时、西班牙、意大利和伊朗共同抛出计划。1974年2月，决定在德龙省的特里卡斯坦设立一座采用气体扩散法的浓缩铀工厂。这是20世纪最大的工地。由欧罗迪夫跨国公司负责工厂的建设和开发，五个成员国都有权使用浓缩铀，但法国掌控多数股份，起着领头羊的作用。法国民用核工业逐渐掌握了威斯汀豪斯的技术，甚至进一步加以发展，使之成为世界上两大领先技术之一。现在，法国工程师完全掌握了整套系统技术：从铀矿——加蓬的法兰克维尔，直至辐射燃料的提取——卡尔瓦多斯的拉·海牙，其中包括燃料的浓缩——特里卡斯坦和核电厂，整个生产链条的每一个环节。

无论是空中客车的建造、阿丽亚娜火箭的发射，还是特里卡斯坦浓缩铀工厂的创建，最大的成功之处在于主创精神不是来自欧洲共同体，而是来自其中的一个成员国法兰西，正是法国开拓了新领域，并说服许多成员国与之合作。

作为自拿破仑三世以来致力于改变工业落后局面的首位国家元首，乔治·蓬皮杜注意牢固树立第五共和国的精神。戴高乐将军不应成为法兰西历史上的一位过客，而是一位人们要求在他身后持久存在下去的体制的缔造者。所以，从1969年起，总统便注意将其政治基石扩展至戴高乐主义运动之外，不仅将瓦莱里·吉斯卡尔·德斯坦的独立共和党人，而且还将中立主义者们吸收进来。但他无法再走得更远，因为左派恢复了镇静，并变得更为激进，其共同纲领设置了一道不可逾越的鸿沟。

因此，乔治·蓬皮杜的立场也变得强硬起来，尤其是因为即将面临的1973年3月的立法选举形势十分严峻。选举前的预测并不乐观，无法排除多数派遭受失败的可能性。无论付出什么代价，他都不想让左派赢得胜利，尤其不想让得到国外强大势力支持的左派联盟取胜。"假如我们选举失败，"他对瓦莱里·吉斯卡尔·德斯坦坦言道，"我将离开。我不想留在爱丽舍宫蒙受奚落！政府不会作出任何努力来保护我。它将让示威游行者直接推进至马里尼大街，然后削减我履行总统职责所必需的开支，在招待费用、出访费用上大做文章，直至我丧失信誉。我不想陷入这种窘境。所以我告诉您，如果是那样，我将离开[104]。"

人们把塞内普的一幅漫画送给总统看。画上的弗朗索瓦·密特朗成为一名饭店服务员，正对一位遭受假牙折磨、咧着嘴苦笑、手中握着象征刀子和叉子的镰刀和锤子的顾客说话。这位顾客正是共产党人乔治·马歇。说明文字为："您想用些什么，马歇先生?"另一个回答说："我要政权!"

乔治·蓬皮杜不再用神甫的目光审视漫画，却用流氓的腔调说道："不错啊，我们把它做成一幅广告吧，但别写'社会党—共产党餐厅'，而是写上'左派联盟，选举大餐'。让密特朗在马歇面前变成一条走狗，这是再恰当不过的了，尤其不要写上他的名字，因为这样做会抬高他的身价。"

在选举运动中，当弗朗索瓦·密特朗在巴黎召开社会党人国际会议并当选为副主席时，蓬皮杜又向他射出一支冷箭："值此当选副主席之际，我谨向密特朗先生在他生命前四十五年里一直无视其存在的国际组织中取得神速的晋升表示祝贺。"

尽管左派势力有所扩张，乔治·蓬皮杜还是通过1973年的立法选举巩固了多数派的地位。他让梅斯梅尔继续担任总理，但将埃德加·富尔排除在内阁之外，让他的朋友莫里斯·德吕翁任文化事务部部长。他对德吕翁说："您懂得我对您的期待。"暗示去年一次现代艺术展览会期间发生的令他深受伤害的起哄事件。他握紧拳头，做了一个用钥匙锁三圈的手势。不得人心的措施，最好由一个作者而不是由一位始终担心得罪选民们的政治家来采取。

莫里斯·德吕翁直言不讳地向新闻界宣布："对那些一手持燃烧瓶（一种汽油基爆炸瓶——译注），另一手拿着讨饭钵来到文化事务部门前的人应该作出选择。"对部分报刊一面要求政府补贴、一面与政府唱反调所提出的质疑，导致喜剧家们对所谓取缔自由吵闹不休。首次出现带着假面的人群上街，游行者们打着哈欠，做着各种鬼脸，抬着自由死亡的棺木示威。莫里斯·德吕翁掌管文化事务部实际标志着优先关注的是对遗产的拯救，尤其是对巴黎街道全貌的保护，而不是戏剧。在允许倡导者们改造室内空间的同时，禁止他们毁坏外观、打乱协调的建筑群。

先前的外交部长因在选举中失利而被米歇尔·诺贝尔所取代。诺贝尔的共和国总统府秘书长一职则由他的助手爱德华·巴拉迪尔继任。阿蒂尔·孔特说过："巴拉迪尔具备梵蒂冈大人（对教皇的高级神职人员和高级教士的尊称——译注）的全部素质——步态轻盈，态度虔诚而平和，说话语调温和感人，字斟句酌，随机应变，无光泽的长脸盘上双颊丰满，下巴显得比额头更有分量。他像忏悔室的专家一样，试探着每位可能出现的忏悔者[105]。"

和世界其他地区一样，法国骤然间受到石油短缺的冲击。这次石油冲击是因为阿尔及利亚将撒哈拉石油产地收归国有，并多次提高给被征用的法国公司的转让价格。然而，自1960年以来，原油价格与工业产品价格相比，下降了40%多，与1972—1973年度大幅上涨的原材料价格相比，下降得更多。为了应对原油跌落的局面，原油生产国徒劳无益地组成"欧佩克石油输出国组织"。1973年的以色列与阿拉伯国家战争急剧地改变了原油生产国与西方公司的力量对比。

1973年10月6日，用苏联现代化武器装备的埃及和叙利亚，利用犹太教赎罪日同时从南部越过西奈边界、从北部越过戈兰边界。受到突然袭击的以色列在遭受挫败后，很快扭转了局势，通过一次闪电式反攻，迫使埃及和叙利亚要求停火以避免灾难。对于所有阿拉伯人来讲，希望沦为奇耻大辱。经过二十多年的空泛议论，对以色列的共同仇视终于使阿拉伯国家联合起来。10月16日，欧佩克组织的10名阿拉伯成员（欧佩克组织还包括一些非阿拉伯国家）对因与以色列勾结而声名狼藉的美国、荷兰、葡萄牙和南非实行全面石油禁运，并减少25%的原油产量，直至以色列人从被占领的土地上撤离。此外他们还将每桶油价由3美元抬高至5.12美元。

这些措施是西方国家始料不及的，更何况欧佩克组织于1973年12月23日再次提高每桶原油价格，定在每桶11.65美元。三个月内，原油价格便增长四倍。习惯于消费、用石油取代煤炭的欧洲人被迫接受这些苛刻的条件。夏尔·德·克鲁瓦塞回忆说："人们冒着面临绝对悲剧性局面的风险。谁也说不清如何支付天文数字的发票[106]。"

英国、德国、意大利拒绝与阿拉伯产油国谈判。为了遏制因原油价格上涨而出现的通货膨胀，它们仅采取一些过渡性的措施：严格削减信贷，限制车速，控制车辆行驶，以减少汽油消耗。乔治·蓬皮杜认为这些不足以解决问题。他秘密派遣米歇尔·诺贝尔前往伊拉克、派遣于格·德·莱斯图瓦勒前往沙特阿拉伯，用提供武器换取石油供应。1972年6月，他在得到向法国石油公司供油10年的保证的前提下，向萨达姆·侯赛因出售了直升机和地面部队装备。这一次，他则许诺向萨达姆提供海市蜃楼系列战斗机。于是主宰伊拉克的萨达姆·侯赛因便为法国辩护，使其相对免受石油禁运之苦。由于法国实行自己的阿拉伯政策，与其他国家相比，少受了一些原油供给断绝之苦。但和其他国家一样，也深受原油价格上涨四倍之害。

我没有想到会遭受如此的磨难

    乔治·蓬皮杜得了一种不治之症。人们说他患了流行性感冒。他却装出一副愉悦的神情，宣称道："如果说工作便是健康的话，那么应该是我工作得不多，因为我患了流行性感冒。"但他的流行性感冒反复发作，人们便怀疑他是否得了一种重病，其特征是他对流行性感冒失去免疫力。"在卡雅尔克，他感到从未有过的疲乏。夜间辗转难眠，不断痉挛。他对伊里夫医院主任医师、家庭医生让·维尼亚卢教授承认说他迈步吃力，甚至站立不住。他抱怨说双脚像灌了铅似的沉重。唯一的好现象是胃口比以往任何时候都好。他酷爱家居私房菜肴：粗盐牛肉、鹅及猪肉或羊肉的什锦砂锅、小菜豆烧羊腿肉、小块腌猪肉烩扁豆。"一段时间以来不断出现感染、眩晕、头痛、鼻子出血等症状。乔治·蓬皮杜再次请来维尼亚卢医生："您肯定我没有像经济通货膨胀那样，得了一种疲劳膨胀症吗？"

    早在 1968 年 11 月，正当所有人都在议论马尔科维奇案件时，戴高乐就曾对妻子和儿子说过："蓬皮杜患有一种骨骼病。这是一种进展缓慢的疾病……悄然无声地加重！"他还补充说过："不要告诉他，他本人可能不知道。总而言之，克洛德·蓬皮杜大概也对此毫无察觉[107]。"

    "1971 年 12 月 6 日，"阿蒂尔·孔特写道，"邀请了 600 名孩子到爱丽舍宫圣诞树前的乔治·蓬皮杜，待了一会儿便不得不离开节日活动[108]。一个月之后，一辆无标志的普通汽车悄然将他送进医院验血、透视骨骼；甚至实施脊椎穿刺。检查结果表明白血球严重缺失。红细胞增长速度过快。三位专家——蒂比亚纳、德尔巴和贝尔纳教授向他儿子透露说，这是一种罕见的白血病，狼疮样白血病，发病缓慢。人们似乎仅告诉总统他得的是一种严重的血液病。"

    后来，当病情进一步恶化时，人们最终才告诉他得了白血病，但安慰说他有十年左右的延缓期，总之，足以支撑他至总统任期届满的 1976

年。于是，蓬皮杜便起草遗嘱，并开始接受化学疗法，辅以按摩和服用大剂量的可的松。结果双颊肿胀，下巴低垂，手指变粗。

两年之后，当继任者瓦莱里·吉斯卡尔·德斯坦进驻爱丽舍宫，进入其前任的浴室时，吓了一跳："走廊尽头，向左拐，有另外一间浴室，地上铺着鲜绿色的方砖，大概是继承了梵尚·奥里奥尔的战后新艺术风格。浴室仍保留着人们照顾蓬皮杜总统的痕迹：一张按摩床，几种急救设备和药瓶。我转过身来，请埃内坎关闭了这间浴室[109]。"

1972 年夏天，因为显得疲惫不堪，乔治·蓬皮杜下令禁止电台报道他在圣-保尔·德·旺德的马埃特基金会参观尼古拉·德·斯塔埃尔展览会的情景。1972 年 12 月 6 日，他仅在爱丽舍宫的传统圣诞树前短暂地露了一面，借口说他上月末前往卡雅尔克时得了十分严重的流行性感冒。他会想到正是这该死的反复发作的流行性感冒在 30 年的发作和再发作之后夺走了他母亲的生命吗？按照这种看法，乘坐人们忘记打开暖气阀门的总统专用车厢里旅行时，他便染上了这种严重的感冒。

1973 年 1 月 1 日，参加录制新年献词的法国广播电视局主席阿蒂尔·孔特发现他气喘吁吁，便请他面对挂在高处的摄像机重新录音。他感到厌烦，拒绝重新开始。两天之后，他再次感到疼痛。为了接受记者们的祝福，他请他们讲话简短扼要些——仅讲几句；而他则一反常态，坐在安乐椅里，胳膊支在桌子上。

2 月 15 日，蓬皮杜疼痛难忍，无法主持内阁会议，右手麻木，只好用左手吃饭。这种现象很奇怪——一般来说，白血病在后期才会感到痛苦。随后一个星期，他咳嗽得厉害。"啊，我烟抽得太多了，"他对雅克·福卡尔说，"您，至少没有得过流行性感冒吧？无法解释为什么得这种病。只是在第三次得病时，我才弄明白。我的医生们允许我恢复工作，条件是绝对不能接触任何可能带有流行性感冒病毒的人。所以，我拒绝会见这位可敬的马克·雅凯[110]。他感到十分伤心，但我不能冒这种健康风险。我让人转告他，他可以说已经见过我，并对他所带回的我可能对他讲过的话，表示信任[111]。"

和戴高乐一样，死神的降临比担心威望下降更令他感到不安。他羡慕那些直到生命尽头仍保持精力旺盛的人们。他在内阁会议上还一如既往地开玩笑和嘲讽，在餐桌上，什么饭菜也不放过。他不受任何饮食限制，该吃什么就吃什么，总是品尝上等好酒，抽大雪茄。

1973 年 3 月 30 日，他再次向雅克·福卡尔吐露心中的秘密："那天比内来见我。这是 1958 年以来我再次见到他，他还是老样子，皮肤都没有皱纹。我、阿登纳、戴高乐和其他许多人物的皮肤都打了褶。可是比内却没有改变模样。""我们都不知不觉地变老了。"雅克·福卡尔回答说。"可我没有见到戴高乐变老。""他在动手术时还是变老了。临终时一下子显得十分苍老。可是比内，简直不可思议。""这大概是因为他喜欢跑步，所以才一直保持年轻。可他好像是个纵欲的男人。""这是人们传说的。""1959 年 7 月，在塔那那利佛（马达加斯加首都——译注），为召开共同体首次执行会议[112]，人们四处找他很长时间，他却和一些女孩子在夜总会鬼混。还有一次，共同体理事会在塞内加尔的圣·路易举行。将军要比内共进午餐，要我的夫人和我一同前往。我们 1 点 10 分到达，将军和戴高乐夫人 1 点 15 分也来了。我们一起喝了开胃酒，将军看看我的表，感到不耐烦。1 点 30 分左右，我们就座，开始用餐。这时比内才出现，精神抖擞，说他刚刚转了一圈，果然名不虚传，塞内加尔女人美如天仙，还补充说：'总统先生，现在国家元首们很有运气。昔日，他们的人头像印在邮票上；而现在，则是印在缠腰布（非洲、亚洲人昔日用以遮羞的——译注）上。因而，这些塞内加尔美女们的乳房——缠腰布直系至胸部——和臀部都会裹着您的头像！'"将军脸上露出一丝苦笑，戴高乐夫人则撇撇嘴，什么也没有说。""您看这一切都有利于健康，因为比内始终保持精力旺盛。"

"不行，我得了这种令人讨厌的流行性感冒。"乔治·蓬皮杜 5 月初再次对雅克·福卡尔说道，"今天早晨，我体温 39 度 5，可现在，烧却退了。""您不发烧了，是因为您服用了退烧的抗生素。""是，当然。""这样不好。""那该怎么办？我也无能为力。我不知道究竟是怎么回事。今年，我动不动就感冒。您看，乘坐敞篷车也会得感冒；昨天，天气很冷。"

"人们都闭口不谈总统的病，"总统办公室技术顾问夏尔·德·克鲁瓦塞透露说[113]，"大家猜测他的健康有问题，因为他总喜欢坐着，而不是站着。但病得到底怎么样，我们一点也不清楚。某些得了不治之症的人，生命会慢慢消逝。但他的病情却并非如此。大家仅知道他在使用可的松进行治疗，而且效果显著，仅此而已。蓬皮杜外表看起来还可以。他在继续发挥自己的聪明才智。然而病况加重迫使他减少工作时间。尽管他坚持会见所有客人和出席各种活动，但减少了阅读文件的工作量。这样做，不会产生多大问题，因为梅斯梅尔熟知这些文件。"

在开完内阁会议之后，青年和体育部长约瑟夫·科米蒂经常对皮埃尔·梅斯梅尔谈及总统的健康。他用行家训练有素的目光，注视着他那血脉流通不畅的手指、拖沓的脚步、充血的眼球。他的医生给他使用的大剂量的可的松使他面部浮肿、颈部肿胀、面色潮红甚至有点发紫，且步履沉重。

每次请医生诊治都在爱丽舍宫，而不是在贝蒂纳堤街，这样做显然是为了不让夫人陷入慌乱。然而，克洛德已经感到不安。她认为应该给他规定一个饮食制度，因为他胃口好，吃得太多，不通情达理。她要求房东故意不给他上菜。但他会招呼房东："喂，埃内坎！快给我上菜！"早餐，他始终要有火腿、鸡蛋、面包和果酱。

他的性格变了。他变得精神紧张、尖刻而粗暴，容不得矛盾。"我意识到疾病使我在性格方面有所改变。人们说我性情暴躁，咄咄逼人。当总有人伸手给您测量温度或者给你把脉时，怎能不令你改变呢？我正在丧失自己的健康，我无法像过去那样热衷于关心其他人的生活[114]。"

他开始粗暴地对待部长们，但对皮埃尔·梅斯梅尔则例外。他经常给人留下的印象是不再听他们的解释，而是在做其他的事情。他让他们轮流讲话，然后，突然间像是醒悟过来，提出主要问题，而且富有见解。有时候，他对问题的了解程度胜过汇报者。在他那挖苦、揶揄的目光下，愚蠢者或者不胜任者便会原形毕露，而胜任者们则努力表现出已经明白；于是，作出决定——明确的、无误的、高明的决定，无情地排除了种种诡辩和枉费心机的推托。

对因被人拍下穿着游泳衣、戴着花环、身边伴有一名塔希提岛妇女的照片而犯有错误的海外省份和领土部部长贝尔纳·斯塔西，他大动肝火："这样是不行的。"这位倒霉的部长对一位同事诉苦说，"可是波利尼西亚毕竟不是卡雅尔克。"

阿兰·佩雷菲特在高等师范学校当学生时养成了把什么都记录下来的习惯。所以，他的资料丰富，因而写出的书也内容翔实。乔治·蓬皮杜为此经常打趣他。这并不困难，甚至在晚宴上，他也会在印制的菜单背面记些什么。有一天，内阁会议正在进行，总统停住话语："我看，部长先生，您对内阁会议的言论特别感兴趣。"阿兰·佩雷菲特结结巴巴地回答说："不，绝对不，我正在写其他的东西。""啊！"总统说，"真让人感到失望，我们竟然无法吸引您的注意力！"可怜的阿兰·佩雷菲特被嘲弄得满脸通红，他长着一副扇风耳，这使得蓬皮杜有一天冒出一句让人难以忍受的话来："如果佩雷菲特撒谎，我就能知道，因为他的耳朵会晃动。"

还有一次，在"保卫新共和联盟"议员团办公室前，当着米歇尔·德勃雷、莫里斯·顾夫·德姆维尔和雅克·沙邦－戴尔马的面，乔治·蓬皮杜现出令人吃惊的敌意："我是唯一没有在第四共和国任过职的人，唯一既没有去过孟戴斯·弗朗斯处，也没有找过加亚尔的人，"然后转身朝向沙邦，"我也没有去过国民议会。我一直和戴高乐在一起。仅和他在一起。所以，我没有教训要记取。"

他最欣赏米歇尔·德勃雷这位政界人物的正直和聪明才智。但这位除戴高乐之外，他真正喜爱的人物却成为他的眼中钉。长期以来，他对德勃雷温情脉脉，也正因为有了亲近感才能容忍他，在内阁会议上给他以特权，听任他发表长篇大论。"因为只有他在捍卫有关国家和民族的新见解[115]。"但是，自从不再是内阁成员后，米歇尔·德勃雷以为自己受到冷落，不断对蓬皮杜进行类似"您竟然敢于这么做？"的指责或者提出警告。他没有一天不就某个问题施加压力："您做得太过分了，将军是不会这么做的……"

"米歇尔·德勃雷本性未改，"乔治·蓬皮杜对玛德莱娜·尼格雷尔说出了心里话，"他很可爱，但老是教训人就讨厌了。"5月15日，获悉他要竞选"保卫新共和联盟"秘书长时，总统失去自控，甚至提出阴谋一说。"乔治，"德勃雷回应说，"别如此大动肝火，不要使用阴谋一词。""那好吧。您没有参与这一阴谋，但确实有阴谋存在，是反对我的阴谋。如果您想寻衅闹事，那请便。我已经作好辞职的准备，但我绝不会受人凌辱。我没有去挑动《世界报》和《费加罗报》，但当您抛出当秘书长的想法时，记者们便谈起了'对总统的凌辱'。如果在1962年，您成为'保卫新共和联盟'秘书长或者如果我在1968年做出同样的举动，将军会说什么？他是不会容忍这么做的。同样，我也不会容忍。我憎恶这种事情。"

"可不断有人要求我当。我是深得人心的。"

"我并未责怪您得到某些活动分子的拥戴……（他克制了一下自己）得到成千上万名活动分子的爱戴。这是很自然的事情。但您并没有深得5000万法国人的心。无论您愿不愿意，沙邦比您更得人心。选民们和您从未息息相通，也永远不会息息相通。我再也不同意您担任'保卫新共和联盟'的主席或者秘书长。我对'保卫新共和联盟'了如指掌：说到底，这是一个激进党派。他们所想要的是位子。他们没有足够的位子，于是他们便逐步进行破坏。而当他们破坏时，便宣称我不是戴高乐主义者。然而，我就是戴高乐主义者，证明便是我手握核爆炸的权力。波埃没有，吉斯卡尔没有，沙邦没有，就是说所有想成为共和国总统的人物们都没有核试验的经历。这便是证明。那么，在这种情况下，'保卫新共和联盟'要我怎么办？存在两个宗派集团。在我周围，有一群根本不懂得政治的耗子，另外一个是想将决定强加于我的集团。您便是这一集团的象征性人物。您便是个象征。对第一种人来讲，您是一位伟大的政治人物，您确实是位政治人物。他们拥戴您，是很自然的事情。对后一种人来说，您的存在可以影响我的行动。我有我的政治，我再说一遍，如果您被选为秘书长，便意味着'保卫新共和联盟'反对我。如果是这样，我只有辞职或者解散国民议会。"

"我再次请您不要大动肝火。再说，也确实需要一位秘书长。"

"当然，我并不反对。随便你们挑选，比如您的朋友方东。我不反对方东当秘书长，我不能容忍的是您当选秘书长。我对种种阴谋，对在我背后搞的手腕早已厌倦，我对您实说了吧。我不会让人牵着鼻子走。任何人永远别想羞辱我。并不是现在才开始的，我无法容忍来自'保卫新共和联盟'的羞辱[116]。"

当晚些时候与真正的心腹雅克·福卡尔再次提起此事时，乔治·蓬皮杜才平静了一些。他解释说："德勃雷受到他的夫人——认为他比所有人都要高明——的怂恿。她是有道理的。德勃雷是个出类拔萃的人才，但以此来百般怂恿他，她便大错特错了！树有根、水有源，勒马雷基耶家族是大资产阶级，自认为高人一等，觉得永远应该地位显赫。出于统治的愿望，他的妻子便怂恿他。他每次都听她摆布，变得很可笑，我真不理解他。""您知道，他总感到再也当不上部长了。而他一直以为是您的缘故。""完全不是这样。您很清楚，他想得到的是吉斯卡尔的位子。可我呢，我有个问题。吉斯卡尔有政治分量。我不能得罪他。德勃雷应该通情达理，意识到这一点。否则，我随时都会用他。如果在两三个月里进行内阁改组，他愿意当司法部长的话，我便任命他。我真想明天就告诉他。当我任命米歇尔担任国防部长时，他在内阁会议上坐在我的左侧。他是唯一一我让其就所有问题发表看法的部长，是唯一的部长。在大部分情况下，他都像那些被认为有才干的部长们一样对所阐述的问题了解得十分清楚，甚至更为透彻。我总是让他发言，当他说话时间过长时，我也从来没有像对其他部长那样对他表现出不耐烦。而这一切都没有起任何作用。米歇尔仅看到现在，令人沮丧的现在。这样不好。

"这些作为我们盟友的独立共和党人，跟中立主义者们一起，追随吉斯卡尔，总搞些小动作。我们面临着极大的困难。人们对我说：'甩开吉斯卡尔。'所有戴高乐主义的批评家们反复劝我这么做。可当我反问他们舍去吉斯卡尔，又有何种力量可以取代议会的多数时，他们都哑口无言。如果我变动吉斯卡尔的工作，让他担任外交部长，我便无法控制他。外交工作，戴高乐选择了顾夫，而我则相中了诺贝尔。这两位人物都能不折不扣地执行指令。"

三天之后，仍然是当着紧随身边的福卡尔的面，乔治·蓬皮杜尖酸刻薄地批评所有的人：米歇尔·德勃雷感情用事、三心二意；雅克·沙邦 - 戴尔马很有政治头脑，但过于狡猾，遇事总想不惜任何代价取得妥协；至于奥利维耶·吉夏尔："对，当然，他人不错。人们说他在国民教育部做出了成绩。是的，他取得了成功，因为没有人议论他，但也可以说他失败了，因为他一事无成。"

1973 年 5 月 24 日，仍然是因为健康原因，乔治·蓬皮杜放弃了为布尔热航空博览会开幕式剪彩，取消了原定的母亲节招待会。5 月 30 日，在内阁会议上，他进门没有向部长们问好便直接靠坐在安乐椅上。整个内阁会议讨论过程中，他始终显得精疲力竭，好像连抬起眼皮说话的气力都没有。

第二天，他飞往雷克雅未克，和里查德·尼克松讨论货币问题。瓦莱里·吉斯卡尔·德斯坦发现了他的病情："蓬皮杜总统坐在飞机前部专门为他隔开的一个单间里，中间过道两旁各有两张桌子和面对面的安乐椅。一层隔板将他与随行人员坐的机舱分开。

"正当我们飞越苏格兰北部散落在波浪翻滚而阴沉的海面上的一连串岛屿时，总统让他的副官来叫我。他请我坐在他的身旁，询问我有关货币形势和美元对法郎通货膨胀的情况。身边没有其他人。乘务员给我们上了咖啡。蓬皮杜总统对我说：'请您原谅。我再次患上流行性感冒。因为我烟抽得太厉害了。到达以前，我要睡觉。请待在这里。您在这里要比在后舱工作更方便些。'于是，我便坐在过道的另一侧。刚刚说完，他便睡着了，头往后仰，张着嘴，呼吸困难。突然间，我发现他变了样：面色阴沉，因劳累而呈铅灰色。面部皮肤不再因愉快的眯眼和敏捷的答辩而显得光亮和平滑，好像覆盖着一层厚厚的甲壳，生命似乎正在这层外壳下悄然消逝。

"我的心里一阵发紧。极力不再去看他，可却不由自主地又看了他两三次，直至乘务员前来告诉我们即将抵达。蓬皮杜总统醒了，开始作下飞机的准备。我回到后舱，但心里，我是说在我的内心深处，对首次亲眼目睹他身患疾病，令我焦虑不安。惊心动魄的场面，终生难忘[117]。"

幸亏乔治·蓬皮杜的这次访问，才使尼克松终于为美国通用电气公司向国营飞机发动机研究公司转让 CFM56 发动机制造许可证开了绿灯。否则，空中客车将无法上天。

在电视新闻上，感到震惊的所有法国人仅关心乔治·蓬皮杜因大剂量服用可的松而显得肿胀、惨白的面孔。人们看到他吃力地走下舷梯，用勉强能站立的神情向欢迎的人群致意。因摄像机放置过低，图像十分可怖。下巴裹着厚厚的围巾，身上套着一件已显得过瘦的大衣。他戴着一顶古怪的小帽子，越发显出脸部肿大。他对国务卿亨利·基辛格承认道："每当有人与我握手，我都感到是在给我把脉。"他对感到惊恐的尼克松说："您，您遇到了'水门事件'，而我却每天患一种不同的癌症。"

这些形象给电视观众以强烈的视觉冲击，以至使他们根本不再听乔治·蓬皮杜究竟讲些什么。他们只关心他的面容：是否比上一次肿胀得更厉害一些？"哎呀，您的这些左倾激进分子，您瞧他们把我弄成什么样子。"他对阿蒂尔·孔特说。"很抱歉，总统先生，是我亲自选择的照片。实在是没有其他办法。我以为这些还算可以。"

无所谓。乔治·蓬皮杜总是抱怨电视歪曲他的形象。因此，他便厌恶电视。美国《新周杂志》在不礼貌地登出这些照片的同时，又并列刊出他的两张相隔几年的正面照。《鸭鸣报》的评论文章说："蓬皮杜先生的健康完全是他个人的问题，仅与他有关。但这也是作为共和国总统的蓬皮杜先生的问题。在已经变得如此个人专权的总统制度下，国家元首的健康也就或多或少地成为国家事务的一部分。"

6月7日，皮埃尔·梅斯梅尔在会见米歇尔·德勃雷时，向他倾诉了对总统健康状况的不安："乔治的状况不正常。我注意到他的挑衅性，尤其是在最近一次委员会会议上对吉斯卡尔。对于人事问题，他时而固执己见，什么也不想知道，时而当我估计到他会反对甚至拒绝时，却迁就我的要求。在这两种情况下，我都很尴尬。"奥利维耶·吉夏尔也对蓬皮杜的自相矛盾的态度感到吃惊："他的状况不正常。他今天说赞成一件事，明天又会表示反对。谁也无法知道他究竟是赞成还是反对。局面变得令人难以忍受。另外，人们传说他要逐步废弃'保卫新共和联盟'。这是为什么，出于什么目的？"

乔治·蓬皮杜越来越关注对外政策，好像对外政策可以使他摆脱政治抱怨和宗派争吵。和戴高乐一样，他坚定不移地使法国摆脱两大集团的控制。在鼓励南斯拉夫和罗马尼亚的自治思想的同时，他又将既和勃列日涅夫又和里查德·尼克松保持私人关系视为名誉攸关的事情。"我相信聚合，"有一天，他在内阁会议上说，"东方的政权是违反自然规律的，注定要消亡。但在这些政权消亡之前，应该预计到他们将具有侵略性。我们在准备未来的同时，也应作好应对临死前挣扎的准备。"在外交事务中，人际关系非常重要，对于缓和、对于和平都是至关重要的。

1962 年古巴危机的和平解决极大地缓和了冷战。此外，乔治·蓬皮杜也对苏联颇感兴趣。他虽然丝毫不赞同共产主义制度，但并不像二十年前惧怕斯大林那样担心勃列日涅夫。他对米歇尔·诺贝尔透露过："苏联是流动的河水，朝前面流淌。如遇渠坝阻挡，它会设法以这种或那种方式绕过障碍物。假如滞留，它便以只有太阳的袭击才能打破的耐心贮存起来，等待着。"

1970 年 10 月，蓬皮杜夫妇偕同十五位工业家前往苏联，寻求签订合同。勃列日涅夫在欢迎他们时，诙谐地说："至少在我们这里，你们可以免受像在芝加哥所遭遇的不得体的示威游行之苦。"勃列日涅夫自从用装甲车碾轧捷克的暴乱之后，竭力想在西方舆论面前维护自己的形象。把他的眉毛画得浓厚、目光描得粗野的漫画令他感到不快。他还试图洗刷赫鲁晓夫所留下的缺乏教养的小丑形象。于是，他极力避免不愉快的事情发生。

在法国使馆举行的晚宴上，他煞费苦心地讨好克洛德。为他的谦恭所陶醉的克洛德对他说，他的粗黑眉毛使他很像自己的丈夫。乐不可支的勃列日涅夫回答说，尼克松、蓬皮杜和他三个人组成了一个上流的、高雅的、不对大多数国家元首开放的俱乐部。晚宴过程中，她问他为什么口袋里塞满面包。"因为棍面包让我想起巴黎。"于是，她便将一根精心包装好的棍面包赠送给他。喜出望外的勃列日涅夫在宾客们惊愕的目光中，手持棍面包走出宴会厅。

蓬皮杜夫妇乘兴前往新西伯利亚。在那里，凯道塞（法国外交部所在地，并专指法国外交部——译注）秘书长埃尔维·阿尔方用莫名其妙的语言惟妙惟肖地模仿他根本不懂、别人却以为是一种地道的俄语方言，不停地举杯祝酒，引得在场的人轰然大笑。然后，蓬皮杜夫妇又前往阿穆－达里亚湖畔的科努尔航天器发射基地，观看发射一颗苏联火箭。草原上秋高气爽，日落时分，火箭慢慢从地面腾起，在一片火光中加速，然后向东划出一条抛物线，朝几千公里外射去。突然间，他们和所有在场的人一样，看见火箭的第二层在飞行中脱离出来，发出一阵可怕的巨响。当大家镇静下来时，乔治·蓬皮杜幸灾乐祸，但不动声色地听取苏联翻译尴尬的解释："我们在中途停止了火箭的运行。否则，它将不会落在堪察加半岛海面上，而是在上海和广州之间落地。"

然后，蓬皮杜夫妇又去了塔什干，在专供尊贵客人植树的小块土地上种下一棵树，勃列日涅夫以后将定期给他们通报树木的长势。

1973 年 6 月 27 日，蓬皮杜在朗布耶接待勃列日涅夫。这是他们第三次见面。勃列日涅夫一个劲地按照从用环圈固定的文件夹里抽出带扎孔的纸页照本宣科[118]。给人留下的印象是在他的国家里，所有的决定都是集体作出的，党的总书记没有回旋的余地。确实，苏联人已经走上没落之路，因完全缺乏想象力而深陷泥沼，无法自拔。但这又有什么关系，他们的潜力决定了他们仍然是潜在的可怕敌手，还是和他们进行对话为妙！况且，人们总是希望与他们签订一些能够赚钱的商业合同。

勃列日涅夫的坦诚使总统感到高兴。走进宴会厅，面对菜肴丰盛的饭桌，勃列日涅夫春风满面，双眼闪耀着喜悦的光芒，用舌头舔着双唇。他听见勃列日涅夫用俄语说了几句话，他猜想肯定是说："哦！真棒，这么多好东西！可以好好享受一番了！"虽然勃列日涅夫身后站着防止他高血压发作的医生，但乔治·蓬皮杜仍然十分满意，他喜欢农民的这种天然的开朗本性。

然而，这次访问累得蓬皮杜不得不丢下一切不管，去休息了一段时间。于是克洛德便陪同勃列日涅夫参观访问，但险些酿出事故。在参观完位于巴黎13区的一座幼儿园时，一位妇女冲过来对她喊道："释放犹太人！"为了保卫她，人们匆忙将她拉进车内，但她仍感到十分恐惧。第二天，离开塞夫尔手工工厂时，司机发现汽车轮胎被人扎破了。但这一切都未能阻止勃列日涅夫每年圣诞节给克洛德写贺信。

两位政治人物之间的这种理解和这份真诚，在四个月后犹太教赎罪日战争爆发时，显得尤其珍贵。乔治·蓬皮杜当时正在穆尔姆龙观看军事演习。他获悉以色列人首次遭受重创，埃及人使用了法国卖给利比亚的海市蜃楼系列战斗机，这令他感到震惊。该地区驻扎着能使战争失控的一个苏联空降师。为了应付各种可能性，他和四位参谋长单独商量对策："先生们，"他问他们，"我们就这样看着以色列被消灭吗？我们该怎么做，才能阻止苏联人采取行动呢？"一阵长时间的沉默之后，武装部队总参谋长穆兰将军建议道："总统先生，您也许可以让第一军和战术航空部队处于戒备状态，并通告苏联人。""好，就这样定了[119]。"

深感乔治·蓬皮杜是位能够作出果断决定的勇敢者的勃列日涅夫，认真面对这一威胁，考虑法国是否也会派出空降师。所以，他宁愿放弃介入这场冲突。最坏的局面得以避免，同时法国既没有因冒险而损害自身的声誉，也没有放弃对阿拉伯国家实行的友好政策。

在此期间，蓬皮杜夫妇像1969年夏季以来每年所做的那样在布雷冈松城堡度过8月份。"平台悬挂在空中，"瓦莱里·吉斯卡尔·德斯坦描绘其美景说，"倾靠在栏杆上，也无法见到垂直插进几十米下方大海之中的被流苏状白色浪花所笼罩的急剧倾斜的红岩山脊。两旁的高地向远方伸延，被轻雾染成灰白色。仅有的声响和仅有的叫喊声源自来此度假、在海中嬉戏的孩童们，他们在沙滩上雀跃着，发出的阵阵叮当撞击声和尖厉的欢笑声飘散在天空，像风筝一样，被缕缕轻风带走。夜晚，蟋蟀细长而干瘦的翅膀相互碰撞，发出清脆的沙沙声响。是的，如果您是共和国的总统，便可在这里享受美妙绝伦的幸福生活[120]。"

可是，这一年蓬皮杜在布雷冈松却饱受炎热之苦。他住在以前戴高乐副官的房内，克洛德住在更加漂亮的戴高乐曾经就寝过的房间里，以将过去戴高乐夫人住的房间留给客人们。清晨，总统工作和游泳；在水中划几下足矣。下午，他则和夫人乘船、散步。为了换换脑筋，蓬皮杜夫妇前去访问他们的朋友弗朗西斯·法布尔或者博尔梅-莱-米莫扎的神甫卡尔内。有时，他们还乘直升机去塞扬的马克斯·埃内斯特家。他家的房子建在高坡上，成长条形，带有柱廊，是一座真正的阳光宫殿。他们尤其欣赏"些许的宁静和法兰西花园风格"。说来说去，乔治与克洛德正好相反，不太喜欢大海。盼着早些回到卡雅尔克，希望在那里得到几分凉爽。相比之下，他在这里得到的是难熬的火炉般的酷热，只有晚间7点以后才好受一些。

1973年9月初，阿蒂尔·孔特一天晚间将近深夜时分应召到爱丽舍宫。他回忆说："我吓坏了。我发现总统像被压扁了一般，成"U"字形隐匿在他客厅兼办公室的单独套间的长沙发上。他喝着矿泉水，没有起身和我握手。我几乎看不见他那被浮肿遮掩的双眼，只看见他的颈部。多年来曾是那么高雅、整洁、坚定、果断，说话干脆利索、准确无误的蓬皮杜竟然变成难以吐字的老者。我因白天皮埃尔·梅斯梅尔曾向我保证说他思维清晰，甚至比以往任何时候更加精力充沛而茫然失措。实际上，梅斯梅尔出于忠诚，才宣布总统未患任何重病，仅是偶染风寒，很快便会痊愈，他保持着良好的精神状态。这些都是在执行爱丽舍宫的命令。他说道：'我可能像不幸的毛泽东，我们大概是不可思议的怪人。'当时，毛泽东已身患帕金森症。刚刚有一本关于患病的国家领导人的新书出版。蓬皮杜问我：'一位生病的国家元首应该何时离职？''我知道历史上仅有一例：罗斯福在雅尔塔。他既因为丧失意志而不想再奋斗，也因为失去视力而无法再分析问题。面对处于财富和权力高峰的斯大林，由这样一位显然疾病缠身，而且几周后便去世的人物代表美国是一场无法描绘的灾难[121]。'

"蓬皮杜提醒说戴高乐在最后的岁月里，仅有一种难以摆脱的烦恼，或者说，一种恐惧：在不知不觉中变得过于苍老。他又说：'这是一种情况……一位国家领导人处在毛泽东的境况下……好像与临终前的斯大林一样……年迈糊涂了，赫鲁晓夫有一天曾对我说过……但是，确切地讲，勇气何在呢？……还剩下勇气，他应该有勇气离开。怎么，您不回答？'死神笼罩的眼皮下闪过一丝生命的火花。我回答说：'毛得到集体领导的保护。强有力的人物是他的妻子……这还说得过去。但在民主制度下，情况就完全不同了。其实，对自由人士来说，国家元首只能是孤家寡人。一切都取决于他的良知。'随后是一阵沉默。我注视着港湾那边的夜空。突然间，他又说道：'是这样。您设想一下我病了，我决定离开……请您注意，我也可以很好地进行治疗……是的，设想一下我离开了，密特朗将当选。我便双手把法兰西奉献给他。难道这便是我的勇气吗？'

"我得扶住他，帮他从沙发上站起来。他抬起头问道：'那么，您建议我离开吗？'我没有回答。'我会好起来的，'他说，'我肯定，我会好起来的……这一切太愚蠢了。'"

"你失去了一位朋友，"夫人当晚对我说，"你本应该让他留下来的。"

为什么如此固执呢？难道是出于仇恨？更多的是出于确信被勃勃野心迷住心窍的弗朗索瓦·密特朗在任何妥协面前都不会让步，不管愿意与否，他将会把共产党人推向政权。在一次每周例行会见时，乔治·蓬皮杜甚至向瓦莱里·吉斯卡尔·德斯坦吐露真言："我无意继续待在爱丽舍宫。当一届总统，已经够长了。再说，我的夫人不愿再听我提起这种事。她决意阻拦我。但您知道，不管怎么样，如果出现如下情况，我便会参加竞选：假如只有我一个人能击败弗朗索瓦·密特朗，我定会千方百计地阻止他成功，堵住他通往爱丽舍宫的道路。如果必要，是的，我将出面竞选[122]。"他还曾对身边的一名亲信证实这一点："假如这个恶棍参选，我将被迫奉陪。"

1973 年 9 月 10 日，蓬皮杜动身前往中国。远途跋涉访问中国，好一个馊主意！米歇尔·诺贝尔认为："这种访问完全没有必要，何必不辞辛苦，花费钱财呢[123]？"但乔治·蓬皮杜全然不顾这些。将军曾经许诺前往中国，因为全民公决失败才未能如愿；他认为应该信守诺言，向中国人民显示法兰西并非二流国家。更何况，面对两个超级强国的霸权，中国是客观存在的盟友。乔治·蓬皮杜含沙射影地指责以苏联帝国主义为代表的军事威胁，将苏联比成一条需要由中国和欧洲从两翼将之控制在河床里的大河。实际上，这是历来已久的从两翼夹击潜在敌手的战略的翻版。昔日，用"神甫让的帝国"来钳制奥斯曼王朝，用奢华王索利曼一世（奥斯曼帝国的——译注）钳制哈布斯堡（1278—1918 年统治奥地利的王朝——

译注），然后用沙皇俄国钳制德意志，最后用中国钳制苏联。这次访问也可给法国泰希里布－斯佩希姆工程助一臂之力，与中国签订建造一座大型化工企业的合同。

除此之外，可能还有神秘的中华帝国及其数千年文明的巨大吸引力。比曾激起20岁时的蓬皮杜好奇心的桑戈尔的桑吉巴尔，比范唯谦的越南更具魅力。仅靠他朋友弗朗索瓦·加尔的说服是远远不够的："我用中国人的转弯抹角的方式，从未成功地使他对中国感兴趣。当人们向他谈起中国时，他似乎有兴趣，却很少提问。实际上，他主要对希腊—罗马文明抱有兴趣。而且，在战前，人们所见到的只有伦敦—巴黎—柏林轴心，但到1937年，局势已有所改变，中国开始以大国的地位出现于人们的视野中。"

乔治·蓬皮杜决定乘坐协和飞机出访。应邀来爱丽舍宫进午餐的桑戈尔曾提起此事："好像您要乘协和飞机去中国。"在场的雅克·希拉克断然插话说："总统先生，简直是发疯，这种飞机还未获准生产，只是处于实验阶段。您会冒生命危险。这是荒唐的。""您，至少您还想让我活下去。"他微笑着回答说[124]。

最终，他还是乘协和飞机出访，但没有带克洛德，希拉克的忠告起了作用，他不想让夫人也冒生命危险。他的侄女取代了夫人陪同出访。对这一意外的机遇感到欣喜若狂的卡斯泰，不失时机地扮演了法兰西第一夫人的角色。

登上飞机舷梯时，蓬皮杜总统精神萎靡不振，面孔浮肿，双眼深陷，如同洞穴深处的苔藓一般。他原计划在伊斯兰堡停留时下机会见巴基斯坦政权的二号人物阿齐兹·阿赫迈德。但他出乎意料地没有下飞机，陪同他的唯一的一位部长让·德·利普科夫斯基不无窘迫地向巴基斯坦同事表达歉意。新闻记者们纷纷猜测究竟发生了什么事情：身体不适？一时间有关他健康状况的流言蜚语变本加厉地盛传开来。

1973年9月11日抵达北京机场。在毛泽东巨幅画像旁的横幅上写有欢迎法国贵宾的标语。随后，便是合影：乔治·蓬皮杜站在中央，与身边虚弱的周恩来相比，显得高大魁梧。在首次宴会上，三道热菜之后，周恩来迈着轻快的步伐登上摆在主桌后面的讲台。法国大使克里斯蒂安·多马尔讲述道："周恩来用一种与他近年来表现出的坚毅有力的个性、坚韧不拔的意志和敏捷的才思相比，显得有点刺耳的声音谈及敏感的主题，苏联的霸权主义，美苏阴谋的威胁。当他刚一回到座位上，乐队便奏响《马赛曲》。互相敬酒后，乔治·蓬皮杜起身，迈着迟疑的脚步登上讲台，笨重地靠在斜面桌台上。他有分寸地强调两种古老文明的协调一致：坚韧不拔、顽强不屈和聪明才智铸成了这两种文明相互依存的根深蒂固的基础。然后，他便小心翼翼地迈着僵硬的步子回到座席上，聆听中国国歌。两位领导人讲话之后，周恩来走到每张宴会桌前，与人们一一碰杯[125]。"

第二天，乔治·蓬皮杜参观了故宫的一部分。寸步不离的一帮记者们令他感到厌烦。他们的干扰使他失去了充分欣赏、思考、感受和品味景观必不可少的宁静。然后是与毛泽东的持续两小时的会见。会见最终成为这位伟人对罗伯斯庇尔、拿破仑、戴高乐的卓越的独白。关于拿破仑，毛泽东问他，是死于癌症，还是溃疡；关于戴高乐，毛泽东表示欣赏他的不因循守旧的精神和民族主义。

出于谨慎或者因为疲劳，乔治·蓬皮杜讲话不多。他对了解法国、曾在雷诺工厂勤工俭学、喜欢其推理方式的周恩来，更感到意气相投。"周恩来精力十分充沛，"他回国后说道，"他72岁，我比他小10岁，可我跑步、走路都不如他。这位总理干瘦，但动作迅速，思维敏捷，确实非同常人。""从电视上可以看得出来。""但您想象不出，法国有一些人们称之为健壮的老人，如比内，可周恩来根本不像一位老者，看上去最多60岁。我寻思您本人是否也能保持他那样的生活节奏。"

9月13日乔治·蓬皮杜取消了参观长城的计划，与周恩来就他心中惦记的泰希里布－斯佩希姆计划讨论了三个小时，并取得令人满意的结果。次日，他乘坐舒适惬意的夜间火车前往大同，参观佛教云冈石窟和庙宇，欣赏17米高的佛像。

16日，周恩来见他面带微笑、轻松自如，便乘飞机陪他参观杭州的宫殿和庙宇。他们一起在西湖中心的一座小岛上漫步，身后的几名官员与他们保持着一定的距离。"两位领导人停在鲤鱼池的彩色步行木桥前，"克里斯蒂安·多马尔回忆说，"有时，乔治·蓬皮杜单独往前走，周恩来有分寸地让他信步随意前行。这时，总统充分地享受到他在大地上最后一次旅行的欢乐[126]。"

晚间，上海市政府精心安排了欢迎两位国家领导人到来的活动。"一条红色的巨型横幅上用白字写着庆祝中法友谊的标语，乔治·蓬皮杜和周恩来观看了由穿着粉色裙子和白色开领短袖衬衫、红色裙子和黑色紧身背心、白色开领短袖衬衫和红色芭蕾短裙的女孩子们演出的芭蕾舞。总统惊讶不已：两条龙离开队列，用他们传统的表情各异的脸谱和用蓬乱的马鬃做成的头发，绘声绘色地表演了一场战斗[127]。"

9月17日晚间启程回国时，正下着倾盆大雨。透过飞机舷窗，人们看见前来送行的周恩来的衣衫已被雨水湿透。

回国途中，乔治·蓬皮杜在德黑兰作了停留。伊朗国王沙赫被蓬皮杜虚弱的病态吓坏了。伊朗总理是法国忠实的朋友，在与蓬皮杜长谈之后，吐露心里话说："大家都琢磨他这个样子怎么还能思考，可他在思考，认真思考[128]……"

回到法国后，习惯于安排让记者拍侧面照片的蓬皮杜，却无法逃脱被正面拍照。如同陈旧的瓷娃娃般的玫瑰红的面部形象十分可怕。浓黑的双眉下，两眼闪烁着奇特的光彩，甚至似乎要喷射出火花。

他过于疲惫，拒绝了雅克·福卡尔非洲之行的建议。他对福卡尔说："您去吧！去会见您的朋友们，这很重要。这样，您到非洲去见他们，便可以阻止有过多的人前来见我。"

1973 年 10 月 13 日，乔治·蓬皮杜再次接见因与信息部长发生严重分歧而提出辞去法国广播电视局局长职务的阿蒂尔·孔特。"对我，您怎么能够这么做呢？"他心平气和地对孔特说，"我们难道不一直是好朋友吗？"

"我发现他疲惫不堪、萎靡不振，"阿蒂尔·孔特讲述道，"似乎以一种难以言喻的倦怠支撑着政权的重压。他向我指出，如果现在引发法国广播电视局事件便是'给他以致命的打击'。我不禁想到他在马蒂尼翁宫担任总理的那些美好的日子里，兴致勃勃的蓬皮杜是那么欢快而爱嘲弄人。他一会儿蜷缩着身子，前臂支在桌子上，双手托着下巴，一会儿用手指长时间地揉着眼睛下方，好像想摩消双颊的肿胀，一会儿又面对卷宗慢慢站起身来，解开上装的衣扣，然后再重新系上……

"'如果所有的朋友们都舍我而去或者轮番给我制造麻烦，我该怎么办，如何治理一个陷入困境的国家呢？难道我曾经不忠实于您的友谊吗？'他又重新将前臂支在桌子上，'没有，没有。别兴风作浪。可您威胁我要这么做。所以，您错了。怎么样？'他说道，'这个星期天让我安静一下，好吗？以后再提这一毫无意义的辞职，行吗？'他声音嘶哑，一时间眯起的双眼显得更小，我突然觉得他竟然与路易十六有几分相似。他再次求助于真诚的友情，'我不是始终没有打扰您吗？难道我曾插手法国广播电视局的事务了吗？自从您被任命为局长后，我便说过：我再不管法国广播电视局。可您现在又来为难我，真让我不好理解。我得不到帮助，得不到支持。您不应该再来给我添乱。是我，我一个人想到让您担任这一职务的。我从来没有后悔过。'他陷入了某种沉思默想，'我们会作出必要的努力。等着吧，您会满意的。所有的人都会满意的。'我们分了手。他轻轻地摇

305

了摇头，一声长叹：'我再重复一遍。无论发生什么事情，我将为我们仍然是好朋友而感到高兴。'爱德华·巴拉迪尔坚持马上见我。总统虚弱无力，他却朝气蓬勃。蓬皮杜对我说：'您如果遇到麻烦，就给我打电话。您是不经常打电话的。只要真心实意，总是可以和睦相处的[129]。'"

还有一次，乔治·蓬皮杜接见工人力量工会领导人安德烈·贝热龙。"您会发现总统有了很大变化，"爱德华·巴拉迪尔提醒说，"别大惊小怪，这是因为他吃得太多的缘故。"但巴拉迪尔的提醒没有起到作用，安德烈·贝热龙见到总统现在这副样子，情不自禁地往后退[130]，但乔治·蓬皮杜保持着清醒的意识。两人真诚相待，彼此完全相互信赖，有很多话要说，有许多看法要交流。本应是一小时的会见持续了三个小时。接待员们不时地送来关于正在候见厅等待的后面来访者的纸条。总统总是说："别管他们，我还想和贝热龙先生再谈一会儿。"

"居伊·德·罗特席尔德在一次爱丽舍宫晚会上看见总统窘迫、几乎是逃避的样子，似乎想掩饰其病情，避免人们提及他的病况，感到十分担忧。但这些并不妨碍玛丽－埃莱娜在1973年圣诞节临近时为他们亲密的朋友准备礼物。一天晚间，她得意洋洋地回到家中，向丈夫展示一张一只白瓷拉兰纳鸭漂游在金属睡莲丛中的照片。仅有微微荡漾的绿叶揭示着湖面的存在。纹丝不动的鸟儿，闪闪发光的睡莲，微微颤动的树叶，尤其是水面的缺失使这幅奇特的照片给人以梦幻之感，显而易见，这将讨得乔治的欢心。'您知道，'玛丽－埃莱娜补充说，'这是真正的奇迹。这种鸭子仅制作了三只。塞夫尔博物馆取走了一只，这是最后一只，原先是想保存不卖的。我费了九牛二虎之力才弄到手。'"

第二天，人们将一只2×1.5米的巨大纸箱送至朗贝尔宅邸。漂亮的男爵夫人将箱子放在她存放礼品的粉红色房间里。12月23日，她让女管理员将"蓬皮杜先生的鸭子"搬出来。"可是，夫人，鸭子已经放在费里埃了。我昨天看见的。""这是不可能的，朱丽叶，鸭子在粉色房间里。"

他们将司机找来。司机指天发誓说他没有运送过纸箱。"您看看，朱丽叶，这只鸭子总不会自己展动翅膀飞到城堡去吧！"

当晚在费里埃，玛丽－埃莱娜才弄清事情的真相：鸭子乖乖地在大厅的一角等候着主人。但是，第二天清晨，鸭子却玩了一个嘲弄人们的把戏：它仍待在巴黎粉色的房间里。

大家终于解开了其中的奥秘。乔治和克洛德也为居伊和玛丽－埃莱娜选择了同样的鸭子——第三只鸭子——并将他送至费里埃。蓬皮杜夫妇和罗特席尔德夫妇真可谓心心相印[131]。

现在，总统的健康成为报纸的头条新闻。他因出血而被迫取消了与苏联领导人的会晤，但爱丽舍宫的公报却拒不涉及"流行性感冒复发"的问题。政界喋喋不休地对此说长道短。被奉为消息灵通的人士肯定地说，可的松的使用使乔治·蓬皮杜面部明显肿胀，步履沉重。这正是患有癌症的征兆。老板为雅克·沙邦－戴尔马前合作伙伴的西蒙·诺拉的《观点》杂志 12 月 17 日期号的封面标题便是：《梅斯梅尔该离开了》。雅克·沙邦－戴尔马不可能对这一阴谋一无所知，但他丝毫没有阻止诺拉这么做。皮埃尔·梅斯梅尔甚至相信原先拟好的标题是《蓬皮杜：走开》。

乔治·蓬皮杜最后一次去外省访问期间突然感到不适。他面色铁青，大汗淋漓地躺在一张扶手椅上。此后，他的儿子阿兰和维尼亚卢教授早晚来看望他。克洛德和一位军队护士泰雷兹·阿泽格里奥轮番护理他。但他始终无视自己的病痛，并发誓说"一切都会过去的"。他甚至使许多人相信这一点。他似乎出于对生命的天真的热爱，紧紧抱住不可动摇的乐观主义不放，坚信他将活下去，甚至能够继续执政。令他痛心的是看到人们正期待他的死亡，甚至有几分迫不及待。

1974 年 1 月初的一天，总统在爱丽舍宫的一次他用以测试某项计划、推出某种设想、获得外界反响的新闻午餐会上接见几名记者。其中有米歇尔·巴锡，他回忆说："我们通过一些因不谨慎而泄露天机的话语得知蓬皮杜自知病情严重。眼看着医生们对他的治疗力度明显加大，他怎么能够没有察觉呢？我们还知道他认为自己尚有时间，经常嘲弄'他每周的癌症'。

"他微笑着站在我们面前，比我们所想象的状况要强一些。只是双眼发红，几乎发紫，肿胀着，引人注目。

"'那么，'面对我们的窘迫的神态，他问道，'在我来之前，你们都谈了些什么？'然后蓬皮杜坐下要了一杯威士忌。

"'我们谈论了水门事件，总统先生。'

"'国家元首是不会上当的。'我们当中有人回答道。

"'是吗，真的？尼克松遭遇水门事件，而我将要死去。'

"这时，面对我们几名感到愕然、但深为感动的记者，乔治·蓬皮杜从椅子上微微欠起身来，然后艰难地抬起一条裤腿，我们看到他腿肚粗大、肿胀，裹着一层纱带，几乎与膝盖联成一体。

"'你们看到我现在的状况。可你们等着，几个月之后，一切都会好起来。这曾使不止一个人感到烦恼。但最终会好的。'然后又补充说，'总之，等着看吧！'

"我们每个人对部长们的抱怨记忆犹新：总统不再听别人的意见，再也听不进别人的想法，而是像他们中的一位所说的那样，'将自己闭锁在忧郁的独白之中！'然而，我们确信，如果疾病伤害了他的身体，他的思维则是健康的。相反，我们见到了昔日思维敏捷甚至欢快程度有增无减的蓬皮杜[132]。"

不时会接待蓬皮杜夫妇的端木松夫妇见到总统缩短晚宴时间并经常突然离去而感到不安。他们对他的病情一无所知。莫里斯·德吕翁看见他流鼻血，并说："啊！又流鼻血！"其语气就像农夫说："啊！我的腿又不听使唤了！"两个人一起对未来作出规划：德吕翁在罗马建一座大使馆，在蓬皮杜的下届总统任期。大部分专家和总统本人都认为至少还可拖延好几个月。

1月30日，病情稍有缓解。蓬皮杜接待居伊·德·罗特席尔德，两人单独用午餐，就像在未入主爱丽舍宫之前那样亲密无间。如此相聚令他们心头发热，感叹不已。总统一反常态地在身边放了一部电话。铃响了，他拿起话筒，简短地回道说："行"，"不"，"行"。居伊·德·罗特席尔德猜想打电话者是正在布鲁塞尔开会的财政部长。

"我觉得吉斯卡尔很优秀。"男爵随便说道。"居伊，我早给您说过，此人没有任何政治头脑[133]。"

2月7日，皮埃尔·维昂松－蓬特在《世界报》上发表文章，披露"疲惫的总统，坦率的总理，迫不及待的候选人，谣言四起、假设盛传的多数派和作为晴雨表的新闻界"。但总统本人并不认为自己很快将与世长辞，希望活到任期届满，坚守总统职位。面对第一次石油冲击带来的后果和左翼联盟力量的上升，他加强了对政府的控制，并将在一段时间里曾产生过矛盾、重新成为亲信的皮埃尔·朱耶召回身边。

1974年2月的一天，乔治·蓬皮杜最后一次参加打猎。二十位政界和工业界的人士应邀前往尚博尔。早晨，他想去狩猎点参加围猎。双腿裹着护腿套，胀得厉害，只好穿便鞋。尽管如此，他仍无法爬上潜伏处的四级台阶。近期将前往亚的斯亚贝巴的阿兰·德·布瓦西厄走近他身旁，对他谈起为将来有一天要继承尼格斯（埃塞俄比亚皇帝的称号——译注）的海尔·塞拉西一世（埃塞俄比亚皇帝——译注）的孙子指定的家庭教师，但总统却转换话题说：

"阿兰，如果我的分析在十五天之内被证明是非常糟糕的话，我将隐退回卡雅尔克，我会告诉您该投谁的票。人们会捧腹大笑的。"他又补充道，"人们对梅斯梅尔怎么看？对梅斯梅尔夫人怎么看？"

这大概是他的选择。但不久之后雅克·沙邦－戴尔马的仓促行动使这一选择落空。

　　将近中午时分，猎手们来到池塘旁的一座名为"伊斯巴"的木屋，按照习惯用点心。"所有人都已到来，"和皮埃尔·朱耶及其他几个人一起来晚了的玛丽－弗朗斯·加罗讲述道，"刚进屋，见到的是一幕奇特的场面，屋里凝重的气氛让我们惊愕得说不出话来。一切都静止了，好像凝固一般，病态的总统，头戴一顶皮毛便帽，独自一人坐在窗前纹丝不动。平时惯于奉承的客人们却站在一旁，围在火炉前，竭力保持常态，低声交谈着。朱耶快步走向蓬皮杜，问他喜欢先和哪一位客人见面。总统仅对他一个人说道：'别管了，皮埃尔，他们正瞧着我呢。'朱耶在总统身边停留了片刻，然后朝火炉走去，把几位客人领到总统身边，招呼服务员，使气氛活跃起来。"玛丽－弗朗斯·加罗补充说："在整个生病期间，除了外貌，总统并没有发生什么变化，发生变化的是那些对总统职位感兴趣并想取而代之者的举止和目光。觊觎者们将蓬皮杜围得越来越紧；圈子越来越窄，范围越来越小[134]。"

　　克里斯蒂娜·克莱尔[135]对几天之后举行的部长和部长夫人们的年度晚宴的冷冰冰的气氛进行了宣扬："不知是谁出的精明的主意，为晚宴的演出请来了蒂埃里·勒·吕龙[136]。此人不知为什么会想到，也不失为精明，演出关于一名不动产代理人访问宫殿的滑稽独幕剧，代理人为沙邦。勒·吕龙把这个角色演得活灵活现，两名买主分别是吉斯卡尔和密特朗。第一个人的声音：'需要装修吗?'第二个人的声音：'配好家具出售吗?'部长们都惊呆了。蓬皮杜脸色苍白，但还是用指端轻轻鼓了鼓掌。"

　　无论如何，法兰西还得继续生存下去。1974 年 3 月 1 日，乔治·蓬皮杜授权皮埃尔·梅斯梅尔组织一个人数有限的内阁。仅有十五名部长，而不是二十名。敢说敢做的雅克·希拉克担任内政部长。四天之后，乔治·蓬皮杜最后一次（尽管他没有想到）主持召开了核心内阁会议。仅有与议事日程相关的部长及其高官参加。正是在这种小型的委员会上作出了重要的决定，全体内阁会议仅限于批准这些决定。

　　这一天作出的决定如下：提倡调整锅炉房、住房的保温；重新推出在深海和欧洲大陆架探测石油计划；与苏联和阿尔及利亚签订供应煤炭和天然气的新合同；冻结传统的热电厂的建设；加大铀矿的开采；法国电力公司建立核燃料的战略贮备。

　　尤其值得一提的是，正是这次内阁会议作出了一项关系到未来的重大决定。根据自从担任武装部队部长以来十分关注核问题的皮埃尔·梅斯梅尔的提议，批准一项大规模的核电计划。梅斯梅尔计划实际是安德烈·吉罗、米歇尔·布瓦特和贝尔纳·埃桑贝尔自1969年以来长期奋斗的结果。"已经选择好核反应堆芯，但计划始终未能推出，"皮埃尔·梅斯梅尔回忆说，"没有作出最终决定，主要有两个原因。其一是环境保护主义者认为核电危险，而没有看到它对大气造成的污染较小，从而造成舆论的巨大分歧。其二，在石油冲击之前，石油的千瓦时费用比核电千瓦时要低廉[137]。"加之1972年，瓦莱里·吉斯卡尔·德斯坦阻挠建设新的核电站。

"第一次石油危机改变了局面，引起舆论对需要取得独立能源的关注。"这一次，为了弥补失去的时间，政府批准法国电力公司从1974年起推出六个千兆瓦核反应堆，1975年又推出七个千兆瓦核反应堆。重开与威斯汀豪斯的谈判，以降低特许权费用，确保几年之后法兰西的独立自主和出口权。蓬皮杜着重强调：到1985年，随着50个核电站运转，核电必须满足法国三分之二的需求。既能保障供给安全，也能为工业提供具有竞争力的能源。

尽管疾病缠身，蓬皮杜在这方面却比欧洲邻国的反应要快。他不满足于短期的权宜之计，而是作出确保民族独立的重大决策。这一次，像丘吉尔和戴高乐一样，他成为一位具有丰富想象力的预言家，从而使他能真正与这些伟人平起平坐载入史册。他实施了这一绝对是世界上最为宏伟的计划，考虑到紧迫性，未经议会的任何辩论，也没有经过民主投票。这再好不过地表明了疾病对体制运转所产生的影响。

经过三小时的辩论，仅剩下阐述建设巴黎—里昂高速铁路的重要性。乔治·蓬皮杜毅然作出决断：必须马上修建，而且使用吊线悬挂。燃气轮机的噪声过于嘈杂、污染太重，而且燃气供应必然耗费时间。尤其是现在再不能浪费矿物能源。对于所有人都不相信而且认为注定会遭受商业惨败的高速火车，总统却认为非建造不可，而且使用电力牵引。在这一问题上，他也作出了英明的抉择。与所有的预言相反，拯救法国国营铁路公司的并非货物运输，而是依托高速火车的旅客运输。

这是第五共和国最为重要的内阁会议之一。不顾病痛折磨，乔治·蓬皮杜总统坚定有力地主持了这次会议，充分显示了其魄力。

"部长先生们，"他总结说，"会议日程已全部完成。然而，还剩下一个主题，即所有法国人都在谈论的我的健康问题：'喂，蓬皮杜，你身体怎么样？'如果你们回答说'他身强力壮'，别以为你们会受到欢迎。不，我痛苦得要大喊大叫，先生们。但我决定不死去。那样会使过多的人感到幸灾乐祸，其中有些人便坐在会议桌旁。"像是作为政治遗嘱，他又补充道："不要甘于平庸，应该高瞻远瞩。别再犯我作为年轻总理时曾经犯过的错误，想通过赢得两个席位来避免一次不信任案。我在一生中瞄准的目标太低。为了领导法兰西，应该瞄准更高的目标。"

重中之重莫过于和平。为了实现缓和，除了发展贸易往来和与工业伙伴的关系，别无其他途径。乔治·蓬皮杜宁愿加快进程[138]。他以超人的毅力，于1974年3月11—13日应勃列日涅夫的邀请，最后一次出国访问。"勃列日涅夫热爱生活，"他说，"他是一位享乐主义者，而不是一个冷漠无情的革命者。他和蔼可亲，我们很谈得来。"他们在黑海之滨格鲁吉亚的皮松达会晤，窗前那边的黑海泛着赏心悦目的银光。但乔治·蓬皮杜因感到过于疲惫而用一纸简短的书面讲话代替了记者招待会。"我感到厌烦透顶，"他对米歇尔·让贝尔透露说，"啊！真是难以忍受，让人受不了。我没有想到会如此饱受煎熬。"

"他穿着一件大衣，迈着小步，几乎是摇摇晃晃地走到放置在专门为他用电热器烤热的平台的椅子上，勉强讲了十分钟的话。当译员翻译时，他那失去光泽的双眸似乎茫然虚无[139]。"阿蒂尔·孔特不知情，但米歇尔·诺贝尔透露说当护士去沙滩时，乔治·蓬皮杜曾有过一次严重出血，而且在危急时刻几乎是独自一人。

按照新闻惯例发表的会晤照片揭示了正在吞噬他生命的疾病的严重程度。人们见到他因病情而疲惫不堪，面目全非；人们还注意到同样是病人的勃列日涅夫对他关怀备至，几乎是深情的举止。

回国一周以后，乔治·蓬皮杜让克洛德代替他出席于3月21日在爱丽舍宫举行的招待外交使团的晚宴。他已卧床不起。败血症侵入机体，最强的抗生素已无济于事。当时，总统得了败血症仍是禁忌的话题，但这一致命的消息早已不胫而走。得知加斯东·德费尔要求发表健康公报时，乔治·蓬皮杜已经无法自持。

对3月份《新观察家》一名记者关于总统健康的提问，弗朗索瓦·密特朗的反应却是彬彬有礼的："蓬皮杜取消了约会？然后呢？所有人都可能得严重的流行性感冒。我也会得……"这位劲敌还对其他人说过："痛苦和勇气值得人们同情。"这使得病中的根本不喜欢他的总统对一位知己说出了心里话：弗朗索瓦·密特朗是在这种情况下唯一表现得"公正"的政界人物。

1974年3月27日在爱丽舍宫米拉厅里，乔治·蓬皮杜最后一次主持每周三10—13时举行的内阁会议。椭圆形的长桌上的白色纸板标着每名与会者的位置。这天上午，蓬皮杜一反常态，没有站在椅子后面与十六位部长边说着俏皮话边一一握手。他仅仅对着大家说了声："早安，先生们。"然后，他便吃力地坐到椅子上，两只胳膊往前，竭力微笑了一下，并略表歉意："请你们理解，在医生的健康公报之后，我无法再围着桌子转一圈。"

气氛阴沉。每个人都对使他仪态不整的过度疲乏和失控的动作感到痛心。门卫为了防止过堂风，已将门窗缝隙堵塞。他们还拉上布帘，挡住正对着总统的门上的镜子。部长们都在窥视着总统：他的面孔依然肿胀，紧绷，他蜷缩着的身体似乎变得矮小了。

他依次让五位当天需要发言的部长们讲话。出于一种互相感染的直觉，他们的发言都简短扼要。总统尚有精力仔细倾听，并以一种惊人的综合能力概括每个人的发言，用几句话作出结论，语气坚定，态度果断，从他筋疲力尽的躯体中迸发出来的思想始终清晰、明智而系统。

日程很快结束了，在皮埃尔·梅斯梅尔发完言后，会场一片静穆。人人都以为内阁会议已经结束。突然，缩在椅子一角饱受痛苦煎熬的总统直起身来，宣布说："我现在必须向你们提到一个至今从未涉及的主题：我正经历着非常困难的时刻，确实如此，我很疲乏……可人们过于夸大其词，编造了过多谎言。当然，目前我无法活蹦乱跳。这不是令人高兴的事情。但这一切只是暂时的。我需要休息。我将去卡雅尔克，在那里过复活节，直至 4 月中旬。然后，当健康状况好转时，我将恢复正常工作。在此期间，你们将发生的一切向我汇报，我也会安排好时间，每天及时了解情况。"

他说话的语调热忱而倦怠[140]，乐观而悲哀。部长们注视着他，倾听他的讲话，并为他的勇气所震撼。显而易见，讲话使他耗费气力。他表达吃力，语句不连贯，脸上滚着豆粒大的汗珠。尽管已是筋疲力尽，他并不认为自己已濒于死亡。

"必须弄清事实真相，"他继续往下说，"我将回贝蒂纳堤街，住在爱丽舍宫实在是不舒服。你们可以想象得到，套间设计荒唐；进门便是餐厅，出去都要经过卧室。而且，在爱丽舍宫，无法安心接受治疗。除这位住院看护医生之外，我并不想要另外一位医生，即没有任何经验的不住院看护医生。贝蒂纳堤街很舒适，而且有我儿子在身边。我同时还可以工作，请相信我，在舒服的环境下工作。"说到这里，乔治·蓬皮杜积聚了一下气力，对媒体进行了尖酸刻薄的攻击："我不再看报纸，这样我反倒感觉很好。我建议你们也这样做。不读报纸、不听广播、不看电视，照样可以了解一切。照我这样去做。据一家周刊的报道，我曾哀求苏联人在一处我没有受凉风险的地方接待我。我可以告诉你们，去年 7 月我在朗布依埃接待勃列日涅夫，在感谢他访问法国之后，我仅补充说了一句话：'我将回访您。'勃列日涅夫立即回应说：'我们将荣幸地在苏联接待您。由您来选择会晤的地点。'我对他说：'我想去一个未曾去过的地方。我既未去过乌克兰，也未到过高加索。'勃列日涅夫喃喃回答道乌克兰没有什么好参观的，而且没有足够的设备接待我。相反，他知道在海边有一处风景美妙的地方，建有多所别墅，适合接待我和代表团的成员。你们知道，事情便这样定下来。谈不上我作任何哀求。记者们在编造这些愚昧无知的谎言之前，最好了解一下情况。他们只要问一问苏联人，真相便会大白于天下。"

乔治·蓬皮杜停住了。沉默了一会儿之后，他又将他在内阁会议上说的最后几句话重复了一遍："三个月之后，健康状况会好起来，一切都会好的。总之，等着瞧吧……"

下午，他尚有精力单独与瓦莱里·吉斯卡尔·德斯坦进行每周例行的交谈："他那在分别置于办公桌两旁的镀金的银色六分枝台灯映照下的形象将永远铭刻在我心上。他面孔肿胀，开始暗淡下来的灯光使他双眼的乌斑更为显眼。他脸上露出一种少见的和蔼，甚至是温情脉脉。第一次，作为他性格基本特征的，经常伤害我、激怒我的猜疑似乎已经消失殆尽……我起身告辞。他坐在椅子上，没有能够送我[141]"。

1974年3月29日星期五，乔治·蓬皮杜让玛德莱娜·尼格雷尔来到他在爱丽舍宫的房间，指着他刚刚购买的一幅画："玛德莱娜，别忘了把小维永（艺名加斯东·埃米尔·杜尚，法国油画家和版画家——译注）的画配上镶框[142]。这证明他自我感觉好了一些，他认为还能活几个月，可能活几年。第二天，他乘坐一辆装有墨色玻璃的黑色雪铁龙汽车前往奥维利埃呼吸乡间空气。但星期天，出现一个脓肿，体温骤然上升，转为败血症，大概是治疗白血病使他失去了所有的免疫力。紧急召来会诊的名医让·贝尔纳、皮埃尔·阿布勒凯、肠胃病专家雅克·苏拉尔、生物学家贝托尔德·施拉姆，谁也不敢贸然动手术。蓬皮杜拒绝住院，让人将他送回贝蒂纳堤街。"

1974年4月2日晚间，乔治·蓬皮杜经历三个小时的剧痛后去世，并不完全是因为癌症，而是由于治疗癌症病情不断复杂化引起的一次事故，阿兰只能眼睁睁地看着他死去，并通知了爱德华·巴拉迪尔。第二天清晨，皮埃尔·梅斯梅尔前往贝蒂纳堤街向总统遗体告别。阿兰将父亲套在脖子上的、里面装有启动核武器密码的圆形颈饰交给他。遗体摆放在房间的昏暗处，苍白的面孔表明蓬皮杜去世前曾长时间忍受苦痛。

连医生们自己都没有预料到蓬皮杜会这么快去世，举国震惊。根据乔治·蓬皮杜在遗嘱中特意提出的请求，他的安葬仪式于 4 月 4 日在他的教区圣－路易－昂－利勒举行，没有鲜花和花圈，参加葬礼的有他的家人、政府成员和亲密的合作者。按照他的遗愿，由专门为此特意从索莱姆修道院赶来的修道士们用单旋律圣歌做大弥撒。总统遗体埋葬于奥维利埃的一块简朴的石板下，仅仅刻有"乔治·蓬皮杜，1911—1974"。这是他所要求的，出于纯朴的愿望。

蓬皮杜去世的晚上，弗朗索瓦·密特朗正像往常一样，独自一人待在利普酒店后厅的一张桌前，面对餐具，写着他准备后天在国民议会发表的讲话。突然，饭店老板罗歇·卡兹朝他走来，俯身在他耳边低语："听说蓬皮杜总统去世了。"弗朗索瓦·密特朗抬起双眼看着他。卡兹似乎从他的眼神中捕捉到惶恐不安。几分钟后，饭店老板又来对他说："电台刚刚证实总统去世的消息。"密特朗立即将发言草稿塞进衣袋，步行回到巴黎圣母院旁的比耶夫尔街的家中。尽管已是深夜，他仍坐在办公桌前，拿起笔来，但这一次是为了书写他向对手的告别词：

"我情不自禁地对这位逝者怀有某种同情之心。1962 年的蓬皮杜举止文雅，风度翩翩。当我从参议院重新返回波旁宫时，从这位讲稿念得不流畅、迟疑不决的演说者身上，我发现了一种在这些场合难得一见的力量。议员们瞧不起业余者，对他的窘迫冷嘲热讽。我记得当时曾请坐在我身边的议员们克制自己的评论。我对他好强的性格、对他的声调怀有同情心。我在走廊里看见他头颅高昂、潇洒利索的身影，被一群朋友围在中央。我观察了他一会儿，发现他身上散发出一种深沉的力量。刚刚在讲坛上遭受的失败深深触动了他，足以动摇他的决心。但他的神情毫不气馁，而且这种不服输的精神伴随他度过了一生。他的演讲才能渐渐显露出来，成为一名令人生畏的演说家。政治才华得以充分展示。1968 年当戴高乐将军犹豫不决时，他却挺身而出，在工业方面创造奇迹，并使法兰西进入以他为代表的新时代。

"马尔科维奇事件在他心中留下双重创伤的同时，也坚定了他走进这段按照自己的方式创造的、属于他的时代的、被亲人们形容为他天真地等待并沉醉其中的法兰西历史的决心。

"像全体法兰西人一样，我知道国家元首注定不久于人世。和他们一样，我对他的去世感到震惊。无疑，我对密切关注体温报表、仔细研究电视大肆宣传的浮肿感到厌恶。我也许会不加思考地无视明知将会影响我一生的事件……这位深深扎根于大地的君主，善于在由聪明才智演示的让人眼花缭乱的变幻中，识别现实真相，进行冒险，一场不可思议的冒险……是的，我同情他，我不是他的敌人。人们对他热衷于履行总统职责，直至届满议论纷纷。我以为他这种揭示其衰败的举动明确表达出一种自豪感。勇气在于他离职还是继续留任？'在我的家族中，人们只有死亡时才会躺下。'他的这一最后呼喊不会来自任何地方。所有热爱他的人们都不会忘记他懂得欢乐、感受、给予和想象[143]。"

早在自身染上不治之症前[144]，弗朗索瓦·密特朗便对他的对手的勇气留下深刻的印象。

消息很快传遍全球。4 月 16 日，50 位国家元首参加在巴黎圣母院举行的隆重吊唁乔治·蓬皮杜逝世的活动。尼克松抵达奥利机场时，发表声明："他生命的最后几个月是他最高尚的时期，因为他在担任公职期间，以始终如一的勇气和卓越的才能战胜逆境，为自己的祖国服务至最后一息。"

在达喀尔，他青年时代的伙伴桑戈尔立即把一首主题悲哀的诗歌奉献给他：

乔治，朋友，你的面孔一片苍白，
犹如预言家为子午场的客人们塑像雕刻的面庞。
你见过它的面容吗？
死神果真没有脸庞，像张开的虚无一样？
抑或带着令人作呕的微笑，
支着寥寥几颗硫磺色的獠牙到处张望？
你是他挚友的朋友，
你说，死神脑袋是否一副恶魔凶相？
不，对痛苦的恶魔，你早已习以为常，
恶魔们九头六臂，凶残的钢铁鳞片铮光闪亮。
凝固汽油般的毒舌，
已经伸出恶臭的巢穴寻觅方向，
它们张牙舞爪，如同电闪雷鸣，
它们狂叫，犹如龙卷风中的阵阵霹雳伸出魔掌，
它们醉心于人类的脊髓，
你没有逃遁，坚挺住，神态清醒，肝胆气壮。
凯尔特人中的佼佼者，
你的守护神正在身旁，以坚实的肌体与病魔较量。

意志战胜肉体，你坚挺了十八个月之久，

骤然间，你心力衰竭，再无力抵抗。

噢，从容不迫地，

你转身朝守护神蔚蓝色的双眼张望，

平静地朝着你梦幻中的欢乐世界走去，

朝着天堂的大门，向着光亮。

　　最忠实的、最光彩夺目的、最能概括他一生的墓志铭，乔治·蓬皮杜已在他当选法兰西总统时亲自铸就："真正幸福的人们，无需任何历史记载，所以我希望历史学家们不要对我的任期有过多的评论，没有出现战争，尤其没有发生革命。相反，我希望人们能从历史教科书中读到1969—1976年（因为他相信自己能够执政七年，直至届满）的法兰西经历了一个发展、现代化和提高生活水平的时期。由于经济和社会的发展，法兰西国情稳定，并受到外国的尊重，因为它们看到法兰西已经成为一个经济强大、政治稳定、对外致力于和平和与所有国家和睦相处的国度……是否提及我的名字无关紧要。重要的是使我的总统任期成为法兰西一个安全、革新、幸福和尊严的时代[145]。"

　　乔治·蓬皮杜的逝世，使法国失去了工业之父，在他主政担任总理和总统的十二年期间，法国工业增长率比邻国高出一个百分点。1974年至1980年期间，增长率以每年0.3%的速度放缓；1981年后，法国便位居发达国家的末位。蓬皮杜执政时，工业就业率增长了25%，每年创造10万个就业岗位。蓬皮杜去世后，就业率减少20%，回落到1968年的水平。与之相应的失业率在蓬皮杜十二年任期内平均维持在1.1%，即比邻国低三倍，而在他去世后则持续攀升，20世纪80年代高达9.3%，甚至高于"经济合作及发展组织"的所有国家。

尾　声

　　乔治·蓬皮杜拯救了第五共和国，并保持了社会稳定。他帮助法兰西挽回工业落后的局面，及时调整方针策略，把握现代化方向，他赋予法兰西活力与生机，以面对国际竞争，并在一个不同的领域里拼搏。他说："作为戴高乐主义者，必须取得成功。"

　　这一成就主要归功于他来自农村而具有的执著性格和注重实际的精神。也得益于能够听取别人的意见、适应各种环境，可能还因为他凡事谨慎、注重相对性，完全摆脱以自我为中心的倾向。有夫人在身边的生活稳定性和安全感也是他取得这一成就的原因之一。

　　自1950年以来，克洛德·蓬皮杜一直忙于照顾穆费塔尔街区的贫困者，去看望他们，帮助他们。她为一位残疾儿童母亲的信函所震撼，自丈夫当选总统以来，便以伊冯娜·戴高乐为榜样，怀着满腔激情，创建了克洛德·蓬皮杜基金会。她注意到富人们难以拒绝向共和国总统夫人提供资助，哪怕是微薄的资助，从而成功地筹集到雇用十四位长期雇员的资金。雇员们在成千上万志愿者的协助下，给予十三所医院的病人和残疾者以必不可少的关爱。这便是她与曾长期献身于安娜·戴高乐基金会事业的丈夫一起超越死亡、共同奋斗、一种实用主义的也是慷慨而高雅的方式。

资料来源和文献目录

在由乔治·蓬皮杜协会收集的存放于国家档案馆 20 世纪部分的视听类编号为 61AJ 的 173 份的会见录音资料中，我主要听取了与下列人员会见时的录音资料：阿兰·德·布瓦西厄、弗朗索瓦·塞拉克、让·沙博内尔、阿蒂·孔特、夏尔·德·克鲁瓦塞、亨利·多芒热、安娜－玛丽·迪皮耶、让·费尔尼、弗朗索瓦·加尔、朱利安·格拉克、奥利维耶·吉夏尔、皮埃尔·吉拉尔、米歇尔·诺贝尔、让－菲利普·勒卡、弗朗索瓦·莫兰将军、皮埃尔·莫鲁瓦、皮埃尔·梅斯梅尔、弗朗索瓦－格扎维埃·奥尔托利、雷蒙·波林、皮埃尔·普热、居伊·德·罗特席尔德和西蒙娜·塞尔韦。

弗朗索瓦·阿巴迪和让－皮埃尔·科尔瑟莱特，《乔治·蓬皮杜，希望与命运》，巴兰出版社，1994。

皮埃尔·阿科斯，《这些病人统治着我们》，斯托克出版社，2000。

古斯塔夫·萨菲勒潘，《波布尔的所谓乌托邦》，昂唐特出版社，1976。

菲利普·亚历山大，《戴高乐－蓬皮杜之间的较量》，格拉塞出版社，1973。

雷蒙·阿隆，费加罗报文章汇编第三卷《危机》，1965—1977，法卢瓦出版社，1998。

雷蒙·阿隆，《回忆录，50 年的政治思考》，巴黎，普隆出版社，1998。

皮埃尔·阿苏利纳，《乔治复活节事件》历史，81 期，1985.9。

弗朗索瓦·奥迪吉耶，《科学咨询委员会史》，斯托克出版社，2003。

热拉尔·奥布雷，《乔治·蓬皮杜画像》，法亚尔出版社，1969。

皮埃尔·阿夫里尔，《第五共和国政治体制》，科学及司法判例出版社，1975。

爱德华·巴拉迪尔，《5 月树》，马塞尔·朱利安工作室，1979，普隆出版社再版，1998。

米歇尔·巴锡，《放在同一天平上的五位总统》，J‐C·拉泰出版社，2005。

丹尼斯·博杜安，《在执政的年代里》，J‐C·拉泰出版社，1990。

雅克·博梅尔，《戴高乐，内部流放》，阿尔班·米歇尔出版社，2001。

罗歇·贝林，《一个共和国驱赶另一个共和国，1958—1962 年，一位见证者的回忆》，米沙隆出版社，1999。

夏尔·邦弗雷德，《乔治复活节事件》，让·皮科莱克出版社，1993。

安德烈·贝热龙，《我的道路和我的战斗》，朗赛出版社，1976。

安德烈·贝热龙，《只要有工作可做》，罗贝尔·拉丰出版社，1988。

安德烈·贝热龙，《回忆录》，勒罗谢出版社，2002。

塞尔日·贝尔斯坦，让·皮埃尔·里乌，《鼎盛时期的法兰西，1969—1974 年的蓬皮杜》，门槛出版社，1995。

路易·贝特朗，《一种命运》，法亚尔出版社，1932。

皮埃尔·比约特，《事务繁杂》，普隆出版社，1965。

皮埃尔·比约特，《和戴高乐在一起幽默的 30 年》，芒热斯出版社，1978。

皮埃尔·比约特，《武器时代》，普隆出版社，1979。

皮埃尔·比约特，《将过去的经验用于未来》，斯托克出版社，1979。

吕克‐艾梅·勃朗，《眼线和警官》，普隆出版社，2006。

马塞尔·布勒斯坦‐布朗谢，《雄狮的回忆》，佩兰出版社，1988。

弗朗索瓦·布洛克‐莱内，《职业：官员》，门槛出版社，1976。

阿兰·德·布瓦西厄，《1946—1970 年为将军效力》，普隆出版社，1982。

安德烈·博尔，《一种精神状态》，勒·韦尔热出版社，1993。

维利·勃兰特，《1960—1975 年从冷战到缓和》，法文译本，伽利玛出版社，1978。

维利·勃兰特，《回忆录》，法文译本，阿尔班·米歇尔出版社，1990。

罗贝尔·布拉西耶克，《我们在战前》，普隆出版社，1941。

安娜·布拉西，《罗贝尔·布罗西耶克或者还是瞬间的幸福》，拉丰出版社，1987。

让‐达尼埃尔·布尔丹，《蓬皮杜先生的共和国》，法亚尔出版社，1974。

让‐克洛德·布里亚利，《猴子们的小溪》，罗贝尔·拉丰出版社，2000。

梅里·布隆贝热，《乔治·蓬皮杜的神秘命运》，法亚尔出版社，1965。

克洛迪于斯·布罗斯，《因循守旧的国家，一位省长讲述的行政管理》，阿尔班·米歇尔出版社，2001。

雷蒙·勒·布里克贝热，《时光漫长的日子：回忆录》，阿尔班·米歇尔出版社，1989。

让·布吕阿，《为时永远不会太晚：回忆录》，阿尔班·米歇尔出版社，1983。

鸭鸣报，《法庭》。

艾蒂安·比兰·德罗西耶，《本源回归：关键的 1962》，普隆出版社，1986。

罗贝尔·比龙，《最美好的职业》，普隆出版社，1967。

吉勒·比西亚，《以秘密军队组织的名义，蓬皮杜的目标》，阿兰·勒弗尔夫，1980。

雅克·卡普德维耶勒、勒内·穆里奥，《1968 年 5 月》，政治学出版社，1988。

勒内·卡皮唐，《1964—1970 年政治著作》，弗拉马里翁出版社，1971。

勒内·卡皮唐，《民主与政治参与》，博尔达斯出版社，1972。

雅克·沙邦 – 戴尔马，《激情》，斯托克出版社，1975。

雅克·沙邦 – 戴尔马，《为了明天的回忆》，弗拉马里翁出版社，1997。

帕里斯特·谢罗夫，《密探的开头字母 B》，阿兰·莫罗出版社，1975。

阿尔班·夏朗东，《偿清或者加倍》，格拉塞出版社，1986。

托姆·沙布勒，《北非保安部队官兵》，发现出版社，2006。

让·沙博内尔，《透视反对》，普隆出版社，1973。

让·沙博内尔，《忠诚的冒险》，门槛出版社，1976。

让·沙博内尔，《在将军的左侧》，普隆出版社，1996。

路易·德·沙博尼埃，《总是和仍然，为另一个法兰西而战斗》，Y·米歇尔出版社，1987。

乔治 – 菲利普·沙尔捷，《1969—1974 年的乔治·蓬皮杜》，阿谢尔出版社，1999。

雅克·沙佐，《雅克·沙佐》，斯托克出版社，1975。

贝尔纳·舍诺，《当部长》，普隆出版社，1967。

贝尔纳·舍诺，《对城市的思考》，埃米尔·保尔出版社，1981。

克洛德·克莱芒，《第五共和国从政的男人和女人们》，普隆出版社，2006。

克洛德·克莱芒，《马尔科维奇案件的真相》，费尔南·拉若尔出版社，1976。

萨米·科昂，《总统的顾问们》，法国大学出版社，1980。

萨米·科昂，《自由的人们》，普隆出版社，1973。

阿蒂尔·孔特，《第五共和国的总统们》，勒普奥克莱尔出版社，1985。

阿蒂尔·孔特，《第五共和国的总理们》，勒普奥克莱尔出版社，1986。

伊夫·库里埃，《皮埃尔·拉扎雷夫》，伽利玛出版社，1995。

皮埃尔－贝尔纳·库斯特、弗朗索瓦·维西纳，《蓬皮杜与欧洲》，技术书店出版社，1994。

莫里斯·顾夫·德姆维尔，《1958—1969 年的对外政策》，1958－1969，普隆出版社，1971。

莫里斯·顾夫·德姆维尔，《面对世界，与莫里斯·德拉昂克的会晤》，普隆出版社，1989。

皮埃尔·达尼诺，《汤普森副官的记事本》，阿谢特出版社，1954。

夏尔·德巴施，《蓬皮杜的法兰西》，法国大学出版社，1974。

米歇尔·德勃雷，《回忆录》，普隆出版社，1970。

米歇尔·德勃雷，《关于法兰西的某种设想》，法亚尔出版社，1972。

米歇尔·德勃雷，《为 1973 选举而战斗》，普隆出版社，1973。

米歇尔·德勃雷，《政治权力》，塞热出版社，1976。

米歇尔·德勃雷，《一个法兰西的三个共和国，回忆录》5 卷，阿尔班·米歇尔出版社，1984—1994。

米歇尔·德勃雷，《1971—1974 年与乔治·蓬皮杜的会晤》，阿尔班·米歇尔出版社，1996。

弗朗索瓦·德科蒙，《乔治·蓬皮杜的总统府，论法兰西总统制》，埃科诺米卡出版社，1979。

雅克·德拉昂，《秘密军队组织反抗戴高乐》，法亚尔出版社，1981。

亨利·德利尼，《希拉克或是对政权的渴望》，莫罗出版社，1977。

雅克·德洛尔，《政变》，斯托克出版社，1975。

让－弗朗索瓦·德尼奥，《禁止进入欧洲》，门槛出版社，1977。

让－弗朗索瓦·德尼奥，《七条生命的回忆录》，2 卷，普隆出版社，1994—1997。

蒂埃里·德雅尔丹，《帕斯卡》，第一版，1994。

米歇尔·德鲁瓦，《每当黑夜降临：1972—1974 日记》，普隆出版社，1984。

莫里斯·德吕翁，《话语与权力》，普隆出版社，1974。

莫里斯·德吕翁，《1954—1974 年的政治环境》，勒罗谢出版社，1998。

弗朗索瓦·迪费、皮埃尔·贝特朗·迪福，《从夏尔·佩吉到贝尔纳－亨利·莱维，高等师范学校学生一个世纪的经历》，J－C·拉泰出版社，1993。

雅克·迪阿梅尔，《一种策略，一种医术，一种伦理道德》，阿克西翁出版社，1971。

安娜–玛丽·迪皮耶，《命运与意愿，回忆录》，圆桌出版社，1996。

贝尔纳·埃桑贝尔，《第三次世界冲突》，普隆出版社，1977。

贝尔纳·埃桑贝尔，《工业巨头蓬皮杜》，奥迪勒·雅各布出版社，1994。

罗热·法利戈、让·吉内尔，《第五共和国秘史》，发现出版社，2006。

埃德加·富尔，《回忆录》，2卷，普隆出版社，1982—1984。

莫里斯·富尔、克里斯蒂安·德拉康帕涅，《从一个共和国到另一个共和国，关于历史与政治的会晤》，普隆出版社，1999。

让·费里奥，《8点15分，从戴高乐到蓬皮杜》，普隆出版社，1972。

让·费里奥，《我会好好从头再来》，格拉塞出版社，1991。

乔治·弗勒里，《秘密军队组织秘史》，格拉斯出版社，2002。

雅克·福卡尔，《福卡尔与菲利普·加利亚尔交谈，会晤》，2卷，法亚尔–青年非洲出版社，1995—1997。

雅克·福卡尔，《爱丽舍宫日记》，5卷，法亚尔–青年非洲出版社，2001。

约瑟夫·丰塔内，《社会关系与生存者》，普隆出版社，1977。

若埃尔·富耶龙，《乔治·蓬皮杜与奥弗涅》，瓦泰尔出版社，1994。

让·富瓦耶，《与将军在权力的道路上》，法亚尔出版社，2006。

乔治·弗里德曼，《权势与睿智》，伽利玛出版社，1970。

克里斯蒂安·富歇，《昨天与明天的回忆》，2卷，普隆出版社，1973—1973。

亨利·弗罗芒–默里斯，《从凯道塞观察，回忆录，1945—1983》，法亚尔出版社，1998。

玛丽–弗朗斯·加罗，《疯子的节日》，普隆出版社，2006。

夏尔·戴高乐，《希望回忆录》，2卷，普隆出版社，1970—1971。

夏尔·戴高乐，《信函·注释和笔记》，4卷，普隆出版社，1986—1988。

菲利普·戴高乐，《我的父亲戴高乐》，普隆出版社，2007。

亨利·吉罗，《投入战斗的第29步兵师和第141阿尔卑步兵团》。

弗朗索瓦·吉鲁，《假如我撒谎》，斯托克出版社，1972。

弗朗索瓦·吉鲁，《一撮水》，拉丰出版社，1973。

弗朗索瓦·吉鲁，《权力的喜剧》，法亚尔出版社，1977。

瓦莱里·吉斯卡尔·德斯坦，《法兰西的民主》，法亚尔出版社，1976。

瓦莱里·吉斯卡尔·德斯坦，《权力与生命》，2卷，LGF出版社，

1988—1991。

弗朗索瓦·戈盖尔，《法兰西的政治》，阿尔芒·科兰出版社，1984。

乔治·戈尔斯，《我将不会为自己送葬》，普隆出版社，1992。

朱利安·格拉克，《读着，写着》，若泽·科米蒂出版社，1980。

皮埃尔·格拉潘，《杨树岛，从抵抗运动到1968年5月：南特院长回忆录》，南锡大学出版社，1993。

莫里斯·格里莫，《5月，随心所欲》，斯托克出版社，1977。

阿兰·格里奥特雷，《如果法兰西讲话……》，法亚尔出版社，1973。

安德烈·葛罗米科，《回忆录》，法文译本，贝尔丰出版社，1989。

伊夫·盖纳，《坚信的年代，1940—1969》，弗拉马里翁出版社，1989。

伊夫·盖纳，《维护国家》，法亚尔出版社，1968。

奥利维耶·吉夏尔，《治理法兰西》，拉丰－戈捷出版社，1965。

奥利维耶·吉夏尔，《一条平静的道路》，弗拉马里翁出版社，1975。

奥利维耶·吉夏尔，《生活在一起》，2部，法兰西文献出版社，1976。

奥利维耶·吉夏尔，《我的将军》，格拉塞出版社，1980。

亨利·吉耶曼，《历程》，门槛出版社，1989。

亨利·吉耶曼，《某种希望，与让·拉库蒂尔的交谈》，阿尔莱阿出版社，1992。

让·居东，《按照回忆撰写》，法亚尔出版社，1974。

保尔·居特，《一位天真者的回忆录》，阿尔班·米歇尔出版社，1954。

埃尔韦·阿蒙、帕特里克·罗特曼，《世代》，门槛出版社，1987。

莱奥·阿蒙，《实践他的选择》，罗贝尔·拉丰出版社，1991。

莱奥·阿蒙，《修正，真正的忠诚》，斯托克出版社，1974。

莫昂·阿穆穆，《他们成为保安部队官兵》，法亚尔出版社，1993。

爱德华·希思，《我生命的历程》，奥代和斯格通出版社，1998。

斯特凡娜·伊斯拉埃尔，《巴黎高等师范学校与第二次世界大战》，2卷，里尔大学出版社，1993。

让－马塞尔·让纳内，《致我的戴高乐主义的朋友们》，波克出版社，1973。

让－马塞尔·让纳内，《共和主义者的回忆，与让·拉库蒂尔的会晤》，门槛出版社，1997。

米歇尔·诺贝尔，《未来回忆录》，格拉塞出版社，1971。

米歇尔·诺贝尔，《另一种目光》，格拉塞出版社，1976。

米歇尔·诺贝尔，《我不拐弯抹角》，格拉塞出版社，1976。

米歇尔·诺贝尔，《现代日记，并为了永恒的未来》，阿尔班·米歇尔出版社，1987。

米歇尔·诺贝尔，《既不是上帝，也不是魔鬼，与 J. L·勒米利厄的交谈》，阿尔班·米歇尔出版社，1993。

让－雅克·若尔迪、莫昂·阿穆穆，《地方保安部队官兵，尘封的记忆》，奥特勒芒出版社，1999。

罗歇·茹克斯，《伟人路易一世，1563—1963：研究，回忆与文献资料》，图尔农出版社，1963。

马塞尔·朱利昂，《高调的法兰西，士兵和高等师范学校学生》，法亚尔出版社，1994。

雷米·考费，《法国人对法国人的战争史》，门槛出版社，2002。

亨利·基辛格，《1968—1973 年在白宫》，法文译本，2 卷，法亚尔出版社，1980。

亨利·基辛格，《动荡的年代》，法文译本，法亚尔出版社，1982。

让·拉库蒂尔，《至高无上的戴高乐》，门槛出版社，1986。

伊夫·拉普雷里，《亨利·凯菲莱克》，格拉塞出版社，1994。

安德烈·洛朗斯，《从一个法兰西到另一个法兰西》，伽利玛出版社，1974。

多米尼克·勒卡，《40 年代的决裂》，法亚尔出版社，1970。

贝尔纳·勒福尔，《1958—1969 年戴高乐年代的回忆与秘密》，普隆出版社，1979。

莫里斯·勒拉努，《布列塔尼的一名共和派新兵、第三共和国小学教师之子的回忆录》，阿谢特文学出版社，1979。

克洛德·勒列夫尔、克里斯蒂安·尼克，《总统学校》，奥迪勒·雅各布出版社，1995。

皮埃尔·利马涅，《戴高乐和蓬皮杜的第五共和国》，法兰西帝国出版社，1978。

菲利普·马德兰，《戴高乐主义者和金钱》，阿希佩尔出版社，2001。

菲利普·马德兰，《雅克·希拉克传记》，弗拉马里翁出版社，2002。

安德烈·马尔罗，《砍伐橡树》，伽利玛出版社，1971。

安德烈·马尔罗，《反回忆录》，伽利玛出版社，1972。

弗朗索瓦·马康托尼，《社会环境和自始至终的我》，勒谢尔什－米迪出版社，2006。

雷蒙·马塞兰，《令人讨厌的真相》，普隆出版社，1978。

雷蒙·马塞兰，《政治战争》，普隆出版社，1985。

雷蒙·马塞兰，《经验和政权》，圆桌出版社，1990。

让·马兰，《小才大用，回忆录》，法亚尔出版社，1994。

罗贝尔·马热兰，《一生的工作，1911—1984 年回忆录》，罗贝尔·拉丰出版社，1986。

洛朗·马丁，《鸭鸣》，弗拉马里翁出版社，2001。

吉勒·马蒂内，《蓬皮杜体制》，门槛出版社，1973。

雅克·马叙，《1968 年的巴登，忠诚的戴高乐主义者的回忆录》，普隆出版社，1983。

克洛德·莫里亚克，《戴高乐将军之死》，格拉斯出版社，1972。

克洛德·莫里亚克，《静止的时代》，2 卷，格拉斯出版社，1972—1973。

弗朗索瓦·莫里亚克，《记事本》，5 卷，门槛出版社，1993。

安娜－洛尔·马泽尔，《乔治·蓬皮杜确认政策的一种特殊方式：总理和新闻记者之间的默契》1962—1968。

阿布德－埃尔－阿齐兹·梅列阿尼，《北非保安部队的悲剧》，佩兰出版社，2001。

皮埃尔·孟戴斯·弗朗斯，《审视 1958—1978 年的第五共和国》，法亚尔出版社，1983。

皮埃尔·梅斯梅尔，《我的法兰西，不加修饰的直抒己见》，弗朗索瓦－格扎维埃·德·吉贝尔出版社，2003。

皮埃尔·梅斯梅尔，《无数次战斗之后，回忆录》，阿尔班·米歇尔出版社，1992。

贝特朗·梅耶尔，《爱丽舍宫的夫人们》，佩兰出版社，1987。

克洛德·米舍莱，《我的父亲埃德蒙·米舍莱》，罗贝尔·拉丰出版社，1981。

克洛德·米舍莱，《忠诚的论战，今天仍可能是戴高乐主义者吗？与阿兰·迪阿梅尔的会晤》，法亚尔出版社，1971。

弗朗索瓦·密特朗，《我所主张的真理：从分裂到统一》，法亚尔出版社，1969。

弗朗索瓦·密特朗，《社会党党徽——手持玫瑰花》，弗拉马里翁出版社，1973。

弗朗索瓦·密特朗，《1971—1974 年的言语与行动》，弗拉马里翁出版社，1975。

亨利·蒙迪亚诺，《致背叛戴高乐主义者们的公开信》，阿尔班·米歇尔出版社，1972。

加斯东·莫内维尔，《见证》，2 卷，普隆出版社，1975—1980。

让·莫内，《回忆录》，法亚尔出版社，1976。

艾蒂安·德·蒙泰蒂、蒂埃里·莫里耶：《传记》，朱利亚尔出版社，1994。

皮埃尔·穆萨，《荣辱兴衰，一位财经专家的回忆》，法亚尔出版社，1989。

米勒，《北非保安部队官兵的沉默》，阿尔马唐出版社，1999。

路易·米龙，《蓬皮杜，被遗忘的总统》，弗拉马里翁出版社，1994。

里查德·尼克松，《回忆录》，法文译本，斯唐克出版社，1978。

保尔·尼藏，《密谋》，伽利玛出版社，1938。

罗兰·南热塞，《为了一个新社会，必须发起一场革命》，普隆出版社，1970。

让·端木松，《在让家方向一边》，加利马尔出版社，1991。

让·端木松、弗朗索瓦·叙罗，《男孩，写什么》，伽利玛出版社福里奥丛书，1991。

让·端木松，《这很好》，伽利玛出版社，2003。

加斯东·帕莱夫斯基，《1974 年的昨天和今天》，普隆出版社，1975。

加斯东·帕莱夫斯基，《身边的人和戴高乐》，普隆出版社，1979。

加斯东·帕莱夫斯基，《1924—1974 年行动回忆录》，普隆出版社，1988。

皮埃尔·佩昂，《希拉克，爱丽舍宫的陌生人》，法亚尔出版社，2007。

阿兰·佩雷菲特，《这就是戴高乐》，3 卷，德·法卢瓦/法亚尔出版社，2000。

阿兰·佩雷菲特，《乌尔姆街，巴黎高等师范学校生活编年史》，法亚尔出版社新版，1994。

阿兰·佩雷菲特，《需要分割阿尔及利亚吗?》。

阿兰·佩雷菲特，《法兰西之痛》，普隆出版社，1976。

皮埃尔·普弗兰林，《一个欧洲人的回忆：从第四共和国到第五共和国》，法亚尔出版社，1991。

安托万·比内，《一个普通的法国人与安托万·韦伊的会见》，贝尔丰出版社，1984。

埃德加·皮萨尼，《对所有人都公平对待的将军》，阿尔班·米歇尔出版社，1974。

埃德加·皮萨尼，《确认并签字》，奥迪勒·雅各布出版社，1991。

埃德加·皮萨尼，《国家恋情，与让·拉库蒂尔的会晤》，阿尔莱阿出版社，1998。

阿兰·波埃，《三次任总统》，普隆出版社，1993。

克洛德·蓬皮杜，《内心冲动》，普隆出版社，1997。

乔治·蓬皮杜，《法兰西诗歌文选》，阿谢特出版社，1961。

乔治·蓬皮杜，《难以解开的结》，普隆出版社，1974。

乔治·蓬皮杜，《1968—1974 年的会晤与演说》，普隆出版社，1975。

乔治·蓬皮杜，《恢复事实真相》，弗拉马里翁出版社，1982。

米歇尔·波尼亚托夫斯基，《希望的选择》，格拉塞出版社，1970。

米歇尔·波尼亚托夫斯基，《开诚布公》，法亚尔出版社，1972。

米歇尔·波尼亚托夫斯基，《未来无处寻觅》，阿尔班·米歇尔出版社，1978。

米歇尔·波尼亚托夫斯基，《回忆录》，普隆－勒罗谢出版社，1997。

罗贝尔·布热德，《无所不能的部长》，卡尔曼－莱维出版社，1975。

阿兰·普拉特，《戴高乐将军的经济战》，普隆出版社，1978。

亨利·凯菲莱克，《一个泰然自若的布列塔尼人》，斯托克出版社，1978。

勒内·雷蒙，《法兰西右翼势力》，奥比耶出版社新版，1982。

斯特凡娜·里亚尔，《乔治·蓬皮杜总统的政治观点》，法国大学出版社，1977。

雅克·里戈，《年龄优势》，格拉塞出版社新版，1993。

罗贝尔·罗卡，《蓬皮杜第二还是动乱的小宝书》，1969。

朱尔·罗曼，《善良的人们》。

居伊·德·罗特席尔德，《我所认识的蓬皮杜》，世界报，1974 年 4 月 23 日。

居伊·德·罗特席尔德，《靠自我奋斗取得成功》，贝尔丰出版社，1983。

居伊·德·罗特席尔德，《我暹罗的影子》，格拉塞出版社，1993。

皮埃尔·鲁阿内，《蓬皮杜》，格拉塞出版社，1969。

埃里克·鲁塞尔，《乔治·蓬皮杜》，J－C·拉泰出版社，1994。

埃利·德·圣－马克，《火炭场》。

雅姆·萨拉赞，《首字母 M 的罪犯档案》，莫罗出版社，1977。

菲利普·德·圣罗贝尔，《埃尔塞纳尔的壁垒和中断的七年任期》，罗贝尔·拉丰出版社，1977。

亚历山大·桑吉内蒂，《臣民还是公民》，罗贝尔·拉丰出版社，1977。

亚历山大·桑吉内蒂，《我因戴高乐主义的标签而头痛》，格拉塞出版社，1978。

莫里斯·舒曼，《远方滚动的波涛》，朱利亚出版社，1973。

莫里斯·舒曼，《胜利与黑夜》，朱利亚尔出版社，1989。

罗歇－热拉尔·施瓦岑贝格，《继承的战争》，大学出版社，1969。

菲利普·塞纳尔，《和蓬皮杜在一起的三年》，世界报，1975 年 8 月 1 日。

菲利普·塞纳尔，《乔治·蓬皮杜的最后一课》，普及读物出版社，1970 年 7 月。

西蒙娜·塞尔韦，《审视戴高乐》，普隆出版社，1990。

让－弗朗索瓦·西里内利，《知识一代，两次世界大战期间的高等师范学校文科预备班及高等师范学校学生》，法亚尔出版社，1988。

雅克·苏斯戴尔，《事与愿违》，圆桌出版社，1967。

雅克·苏斯戴尔，《进步与自由》，圆桌出版社，1970。

雅克·苏斯戴尔，《戴高乐主义的 28 年》，圆桌出版社，1967。

皮埃尔·叙德罗，《超越所有国界》，奥迪勒·雅各布出版社，1991。

奥利维耶·托德，《1926—1974 年吉斯卡尔的造房子游戏》，罗贝尔·拉丰出版社，1977。

让－雷蒙·图尔努，《将军的悲剧》，普隆出版社，1967。

让－雷蒙·图尔努，《将军的五月》，普隆出版社，1969。

让－雷蒙·图尔努，《永远不说》，普隆出版社，1971。

让－雷蒙·图尔努，《痛苦与命运》，普隆出版社，1974。

雷蒙·特里布莱，《第四共和国的一位戴高乐主义者》，普隆出版社，1985。

雷蒙·特里布莱，《将军的一位部长》，普隆出版社，1985。

贝尔纳·特里科，《和平的小径》，普隆出版社，1972。

贝尔纳·特里科，《回忆录》，凯·伏尔泰出版社，1994。

安托万·特兰，《乔治·蓬皮杜和康塔尔》，热尔贝出版社，1984。

路易·瓦隆，《反对戴高乐》，门槛出版社，1969。

路易·瓦隆，《戴高乐和民主》，圆桌出版社，1972。

皮埃尔·瓦塞勒，《亚眠南部的战斗》，阿布维尔·波拉尔印刷出版社，1947。

雅克·旺德鲁，《1958—1974 我所经历的这些伟大的年代》，普隆出版社，1975。

皮埃尔·维昂松－蓬泰，《政策》，卡尔曼－勒维出版社，1967。

皮埃尔·维昂松－蓬泰，《戴高乐共和国史》，法亚尔出版社，1971。

贝尔纳·维奥莱，《德隆奥秘》，弗拉马里翁出版社，2000。

弗朗索瓦·弗勒曼，《乔治·蓬皮杜和左派的戴高乐主义者，意识冲突和权力焦点》，巴黎政治研究学院出版社，1987。

克洛德·沃蒂耶，《四位总统与非洲》，门槛出版社，1995。

米歇尔·维诺克，《六十年代编年史》，门槛出版社，1987。

注 释

第一部分　杰出的文学艺术爱好者

1. 亚历山大·维亚拉特、路易·阿马吉耶的《神秘的奥弗涅的历史与传说》序言，特舒出版社，1969。

2. 夏尔·佩吉，《1909—1914 夏尔·佩吉散文集》中的《金钱》，伽利玛"七星诗社"出版社，1961 年，P. 1117。

3. 梅里·布龙贝热，《乔治·蓬皮杜的神秘命运》，法亚尔出版社，1965。

4. 出处同上。

5. 热拉尔·奥布雷，《乔治·蓬皮杜的画像》，法亚尔出版社，1969。

6. 乔治·蓬皮杜，《恢复事实真相》，弗拉马里翁出版社，1982，P. 13。

7. 梅里·布龙贝热，见上述引文。

8. 保尔·居特，《我对天真者的看法》，格拉塞出版社，1982。

9. 皮埃尔·鲁阿内，《蓬皮杜》，格拉塞出版社，1969。

10. 约瑟夫·保尔－邦库尔，《1919—1934 年两次大战期间》，普隆出版社，1945，P. 86。

11. 乔治·蓬皮杜，《恢复事实真相》，见上述引文，P. 15。

12. 保尔·居特，见上述引文，P. 84。

13. 乔治·蓬皮杜协会收集的与皮埃尔·普热的会见资料。

14. "我们相信所有人都拥有聪明才智，生活在温室的过热状态之中，有些人已经处于领先地位。利奥波德·塞达尔·桑戈尔已潜心于诗歌。乔治·蓬皮杜红宝石般的双眼炯炯发光，黑灰色双眉，热情而真挚，富有魅力，和我们希腊语老师的女儿低声诉说着他那阿尔贝式的爱情。"（保

尔·居特，见上述引文，P.89）

15.亨利·凯菲莱克，《一位泰然自若的布列塔尼人》，斯托克出版社，1978，P.114。

16.保尔·居特，《一位天真者的回忆录》，阿尔班·米歇尔出版社，1959。

17.作者与弗朗索瓦·塞拉克的会见。

18.乔治·蓬皮杜，《让·勒鲁瓦讣告》，1965。

19.保尔·居特，见上述引文，P.80。

20.保尔·居特，见上述引文，P.99。

21.作者与弗朗索瓦·塞拉克的会见，2005。

22.《共和国大学》，1930年4月1日。

23.罗贝尔·布拉西亚克，《暴风雨中的一代》，普隆出版社。

24.亨利·凯菲莱克，《一位泰然自若的布列塔尼人》，见上述引文，P.114。

25.乔治·蓬皮杜协会收集的与皮埃尔·普热的会见。

26.出处同上。

27.罗贝尔·布拉西亚克，《暴风雨中的一代》，见上述引文。

28.埃米尔·韦埃朗，《弗朗德勒诗歌》。

29.乔治·蓬皮杜协会收集的与皮埃尔·普热的会见资料。

30.出处同上。

31.亨利·凯菲莱克，《一位泰然自若的布列塔尼人》，见上述引文，P.126。

32.皮埃尔·贝尔托，《高等师范校友的友谊》。

33.朱利安·格拉克，《伟大道路手册》，若泽·科米蒂出版社，1992。

34.乔治·蓬皮杜协会收集的与皮埃尔·普热会见录音。

35.上个别辅导课的男女学生（学生用语），指补课和上辅导课的高等师范学校的男女学生。

36.乔治·蓬皮杜协会收集的与皮埃尔·普热会见资料。

37.出处同上。

38.出处同上。

39.克洛德·莫里亚克，《静止的时代，迹象，会晤和约会》，格拉塞出版社，P.37。

40.乔治·阿尔贝蒂尼1944年为马塞尔·德亚办公室主任，1945年被判处5年苦役，1948年获特赦，随后任沃尔姆斯银行经理，并成为居伊·摩勒、罗贝尔·拉科斯特的亲信，最后成为皮埃尔·朱耶和玛丽-弗朗斯·加罗的亲信。

41. 罗贝尔·马若兰原是让·莫内的亲密合作者，后为1946—1948年计划总干事助理，1958—1967年曾任欧洲经济共同体副主任。

42. 《一位政治家：乔治·蓬皮杜》中列举的勒内·比耶尔与埃马纽埃尔·纳凯的通信，大学出版社，2001，P.23—24。

43. 约瑟夫·保尔-邦库尔（1873—1972）是瓦尔德克·鲁索的律师和私人秘书，1909-1931年一直任国会议员，先是社会党人，后为社会共和党人。曾担任陆军部部长、外交部长，并短期任过议长，他于1932年和1938年多次试图对希特勒实行严厉政策，并对潜在的盟友苏联实行现实主义政策，但未能成功。1940年任参议员，他投票反对授予贝当全权，并帮助众多抵抗运动成员进入自由区。后遭盖世太保追捕，曾参加洛特省游击队。他在解放后重返法国社会党（工人国际法国支部），并成为《联合国宪章》的签字者之一。

44. 亨利·凯菲莱克，《一位泰然自若的布列塔尼人》，见上述引文，P.141—142。

45. 乔治·蓬皮杜，《恢复事实真相》，见上述引文，P.19。

46. 邦武斯特（le bomvoust）意为兵役和军事训练（服兵役前的军事设备教育）。源自1885年左右曾指挥乌尔姆街的学生兵营的邦武斯特上尉。

47. 乔治·蓬皮杜协会收集的与朱利安·格拉克会见录音。

48. 菲利普·塞纳尔，《和蓬皮杜在一起的三年》世界报，1975年8月1日。

49. 乔治·蓬皮杜协会收集的与皮埃尔·吉拉尔的会见资料。

50. 梅里·布隆贝热，《乔治·蓬皮杜的秘密命运》，见上述引文。

51. 贝朗·梅耶尔，《爱丽舍宫的夫人们》，佩兰出版社，1987。

52. 雷米·里乌，《乔治·蓬皮杜的文化与行动》，大学出版社，2000，P.36。

53. 乔治·蓬皮杜协会收集的与皮埃尔·吉拉尔的会见资料。

54. 克洛德·莫里亚克，《静止的时代》，见上述引文，P.188。

55. 作者与普瓦尔松下士的会见。

56. 作者与普瓦尔松下士的会见。

57. 由贝图阿尔将军指挥的、早些时候在纳尔维克登陆的另外一个师，成功地于5月28日占领港口，这是战争中法国唯一的一场胜利。但在三天之后，该师便奉命返回船上。这场史诗般的极地包围仅留下安葬几名法国士兵和水手的一块狭小墓地，他们的坟墓在大北方的一片沉寂中俯瞰着纳尔维克的峡湾，并用北极光之火将峡湾照亮。

58. 魏刚将军取代被免职的甘末林将军任法军总司令。

59. 作者与普瓦尔松下士的会见，2004。

60. 阿尔卑斯第 141 步兵团的行军作战日志。

61. 出处同上。

62. 乔治·蓬皮杜协会收集的与安娜－玛丽·迪皮耶的会见。

63. 阿尔卑斯第 141 步兵团的行军作战日志。

64. 魏刚出生地不明，一些人认为他是比利时人。

65. 让·盖埃诺，《1940—1944 黑暗年代日记》，伽利玛出版社，1947。

66. 热拉尔·阿蒂亚斯的见证，《亨利四世中学隶属学生名录》。

67. 让·盖埃诺，《黑暗年代的日记》，见上述引文。

68. 安德烈·方东与作者会见，2006 年 10 月。

69. 居伊·迪普雷的见证。

70. 化名韦科尔的素描画家亨利·布吕利莱 1942 年和作家皮埃尔·德莱斯屈尔创立子夜出版社，其目的是使发表的文章、其文学价值、纸张和印刷质量与极端亲德的德里厄·拉罗谢勒领导的《新法兰西杂志》发表的文章、其文学价值、纸张和印刷质量竞相媲美。一本反《新法兰西杂志》的杂志，从印刷到发行，一切活动都在地下进行，用自行车运送。

71. 让·盖埃诺，《黑暗时代的日记》，见上述引文。

72. 朱利安·格拉克是克洛德－贝尔纳中学的历史老师。

73. 乔治·蓬皮杜协会收集的与皮埃尔·布热的会见。

74. 从斯大林格勒战役起，德国人对劳动力的需求不断增长，大规模征召劳动力去德国的威胁逐月加剧。拉瓦尔一回到政府，便实施称之为"替换"的政策。他鼓励送走三名劳动力以换回一名俘虏。后来，从 1942 年 9 月起，维希政府越来越坚决地传达德国人的要求。1943 年 2 月 16 日，拉瓦尔要求 1940 年、1941 年、1942 年龄段成年的法国人，紧接着又是 1939 年龄段成年的法国人立即动身去德国。这便是强制劳役。这些年轻人被要求到劳动力部门登记，并进行体格检查。1942 年龄段成年的年轻人首先出发。于是，他们中的一些人便在工地、工厂、矿山寻求工作牌照，以逃避去德国当劳工的命运。另外一些人则参加了游击队。

75. 他的棺木存放在索邦小教堂内。

76. 作者与弗朗索瓦·塞拉克的会见，2005。

77. 让·端木松，《男孩，写什么》，伽利玛出版社，1989 年，P. 162。

78. 作者与安德烈·方东的会见，2006。

79. 作者与克洛德·迪克勒的会见，2006。

80. 出处同上。

81. 梅里·布隆贝热，《乔治·蓬皮杜的神秘命运》，见上述引文。

82. 乔治·蓬皮杜协会与让·沙博内尔的会见。

83. 乔治·蓬皮杜，为阿兰·佩雷菲特著作《乌尔姆街，高等师范学校生活编年史》所作的序言，弗拉马翁出版社，1963。

84. 乔治·蓬皮杜，《恢复事实真相》，见上述引文，P. 32。

85. 出处同上。

86. 作者与米歇尔·德·布瓦西厄的会见，2006。

87. 于贝尔·伯夫－梅里，布拉格法语学院教师，捷克斯洛伐克《时报》通讯员，见证了法英面对希特勒的投降行径和经常得到外国列强资助的法兰西报业的腐败。慕尼黑协议的第二天，他便向《时报》总编雅克·沙特内递交了辞呈，并以《朝向一个更强大的德意志》为题，写了一本有远见卓识的薄书。1940 年他在所在街区信箱中散发的标题为《冰山一角的真理》的传单中表明了自己的立场。1941 年初，他成了为因失败而遭重创的法兰西重组精英而建立的于里阿热中心的研究部主任。1942年 12 月学校被维希政府关闭后，他便参加了武装抵抗组织。

88. 阿兰·佩雷菲特，《这就是戴高乐》，法卢瓦－法亚尔出版社，2000，P. 186。

89. 乔治·蓬皮杜协会收集的与让·沙博内尔的会见。

90. 外部为行政法院提供四分之一的席位。

91. 乔治·蓬皮杜，《恢复事实真相》，见上述引文，P. 60。

92. 经历抵抗运动的洗礼和使他与在里昂旧资产阶级生活环境中所接受的思想观念决裂的战争之后，阿尔班·夏朗东成为莱昂·布卢姆内阁最年轻的成员。但出于对抵抗运动的忠诚，当将军创建法兰西人民联盟时，他追随了戴高乐。后来，他因越来越厌恶官僚主义，便离开公共部门，成为马塞尔·达索的亲密合作者，先后担任莫里斯·顾夫·德姆维尔内阁的部长和乔治·蓬皮杜内阁的部长。他向戴高乐将军提出了劳动者参与企业资本的独到的建议。

93. 作者与玛德莱娜·尼格雷尔的会见。

94. 乔治·蓬皮杜协会收集的与西蒙娜·塞尔韦的会见。

95. 位于索尔费里勒街的法兰西人民联盟总部。

96. 乔治·伊尔德布朗主持法兰西人民联盟财经委员会。

97. 作者与皮埃尔·路易－德雷福斯的会见，2005。

98. 奥利维耶·吉夏尔向让－菲利普·勒卡吐露的隐情，由让－菲利普·勒卡向作者转述。

99. 据阿兰·德·布瓦西厄讲，居伊的父亲爱德华·德·罗特席尔德男爵 1950 年的一天曾问戴高乐将军他是否认识一位正直的人。戴高乐将军看见乔治·蓬皮杜走过，便回答他说："刚才，你问我是否认识一位正直的人，他便是。"

100. 法兰西苏丹指现在的马里。

101. 乔治·蓬皮杜协会收集的与居伊·德·罗特席尔德的会见。

102. 居伊·德·罗特席尔德，《靠自我奋斗取得成功》，贝尔丰出版社，1983。

103. 乔治·蓬皮杜协会收集的与安娜－玛丽·迪皮耶的会见。

104. 作者与米歇尔·德·布瓦西厄的会见。

105. 出处同上。

106. 阿兰·佩雷菲特，《这就是戴高乐》，见上述引文。

107. 阿兰·佩雷菲特，《乔治·蓬皮杜的文化与行动》，见上述引文，P. 78。

108. 乔治·蓬皮杜协会收集的与阿蒂尔·孔特的会见。

109. 阿兰·德·布瓦西厄的见证。

110. 阿兰·佩雷菲特，《乌尔姆街》，法亚尔出版社新版，1994。

111. 皮埃尔·鲁阿内，《蓬皮杜》，格拉塞出版社，1969。

112. 在这部法兰西诗歌文选中，蓬皮杜表达了他对维永的偏爱。拉封丹、拉辛、雨果、波德莱尔和马拉美都无法取代勒内·沙尔这些他所欣赏的现代作家。乔治·蓬皮杜将亲笔题词"赠给皮埃尔·普热，我无可取代的朋友"赠给皮埃尔·普热便是一例。

113. 克洛德·米舍莱，《我的父亲埃德蒙·米舍莱》，罗贝尔·拉丰出版社，1981，P. 233。

114. 让·富瓦耶，《和将军在权力的道路上》，法亚尔出版社，2006，P. 83。

115. 乔治·蓬皮杜协会收集的与阿兰·德·布瓦西厄的会见。

116. 乔治·蓬皮杜协会收集的与皮埃尔·普热的会见。

117. 米歇尔·德勃雷档案 2DE85。

118. 帕特里斯·罗蒙巴，1961 年 1 月遭到暗杀。

119. 乔治·蓬皮杜协会收集的与让·费尔尼奥的会见。

第二部分　巨变

1. 乔治·蓬皮杜协会收集的与阿兰·德·布瓦西厄的会见。

2. 作者与西蒙娜·塞尔韦的会见，2007。

3. 作者与玛德莱娜·尼格雷尔的会见，2006。

4. 乔治·叙费尔，《粗野无礼的回忆录》，法卢瓦出版社，P. 164。

5. 阿兰·佩雷菲特，《这就是戴高乐》，法卢瓦－法亚尔出版社，

2000，P. 97。

6. 乔治·蓬皮杜协会收集的与安娜－玛丽·迪皮耶的会见。

7. 乔治·蓬皮杜在阿尔班·夏朗东家用晚餐时对坐在身边的作者母亲吐露的隐情。

8. 阿蒂尔·孔特，《第五共和国的总统们》，勒普雷·奥克莱尔出版社，1985，P. 256。

9. 皮埃尔·叙德罗，《超越所有国界》，奥迪勒·雅各布出版社，1991，P. 137—138。

10. 乔治·蓬皮杜，《难以解开的结》，1974，P. 57。

11. 作者与让－菲利普·勒卡的会见，2007。

12. 作者与贝尔纳·埃桑贝尔的会见，2006。

13. 作者与贝尔纳·德·维尔梅雅纳的会晤，2006。

14.《洛桑日报》，1962 年 5 月 2 日。

15. 弗朗索瓦·莫里亚克，《新记事本》，门槛出版社，1993。

16. 作者与西蒙娜·塞尔韦的会见，2007。

17. 被证实犯有 27 宗谋杀案的珀蒂奥医生。

18. 伊夫·库里埃，《皮埃尔·拉扎雷夫》，伽利玛出版社，1965。

19. 米歇尔·德勃雷档案，2DE85。

20. 阿兰·佩雷菲特，《这就是戴高乐》，见上述引文，P. 196。

21. 乔治·吉约中尉建立的一支别动队。

22. 作者与皮埃尔·梅斯梅尔的会见，2006。

23. 皮埃尔·维昂松－蓬泰，《戴高乐共和国史》，法亚尔出版社，1971。

24. 跨部联络组。

25. 皮埃尔·维昂松－蓬泰，《戴高乐共和国史》，法亚尔出版社，见上述引文。

26. 吉勒·比斯恰，《以秘密军队组织名义，蓬皮杜的目标》，阿兰·勒弗夫尔出版社，1980。

27. 出处同上。

28. 比斯恰 1963 年 2 月因另一起谋杀案被捕，9 月份从弗雷内斯逃脱，被判处死刑，并于 1965 年 4 月再次被捕，1968 年获得赦免，并被释放。

29. 乔治·蓬皮杜协会收集的与皮埃尔·梅斯梅尔的会见。

30. 乔治·蓬皮杜协会收集的与皮埃尔·梅斯梅尔的会见。

31. 阿兰·佩雷菲特《这就是戴高乐》，法亚尔出版社，P. 248。

32. 贝尔纳·勒福尔，《戴高乐年代的记忆与秘密》，普隆出版社，1979。

33. 艾蒂安·比兰·德罗西埃，《本源回归，关键的1962年》，普隆出版社，1986。

34. 阿蒂尔·孔特，《第五共和国的总理们》，见上述引文，P.56。

35. 乔治·蓬皮杜协会收集的与朱利安·格拉克的会见录音。

36. 乔治·蓬皮杜协会收集的与安娜－玛丽·迪皮耶的会见。

37. 克洛德·米舍莱，《我的父亲埃德蒙·米舍莱》，罗贝尔·拉丰出版社，1981，P.270。

38. 乔治·蓬皮杜协会收集的与阿兰·德·布瓦西厄的会见。

39. 乔治·蓬皮杜1963年9月4日在保卫新共和联盟的议会日上的讲话。

40. 乔治·蓬皮杜1964年在迪纳尔保卫新共和联盟小型代表大会上的讲话。

41. 总指挥部和北欧、中欧及南欧三个指挥部。

42. 阿兰·德·布瓦西厄认为，本·巴尔卡部队大概是乘一架美国飞机偷偷摸摸地离开法国领土的。

43. 作者与弗朗索瓦·塞拉克的会晤，2005。

44. 乔治·叙费尔，《粗野无礼的回忆录》，见上述引文，P.185。

45. 弗朗索瓦兹·萨冈，《我的深切同情》，朱利亚尔出版社，1993。

46. 作者与西蒙娜·塞尔韦的会见，2007。

47. 阿兰·佩雷菲特，《这就是戴高乐》，见上述引文。

48. 乔治·蓬皮杜协会收集的与雷蒙·波林的会见。

49. 樊尚·莱昂纳尔《乔治·蓬皮杜和中等教育的发展》，P.217《乔治·蓬皮杜的文化及行动》研讨会文章汇编，法国大学出版社，2000。

50. 雅克·沙佐是歌剧舞蹈演员，塑造了《玛丽－尚塔尔》的人物形象。

51. 作者与弗朗索瓦·加尔的会见，2007。

52. 乔治·蓬皮杜协会收集的与朱利安·格拉克的会见。

53. 乔治·蓬皮杜协会收集的与皮埃尔·布热的会见。

54. 作者与克洛德·迪克勒的会见。

55. 让－路易·普拉，见《文化人乔治·蓬皮杜》P.31—P.32。

56. 《政府公报》，国民议会议会辩论，1964，P.941—P.958。

57. 梅里·布龙贝热，《乔治·蓬皮杜的神秘命运》，法亚尔出版社，1965。

58. 乔治·蓬皮杜，《难以解开的结》，见上述引文，P.70

59. 雅克·沙邦－戴尔马，《为了明天的回忆》，弗拉马里翁出版社，1997。

60. 阿兰·佩雷菲特，《这就是戴高乐》，见上述引文。

61. 夏尔·戴高乐出生于1890年11月20日。

62. 贝尔纳·勒福尔，《戴高乐年代的回忆与秘密》，见上述引文，P. 112—P. 113。

63. 让-雷蒙·图尔努，雅克·福卡尔也曾提及，《爱丽舍宫公报》，法亚尔-青年非洲出版社，2001，第1卷，P. 226。

64. 作者与西蒙娜·塞尔韦的会见。

65. 帕特里克·罗特曼就第五共和国总统选举电视采访瓦莱里·吉斯卡尔·德斯坦。

66. 雅克·福卡尔，见上述引文。

67. 乔治·叙费尔，《粗野无礼的回忆录》，详见上述引文，P. 154—P. 155。

68. 乔治·蓬皮杜协会收集的与阿兰·德·布瓦西厄的会见。

69. 阿兰·佩雷菲特，《这就是戴高乐》，见上述引文，P. 588。

70. 菲利普·亚历山大，《戴高乐—蓬皮杜之间的较量》，格拉塞出版社，1970。

71. 作者与米歇尔·德朗古的会见。

72. 让-弗朗索瓦·德尼奥，《七条生命的回忆录》，普隆出版社。

73. 阿蒂尔·孔泰，《第五共和国的总统们》，见上述引文，P. 255。

74. 出处同上。

75. 乔治·蓬皮杜协会收集的与奥利维耶·吉夏尔的会见。

76. 弗朗索瓦·奥迪吉耶，《科学咨询委员会史》，斯托克出版社，2004。

77. 让·拉库蒂尔，《皮埃尔·孟戴斯·弗朗斯》，门槛出版社，1981。

78. 弗朗索瓦·奥迪吉耶，《科学咨询委员会史》，见上述引文。

79. 乔治·蓬皮杜委员会收集的与让-菲利普·勒卡的会见。

80. 安德烈·贝热龙，《我要求理性》，P. 178。

81. 马塞尔·卢瓦绍，毕业于巴黎综合理工大学，有机组织工程师，创立了经济及应用数学学会，并担任会长；著有《泛资本主义改革》，1970。

82. 弗朗索瓦·奥迪吉耶，《一位政治家：乔治·蓬皮杜》，大学出版社，2001，P. 223。

83. 让·弗尔里奥，《8点15分，从戴高乐到蓬皮杜》，普隆出版社，1972，P. 10。

84. 米歇尔·巴锡，《放在同一天平上的 5 位总统》，J－C 拉泰出版社，2005，P. 71。

85. 乔治·蓬皮杜，《难以解开的结》，见上述引文，P. 22。

86. 出处同上，P. 24。

87. 出处同上，P. 28。

88. 出处同上，P. 29。

89. 出处同上，P. 34。

90. 皮埃尔·梅斯梅尔，《一位政治家：乔治·蓬皮杜》，见上述引文，P. 384。

91. 作者与皮埃尔·梅斯梅尔的会见，2006。

92. 乔治·蓬皮杜协会收集的与让－菲利普·勒卡的会见。

93. 作者与西蒙娜·塞尔韦的会见。

94. 乔治·蓬皮杜协会收集的与让－菲利普·勒卡的会见。

95. 乔治·蓬皮杜，《恢复事实真相》，弗拉马里翁出版社，1982，P. 179。

96. 见《一位政治家：乔治·蓬皮杜》一书中的勒内·雷蒙关于这一问题的论述，见上述引文，P. 173。

97. J. R. 图尔努，《将军的 5 月》，普隆出版社，1969。

98. 乔治·蓬皮杜 1968 年 7 月 29 日致雷蒙·阿隆的信。

99. 乔治·蓬皮杜，《难以解开的结》，见上述引文，P. 30。

110. 乔治·蓬皮杜协会收集的与皮埃尔·莫鲁瓦的会见。

101. 指 1958 年发生在阿尔及尔，导致戴高乐上台的 1958 年 5 月 13 日事件。

102. 乔治·蓬皮杜协会收集的与让－菲利普·勒卡的会见。

103. 乔治·蓬皮杜协会收集的与西蒙娜·塞尔韦的会见。

104. 米歇尔·巴锡，《放在同一天平上的 5 位总统》，见上述引文，P. 77—P. 79。

105. 皮埃尔·维昂松－蓬泰，《戴高乐共和国史》，法亚尔出版社，1971，第二卷。

106. 乔治·蓬皮杜协会收集的与让－菲利普的会见。

107. 乔治·蓬皮杜协会，《乔治·蓬皮杜文化与行动》，P. 298。

108. 所有被判刑的秘密军队组织成员，甚至包括阿尔古，1968 年 6 月 7 日全被特赦，1968 年 6 月 17 日全获赦免。

109. 乔治·蓬皮杜协会收集的与让－菲利普·勒卡的会见。

110. 雅克·福卡尔，见上述引文，第 2 卷，P. 130。

111. 乔治·蓬皮杜协会收集的与皮埃尔·莫鲁瓦的会见。

112. 雅克·福卡尔，见上述引文，第 2 卷，P. 120。

113. 乔治·蓬皮杜协会收集的与让－菲利普·勒卡的会见。

114. 雅克·福卡尔，见上述引文，第 2 卷，P. 316。

115. 乔治·蓬皮杜协会收集的与西蒙娜·塞尔韦的会见。

116. 有些人以为他弄错了。

117. 安德烈·贝热龙，见上述引文，P. 127。

118. 乔治·蓬皮杜协会收集的与让－菲利普·勒卡的会见。

119. 弗朗索瓦·奥迪吉耶，《科学咨询委员会史》，见上述引文，P. 138。

120. 乔治·蓬皮杜，《恢复事实真相》，见上述引文，P. 189。

121. 乔治·蓬皮杜引用的 1968 年 6 月 1 日戴高乐对他所吐露的隐情，《恢复事实真相》，见上述引文，P197。

122. 乔治·蓬皮杜协会收集的与阿兰·德·布瓦西厄的会见。

123. 作者与玛丽－弗朗斯·加罗的会见。

124. 让克洛德·莫里亚克，《静止的时代》，见上述引文。

125. 雅克·福卡尔，见上述引文，第 2 卷，P. 148。

126. 出处同上，第 2 卷，P149。

127. 让克洛德·莫里亚克，《静止的时代》，见上述引文。

128.《权力与生命》第 3 卷 P. 59 所引用的马叙将军与瓦莱里·吉斯卡尔·德斯坦的会见。

129. 雅克·马叙，《1968 年的巴登，忠诚的戴高乐主义者的回忆录》，普隆出版社，1983。

130. 作者与·玛丽－弗朗斯·加罗的会见。

131. 乔治·蓬皮杜协会收集的与莫里斯·德吕翁的会见。

132. 乔治·蓬皮杜协会收集的与阿兰·德·布瓦西厄的会见。

133. 阿兰·佩雷菲特，《这就是戴高乐》，见上述引文。

134. 瓦莱里·吉斯卡尔·德斯坦，《权力与生命》，第 3 卷，P. 62。

135. 乔治·蓬皮杜，《恢复事实真相》，见上述引文，P. 193。

136. 夏尔·帕斯卡，当时在里卡商业局任职。

137. 乔治·蓬皮杜协会收集的与让－菲利普·勒卡的会见。

138. 乔治·蓬皮杜协会收集的与皮埃尔·莫鲁瓦的会见。

139. 埃尔韦·阿蒙、帕特里克·罗特曼，《世代》，门槛出版社，1987，P. 560。

140. 让·端木松，《男孩，写什么》，伽利玛出版社，1989，P. 226。

141. 作者与皮埃尔·梅斯梅尔的会见，2006。

142. 阿兰·佩雷菲特，《这就是戴高乐》，见上述引文。

143. 雅克·福卡尔，见上述引文，第 2 卷，P. 227—228。

144. 乔治·蓬皮杜，《内心冲动》，普隆出版社，1997。

145. 克洛德·蓬皮杜，《恢复事实真相》，见上述引文，P. 204。

146. 克里斯蒂亚娜·克莱尔所报道的居伊·德·罗特席尔德的见证。

147. 乔治·蓬皮杜协会收集的与让·沙博内尔的会见。

148. 乔治·蓬皮杜协会收集的与弗朗索瓦·加勒的会见。

149. 埃里克·鲁塞尔，《乔治·蓬皮杜》，J.－C·拉泰出版社，1994，P. 283。

150. 安德烈·贝热龙，见上述引文，P. 131。

151. 乔治·蓬皮杜协会收集的与雷蒙·波林的会见。

152. 乔治·蓬皮杜，《难以解开的结》，见上述引文，P. 90。

153. 乔治·蓬皮杜协会收集的与莫里斯·德吕翁的会见。

154. 克洛德·莫里亚克，《静止的时代》、《想象的空间》，格拉塞出版社，1975。

155. 出处同上。

156. 出处同上。

157. 出处同上。

158. 出处同上。

第三部分　对法兰西的雄心壮志

1. 乔治·蓬皮杜，《恢复事实真相》，弗拉马里翁出版社，1982年，P. 251。

2. 出处同上，P. 252。

3. 出处同上，P. 253。

4. 乔治·蓬皮杜协会收集的与阿兰·德·布瓦西厄的会见。

5. 埃马纽埃尔·艾曼，《德隆事件》，法亚尔出版社，1998。

6. 克里斯蒂娜·克蒂尔所引用的《第五共和国从政的男人和女人们》的内容，普隆出版社，2006。

7. 乔治·蓬皮杜，《恢复事实真相》，见上述引文，P. 251—P. 261。

8. 作者与西蒙娜·塞尔韦的会见。

9. 让·莫里亚克，《后戴高乐时代》，法亚尔出版社，2006，P. 43。

10. 乔治·蓬皮杜，《恢复事实真相》，见上述引文，P. 262。

11. 乔治·蓬皮杜协会收集的与阿兰·德·布瓦西厄的会见。

12. 弗朗索瓦与雅克利娜·卡斯泰的一个女儿得了脊髓灰质炎。

13. 安娜·戴高乐基金会，设在韦尔克尔。

14. 乔治·叙费尔，《粗野无礼的回忆录》，法卢瓦出版社，1995。

15. 乔治·蓬皮杜，《恢复事实真相》，见上述引文，P. 259。

16. 乔治·蓬皮杜协会收集的与阿兰·德·布瓦西厄的会见。

17. 让·费尔尼奥，《8 点 15 分，从戴高乐到蓬皮杜》，普隆出版社，1972，P. 105。

18. 夏尔·德巴斯，见上述引文，P. 31。

19. 贝尔纳·勒福尔，《戴高乐年代的回忆与秘密》，普隆出版社，1979，P. 334。

20. 乔治·蓬皮杜 1972 年 4 月 13 日在南锡的演说。

21. 乔治·蓬皮杜 1974 年 1 月 23 日在普瓦捷的演说。

22. 乔治·蓬皮杜协会收集的与让-菲利普·勒卡的会见。

23. 贝尔纳·勒福尔，《回忆与秘密》，见上述引文。

24. 作者与莫里斯·达兰瓦尔的会见，2007。

25. 让·莫里亚克，《后戴高乐时代》，见上述引文。

26. 作者与弗朗索瓦·塞拉克的会见，2005。

27. 皮埃尔·佩昂，《希拉克，爱丽舍宫的陌生人》，法亚尔出版社，2007

28. 克里斯蒂娜·克莱尔所列举的居伊·德·罗特席尔德的见证，《第五共和国从政的男人们和女人们》，见上述引文。

29. 乔治·蓬皮杜协会收集的与让·沙博内尔的会见。

30. 乔治·蓬皮杜协会收集的与莫里斯·德吕翁的会见。

31. 乔治·蓬皮杜协会收集的与米歇尔·诺贝尔的会见。

32. 乔治·蓬皮杜协会收集的与米歇尔·诺贝尔的会见。

33. 乔治·蓬皮杜协会收集的与弗朗索瓦·加尔的会见。

34. 乔治·蓬皮杜协会收集的与米歇尔·诺贝尔的会见。

35. 作者与让-勒内·贝尔纳的会见，2006 年 10 月。

36. 让·戈，《回忆概要》，朱利亚尔出版社，1985。

37. 作者与玛德莱娜·尼格雷尔的会见，2006。

38. 乔治·蓬皮杜协会收集的与皮埃尔·普热的会见。

39. 乔治·蓬皮杜协会收集的与安娜-玛丽·迪皮耶的会见。

40. 出处同上。

41. 菲利普·亚历山大，《戴高乐—蓬皮杜之间的较量》，格拉塞出版社，1970，P. 407。

42. 让·费尔尼，《8 点 15 分……》，见上述引文，P. 219。

43. 乔治·蓬皮杜协会收集的与西蒙娜·塞尔韦的会见。

44. 作者与弗朗索瓦·加尔的会见。

45. 让·费尔尼，《8点15分……》，见上述引文，P. 221。

46. 乔治·蓬皮杜协会收集的与雷蒙·波森的会见。

47. 阿蒂尔·孔特，《自由的人们》，普隆出版社，1973，P. 10。

48. 作者与热拉尔·沃姆斯的会见，2007。

49. 乔治·蓬皮杜，《难以解开的结》，见上述引文，P. 50。

50. 阿兰·佩雷菲特，《法兰西之痛》，普隆出版社，1976，P. 99。

51. 阿蒂尔·孔特，《第五共和国的总统们》，勒普·奥克莱尔出版社，1985，P. 210。

52. 乔治·蓬皮杜协会收集的米歇尔·诺贝尔的见证。

53. 1970年7月3日费加罗报引用。

54. 作者与米歇尔·德朗古的会见，2007。

55. 贝尔纳·埃桑贝尔与作者的会见，2006。

56. 月薪制化适得其反的效果是促使老板们一旦发生危机时，通过雇用临时工来降低劳动力成本。受保护的劳动者与临时劳动者二分法将在无法恢复的情况下取代体力劳动者与非体力劳动者二分法。

57. 弗朗索瓦·塞拉克，《冶金年》，1970，P. 57。

58. 乔治·蓬皮杜协会收集的与莫里斯·德吕翁的会见。

59. 阿兰·弗雷勒让，《标致家族，两个世纪的冒险》，弗拉马里翁出版社，2006，P. 235。

60. 作者与弗朗索瓦·加尔的会见，2007。

61. 作者与让－贝尔纳·雷蒙的会见，2006。

62. 出于谨慎，交货将分期分批进行，以避免所有武器突然出现在战场上，这一预防措施是有益的，因为直至1974年人们才获悉利比亚向埃及提交了一部分武器。

63. 作者与让－贝尔纳·雷蒙的会见，2006。

64. 乔治·蓬皮杜协会收集的与阿兰·德·布瓦西厄的会见。

65. 雅克·福卡尔，见上述引文，第3卷，P. 505。

66. 出处同上，P. 216。

67. 关于克洛德·蓬皮杜与科莱特·桑戈尔的关系，见雅克·福卡尔，见上述引文，第3卷，P. 598和P. 606。

68. 出处同上，P. 609。

69. 出处同上。

70. 出处同上，第4卷，P. 208。

71. 出处同上，第3卷，P. 609。

72. 作者与米歇尔·德朗古的会见，2007。

73. 克洛德·蓬皮杜，《内心冲动》，普隆出版社，1997。

74. 乔治·蓬皮杜协会收集的对雷蒙·波林的采访。

75. 作者与克洛德·迪克勒的会见，2006。

76. 作者与玛丽-弗朗斯·加罗的会见，2007。

77. 《乔治·蓬皮杜文化与行动》，见上述引文，P. 43。

78. 阿蒂尔·孔特，《自由的人们》，见上述引文，P. 27。

79. 阿蒂尔·孔特，《第五共和国的总统们》，见上述引文，P. 210。

80. 出处同上，P. 209。

81. 阿蒂尔·孔特，《自由的人们》，见上述引文，P. 23。

82. 乔治·蓬皮杜协会收集的与米歇尔·若贝尔的会见。

83. 菲利普·德·圣-罗贝尔，见上述引文。

84. 罗歇·法利戈，让·吉内尔，《第五共和国秘史》，发现出版社，2006，P. 506。

85. 阿蒂尔·孔特，《第五共和国的总统们》，勒·普奥克莱尔出版社，1986，P. 158。

86. 乔治·蓬皮杜协会收集的与米歇尔·诺贝尔的会见。

87. 作者与玛丽-弗朗斯·加罗的会见，2007。

88. 让·费尔尼，见上述引文，P. 174。

89. 乔治·蓬皮杜协会收集的与居伊·罗特席尔德的会见。居伊·罗特席尔德保密，未说出被列举者姓名。

90. 乔治·蓬皮杜协会收集的与安娜-玛丽·迪皮耶的会见。

91. 作者与皮埃尔·梅斯梅尔的会见，2006。

92. 乔治·蓬皮杜协会收集的与阿蒂尔·孔特的会见。

93. 作者与米歇尔·德朗古的会见，2007。

94. 乔治·蓬皮杜协会收集的与弗朗索瓦·塞拉克的会见。

95. 乔治·蓬皮杜，《会见与演说》，普隆出版社，1975。

96. 乔治·蓬皮杜协会收集的与弗朗索瓦·塞拉克的会见。

97. 乔治·蓬皮杜，《难以解开的结》，见上述引文，P. 119—P. 143。

98. 出处同上，P. 130。

99. 出处同上。

100. 作者与贝尔纳·埃桑贝尔的会见，2006。

101. 阿兰·弗雷勒让，《标致家族，两个世纪的冒险》，见上述引文，P. 245。

102. 出处同上，P. 246。

103. 作者与皮埃尔·梅斯梅尔的会见，2006。

104. 瓦莱里，吉斯卡尔·德斯坦，《权力与生命》，第2卷，P. 64。

105. 阿蒂尔·孔特，《自由的人们》，见上述引文，P. 65。

106. 乔治·蓬皮杜协会收集的与夏尔·德·克鲁瓦塞的会见。

107. 菲利普·戴高乐，《我的父亲戴高乐》，第 2 卷，普隆出版社，2007。

108. 阿蒂尔·孔特，《第五共和国的总统们》，见上述引文，P.216。

109. 瓦莱里·吉斯卡尔·德斯坦，《权力与生命》，见上述引文，第 1 卷，P.82。

110. 马克·雅凯，默伦议员、市长，任国民议会保卫新共和联盟议员团主席。

111. 雅克·福卡尔，见上述引文，第 5 卷，P.78。

112. 安托万·比内当时担任财政部长。

113. 乔治·蓬皮杜协会收集的与夏尔·德·克鲁瓦塞的会见。

114. 皮埃尔·维昂松－蓬泰，《其他人的生命》。

115. 乔治·蓬皮杜与菲利普·德·圣罗贝尔 1972 年 6 月 18 日的会见。

116. 米歇尔·德勃雷，《与乔治·蓬皮杜的会见》，阿尔班·米歇尔出版社，1996，P.140。

117. 瓦莱里·吉斯卡尔·德斯坦，《权力与生命》，详见上述引文，P.20。

118. 乔治·蓬皮杜协会收集的与让－菲利普·勒卡的会见。

119. 乔治·蓬皮杜协会收集的与阿兰·德·布瓦西厄的会见。

120. 瓦莱里·吉斯卡尔·德斯坦，《权力与生命》，见上述引文，第 3 卷，P.91。

121. 阿蒂尔·孔特，《第五共和国的总统们》，见上述引文，P.220。

122. 瓦莱里·吉斯卡尔·德斯坦，《权力与生命》，详见上述引文，P.19。

123. 乔治·蓬皮杜协会收集的与米歇尔·诺贝尔的会见。

124. 2007 年参加午宴的让－菲利普向作者透露的新证言。

125. 作者与克里斯蒂安·多马尔的会见，2006。

126. 作者与克里斯蒂安·多马尔的会见，2006。

127. 作者与克里斯蒂安·多马尔的会见，2006。

128. 阿蒂尔·孔特，《第五共和国的总统们》，见上述引文，P.222。

129. 阿蒂尔·孔特，《自由的人们》，见上述引文，P.308。

130. 安德烈·贝热龙与作者的会见，2006。

131. 居伊·德·罗特席尔德，《靠自我奋斗取得成功》，贝尔丰出版社，1983。

132. 米歇尔·巴锡，《放在同一天平上的五位总统》，J.－C·拉泰出版社，2005，P. 111—P. 113。

133. 乔治·蓬皮杜协会收集的与居伊·德·罗特席尔德的会见。

134. 玛丽－弗朗斯·加罗，《疯子们的节日》，普隆出版社，2006。

135. 克里斯蒂娜·克莱尔，《第五共和国从政的男人们和女人们》，见上述引文，P. 171。

136. 德·穆希公爵夫人通过组织一次晚宴，开创了先例。晚宴上，她让两名化装为仆从的喜剧演员扮演说话粗鲁的角色，其中一个对吉斯卡尔说："部长先生，您有一根头发过长了。"另一个则对巴拉迪尔说："先生，我不知道您的裤子是否开裆了。"

137. 乔治·蓬皮杜协会收集的与皮埃尔·梅斯梅尔的会见。

138. 作者与让－贝尔纳·雷蒙的会见，2006。

139. 阿蒂尔·孔特，《第五共和国的总统们》，见上述引文，P. 223。

140. 让·莫里亚克，《后戴高乐的时代》，见上述引文，P. 137。

141. 瓦莱里·吉斯卡尔·德斯坦，《权力与生命》，见上述引文，第1卷，P. 23。

142. 作者与玛德莱娜·尼格雷尔的会晤，2006。

143. 弗朗索瓦·密特朗，《言语与行动》，弗拉马里翁出版社，1975。

144. 密特朗1981当选总统几个月后，发现自己已患有前列腺癌。

145. 1965年接受《现实》杂志阿尔弗雷德·马克斯和米歇尔·德朗古的采访。

乔治·蓬皮杜经历与业绩年谱

1911 年 7 月 5 日生于康塔尔省蒙布迪夫，在阿尔贝接受小学、中学教育。

1929—1931 年在高等师范学校图卢兹文科预备班二年级、巴黎路易大帝中学、法国高等师范学校文科预备班。

1931—1934 年在乌尔姆街的巴黎高等师范学校学习。

1934 年参加文科教师学衔考试获得第一名，毕业于政治学院。

1935 年 10 月 29 日在沙托－贡捷与克洛德·卡乌尔完婚。

1935—1938 年在马赛圣－夏尔中学任教。

1938—1946 年在巴黎亨利四世中学任教。

1939—1940 年在阿尔卑斯第 141 步兵团任少尉、中尉。

1940 年 5—6 月在索姆、卢瓦尔参加战斗。

1942 年领养新生儿阿兰。

1944—1946 年任戴高乐将军办公室特派员。

1946 年任最高行政法院审案官，政治学院副教授。

1948 年任戴高乐将军办公室主任。

1953 年步入罗特席尔德银行财团。

1958 年任戴高乐将军办公室主任。

1959 年重返罗特席尔德银行财团。

1961 年 2—3 月在瑞士与阿尔及利亚临时政府代表秘密谈判。

1962 年 4 月 16 日任戴高乐将军政府总理。

1963 年 2 月 14 日创建国家经济发展委员会（领土整治和区域行动代表团）。

1966 年 1 月 1 日创建石油勘探及生产企业公司。

1967 年 9 月签订《法德空中客车议定书》。

1968 年 5 月 25—27 日与工会进行格勒内勒谈判。

1968 年 5 月 29 日戴高乐将军失踪，前往巴登－巴登马叙将军住处。

1968 年 7 月 10 日蓬皮杜辞职，莫里斯·顾夫·德姆维尔取而代之。

1969 年 1 月 17 日签署《罗马声明》。

1969 年 2 月 4 日其父莱昂·蓬皮杜去世。

1969 年 2 月 13 日签署《日内瓦声明》。

1969 年 6 月 15 日任共和国总统。

1969 年 6 月 22 日任命雅克·沙邦 – 戴尔马为总理。

1969 年 10 月 16 日采用威斯汀豪斯核反应堆系统建造核电站。

1970 年 3 月推出小时工按月付薪政策。

1970 年 11 月 9 日戴高乐将军去世。

1971 年 12 月国营飞机发动机研究公司与美国通用电器公司就 CFM56 核反应堆达成协议。

1972 年 1 月 22 日英国加入共同体市场。

1972 年 7 月 6 日任命皮埃尔·梅斯梅尔为总理。

1973 年 5 月 31 日与尼克松在雷克雅未克会晤。

1973 年 12 月决定法国为阿丽亚娜运载火箭投资 60%。

1974 年 2 月决定在特里卡斯丹建造铀浓缩工厂。

1974 年 3 月 5 日核心内阁批准法国电力公司建造 13 座核电站。

1974 年 4 月 2 日乔治·蓬皮杜在巴黎去世。

感　谢

　　首先我要感谢贝尔纳·埃桑贝尔和西蒙娜·塞尔韦，他们给了我莫大的鼓舞和支持，并提供了很多文献资料。我在此还想向所有热情接待我、为我花费时间的人们致以谢意，尤其要感谢克里斯蒂安·多马尔、安德烈·贝热龙、让-勒内·贝尔纳、米歇尔·德·布瓦西厄、阿兰·布里奥泰、弗朗索瓦·塞拉克、阿尔班·夏朗东、米歇尔·德朗古、克洛德·迪克勒、丹尼丝·埃斯努、安德烈·方东、弗朗索瓦·加尔、玛丽-弗朗斯·加罗、让-菲利普·勒卡、皮埃尔·路易-德雷富斯、皮埃尔·梅斯梅尔、玛德莱娜·尼格雷尔、让·潘雄、让-贝尔纳·雷蒙、尼古拉·韦克布尔德、贝尔纳·德·维尔梅雅纳和热拉尔·沃姆斯。

　　同时，也允许我感谢莫里亚克全家和贝尔纳·格拉塞出版社，他们慷慨地授权我引用克洛德·莫里亚克《静止的时代》一书中的好几段极其珍贵的见证。

（京权）图字：01-2010-0420
图书在版编目（CIP）数据

这就是蓬皮杜／（法）弗雷勒让著；方仁杰译．－北京：作家出版
社，2010.4
　ISBN 978-7-5063-5309-0

　Ⅰ.①这…　Ⅱ.①弗…②方…　Ⅲ.①蓬皮杜，G.（1911～1974）－传记
Ⅳ.①K835.657=6

中国版本图书馆CIP数据核字（2010）第054358号

Alain Frerejean
C'était Georges Pompidou
© Librairie Arthème Fayard, 2007
策划：猎文文化发展有限公司

Ouvrage publié avec le concours du Ministère français
chargé de la Culture- Centre National du Livre
本书由法国文化部国家图书中心资助出版

Centre du Livre Etranger des Editions Mer-Ciel

这就是蓬皮杜

作者：（法）阿兰·弗雷勒让
责任编辑：王炘　周茹　翟婧婧
装帧设计：视觉共振设计工作室
出版发行：作家出版社
社址：北京农展馆南里10号　　邮码：100125
电话传真：86-10-65930756（出版发行部）
　　　　　86-10-65004079（总编室）
　　　　　86-10-65015116（邮购部）
E-mail: zuojia@zuojia.net.cn
http://www.zuojia.net.cn
印刷：紫恒印装有限公司
成品尺寸：152×230
字数：400千
印张：22.5　　插页：8
版次：2010年4月第1版
印次：2010年4月第1次印刷
ISBN　978-7-5063-5309-0
定价：35.00元